# 從兩岸譜牒(族譜)文化
# 看歷史的演進

中國閩臺緣博物館　編

崧燁文化

# 目錄

**前言**

**務實開展兩岸民間譜牒文化交流**

  一、舉辦兩岸民間譜牒文化交流大會重大意義，體現在五個方面

  二、舉辦兩岸民間譜牒文化交流大會主要內容，分為五個部分

  三、兩岸首屆民間譜牒文化交流大會重要活動，還有三個項目

**從「譜系兩岸」談到兩岸譜系之我見**

  一、前言：從「譜系兩岸」談兩岸譜系

  二、從無譜到有譜之溯源長路——源遠流長

  三、離譜就要靠譜之尋根親情——根深蒂結

  四、套譜不如修譜之以正視聽——枝繁葉盛

  五、統譜易通譜難之本支百世——其來有自

  六、聯譜衍生連譜之兩岸連緣——廣結善緣

  七、看譜查譜多訣竅以明世系——瓜瓞連綿

  八、簡譜總能代譜之變通固本——本固邦寧

  九、結語：兩岸譜系有助於譜系兩岸

**談傳統家族的疏離：以臺灣人口老化問題為中心**

  前言

  臺灣文化即是閩粵文化

  臺灣人口老化指數快速

  老人重視健康不再重視家族

  年輕人對家族觀念漸漸疏離

  家族觀念淡薄喪禮冷冷清清

  嚴重的少子化現象

  結語

## 因血緣與地緣形成的漳臺聚落地名
　　一、臺灣的涉漳冠籍地名
　　二、漳臺冠姓聚落地名
　　三、以始祖、家廟、宗祠命名的涉漳聚落地名
　　四、漳臺以冠姓厝、村里命名的涉漳聚落地名

## 從譜志文獻記載看閩臺姓氏源流
　　一、從中原到閩地
　　二、從唐山過臺灣
　　三、兩岸本同根

## 弘揚族譜文化是增強中華民族凝聚力的重要途徑
　　一、族譜文化的內涵
　　二、弘揚族譜文化是增強中華民族凝聚力強大的思想武器
　　三、大力加強族譜文化建設，為構建中華民族凝聚力作貢獻

## 談閩臺關係文獻：以《盧氏宗圖》為例
　　一、前言
　　二、盧氏淵源
　　三、世系
　　四、丁口
　　五、字輩
　　六、修譜
　　七、譜序
　　八、名人
　　九、結論

## 閩臺譜牒的特點與文化價值
　　閩臺譜牒的基本特點
　　閩臺譜牒文化的作用
　　譜牒相關問題與思考

**開閩三宗子代譜牒差異暨斷代之分析**
    開場自序
    斷代與誤植之我見
    臺灣太原王氏衍派支分
    太原堂與植槐堂的初始印象
    臺灣植槐堂
    少卿坑頭公譜

**唐山過臺灣：族譜在臺灣閩南籍家族存在情況**
**———以臺中市大甲區為例**
    一、臺中市大甲區簡介
    二、大甲家族擁有的族譜與祖籍地
        一、有族譜、內容詳細的家族
        二、有族譜，數據簡單的家族
        三、有清朝、日據時間的族譜，近代沒續寫的家族
        四、沒族譜，但已整理祖先資料的家族
        五、目前族譜撰寫中
        六、沒族譜，僅從祖先牌位或墓碑或先人口述知籍貫的家族
    三、大甲的族譜種類分析
        一、近代修譜且詳細
        二、前代有修族譜，近代未修
        三、家族留有簡單譜
        四、全臺同姓氏族譜（可依據此資料撰寫家譜）
        五、簡單的族譜
        六、已完備未出版
    四、鼓勵寫族譜
        一、為什麼不寫族譜
        二、生活文化中留下的線索

三、建譜成功案例

　五、結語

**溯源追遠——阮氏家譜簡述**

　　一、前言

　　二、臺灣阮氏家譜現藏概況

　　三、《阮氏宗譜》概述

　　四、結語

**宗親會的參與和尋根的企盼**

**——兼述高雄市大小區保社里（保舍甲）呂氏家族**

**編修家譜後的一些省思**

　　一、修譜所根據的文獻

　　二、祖籍地的確認及尋根的結果

　　三、目前僅知的內地親人情況

　　四、從時局的演變理解家族產業的興衰

　　五、家族與廈門的關係尚有待探討

　　六、結語

**閩臺譜牒建構探索——以南院陳氏修譜為中心**

　　一、摘要

　　二、南陳太傅派閩南分布

　　三、南陳山侯亭家族的歷史淵源與族人移臺情形

　　四、近年來陳家修譜對接工作的經驗談

　　五、建立譜牒中心，強化服務平臺

　　六、結語

**尋找客家的生命力：以廣東蕉嶺曾姓六戶子孫遷臺為例**

　　一、前言

　　二、客家人在屏東平原的發展

　　三、建造一座美麗的祠堂建築

四、客家人綿延瓜瓞的生命力
　　五、結語
**臺灣城仔內蘇氏譜稿的編纂與釋要**
　　一、前言
　　二、城仔內鄉土志
**開漳諸姓與海外移民社會**
　　一、開漳文化緣起史證
　　二、開漳聖王信仰積澱
　　三、開漳文化衍播海外
　　四、開漳文化薪火傳承
**試論閩臺江氏大聯譜的構想**
　　一、閩臺江氏源流概述
　　二、臺灣江氏社團概況
　　三、閩臺江氏族譜現狀
　　四、網路聯宗修譜構想
　　五、閩臺江氏聯譜的意義
**永春縣諸姓在康乾年間遷居臺灣述略**
　　一、永春鳴琴陳氏遷居臺灣主要是為謀生，少數是進取功名
　　二、永春謝氏去臺灣主要是隨從鄭成功收復臺灣
　　三、永春南朝派陳氏也有不少人移居臺灣謀生
　　四、永春官林李氏遷居臺灣是謀生與進取功名並重
　　五、永春辜氏移居臺灣人數很多，辜氏後裔進入臺灣最富行列
　　六、為何清末民初永春人未再遷居臺灣而是遷居南洋
**彭姓入閩及遷臺初探**
　　一、彭姓入閩
　　二、彭姓遷臺

## 試探開漳姓氏族譜對陳元光研究的史料價值和意義
### ——以《潁川陳氏開漳族譜》和《白石丁氏古譜》為例
　　一、檳城本《潁川陳氏開漳族譜》
　　二、《白石丁氏古譜》
　　三、結論

## 臺灣簡姓宗親根在福建永定洪源
　　一、簡氏先祖雍公
　　二、簡氏入閩始祖會益公及其後裔
　　三、永定縣培豐鎮洪源簡會益公大宗祠
　　四、簡氏家風精神

## 館藏《桂東貝溪郭氏族譜》論析
　　一、對郭泰遵支系的考察
　　二、對賢者達人的記載
　　三、聯省自治對族譜編修的影響
　　四、郭嵩燾遺文的補輯
　　總結

## 薛氏入閩入泉及與臺金淵源

## 白水姜氏世系考

## 《普度民謠》見證閩臺緣——以晉江市安海鎮與彰化市鹿港鎮為例
　　一、對照閩臺二首《普度民謠》從中發現諸多相同之處
　　二、安海《普度民謠》產生於清初復界以後
　　三、形成安海《普度民謠》的社會基礎及經濟基礎
　　四、《普度民謠》藉助大陸蚶江與臺灣鹿港對渡的橋樑，大量的泉南移民將閩南的宗教信仰及地方民俗帶到臺灣而相沿成俗

## 以「肖」代「蕭」謬誤考訂
　　一、蕭姓考
　　二、「肖」姓考

三、「肖」姓與「趙」（今作「赵」）姓歷史上曾經相通
　　四、「肖」姓不可替代「蕭」姓
**從徐向前家譜體例的改變看中國家譜體例改革的方向**
　　一、《徐氏宗譜》體例的過去與現在
　　二、「歐氏體例」《徐氏宗譜》11 修本的落後之處
　　三、新體例 12 修本有哪些先進之處
　　四、新體例 12 修本制定了續修規劃，在中國家譜發展史上是一項具有深遠影響的舉措
　　五、修家譜採用新體例是中國家譜體例改革的方向
**族譜數位化網路化促進閩臺兩岸祖源對接**
　　一、海峽兩岸習俗相近，血緣相親，祖源相同
　　二、閩臺祖源對接是兩岸同胞的共同訴求
　　三、族譜的由來和閩臺兩地族譜現狀
　　四、族譜網路化、數位化的修譜技術概述
　　五、實現兩岸祖源對接應用高新網路技術勢在必行
**新發現：江西「荷田柯氏」淵源世系有了明確結果**
**中華柯氏與中華至德十二姓尋根溯源**
**惠安崇武大岞張氏祖源考**
**晉江青陽蔡氏源流**
**翀霄張氏族源與世系探考**
**青山王張悃新考**
**淺談張泉苑茶莊及其家族**
**淺談族譜的作用**
　　一、追本溯源，尋根留本
　　二、血肉聯情，敦親睦族
　　三、教化啟迪，承前啟後

## 閩臺兩岸卓氏同源同根 南安彰化卓姓同宗同祖
　　一、閩臺兩岸卓氏同源同根
　　二、南安、彰化卓姓同宗同祖
## 關於卓公仲興世系的幾點疑問
## 五修《卓氏族譜》的創新做法與體會
　　一、籌備工作紮實有序
　　二、編輯結構自有創新
　　三、理事們幾點體會
## 深入實地考證 完善家譜質量
　　一、實地考證的必要性
　　二、實地考證的現實性
## 兩岸魏氏同一脈
　　一、臺灣魏氏訪泉尋根
　　二、兩岸魏氏同根連枝
　　三、魏氏後人入墾臺灣的主要人物和時間
## 淺議譜牒文獻的歷史價值
　　一、譜牒文獻的形成、發展與現狀
　　二、譜牒文獻的歷史價值
　　三、譜牒資料正確運用
## 試論蓮玉柯氏的遷徙
　　一、蓮玉柯氏的遷徙記錄
　　二、遷徙路線地名的描述
　　三、遷徙的原因初探
## 首屆海峽兩岸民間譜牒文化交流大會會議小結
　　一、大會實況
　　二、大會成就
　　三、大會貢獻

**務實推進海峽兩岸根親文化的傳承發展**
**——首屆海峽兩岸民間譜牒文化交流大會活動綜述**
  一、高度認同舉辦兩岸民間譜牒文化交流大會的重大意義
  二、首屆兩岸民間譜牒文化交流大會研討的主要內容
  三、首屆兩岸民間譜牒文化交流大會舉行三項重要活動
  四、兩岸嘉賓高度評價舉辦兩岸民間譜牒文化交流大會

# 前言

　　提交本次大會交流的論文內容涉及面廣，涵蓋兩岸譜牒對接服務、編修、訊息化及譜牒文化傳承等多方面的內容。學者們秉著務實求真、傳承創新的態度，對兩岸譜牒文化內涵展開了多角度、多層次的探討，其中不少論文見解新穎，論述詳實，頗有見地。本論文集是海峽兩岸各界人士長期共同努力探索的成果，也是首屆海峽兩岸民間譜牒文化交流大會的一大成果。

　　兩岸民間譜牒文化是一個無盡的寶庫，我們期待海峽兩岸有更多譜牒專家、文史工作者、仁人志士參加我館主辦的每兩年一屆的海峽兩岸譜牒文化交流大會，以此推動兩岸民間譜牒文化更為深入地交流與對接，促進兩岸民間優秀傳統文化得到更好地傳承與弘揚。

編者

首屆海峽兩岸
民間譜牒文化交流大會

譜繫兩岸

蕭萬長 題

中国闽台缘博物馆 惠存

闽台六缘同谱系
海峡两岸共姓氤

岁在癸巳年 瞻谱节

闽粤台员 陆炳文

頌賀 福建泉州舉辦首屆海峽兩岸民間譜牒文化交流大會

弘揚中華姓氏源流一脈相承
頌讚龍的傳人孝感兩岸流播

福建省金門縣許氏家族會暨
金門珠浦許氏族譜發行執委會 恭賀

公元二〇一三年七月十三日 創辦人 許金龍 撰

張水團 書

泉州中國閩台緣博物館主辦
首屆海峽兩岸民間譜牒文化交流大會頌讚

胸懷強烈民族意識深耕閩南譜牒文化
以譜架橋文緣常通百家爭鳴圓中國夢

金廈漳中華姓氏譜牒收藏交流基地
財團法人金門愛心慈善事業基金會 仝賀
創會董事長 許金龍撰 張水園書

公元二〇一三年七月十三日歲次癸巳林鐘初六

溫陵盛會喜空前兩岸家牒敘
五緣共築"三祖"中國夢蜜蜜台緣
筆繪新篇

賀首屆海峽兩岸譜牒文化交流大會congress許松枝書

大會與會人員合影

陸炳文先生轉交蕭萬長先生贈送的題字

# 從兩岸譜牒（族譜）文化看歷史的演進

陸炳文先生贈送題字

財團法人金門愛心基金會、金門許氏族譜發行執行小組捐贈族譜及頒發證書

# 從兩岸譜牒（族譜）文化看歷史的演進

參觀譜牒文獻館

# 務實開展兩岸民間譜牒文化交流

朱定波

　　為了發揮閩臺「五緣」優勢，充分展示海峽兩岸民間譜牒文化的內涵延續，大力弘揚中華民族優秀族譜文化的歷史傳承，促進閩臺譜牒對接聯誼和兩岸族譜民間的互動交流，推動海峽兩岸和平統一的發展進程，報經福建省臺辦批准同意，中國閩臺緣博物館定於2013年7月13日至14日，在泉州舉辦首屆海峽兩岸民間譜牒文化交流大會，來自海峽兩岸氏族宗親、專家學者以及譜牒文化愛好者、志願者共有100多名報名參加。

　　首屆海峽兩岸民間譜牒文化交流大會的最大特色，是海峽兩岸首次舉辦民間的、以譜牒文化為中心主題的交流活動；是一次民間譜牒的文化傳承，也是一次民間譜牒的互動交流；許多與會嘉賓是自費參加本次會議的。本次會議突出務實精神，強調大會的民間性、開放性、基礎性和務實性。

## 一、舉辦兩岸民間譜牒文化交流大會重大意義，體現在五個方面

　　1.鞏固閩臺譜牒的文化根基

　　閩臺譜牒文化是中華民族與中華文化形成和傳承發展的大根大本，也是兩岸之間所有關係形成和不斷發展的重要根基。我們組織關注兩岸譜牒文化的專家學者和民間宗親代表，深入探討交流閩臺譜牒修編、譜牒研究的新成果和新進展，

介紹交流閩臺族譜文化、族譜收集整理、調查考證譜牒研究的新發現和新資料，研究討論閩臺族譜歷史淵源、姓氏繁衍播遷、宗親尋根謁祖、族譜對接服務的新情況和新特點，提出促進閩臺族譜文化、族譜研究交流的新意見和新建議，必將有力地推進兩岸宗親續編族譜、尋根謁祖活動，尤其是增強臺灣同胞的血緣意識和對大陸的認同感、歸屬感和自信心。

開展兩岸民間譜牒文化研究與交流，能夠彰顯的主要特徵是：兩岸社會發展的必然性；立足民間社會的基層性；民眾關注參與的廣泛性；閩臺文化交流的互動性；中華民族認同的凝聚性。

2.搭建兩岸族譜的對接平臺

開展兩岸民間譜牒文化研究與交流，搭建兩岸族譜的共同修編、收集利用、對接服務、增進情感的服務平臺。以建設閩臺緣族譜文獻的數據庫為核心，開發閩臺譜牒文化保護管理的訊息化平臺，構建點擊閩臺譜牒查詢軟體系統，重點展示閩臺姓氏族譜文獻訊息、譜牒圖片資料和族譜研究的重要成果。我們透過組織閩臺譜牒文化交流，發揮民間力量廣泛開展閩臺族譜對接，加強閩臺族譜文化的學術研究，為兩岸民眾提供知根識源、尋根謁祖的血緣圖譜和服務指南，能夠不斷擴大閩臺譜牒文化在臺灣民間社會的影響力和親和力。

3.構建兩岸一體的譜牒體系

開展兩岸民間譜牒文化研究與交流，透過重點梳理閩臺各主要姓氏派系、支脈的繁衍遷徙、分布、流向，不斷完善兩岸各姓氏在臺灣聚落的開基先祖及遷播臺灣的根系或世系；透過重點整理閩臺的姓氏、族譜、祖墓、祖祠的基本情況，不斷完善閩臺姓氏源流的發展脈絡；透過重點整理閩南先民開發臺灣、建設臺灣的歷史功績，不斷傳承閩臺的姓氏家族文化和人文歷史內涵；透過重點開展兩岸民間譜牒互動交流的對接服務，不斷推進臺灣政要及宗親的追源報本、尋根謁祖活動；透過對閩臺的祖祠家廟、祖墳古厝、昭穆字輩、碑銘匾聯、譜牒名錄、知名人物事跡記載等等方面的補充完善，推動建立兩岸融合為一體的譜牒文化傳承體系。

4.增強臺灣同胞的民族自信

兩岸民間譜牒，能夠充分展示閩臺唇齒依存的相連情緣，是閩臺社會同榮共進的必然選擇。閩臺民間族譜，是在中華民族歷史滄桑歲月中形成的，承載著閩臺社會文明歷史的延續。我們透過全面認識閩臺譜牒文化的形成發展，能夠看到海峽兩岸悠久的地緣歷史淵源和深刻社會根源，更能深刻認識到海峽兩岸難以割斷的血緣關係。我們不斷挖掘閩臺譜牒文化資源，推動兩岸民間譜牒文化交流，可以使臺灣同胞正確瞭解歷史，正視自己文化的根在大陸。開展兩岸民間譜牒文化研究與交流，根本價值在於：不僅能夠加深對閩臺地緣關係和血緣關係的深刻理解，而且能夠加深對閩臺人文歷史內涵的深刻認識，更能夠增強臺灣同胞對中華民族的認同感、凝聚力和向心力。

5.推動兩岸和平統一的發展進程

開展兩岸民間譜牒文化研究與交流，有利於理清兩岸姓氏家族的淵源關係，增進兩岸姓氏家族的高度認同和血脈親情。閩臺譜牒文化已成為加深兩岸同胞的血脈親情、廣泛團結兩岸鄉親的重要紐帶。我們透過組織閩臺族譜文化研究與對接，積極開展姓氏尋根交流活動，可以增進兩岸同胞的一家親情，使兩岸宗親敦宗睦族，不忘血統，不忘本根，進一步加強宗親情誼團結，共同弘揚家族傳統美德，有利於進一步弘揚中華優秀傳統文化，有利於臺灣同胞回祖籍地尋根問祖，更有利於增進中華民族認同感，構建閩臺文化精神家園的新平臺。

閩臺譜牒文化以一種姓氏血緣文化的特殊形式記錄了中華民族人文社會的歷史形成，在中華民族文化的高度同化和國家高度認同的基礎上，曾起過獨特的、巨大的凝聚作用。閩臺譜牒文化已成為根植在閩臺民眾內心深處的價值標準與根本理念，這是不可撼動的中華民族文化基礎，是推進兩岸走向和平統一的歷史必然。因此，進一步弘揚閩臺祖地的譜牒文化，讓廣大臺灣民眾知根識源，促進臺灣同胞的民族認同，有效遏制「文化臺獨」和民族分裂主義，必將積極推動和平統一大業的發展進程。

## 二、舉辦兩岸民間譜牒文化交流大會主要內容，分為五個部

## 分

1.探討如何不斷完善編修譜牒的表現形式

譜牒，又稱家譜、家乘、祖譜、宗譜、族譜等。譜牒是記載一個以血緣關係為主體的姓氏家族世系繁衍、以血緣宗族後裔人物為中心的姓氏家族人物事跡、重要宗族事件的特殊文獻體裁。譜牒與方志、正史構成了人文歷史的三大支柱。譜牒是一種特殊的姓氏家族歷史文獻，就其內容而言，是中國五千年文明史中最具有姓氏家族人文特色的文獻，記載的是同宗共祖血緣族群世系、人物、人文和事跡等方面情況的歷史傳承圖籍。在新的時代背景下，我們需要不斷探討創新閩臺譜牒的編修方法，完善閩臺譜牒的編修結構。大會將開展如何完善閩臺編修譜牒的表現形式進行探索交流。

2.探討如何不斷完善編修譜牒的主要內容

在新的歷史時期，完善編修譜牒的主要內容，包括家族的姓氏起源、宗族世系表、家族祖訓、藝文著述、家譜圖像、郡望堂號、家譜體例、世代譜昭以及其他相關專題資料或專項介紹等等。例如，宗姓的世代譜昭能顯示姓氏宗族的血緣關係，具有聯繫姓氏與宗族關係的意義，也是族裔後代尋根問祖的重要線索之一。譜牒文化是姓氏血脈的宗親文化，根植在社會民間，立足於基層民眾，為兩岸民間所廣泛認同，具有極其廣泛的社會基礎，是中華民族認同感的重要依據和主要根源。閩臺民間自古注重宗族文化傳承，編修祖譜更是宗族之大事，因此編修族譜便成為研究宗族發展、往來遷移的重要材料。在新的歷史時期，我們需要不斷探索完善編修譜牒的主要內容，並組織對閩臺編修譜牒經驗方面進行深入交流。

3.探討如何強化編修譜牒的社會功能

編纂閩臺家譜的目的，主要是為了說世系、序長幼、辨親疏、尊祖敬宗、睦族聚族，關注親親之道，倡導代代傳承。家譜中的家訓內涵和人文歷史，在教化族人孝敬、和睦、祭祀、親情、鄉情等方面，有著不可替代的潛移默化作用。海

峽兩岸同根同祖、血脈相連，譜牒文化成為維繫兩岸血脈情緣的重要紐帶。在海峽兩岸民間交流交往特別是民間編修譜牒交往中，閩臺譜牒文化的社會功能已經造成越來越重要的作用。因此，在新的歷史時期，如何挖掘閩臺族譜的人文歷史價值，如何探索提升編修閩臺族譜所涉及的豐富歷史內涵，如何不斷強化編修閩臺譜牒的社會功能，都需要我們組織閩臺姓氏宗親從不同的層面和視角，去進行研究探析。

4.探討如何做好閩臺譜牒文獻的徵集工作

閩臺譜牒文獻資料，是中華民族文化的重要組成部分，是瞭解海峽兩岸民眾血緣親情關係、開展尋根認祖最為可靠的文獻依據。閩臺譜牒文獻資料，包括閩臺各個時期出版的譜牒文獻資料，也包括在閩臺社會書市流通或出售的譜牒文獻資料，還包括新舊版本閩臺譜牒文獻資料的電子版和複製品，都是十分寶貴的歷史文獻資料。同時，廣泛徵集閩臺譜牒文獻資料，對於充實閩臺緣博物館譜牒文獻資料館藏量、加強譜牒文獻的研究交流、豐富海峽兩岸文化交流的內涵，具有重要意義。閩臺譜牒文獻訊息如何持續進行徵集、採集、整理，如何不斷拓展閩臺族譜收集的渠道，如何推動民間捐獻族譜文獻資料等方面，都是值得深入探討研究的重要課題。

5.探討如何做好閩臺譜牒對接的服務工作

做好閩臺譜牒文獻資料的採集、保護、研究、開發、利用工作，特別是組織對閩臺譜牒文獻進行數據化處理，構建閩臺譜牒文獻訊息的對接服務網路平臺，深入開展閩臺譜牒文獻的訊息數據查詢研究，有效地為海峽兩岸民眾提供有關譜牒文獻資料查詢、對接服務，是我們譜牒文獻訊息工作的重點。因此，在新的歷史時期，探析如何做好閩臺譜牒對接的服務，以及如何更準確快速地確認族譜之間的對接關係，將是我們重要的工作任務，也是這次大會將要進行探索研究的重要內容。

# 三、兩岸首屆民間譜牒文化交流大會重要活動，還有三個項

# 從兩岸譜牒（族譜）文化看歷史的演進

# 目

1. 舉行閩臺譜牒文獻資料展示交流

今年舉辦的海峽兩岸首屆民間譜牒文化交流研討會，將舉行閩臺譜牒文獻資料的展示與交流。在閩臺緣博物館東苑展廳專設一個閩臺譜牒展館，展示中國閩臺緣博物館重要館藏譜牒文獻及與會者提供的有關譜牒文獻資料共4000多冊。同時，設立兩岸族譜對接諮詢服務臺，以方便兩岸宗親對接家譜、尋根溯祖、服務鄉親。

2. 舉行兩岸譜牒文獻資料捐贈儀式

首屆海峽兩岸民間譜牒文化交流大會期間，與會臺灣譜牒專家和大陸代表，已經報來準備向中國閩臺緣博物館捐贈族譜文獻資料330冊。其中，紙質族譜210冊，電子版族譜文獻120冊。最值得一提的是，臺灣譜牒專家陸炳文先生將捐贈紙質譜牒文獻3大類計52種65冊，臺灣譜牒專家廖慶六先生將捐贈紙質譜牒文獻10冊，臺灣譜牒專家、金門許金龍先生將捐贈紙質譜牒文獻10冊和電子版族譜文獻120冊。臺灣譜牒專家捐贈的譜牒文獻，將大大豐富中國閩臺緣博物館的譜牒文獻館藏。

為祝賀首屆海峽兩岸民間譜牒文化交流大會的順利召開，臺灣原副領導人蕭萬長題詞「譜系兩岸」，意義十分重大。題詞由臺灣譜牒專家陸炳文先生親自攜往泉州，將在首屆海峽兩岸民間譜牒文化交流大會開幕式上轉送給中國閩臺緣博物館。陸炳文先生現任臺灣文化藝術界聯合會理事主席、全球粥會世界總會長、海峽兩岸和諧文化交流協進會會長、中華將軍教授書畫院院長、於右任書法收藏研究院院長、中華姓氏渡海過臺灣宗親聯誼總會會長等民間社團領袖職務，他經常在報章雜誌刊載姓氏宗祠專欄文章，或在電視做譜牒文化的專題節目，傳播中華民族的精神文明，並出版了六本譜牒文化研究的專門著作。

3. 推廣傳承中國民間優秀傳統節日——「晒譜節」

此次海峽兩岸首屆民間譜牒文化交流研討大會的開幕時間，特別選擇在農曆

六月六日召開，因為這一天具有重要的歷史意義和現實作用：每年的農曆六月六日，是中國歷史悠久的民間傳統節日——「晒譜節」。古人有云「六月六，人晒衣裳龍晒袍」；因這時天氣已非常悶熱，再加上正值黃梅天，萬物極易因潮濕而霉腐損壞，取出族譜來晒一晒，可避免霉斑、霉爛，造成保護族譜文獻的作用。故舊時讀書人也在這日曝晒書畫，宗廟祠堂翻晒經書族譜，因而農曆六月六日這天又名「晒譜節」，並舉行各種各樣的晒譜祭祖活動。晾晒家譜的目的，一個是緬懷祖先功德，再一個就是增強宗親團結。晾晒家譜的活動，能造成聯絡家族宗親感情、增強民族凝聚力的作用。

今年的海峽兩岸首屆民間譜牒文化交流研討會在「晒譜節」舉辦，我們將立足於推廣、普及、傳承中國民間優秀的譜牒文化，弘揚閩臺民間優秀的「晒譜節」文化，這對於推動兩岸民間譜牒文化交流，促進中國閩臺緣博物館的閩臺譜牒文化交流平臺建設，推動海峽兩岸和平統一發展進程，都具有十分重要的意義。會議期間，我們還將組織部分與會者參觀泉州著名臺胞祖籍地或重要涉臺文物保護單位。我們期待並預祝透過務實精神開展的首屆兩岸民間譜牒文化交流取得圓滿成功！

（作者係中國閩臺緣博物館副館長、研究館員）

# 從「譜系兩岸」談到兩岸譜系之我見

陸炳文

## 一、前言：從「譜系兩岸」談兩岸譜系

頃接中國閩臺緣博物館的邀請函後，專程到臺灣原副領導人辦公室，取得蕭萬長先生題詞「譜系兩岸」墨寶，申賀「首屆海峽兩岸民間譜牒文化交流大會」成功召開，到筆者決定提出學術論文，自訂題目《從「譜系兩岸」談到兩岸譜系之我見》，為時一週內卻只有一個念頭　繞著：臺灣與大陸，過去與現在，一直血脈相通，枝幹相連，任憑什麼力量，都無法長久分割切斷。這句話就是本文結論「兩岸譜系有助於譜系兩岸」的演繹，在此衷心期盼由泉州交流大會開始，兩岸民間譜牒文化有更好的發展，今後兩岸和平關係也有正向的進展，真正做到之後必然有助於實現「中國夢」，也將有助於中華民族的偉大復興。

其實我似乎早有先見之明，上面那句話是在二十五年前講的，那個年代兩岸關係尚且非常嚴峻，還真是不容易看到有明天，十七年後的2005年中國國民黨榮譽主席連戰先生首次登陸，竟然真有看到春燕飛來的一天。1988年9月24日，筆者在「中華民國宗親譜系學會」、及「中國地方文獻學會」聯合舉辦「族譜方志學術演講會」中，以《從中國姓氏源流談臺灣與大陸之一體關係》為題，當著數百聽眾所作專題演講，若干石破天驚語句裡的那一句，已讓主持人，時任臺灣「國史館館長」、原任「教育部部長」朱匯森先生為之驚嘆不已，並當場點評：「立論精闢、見解宏博。」講稿全文也被收錄在同年12月出版的「國史館」館

刊復刊第5期上面,我曾折服於該館和朱館長的道德勇氣,敢於認同此一純粹學術觀點,而不理會當時之政治氛圍。

當然亦很佩服我的老領導「微笑老蕭」,他是我二十多年前承乏行政院內務總管時的閣揆,今天為大會旨在構建兩岸譜牒文獻訊息交流模式及合作平臺,勗勉題寫「譜系兩岸」,的確是神來之筆,一如今年4月間博鰲會議「蕭習會」中出神入化地,他二度面對中共總書記習近平先生所提出的,進一步推動兩岸和平發展三點新期許:以「新的思維」,尋找「新的支點」,建立「新的模式」,來促使兩岸文化經濟合作全面深化與升級。

蕭萬長先生思想新但很念舊,對舊屬照顧極其自然,對舊情綿綿其來有自,尤重氏族根親之情,原因在於他早知道,自己世系直溯黃帝,系出名門「蘭陵世家」。先祖是梁武帝蕭衍之後,派衍至福建南靖,再渡臺承續上湧蕭氏世系,因此返回大陸尋譜祭祖,受到鄉親宗親熱烈歡迎。可惜的是,老蕭到的地方只祖先發祥地廈門烏石埔蕭氏家廟,尚未進去原籍南靖在深山裡的蕭氏湧山派始祖蕭孟容開基地。

根據《南靖縣志》記載,該縣金山鎮下永、祥永兩村蕭氏,為齊梁房蕭開春的後代。明正統十四年(1449年),金山鎮下永村上永社開基始祖蕭孟容,從書洋鎮移居金山鎮水美,後再移居下湧開基,傳八子。復據《上湧蕭氏世系》族譜略載,清朝康熙年間,六房七世祖蕭氏一家,遷往臺灣米羅山北社尾。依我的瞭解,此即現在嘉義市北社區,蕭氏始遷祖居住地,舊名北社尾,頗值得後人紀念。因而當蕭萬長接行政院長之初,我有權責決定行止保安工作,便訂名寓所警衛室與隨扈行動代號,均為「北社」乃別有居心,可是好心用來幫蕭先生記住祖姓發跡地,迄今他周邊的人多不知個中底細原來如此。

上湧《蕭氏族譜》上還記錄著蕭氏「湧山」派後裔移居臺灣一事。清康熙年間,六房七世祖一家人,遷往臺灣米羅山北社尾(現為嘉義市北社區)居住,隨後,又有四十五人遷往臺灣彰化、嘉義、臺中等地。另據臺灣《青年戰士報》登載的《唐山過臺灣》一文稱:「湧山」派來臺開基,一開始便陣容龐大,人多勢眾。「湧山」派始祖是蕭孟容,後裔在臺灣興建兩座宗祠,即南投鎮仁美里的

「南興祠」，嘉義市北社區的「孟容公祠」。過去十幾、廿年來，筆者就曾追隨蕭先生回北社多次，陪他到這座蕭氏家廟祭祖還願，中國人天生的慎終追遠、明德歸厚之情油然而生，老蕭這回題頒「譜系兩岸」的本意在此。

## 二、從無譜到有譜之溯源長路——源遠流長

中國人不忘根本的天性，自古表現在姓氏尋根上最為自然，從世系族譜中溯源最為簡單，派衍子孫到宗祠裡探本又最為明顯，作為兩岸碩果僅存的姓氏宗祠學家、兼為昔日「微笑老蕭」僚屬情誼猶存，我在去年（2012年）3月1日特地去上湧蕭氏探本問底過。當天上午先赴漳州市南靖湧山蕭氏宗祠四美堂，下午轉往廈門市烏石浦蕭氏家廟採擷資料，一心想幫老長官從無譜到有譜之漫漫長路做點能力所及的事，也等於替自己的中國姓譜田野調查工作續寫宗族源遠流長新章。

尋幽訪勝一族車行數十公里道路，終於找到今名南靖縣金山鎮霞湧村的老蕭老家。蕭氏孟容公派下嫡傳宗祠「四美堂」，這座具有300多年歷史的蕭家祖廟，為鄰近千戶姓蕭人氏的精神家園。整座祖祠為單進主殿面闊三間抬梁式懸山頂結構，四根木柱配石礎，兩對書寫鎦金傳世楹聯句曰：「本河南，從永邑，先鎮漳州綿瓜瓞；溯書灘，移水美，繼開永里紹箕裘。」梁間透雕花卉鳥獸，主殿配建門樓泮池。堂前保存有清嘉慶年（1817年）的一進士旗桿座，表示古代霞湧這裡是出過功名的顯赫之地。一位地方耆老介紹，村名在「文革」期間一度被改成「下永」，稍早還是尊重村民意見，還原為本來的「霞湧」二字。

蘭陵世系湧山蕭氏十五世裔孫、蕭氏四房小宗祠堂管理人蕭旺發說：臺灣副領導人萬長宗長，乃四房廷旭公傳下十一世世鉎公徙臺支系，分布嘉義市北社尾的十七世孫，其昭穆即輩序詩上下有句：「……世元勝必昌，宗枝慶擇長……」，我十五世是昌字輩，萬長宗長晚兩輩當排字「枝」，但屬他的成就最大、政治地位最高，光大了門楣，乃蕭家的榮耀，這本2007年新修家譜尚請轉

呈宗長鑒察。上述輩序亦即昭穆，實為譜牒核心價值之一。

在蕭氏小宗祠堂內，高高掛出《祖德福蔭》牌匾一方，證實確係時任行政院長的蕭萬長署名，1997年由我屬下經手輾轉頒發到位。後來到了2007年，經湧山宗親聯誼會倡議，下永村村民踴躍捐資，開通前往漳州「四美堂」的大道，並沿路架設路燈，以便海內外宗親回鄉謁祖；同年11月3日，臺灣嘉義市湧山堂26位蕭氏宗親，首回南靖縣金山鎮下永村老家，專謁湧山派祖籍地「四美堂」宗祠，和參拜湧山派祖先蕭孟容之墓，這是歷年來蕭家班最大的祭祖陣容。我的霞湧尋幽訪勝之旅，來客多也算人聲鼎沸。

霞湧村中共黨支書記蕭旺發有感而發：萬長宗長至今猶未有機會返回祖廟「四美堂」，可是又因榮膺了臺灣「副總統」，2008年當選時我們宗親特地著人，在廟埕前獻立旗桿誌慶，後來他也托在臺叔祖帶口信，向南靖湧山祖地宗長問好。蕭氏村人另行領路，讓我步行走到四美堂山下左前方、湧山蕭家祖媽龔氏的大墓，盧墓陵園已經修葺一新，併砌起了高高的祭臺；湧山始祖孟容公的墓地則在上湧自然村，也被完好保護起來。近幾年兩岸宗親往來頻繁，臺灣宗親還曾出資重修祖墳及村路；每年農曆正月初三、七月十四，下永村蕭氏後裔都要來到這裡，祭祀祖先以追溯祖德追懷宗功，依據的必然是家乘、譜牒上面所記載圖文。

蕭書記又語帶興奮對筆者說：我們湧山派下蕭姓都很感謝萬長宗長，他在廈門大學85週年校慶會場合登高一呼，得以讓宗親驕傲地「還我蕭姓」，之前我們姓蕭的人，都被迫改成不倫不類的「肖」姓，還真成了「蕭」家的不肖子孫。此時蕭旺發迫不及待拿出證據來，恢復為「蕭」姓的首批身分證讓我拍照，同時不忘感激黨和政府的開明作風。臨去秋波，筆者多問了一句：你還有要謝謝的臺灣人嗎？村書記馬上補上兩人：當然就是促成送匾的您老前輩以及1990年捐資重建四美堂的臺胞宗親蕭哲昌。

是日午後筆者轉往廈門市，走訪市中心區的烏石浦蕭氏家廟。該祖厝始建於1515年，最近一次1988年復建，是一座二進中天井木、石、磚結構、具有典型閩南古建築傳統風格的經典寺廟，我發現與臺灣有效管轄下金門縣東蕭村的「蕭

氏家廟」遙遙相望。烏石浦家廟是臺灣與海外蕭氏的主要祖籍地，每年到這兒尋根謁祖的蕭姓人士絡繹不絕。

## 三、離譜就要靠譜之尋根親情——根深蒂結

　　八年以前，即2005年9月9日上午，蕭萬長始乘去廈門開會之便，於參加第九屆中國國際投資貿易洽談會後，實現了他長久以來的溯源心願，首度在蕭家人簇擁下，到烏石浦蕭氏家廟謁祖，上香之後，當場再為家廟題字：「光宗耀祖，庇佑子孫」，並為自己2004年親手題字《蘭陵世家》的賜匾揭牌，同時替廈門涉臺文物古蹟立石揭碑。當年參加廈門烏石浦隆重拜祖儀式的，有來自福建、廣東、湖南、湖北、四川、江西等六省蕭氏宗親，多達500餘人，大家聚集在家廟裡外，迎接蕭萬長及其家人。

　　烏石浦家廟管委會理事長蕭增加，2012年2月29日從臺灣參加第8屆全球蕭氏宗親懇親會歸來，向筆者親情喊話：我剛到你們彰化出席懇親大會，很榮幸與萬長宗長有緣再次握手，這裡我準備了蕭氏家廟地界內取土一包，務望「陸大哥」返臺面呈蕭「副總統」留存。另外就是烏石浦一帶宗親「糾肖復蕭」、還我姓氏工作，經過大家的共同努力，證明「蕭」與「肖」根本就不存在繁簡關係，最近也可望大功告成，實足以告慰蕭氏列祖列宗。我聞訊表示嘉許，當局從善如流，應為中華姓氏譜牒文化昌明的大成功大勝利。

　　由姓蕭一度被迫改姓肖的離譜叛道行徑，我們發覺真正解放的其實是有譜為證，因為根深蒂結之世傳千百年譜系當中，幾十代甚至上百代蕭氏列祖列宗，就從來沒有一個人姓氏漢字作「肖」字的，這可不能推說簡體字以訛傳訛，更不可以視之為姓字混化變革，而是對不起祖宗血脈的頭等大事，也就必須正視加以全面更正，所以「糾肖復蕭」原本是好事一樁，值得表彰之外，還要從此引以為戒，子子孫孫不得再有類此情事發生才好。

　　臺灣在日據時期，也發生過這種事情，統治者迫令推行「皇民化」運動，一

些臺灣同胞無可奈何，只有順從一途，改用了日式姓名，少數姓林竟成了「並木」、石氏變成「岩下」二字姓，但改姓者終究為數寥寥，數典忘祖者少之又少，絕大多數均不忘木本水源，沿用原有漢字姓氏，墓碑依然故我，照刻祖籍或郡望堂號，此種情形委實感動人心。特別令人敬佩的事，在於臺灣人民族觀念很強，自始至終沿襲「族譜世系相承」之風未改。

　　我演說《從中國姓氏源流談臺灣與大陸之一體關係》，第四段子題，即「族譜世系相承」單元，強調有言：「兩、三百年前就已開始移民，世居臺灣的閩、粵人士，以及三四十年前，被迫離鄉背井而旅臺的大陸各省人士，不管是先來，還是後到，很多都沒能攜帶族譜同行，先民或其子孫，無不深深引為憾事，歷來均以伺機返回祖籍抄譜為念。清嘉慶年間與日據時代的民國初年至十五年之間，臺灣各姓同胞此風尤其盛行。大陸改革開放以來，前往內地找尋族譜，從世系尋根探源之舉，又蔚為風氣。據聞已經有不少人透過各種途徑或管道，從老家抄錄到族譜。他們不惜千里迢迢，只為了傳續香煙，一方面帶著臺灣族譜的複印件，一方面在祖籍遍訪可能收藏有相關族譜的宗親，一旦如願以償，就將兩方面數據連貫起來，自中原得姓始祖，以迄這代在臺每一個子孫，銜接成一個完整的世系。」然而連貫和銜接並非那麼容易，幸運兒才會一次便成功對接。

　　二十五年以前我就舉出幸運的真人真事，為族譜成功尋根作明證。「故事發生在1987年中秋節前夕，一位客家徐姓青年回到他陌生的祖籍故土——廣東梅縣地區，憑著族譜上的記載，接續了臺灣、大陸兩地的血脈。徐仁修代表了他這一遷臺屆滿兩百年的徐氏一族，也代表了久居臺灣的客家人，在離開大陸這麼多年以後，返回臺灣客族當初遷出的祖地。當他在今蕉　（古稱鎮平）挨家挨戶探訪，好不容易才從一位87歲的徐氏父老處，找到一本家譜。這本在「文革」期間私下藏起來的族譜，始終紋風不動，沒有人再碰過，等送到了徐君手上，簡直如獲至寶。他一個字一個字核對，終於有段觸及祖先的名諱：『十四世祖日萬公三子宏珂公，於乾隆五十二年，偕房族多人，往臺灣謀生。』宏珂公，即徐仁修這一系徐氏家族渡臺祖。」筆者很替臺粵客籍徐姓慶幸，在失聯離譜百餘年後，藉由靠譜而接上祖根，找回可靠且值得相信的「譜」，這種根深蒂固的親情才得以體現。

## 四、套譜不如修譜之以正視聽——枝繁葉盛

　　對照新竹《徐氏族譜》正好有此一段：宏珂公原籍廣東省嘉應州鎮平縣興族鄉側角厝，生於乾隆二十七年正月五日，語言為客家四縣韻。乾隆五十二年，偕同配偶王媽、招玉公、抬玉公、並宏球公和房族等，首經廣東省鬆口，乘坐小型帆船，沿韓江至汕頭，再聘僱大型帆船，航渡臺灣海峽，達淡水河上陸。以上兩段文字內容，竟然不謀而合。

　　前述蕭、徐二氏的播遷發展歷史，不論閩南人抑或客家人，皆係一個移民和再移民的過程，由中原而閩粵而過海渡臺成型。在譜牒文化型塑產生的歷史過程中，移民作為常民文化傳播的載體，成為隔著海峽兩岸文化形成的基礎。作為宗族歷史的忠實文本，族譜的編修、補譜與保存工作，漸成宗族成員理清彼此血緣關係，進一步形成祖上認同的憑證，今以蕭譜、徐譜為代表的赴臺移民家庭，對各姓家族成員在兩岸文化、教育、社會、俗信、冠姓冠籍地名等方面的記載，充分說明了當前兩岸關係，本是血緣相通的同根一體，這種枝葉茂盛自然成長關係，絕不是人為的政治因素所能切割的或斬斷的。

　　基於移民社群需要，有時候光找尋族譜、抄錄家譜還是不夠，猶未足以接續歷代世系，找出家族宗支派衍關係。換言之，前後數據無法對接，各自譜系仍舊連貫不起來，閩南話這叫「爛肚仔」，意思說前祖不接後人，是譜牒追根究底的一大瓶頸，亦為製造攀龍附貴的一大流弊。再者，趨炎附勢與趨吉避凶，自古以來是人的本能天性，所以姓秦的人鮮少承認系出宋朝奸臣秦檜，反倒是文氏一旦沾上忠肝義膽文天祥的邊就沾沾自喜，此乃人之常情而無可厚非，不過就事論事論譜系出身，這可是俗話說的套譜行為，人際關係是亂套交情，此人倫關係則專套譜情，利己不損人也就無所謂了。

　　然而修譜純係大事一樁，萬萬不可胡亂大修一通，就必須有根且有據，以明正典兼以正視聽。修纂祖譜誠屬浩大工程，沒有充裕的資料、缺乏寬裕的經費和不夠富裕的人家，可是想做卻難以做到的，主修人本於良知、忠於史料很重要，萬事俱足後還要時機對、時間夠長才做得到修得好，急就章可成不了事修不好

譜。筆者2001年首度踏上大陸故土,受邀參訪了正在江蘇無錫編修之《中華吳氏大統宗譜》,皇皇巨著四百萬字,相關素材資料堆滿工作室,是我素來見過最慎重其事、工程最浩大而令人大開眼界。

當時修譜已到了最後校勘階段,主修統譜者吳偉勳透過粥賢牽成,安排我在前往粥會精神導師吳稚暉外婆故里雪堰橋途中,見到吳偉勳本人和宗譜初稿,彼此都夠專業卻都沒有擺譜端架子,交流後筆者不揣簡陋,大膽提出若干具體可行意見,及隨身稀有資料供其參考,終於與有榮焉協助完成大統譜,得知2003年如期脫稿付梓,了卻全球各地泰伯世系吳家人,包括臺灣在內吳氏一大心願。這部延綿三十三個世紀的《中華吳氏大統宗譜》,係由主修者組織當地退休教師等二十多人徵集編譜,經過漫長十二年的辛勤努力才大功告成,並請粥賢顧毓琇題寫書名而倍增光彩,顧氏乃中共原總書記江澤民前在上海交通大學和臺灣領導人馬英九之父、粥賢馬鶴凌前在南京中央大學的共同老師。

拜讀後我發現吳氏宗譜大有看頭,全譜系統地記述吳氏宗親歷史與現狀,在時間上跨古今三千八百二十七載,從地區上波及海內外宗親四千餘萬。它的問世已成了一座可溝通海內外吳氏宗親的橋樑,近幾年來已有五千多個海外吳氏子孫,因吳譜牽引來到無錫梅村尋根祭祖。就連國民黨榮譽主席吳伯雄先生也頗看重此事,2008年特為無錫譜牒研究親筆題寫了吳氏專輯刊名墨寶。筆者更在稍早出面,幫泉州華光粥會會長吳其萃,另行籌設「世界吳氏宗親會」,會名有必要恭向宗長吳主席求字,以示兩岸吳氏同根同源之情誼。

巨著裡詳實記下三讓王位的吳氏始祖泰伯,與弟弟仲雍率部離開繁華的陝西,南奔尚十分落後的太湖畔,生活四十九年後去世,歸葬無錫鴻山。為了紀念泰伯及其子孫在江南奮鬥歷程,東漢永興二年,泰伯四十一世孫開始修宗譜,後來又有十五次補譜,才使得吳氏宗譜延續下來,如今枝繁葉盛愈編愈大本,攏統成了大靠譜大套譜。

## 五、統譜易通譜難之本支百世──其來有自

在歷來修譜的成功案例中，能像吳氏統譜這樣本支百世，把遠自三千二百多年前至今，譜系素材幾乎全部收入的，已經很不容易了；前如赴粵客籍徐仁修輕易靠上譜，返臺後依據增補資料，而必須重新修正家譜，亦屬常有之正常事，但在臺徐氏家族史，只能上溯六百載而已，那也算是幸運的。後者，我在講「族譜世系相承」單元時，就曾引用徐君的話說：我是五百年來徐家這一系，第一個回到大陸祖居之地去探源的，把我家的歷史，突然由二百年一下子往上推六百年，也把我原來認定的家鄉新竹縣，一下子推到大陸　南大片土地上。此話不假，現在編修、補譜的困難，難就難在連原始資料都沒有了，有的是逃難避禍，根本沒把族譜攜帶出來，例如1949年前後，擁入海角一嶼臺灣之各省人士；有的則是時代潮流變遷下，早已被拋棄丟入垃圾桶，有如臺灣所謂的本省人家戶，多半是明清兩季渡過黑水溝入臺，部分閩粵兩省人士之後人。

《唐山過臺灣的故事》一書著者彭桂芳，臺灣前輩姓氏學家在1979年出書中的第五篇「譜牒究竟是什麼？」一開頭便坦白寫道：一家一姓的譜牒，是後代子孫溯源的最具體依據。過去在臺灣民間，幾乎家家戶戶都擁有屬於自己的族譜，有關譜牒的種種，當然也是耳熟能詳。然而，現在呢？說起來很慚愧，這一代的子孫，就很可能有不少的人，甚至連族譜是個什麼樣子都沒見到過，更別提對譜牒的意義、目的和內容有所認識！

自古以來各個姓氏族裔，最輕易可以溯源的氏族，依我看就非孔孟世家了，理由有三：其一、文明古國一向尊儒，歷代帝王尊崇孔孟；其二、近世民國肇造以後，政府重視設奉祀官；其三、字輩譜序接軌清楚，世家譜系脈絡分明。這造因於特權，形同兩個特例。

粥賢孔德成生前就在粥集例會指出：孔子世家大宗通譜世系其來有自，我家自黃帝至孔子父叔梁紇，歷四十七世。上自孔子始，至清末民國初，衍聖公孔令貽，孔子世家大宗歷七十六代。第七十七代嫡孫即本人孔德成，於1920年襲封三十二代衍聖公，後由國民政府改任大成至聖先師奉祀官，1949年渡海來到臺灣，1958年粥會在臺北倡復，未幾便加入文人雅集。按說，現任至聖先師奉祀官為第七十九代嫡孫孔垂長，2009年才就任不久。

孔孟一直合稱，至聖孔家世系分明，亞聖孟家也不遑多讓。孟子先祖由不窋起至孟捷，皆取於正史。孟墓至孟激一段，則取自《孟子與孟氏家族》一書。然而孟子以後，四十五代孟寧以前相承之世系，有多處與正史不符，似乎不足採信，只作參考。孟子世家大宗世系：自孟子始，至第一任宗聖奉祀官孟慶棠，孟子世家大宗系歷七十三代，於清光緒二十年代襲五經博士，三十一年正式承襲。民國初改為奉祀官，1935年改稱亞聖奉祀官。

第二任亞聖奉祀官，第七十四代孟繁驥1939年襲任，1949年奉命到臺灣。第三任第七十五代孟祥協，1990年襲任奉祀官。七十六代孟令繼，代理奉祀官至今。相對於至聖先師奉祀官，亞聖奉祀官較不被重視。孔孟二氏看來一脈相傳，均為歷代族譜完整無缺、昭穆輩序連貫、家祠保存較完善、歲時祭祖不間斷，始成少數不離譜的家族，但關鍵還在其字輩譜，通常通譜昭穆動見觀瞻，其他重要性就等而下之。

族譜必備內容之字輩譜，又稱昭穆、派語、派行字、行輩字派、輩序、排行、派行、字倫等，專門登載人名排行以明倫常的用字，首個名字一訂都是十幾、廿個，原則上隔一段時間字句用完了，再推請家族中某一位名人制定的，很多皆編成幾句吉祥話，有的文人甚至均寫成詩句，唯獨孔聖這支享有御賜榮寵，孔氏家譜輩分用字，據說是皇帝御賜的。

孔子後代各朝也都有賜字，孔氏家族即以此作為輩分排名的依據，明代以來已排序五十五代。依據有關資料介紹：明洪武三十三年（1400年）御賜十字：「希言公承彥，宏聞貞尚衍。」清乾隆五年（1740年）御賜十字：「興毓傳繼廣，昭憲慶繁祥。」道光十九年（1839年）御賜十字：「令德維垂佑，欽紹念顯揚」。民國九年（1920年）孔令貽續20字：「建道敦安定，懋修肇益常，裕文煥景瑞，永錫世緒昌。」及至孔令貽為孔子七十六代孫，續上後二十字後，曾報請當時的北洋政府批准。族譜輩序最為有名的，當屬孔家族譜御賜排行字。孟子後代也相沿，用孔氏家族的排輩用字，但孟子晚孔子三代，因此字輩也推遲三代。

## 六、聯譜衍生連譜之兩岸連緣——廣結善緣

　　一家一姓一譜牒這是常態，但晚近也有一種新態勢，有兩家族甚至多家族合和，共成一譜傳為家乘，叫做合譜或聯譜的情形出現；換句話說，合譜意味著同姓氏卻不同宗支的，抑或是異姓在特殊因緣下共擁有一合譜。經我深入考證和研閱更多資料，找來去年底大陸學者項超修正文《富順項氏與長壽項氏合譜過程析》，再行刊出證實：富順、長壽兩地項氏合一譜，在歷史上僅只一次，即民國八年（1919年）合譜，而非之前的有兩次說。

　　該文證稱：長壽項氏第一次族譜，是清咸豐乙卯年（1855年）版「項氏宗譜」，該版「項氏宗譜」並未與富順項氏合譜（也未與禎祥公在貴州、雲南的後裔合譜）。在該版「項氏宗譜」中，由寶樹公撰寫的序（三）中說：「因華、淳兩公遠遷，支派難備考矣。」「耳後有肖子賢孫，不憚跋涉，俾前人所未竟者，合淳、華兩公子孫，與吾族共成一譜，重而修之。」可見，在1855年長壽項氏第一次重修族譜時，並未與居住富順上西路（今自貢沿灘）伯淳公後裔合譜。造成有第一次合譜錯誤的原因是，民國八年版長壽項氏合譜纂改鋪公文內容所致。在民國八年版長壽項氏宗譜，第六卷即第五篇伯淳公首頁，載有富順譜盛公第十三世孫項鋪，於乾隆四十九年（1784年）寫的短文，其中說：「乾隆甲申歲，余訪川東……是以不憚焦思積慮，合川東共成一譜，傳為家乘。」

　　合譜在今日臺灣同樣存在，例如：在桃園新屋范姜複姓、范姓、姜姓有合譜，也有合祠「范姜祖堂」，范姜複姓在中國姓譜中尤獨創一姓。再如：金門洪、江、翁、汪、龔、方六姓有聯宗合譜，係六桂堂派下分衍金城西門里的六桂家廟、和烈嶼（小金門）東坑的六姓宗祠，兩地六桂聯芳家族共享一譜。三如：由歐陽柳主編，世界歐陽、歐、區、陽氏宗譜纂修委員會印行，1983年出版的《世界歐陽、歐、區、陽氏宗譜》，亦為典型之大宗合譜，全面涵蓋了全球各地，這四姓聯宗人家衍生的世系聯譜。

　　聯譜實即合譜，連氏族譜簡稱連譜，只有對連家人來說，連譜就是聯譜。此前，國民黨榮譽主席連戰永平先生在臺北，躬親接見了福建省連氏宗親會會長、

漳州市長泰連氏粥會會長連文成，同姓兄弟煮酒話親情，連會長當場送給永平宗長的見面禮，是用《江都連氏族譜》、《中華連姓》季刊等結緣，連戰以先祖連橫（雅堂）著《臺灣通史》回贈。

當天，連主席翻閱著族譜喜滋滋表示：「一家人，一家人，我就是佛保的子孫啊！」原來馬崎連氏始祖佛保，於明初至龍海市榜山鎮長洲馬崎（舊稱岐山）社肇基，迄今已有五百多年歷史，連氏宗祠始建於明萬曆年間（1573—1620年），毀於清初「遷界」，康熙三十一年重建，嗣於2003年再由族人捐資大修。

祠堂正門上懸「連氏宗祠」木匾，石門柱有重鐫古祠聯云：「前起龍山佇看凌雲在邇，後環珠水快睹照相連翩」。前堂、左右虎廊為宗親祭祀活動之所；後堂樑上懸清代重鐫木匾：祖龕上懸「思成堂」匾，龕側懸掛馬崎連氏昭穆聯句：「肇式昭宗德鴻基振有功，徽聲宣奕世長發永興昌。」

據連雅堂二十歲前後書寫的《家乘》稱「系出連山氏，望出上黨」，故尊連南夫為鼻祖。宗祠供祀宋寶文閣學士、廣東經略安撫使、霞漳連氏鼻祖連南夫及連南夫的第十代孫、岐山始祖連佛保。馬崎村的連氏大宗祖龕內，安放著連佛保的神位牌。而赴臺之連興位，是連佛保十世孫，村中的連氏宗祠，正是臺灣連興位及其後裔的祖廟。

連文成也據譜載回話，連氏得姓於齊國大夫連稱，堂號「上黨」，現福建有十多萬宗親，臺灣也有三萬多宗親。兩岸宗親在長泰縣枋洋鎮江都村，又合資於祖地上新修了宗祠，連戰曾攜家人到此尋根祭祖，大家凝聚在光宗耀祖的姓氏下，認同「連」這個好字眼，足以團結宗誼，連接四面八方、五洲四海，既可連成一條線，也可接成一條龍，想連多遠就有多遠。因而幾年前，我們合辦兩岸將軍文化節之前，還恭請連前「副總統」題詞「兩岸連緣」，祝願因此連緣兩岸和平發展，百姓人家廣結善緣和諧共處。

## 七、看譜查譜多訣竅以明世系——瓜瓞連綿

連橫《臺灣通志》裡，有《臺北縣虎丘林氏族譜》稱：「先世固始人，祖有林一郎者，仕客，於光啟乙巳遷福建永春桃源大杉林保。」《臺灣通志》載列姓黃人家各個宗譜，有如：《黃氏族譜》、《東石檗各氏族譜》、《閩杭黃氏族譜》、《虎丘義山黃氏世譜》以及《金敦黃氏族譜序》，其始遷祖完全一致，皆稱先祖來自光州固始。臺灣《陳氏大宗譜福清陳氏宗譜》，稱其開基祖來自固始，至三世祖遷至長樂之江田。臺北市文山區木柵一帶，世居臺灣人的《安平高氏族譜》，稱其入閩始祖為固始人高鋼，唐末避黃巢之亂挈眷居閩侯縣鳳崗。而新北市汐止區《蓬島郭氏家譜》，尊固始人郭嵩為入閩始祖。由此可見，我們世系如何，先世出身為何，從何而來，誰是得姓祖，始遷祖，開基祖，在各姓家譜綿延可說一覽無遺，各家世系瓜瓞綿綿也一目瞭然。

單從上面這一段文字，隨意列舉臺灣早歲之黃、陳、高、郭四姓先祖，全都有中原古光州、今河南固始來的事實。再看筆者這次配合譜牒文化交流會，準備好要捐贈給閩臺緣博物館的十七冊族譜，包含十七個姓氏入臺祖先，也都是同樣來自光州固始。另查2007年出版，由臺灣「內政部門」所編印，《全國姓氏要覽》裡，臚列全臺總共五千五百四十二姓中，前十大依序為：陳、林、黃、張、李、王、吳、劉、蔡、楊氏，幾占總人口數53%，渠等最初開臺祖出身，民族大遷徙中出發點亦皆固始。而最近統計百大姓人口數，占臺灣總人口數達97%，追溯其中先祖十之八九，又係從中原一帶輾轉遷移而來。「固始乃全臺中國人根親祖地」，兼從姓氏源流、族譜世系考據，俱證此言不虛。

譜系記述家族世系、及登譜入列人物生平簡介，這是家譜最主要內容之一，誠為族譜中最核心、最重要部分，通常都占到譜內篇幅一半以上。如何看譜查譜訣竅在此，要先瞭解如何井然有序展示，這些歷代族人傳承關係和事略簡歷，也需要設計一套適宜之科學格式。此種統一格式就稱之為體例，也稱凡例、譜例，主要是闡明家譜的纂修法則，一般在每次修譜前，都會先訂出若干條規則，凡適合社會潮流與需要皆加考慮，以作為修譜時必要遵循的原則，各姓譜牒記述世事時，才足以一體通適用，而避開可能差別性。

譬如1985年出版，金門縣尚義黃氏宗親編印《尚義黃氏家譜》內「修譜凡

例」簡要六條，當中前兩條：1.古代編譜分上下篇，曰譜錄、曰譜圖，今採並編法，以譜圖為主，譜錄志於名下，俾索閱簡明。2.譜圖定五世一提，於是而五世，而九世，而十三世，愈遠愈多而皆可通。而另冊雖同為黃譜，係屬澎湖馬公黃家，第二次重修的《紫雲黃氏菜園族譜》，名目卻繁複些，因而譜本也厚些。不過任何體例都應是牒記式，否則就稱不上譜牒；登錄上譜每人名下，都應該有相關簡介，系統篇章有如：何人之子女、排行、字號、科舉、配偶、所生子女、功名、官爵、生卒年月、壽數、廬墓、行誼功績等。

按說族譜卷首都有序言，一篇或者數篇皆可，文言白話體不拘，如屬重修再修或是統修、合修，序言更會包括新序舊序，有的還加刊族外名人的客序。澎湖菜園黃氏宗祠印行《紫雲黃氏菜園族譜》的譜序，文體就頗具代表性。三百五十年前的明朝，菜園黃姓鼻祖正束公，從福建泉州來到了菜園，黃姓子孫至今，已繁衍了十五代，人數也多到無法統計，而能延續這份源頭的資料，全靠不少人默默記下的族譜。

自從紫雲黃氏派衍澎湖後，植基於耆宿默記編成族譜，到譜成又循線尋根有譜，故事精彩更成代表作。事情發生在族譜出版的1991年，該譜總編輯黃宗吉福至心靈，給泉州海外交通史博物館捎去一封信，翌年獲得供職於該館的宗親回音略以：囑尋根源之事……終於近日完成使命，同安金柄村宗事負責人文管宗親、及內厝村天恩宗親攜族譜來弟處，披閱之後認為正確不誤，查正束公祖籍係現屬晉江縣永和鄉內厝村，茲將該譜複印四張供兄臺參考。到如今這一冊黃氏宗譜，連同泉州黃姓宗長回信，及信中所稱原譜複印件均在筆者手中，也都打算彙集後送回泉州，交給中國閩臺緣博物館併案典藏。

## 八、簡譜總能代譜之變通固本——本固邦寧

再來談談我們陸家的譜系，可說是因姓溯源，按譜結緣的關係，才情牽譜系兩岸。由於姓源使然，我在2010年11月受到四川陸游文化節組委會邀請，為崇

州舉行陸游誕生八百八十五週年、逝世八百週年紀念祭拜儀式中，代表各地陸游後裔獻禮祈福，也在先祖復出故地蜀州，見到海內外各地宗親，彼此論字倫比輩分，分享兩岸同宗親情。今年端午詩人節前夕，筆者也挾著放翁詩名與喜梅圖，前往彰化遍植蘭花之屈家村，與屈原後裔屈國會面，這是千古兩位愛國詩人裔孫，在臺首次促成的「梅蘭會」，見面立即比譜論世系；兩家人初次擺譜，陸氏《重修侍郎支譜序》和湖北秭歸《臨淮派下屈氏族譜》難得並排在一起，一下子便拉近了系出月湖陸家、跟「臨淮衍派」間異姓兄弟距離。我遂感賦未是草以為記：「軒轅嫡系弔湘累，癸巳端陽共賦詩。哀郢懷沙全大節，孤忠千載系人思」。

我祖宋陸游《老學庵筆記》卷三嘗曰：「黃魯直有日記，謂之《家乘》，至宜州猶不輟書」。所謂家乘譜牒，是中國族姓文化的重要表現形式之一，是記述家族世系傳承演變和人物活動的姓氏譜書，也可以說是一家一族的歷史專書。在古代原只有帝王之家世系由史官專記，稱玉牒，詳載其宗室房派，追溯其先世淵源，以區分血緣親疏，後來平民百姓才有屬於個人私家筆記或記載家事的筆錄，來作為家譜、家史謂之家乘的替代品。以《陳氏家乘》為例，最重要是「陳奏庭（王廷）」這個人的部分，原文如下：「陳奏庭，名王廷，明庠生。清入武庠，精太極拳。往山西訪友，見兩童子扳跌。」《臺灣豫章堂鐵坑羅氏家乘》自1990年底產生在新竹關西地區，來自清朝時代嘉應州鎮平縣鐵坑羅氏德達公派下裔孫所記，家乘亦屬簡要族譜的一種，這種簡譜總能代譜的事例，印證變通但求溯源固本而已。

歷來一部完整的族譜，應具備下列廿個項目：譜名、譜序、凡例、譜論、姓氏源流、恩榮錄、像贊、世系、家傳、族規家法、家訓、圖像、昭穆、宗祠楹聯、五服圖、族產契約、祖墳、藝文著述、撰譜人傳略、後記等，內容不一而足。可是常見家乘宗譜，並不會如此周全，主要能有個七、八項，在譜內交代清楚就好；至於現今人心不古，各地社會風氣丕變，變通之下能成個簡譜，或者改以代譜出現，有譜總是比沒譜好，也就阿彌陀佛了。若講至少得有幾項恰當，我可一時說不上來，但憑三十多年經驗，看過上百冊族譜，直覺觀察心得是，起碼得有三項不可或缺，此即：姓氏源流、世系和家訓，原因在於三語：姓源乃氏族

之根由,世係為宗親之依歸,家訓系民族之張本。

　　試以最後一語來申論,民族張本之家訓,實際上是一些治家教子的名言警句,有的是從世上名人或先賢啟示金言摘錄而來,也有採取族賢名家所撰,其間古有明訓,「一粥一飯,當思來之不易;半絲半縷,勿忘物力維艱」,宣揚的就是中國傳統節儉持家思想,與現在提倡的簡約風依然吻合。在古今家訓當中最被人推崇的,想必是顏氏家訓、和朱子治家格言了,至今膾炙人口,一直流傳甚廣。

　　在筆者主持廣播電視節目那二十年歲月,現場開放叩應時段最常被問到的問題,永遠記得住只有兩個,就是:我從哪裡來?將往何處去?我的答覆始終都不會改變,僅有一句話「尊前裕後」,其中卻包含兩種意涵,對列祖列宗系尊前敬祖,為後世子孫則垂裕後昆;說的更白一點,其實這正是吾人修譜之目的或謂族譜之作用所在,通常皆會開宗明義列在卷首譜序裡,亦有一部分明載於家訓篇章,然各姓人家用詞發揮就大有文章。

　　中國漢族很早就有譜牒,各姓各家自成相異其趣的族譜體系,其他各民族也都有各自的譜書,從中皆可找到大同小異的內容與樣貌。例如漢族譜內有家訓,回族穆斯林則用「聖訓」一詞。泉州市歷史研究會編印出版《泉州回族譜牒資料選編》,書中購成「聖訓」的基本元素,是僅次於《可蘭經》的典籍,為行教固本的重要準據,且因宗教教義的詮釋不盡相同,對中心信仰理想也各有各的堅持,可是各民族各姓氏對本固邦寧看法一致。

## 九、結語:兩岸譜系有助於譜系兩岸

　　革命先行者孫中山先生昭示:「族譜記述中華民族由宗族的團結,擴展到國家民族的大團結,這是中國人才有的良好的傳統觀念,應加以利用。」借重族譜來團結宗族,還要結合宗族團體,進而成為強盛國族,這是團結必經之路,因此在我寫「尋根三書」第一部《臺灣各姓祠堂巡禮》書前,才去世的臺灣省政府原

主席林洋港,曾引經據典為序:「國父在民族主義第六講中,有言:要善用中國固有的團體,像家族團體和宗族團體,大家聯合起來,成一個大國族的團體,共同去奮鬥。」依我淺見,透過族譜聯結譜系,共促宗族的團結,成為團體的國族,誠屬兩岸中國人的時代使命。

筆者基於個人志趣和使命感,自1970年代開始,即傾全力在本兼職公餘之暇,長期投入姓氏宗祠調研工作,其間約莫有十幾年光景,腳踏實地走遍臺灣各地宗祠三百座,千方百計蒐羅兩岸各姓族譜上百冊,此一在當時算是冷僻不受重視的志業,當年給予我最大的實質幫助,並不在於主持廣電節目通告費和稿費驚人收入,而是藉此幫自己找到老祖宗,驚人發現的宗功祖德值得崇拜,後者直接收益的還不只是我本人,各個姓氏的閱聽人朋友都間接受惠,大家從此知道木本水源就要尋根,從此曉得源流如何就要報本返始。前如我當中華電視臺節目主持人,「鯤島探源——百家姓」單元介紹到姓劉人家時,曾令許多頂著光榮姓氏者興奮不已。

那時候走訪了嘉義溪口劉氏宗祠,並拜讀興寧劉氏族譜姓源篇有句:「綜西漢之世,皇子而封王者三十餘人,王子而封侯者四百餘人。卯金之裔,由是遍布天下。」其實細數最近十年,我在兩岸五地,所翻閱過劉氏宗譜,從臺灣劉氏歷代族譜一卷,河北滄州劉氏家譜三卷首一卷、南皮劉氏家譜、上元劉氏家譜六卷,山西洪洞劉氏宗譜八卷首一卷末一卷、洪洞劉氏族譜五卷、洪洞劉氏宗譜六卷、洪洞劉氏族譜、洪洞劉氏族譜不分卷、洪洞劉氏族譜十七卷首一卷、平定劉氏族譜不分卷,遼寧瀋陽劉氏家族譜不分卷、瀋陽劉氏家譜、遼陽劉氏宗譜一卷、凌源劉氏宗譜十卷,到江蘇南京劉氏家譜、沛縣彭城堂劉氏族譜、豐縣劉氏宗譜十卷、豐縣劉氏宗譜十三卷、泗陽橡樹劉氏宗譜四卷、寶應劉氏家譜六卷首一卷、寶應劉氏家譜一卷,以上二十二部家乘譜牒,無一不把兩岸劉姓乃至各姓人家,根纏在一起,心繫在一起,關係絆在一起,交往湊在一起,前途拌在一起。

兩岸關係一度中斷,但因譜系兩岸的關係,兩岸譜系可從未中斷,今後還要再一統起來。兩岸交往一度中止,卻因譜系兩岸的牽成,兩岸親情也從未中止,

今後還要能連貫起來。兩岸前途一度無望，卻因譜系兩岸的照明，兩岸統一也充滿希望，今後還會更光明起來。作為浪得虛名「姓專家」的我，在此根據專業良知申明，兩岸譜系確實做得到譜系兩岸。

長久以來閩臺間關係，相對於其他各省市來說，比較密切，獨具淵源，素有五緣之說：地緣、血緣、法緣、商緣和文緣，所以幾年前在泉州召開首屆閩南文化節時，我已請伯公吳主席題匾「閩臺五緣」，現在就存藏在中國閩臺緣博物館。今天又回到同一博物館，首次舉行譜牒文化交流活動，由於譜牒大會主題鮮明，海內外各地學者專家，各姓宗親因譜而連緣，更好地推動兩岸民間譜牒流通發展，共同促進對中華民族姓氏譜牒此一珍貴文明遺產的傳承與保護，實有助於兩岸關係和平發展，亦有益於中華文化偉大復興。

前些日子「習吳會」在北京成功舉行，吳伯雄先以家族背景為例說「從母語血緣來說，我是客家人，我在臺灣出生成長，當然是臺灣人，但從民族認同來講，我是中國人。」繼而向總書記習近平先生提出「增強民族認同，祖先無從選擇」的主張，分從血緣、文化、宗教等角度，強調「祖先不能選擇」。對於兩岸兩黨的互動，吳伯雄表示「我們對得起歷史、民族、子孫」！最後筆者也要接伯公的話續說，「今後對得起歷史、民族和子孫，有效落實的做法是，重新建構『閩臺六緣』，即在地緣相近、血緣相親、法緣相依、商緣相通、文緣相承之後，再加上譜緣相連」，如此凡事六六大順，順利圓滿成就偉業。

（作者係臺灣文化藝術界聯合會理事主席，海峽兩岸和諧文化交流協進會會長）

# 談傳統家族的疏離：以臺灣人口老化問題為中心

林瑤棋

## 前言

漢人自古以來即有「修身齊家治國平天下」的文化傳統，修身是指個人的修身養性，有了個人的修身養性，才有健全的家族。換句話說，家族即是國家的基礎單位團體，沒有健全的家族，國家即將崩潰滅亡，所以家族的重要性，我們的祖先老早就已經告訴我們後代子孫了。

同支同祖可以組合成一個家族群體，許多的家族群體再往上聯結到相同的始遷祖，就可組合成一個宗族群體。由於家族或宗族都是同姓氏同祖先，所以臺灣人所稱呼的家族或宗族往往混淆不清，更有許多場合，把宗族擴大到只要是同姓，也都稱之為宗族，閩南語稱為「親堂」。但是本文所指的家族應該只是包括家族和宗族。

在臺灣與金門，祠堂是非常普遍的地方文化景觀。祠堂是家族或宗族的精神中心，也是族人向心力的聚點，所以通常所見的祠堂都是風格古雅，氣勢宏大，肅穆莊嚴。祠堂是家族宗族的觀念、組織、制度的空間形態表現。

明代後期，閩粵贛地區開始廣泛出現組織化和制度化的新型宗族，即祠堂宗族，是以明嘉靖十五年（1536年）為開端。這一年，禮部尚書夏言上疏建議世宗皇帝允許臣民祭始祖，促成「詔天下臣民祭始祖」（郭志超：《閩南宗族社會》，福建人民出版社2008年，第59頁）。始祖之祭的禮制改革，推動宗族祠

堂的興建，並迅速推廣到全地區。現在的閩粵臺民眾大多數自稱是二十三四代，足以證明這地區的人是從明嘉靖才開始廣泛修譜及建立祠堂。

本文內容將以近年來在媒體所見之學者專家文章為依據，並以臺灣人口老化為中心，針對傳統家族的疏離滋生之問題，提出個人淺見，就教於方家。

## 臺灣文化即是閩粵文化

臺灣人口大多數移民自閩粵地區，當然閩粵文化是隨著移民而移民，所以臺灣自有文字記載的三四百年歷史長河中，臺灣的家族宗族文化與唐山閩粵文化是一致的，連眾多沒有文字的南島語族人（平埔族人），他們也因為與唐山移民混居而被唐山人的家族宗族文化所同化。所以說，現在臺灣島上的居民，其家族文化可以說都是相同的。臺灣因為沒有受到20世紀文化大革命的影響，其所保留的宗族文化，可說是全漢族人中最為完整的地區，人民不的修譜、保存下來的姓氏族譜，其成果與數量確實相當可觀，這是漢人文化中，臺灣最值得驕傲的所在。

臺灣這種優良的宗族傳統文化，一直維持到1960年代才起了劇烈的改變，原因是臺灣從那時候開始經濟起飛，原來的農村社會急速轉型為工商社會，年輕人往都會區集中，原來的農村只剩下老人。過去所謂漢人傳統家族文化只剩下留在鄉下的老人在乎，住在都會區的年輕人，對於漢人的傳統文化已不重視，除了過年或清明節回鄉下探視長輩，並且「順便」謁祭祖先外，對於漢人這種傳統文化已急速淡化。筆者猜測，再過二三十年後，現在的老一輩的人都凋零了，所謂祭拜祖先、團結家族宗族的臺灣文化傳統可能只剩下口號。

目前這種不重視祖先、不重視家族文化的情況已隱隱約約可見，現在最令人擔憂的是少子化現象。據主計處部門的統計，2010年臺灣每對生育夫妻出生嬰孩數只有零點玖零玖人，全臺一年只有十六點六萬多嬰孩出生（臺灣《聯合報》2012年12月28日，A6版），與1950、60年代每年出生嬰孩三到四十萬人不可同

# 從兩岸譜牒（族譜）文化看歷史的演進

日而語。雖然2012年出生嬰孩達到二十三點四萬多人（臺灣《自由時報》2013年1月16日，A8版），是十年來最高出生嬰孩數，筆者猜測那是受到龍年的影響，因為漢人都希望生「龍子、龍女」。可是2013年第一季統計，比龍年同一季嬰孩出生率減少百分之十點五（臺灣《聯合報》2012年12月28日，A6版），表示龍年過去之後，又恢復往年的新生嬰孩數。從少子化現象告訴我們一個事實，就是現在的年輕人已不在乎香火傳承，所以有很多人結婚寧願當一個丁克族（Dink），有的只生一胎女孩或二胎女孩，他們也不強求生男孩，足以說明現在的年輕人已不在乎什麼叫做家族，什麼叫做香火傳承。

據統計數據顯示，每對生育夫妻必須有一點六個小孩（指長壽先進國家），才能世代傳承，否則人口數會逐年減少。臺灣如果少子化如此下去，據估計，臺灣到2018年，人口數將呈現負成長（臺灣《聯合報》，2013年1月27日，A4版），主要原因是老化指數急速增加，也就是嬰孩出生率減少，老人人口增加，使臺灣成為一個嚴重的老齡化地區。又據「經建會」預估，倘若這趨勢不變，2025年臺灣將從高齡社會步入超高齡社會，2060年臺灣人口從目前的兩千三百萬人降到兩千萬人以下，2108年臺灣人口只剩八百萬人（臺灣《聯合報》2011年1月23日，A2版），不過這只是未來的預估，時間還那麼久遠，誰知時局會有什麼變化？

全球人口老化已成為近幾十年的一種趨勢，尤其我們臺灣，自從1960年代經濟起飛之後，臺灣人開始富裕起來，再加上醫學的進步，以及1995年實施全民健康保險制度，使得臺灣人的壽命大為延長。臺灣社會也跟著加速老化了，也因為社會的老化，臺灣人對家族觀念因此逐漸疏離與淡薄。據內政部數據顯示，1993年臺灣的老年人口突破總人口的百分之七，因此邁入聯合國所定義的高齡社會（Aging Society），此後，到2000年老年人口已占總人口的百分之八點六二，到2011年更高達百分之十點八九，2013年預估將達百分之十一點七。據「行政院經建會」預估，到2017年將增加到百分之十四，成為老齡社會（Aged Society），到2023年將達到百分之二十，即是超老齡社會（Hyperaged Society），到「超高齡社會」的時候，臺灣社會老化現象在世界上將名列前茅（林瑤棋：《家庭醫學會會訊》，臺北市：臺灣家庭醫學會2013年版，頁

14）。

## 臺灣人口老化指數快速

　　據統計數據顯示，臺灣人口這幾年的老化指數（老年人口／幼年人口）比先進的歐美國家快速得多，2012年臺灣老化指數是百分之七十六（日本是一百七十六點九二），較2002年的百分之四十四點一七大增百分之三十二（臺灣《自由時報》，2013年1月27日，A4版）老化的速度法國是經過一百一十五年才慢慢變老化國家，瑞典是八十五年，美國是七十三年，但是臺灣僅僅用了二十四年，其速度之快，實在令世人訝異。造成今天臺灣人口急速老化的最主要原因是現在的年輕人不生小孩及醫療的進步。

　　據臺灣最近的統計，臺灣的人瑞（一百歲以上）有一千八百七十六人，創下歷史新高，可是人口五倍於我們的日本，人瑞竟達五萬人。換言之，假如我們臺灣人口老化到目前日本的程度，人瑞將達1萬人，那是多麼可觀的數目。

　　今天臺灣人口老化造成了許多對於國家的負面影響，例如：1.青壯年勞動力社會負擔增加。2.勞動力資源短缺。3.社會資源偏向老年人福利及醫療開支（目前健保局對老年人口的給付是百分之二十八）。4.退休人員占高人口比例，尤其臺灣軍公教百分之十八高利率及慰問金是造成國家對退休人員嚴重的財政負擔等，這些負面影響近四五年來，由於政府的能力問題，惡化的情形正加速惡性循環中。

## 老人重視健康不再重視家族

　　我們再看看臺灣「內政部門」於2010年3月份公告的老年人狀況調查統計：老年人自覺健康及身心功能狀況不佳者占百分之二十七點二；如果光以獨居老年

人來說，自覺健康及身心功能不好者占百分之三十一點五；從整個老年人人口來說，有百分之十六點八自理日常起居活動感覺有困難。

老年人對他們老年生活期望前三項，依序為：身體健康的生活、能與家人團圓和樂的生活、經濟來源無虞的生活；至於老年人生活最擔心的三項問題，依序為：自己的健康問題、經濟來源問題、自己生病照顧問題。從上面的統計數據發現，老年人最期待或最擔心的問題，即是「身體健康」，而不是像過去老人特別重視家族觀念。

近二三十年來，由於臺灣社會高度工商化與都市化，年輕人口因工作上的需要，都往都會區集中，在鄉下只剩下一些老年人，加上現在的年輕人晚婚、不婚、不生，所以三代同堂的家庭越來越少。在傳統習俗上，所謂家族就是三代同堂的聚合體，既然鄉下只剩老年人，而年輕人卻往都會區集中，對於家族觀念，老年人與年輕人的距離就變得越來越疏遠。據《自由時報》2011年7月12日報導，在新北市的平溪區，老年人口已達百分之二十五點八％，也就是不到四個人就有一個老年人；苗栗縣的獅潭、西湖，高雄市的田寮區，新竹縣的峨嵋，臺南市的龍崎、左鎮區，新北市的雙溪區，嘉義縣的六腳、鹿草等地，其老年人人口比率都已超過百分之二十二，其他鄉鎮地區，擁有二成老年人人口者，更是多得不勝枚舉。

## 年輕人對家族觀念漸漸疏離

現在的臺灣社會，老年人住鄉下，年輕人住都會區，只有過年過節或有重要選舉，年輕人才會回到鄉下向長輩請安與關心。但是畢竟次數有限，因而造成隔代越來越疏離，再下一代就更免談了。如果平時長輩有病痛，晚輩也不能親自回家照顧，多數都把他們弄到贍養院去，經濟好一點的，頂多是請個外勞來家看護。所以現在的臺灣人，多數沒有機會去體會傳統家族制度好處的一面，如今仍保有家族觀念的人，就寥若晨星了。《孟子‧梁惠王上》所謂的「老吾老以及人

之老」,也就是敬老、孝道,推己及人的人倫關係,對現代的年輕人來說,已經變成一件越來越遙遠的東西。

　　年輕人不關心家族,老年人因病痛已自顧不暇,想要關心家族就更力不從心了。過去,在五服之內的族人,其親情都還能緊密凝聚在一起,而現在的人,五服親誼卻互不認識者比比皆是,據筆者二年前的統計,年輕人(四十歲以下)對五服內堂親完全都認識的人不到百分之十,五等親以內的姻親全都認識者幾乎為零。現在的年輕人什麼叫做親人或族人,很多人不會去在乎這個屬於非物質層面的親情關係。

　　另一個年輕人不重視家族觀念,是因為臺灣人的離婚率高。離婚後往往母親也要爭取子女監護權,如果母親養得起子女,法院通常會把監護權判決給女方。如果孩子由母親監護,母親不只對小孩灌輸爸爸的壞話,還把小孩改從母姓(2007年5月23日正式公布姓氏雙軌制,即可從父姓可從母姓)。據內政部統計數據顯示:1998年十四點六萬對結婚,四點三六萬對離婚。2003年十七點一萬對結婚,六點四九萬對離婚。2009年十一點七萬對結婚,七點七二萬對離婚(臺灣《自由時報》2010年2月17日,1版)。離婚率急速升高,由母親監護的子女就不會認同父系家族,但他也不能成為母系家族的成員,這些子女就變成沒有家族宗族觀念的人了。

　　又據社會研究專家指出,現代的孫子女只有百分之三十一可以說出阿公阿嬤的名字,可以說出阿公阿嬤生日的就更少了,雖然政府也擔心家族的疏離對社會有負面影響,但政府想去克服也是力不從心。從前年(2010年)開始,由教育部明令每年八月份的第四個禮拜天,訂為「祖父母節」,政府希望藉此機會舉辦祖孫共聚活動,以恢復過去良好的倫理道德傳承。雖然僅僅二年,效果還不明顯,但筆者在今年的「祖父母節」當天,透過網路略做調查,竟然有八成八的人(應該都是大人)不知道有祖父母節這個節日。這不能只怪罪政府宣傳不力,主要原因應該是祖孫關係嚴重疏離。

## 家族觀念淡薄喪禮冷冷清清

在此我願意舉一例來說明現代人對家族觀念的疏離與淡薄，以喪禮來說，我們不難發現喪禮越來越冷清。主要是因為現在的親友平時就很少聯絡，年輕一代也不願負擔「人情世故」，最多只做到「禮到人不到」的情形，所以能參與家祭的哀眷，往往只有寥寥三五人。反觀他們所發出的訃聞，卻仍印著「族繁不及備載」，此景此情，無不令人覺得諷刺與唏噓。更有甚者，直系子孫身在國外，他們也不願意回來奔喪，給長輩送上最後一程，從這一點足可說明時代在轉變，現代人家族觀念已大大的淡薄了。

今天，臺灣人的親情關係的疏離與淡薄已經讓人無法想像，筆者並沒有誇大其詞，在此願再舉一實例：我有一老友在南部開設診所，妻兒均在美國，多年前我這位朋友因心肌梗塞過世，通知他在美國的親人，結果只有他老婆回臺送他最後一程，有人問她為什麼二個小孩沒有一起回來？她直截了當的說：「小孩回來他也不會再活起來，回來有什麼用！。」可憐的老友就這樣孤孤淒淒出殯前往西方世界，這就是今天臺灣親情的疏離狀況，相信在未來的二三十年後，筆者預料臺灣人的人性尊嚴與人情世故的淡薄必將達到非常嚴重的地步。

## 嚴重的少子化現象

人口老化與不婚、晚婚及少子化是直接密不可分的關係，尤其是少子化之影響最為深遠。據內政部統計數據顯示，2010年出生嬰兒只有十六點六萬人，平均一對夫妻的生育率只剩零點九零九人，是全球排名最後一名，比起1950年一對夫妻有七點零四個子女不可同日而語。我們以最近的十年來說，2000年出生嬰兒有三十點五萬人，民國2002年有二十四點八萬人，2004年為二十一點六萬人，2006年為二十點四萬人，2008年為十九點九萬人，我們從這統計數可以約略看到臺灣近十年來，社會加速老化的嚴重程度。

有人苛責現代的年輕人住都會區，為何不把長輩也一起帶去，免得老年人孤零零地住在鄉下。其實這是不容易辦到的事，因為牽涉到的因素太多了：一來老

年人願意留在鄉下照顧公媽龕及祖墳，二來每個老年人都有一個想法，希望在自己成長的房子裡走完人生，三來年輕人在都會區是住鳥籠屋，沒有多餘的房間讓父母使用，四來現代年輕夫妻的生活不願意受人干擾。從這些原因，即可知道老年人住鄉下、年輕人住都會區已成為現代臺灣社會定型發展的模式。換言之，臺灣社會之家族觀念的淡薄，是必然的趨勢。

## 結語

　　總而言之，今天臺灣社會的高齡老化，晚婚、不婚、不生是因，高齡老化是果，儘管政府都在想盡辦法以獎勵方式鼓勵年輕人多生（臺灣《聯合報》：2013年5月13日，A6版），但看來好像是緣木求魚。究其不生之原因，問題是現代人的家族觀念逐漸淡薄，香火傳承的觀念也逐漸消失，不像從前的人不生一個男丁來傳承香火不甘心，過去的人雖然已有好幾個女孩了，也會繼續生下去，直到男丁出生才心甘情願，這是現代人與古早人最大差異所在。可是現在年輕人晚生、少生、不生，他們有一套的說法是；養不起，收入低，房價高，教育費貴等（《聯合報》2011年1月23日，A2版），其實家族觀念淡薄及香火逐漸消失是相互惡性循環的結果。所以說，人口老化與家族觀念的逐漸淡薄息息相關，如何挽救人口老化速度，應該是政府未來的重要施政重點。

　　少子化是目前世界先進國家的趨勢，現在各國獎勵生育的政策不外乎減稅、現金補貼、健全托嬰環境等。OECD研究發現，減稅是各國最常用的措施，但是效果最差。直接給予現金補貼效果稍好，提供完整的幼托服務效果最好（臺灣《自由時報》2011年1月9日，A10版）。但臺灣的方式是現金補貼，效果仍然未能顯現出來。

　　筆者所屬的「臺灣姓氏研究學會」，這三十年來積極推廣臺灣人的修譜與研究，並發行一本《臺灣源流》期刊，廣為宣傳家族與族譜的重要性，或許大勢所趨，在工商社會形態之下，與大眾討論家族或族譜，已引起不了現在年輕人的興

趣，一來大家都在過忙碌生活，二來少子化的關係，不能形成家族或宗族。這幾年，有關這方面研究，筆者發現大陸比臺灣略勝一籌（從兩岸學者投稿本會期刊的踴躍度觀察），在可預見的未來，臺灣人的家族觀念與族譜的編纂可能不會有樂觀的情形表現。

（作者係臺灣省姓氏研究學會原理事長、著名譜牒專家）

# 因血緣與地緣形成的漳臺聚落地名

塗志偉

聚落是人類各種形式的聚居地的總稱。聚落一詞古代指村落，《漢書》載：黃河「時至而去，則填淤於肥美，民耕田之。或久無害，稍築室宅，遂成聚落」。1近代泛指一切居民點。聚落既是人們居住、生活、休息和進行各種社會活動的場所，也是人們進行生產的場所。聚落由各種建築物、構築物、道路、綠地、水源地等物質要素組成。它受經濟、社會、歷史、地理諸條件的制約。

聚落的地緣性分為初墾居民與開基居民，初墾居民指最先進入某地區開墾土地的居民；開基居民則指最早進入聚落內定居的居民，這兩類居民均可看作為該聚落開發的先驅，族譜或口碑所稱定居年代與該地區開墾年代一致者。二次移民或二次以上移民是指從大陸祖籍地來臺遷移到某處，再遷移到他處的移民。聚落與地緣關係可劃分為，同省、同府（州）、同縣之同籍性聚落與非地緣性聚落四種。同省、同府、同縣之同籍性聚落是指來自大陸祖籍地同省、同府如漳州府、同一縣如漳浦縣所形成的同祖籍聚落。明清以來，漳州移民來到寶島後，在異常艱苦的環境裡，漳州人和泉州人、閩粵客家人一道，篳路藍縷，合力拓墾，耕種漁牧。漳籍移民的遷入，促使當地人口增加，經濟發展，形成了新聚落，一個個聚居地逐漸開發成一片片繁華的村鎮街區。在新聚落點，漳籍移民不僅捧來家族的祖先神主牌，修建了宗祠，迎來了唐山的民間信仰保護神香火，蓋起了廟宇；同時還移用了家鄉的地名，把漳州祖籍地的府、縣、鄉、村地名、街巷名和宗祠名、寺廟名乃至山川名勝名稱甚至開發建設臺灣有功的歷史人物、有影響的漳籍墾臺名人、移民首領名字、家族姓氏作為新聚居地的鄉鎮村里街區的地名，甚至作為祖祠、廟宇名稱。這些舊地名具有當地人口組成來源的指標性，有的是同地

域或同鄉地緣聚落、有的是同姓聚落、有的是同宗血緣聚落，至今漳籍人口仍然是本地總人口的多數。

這些舊地名產生變更的背後，都與漳籍開拓者緊密相聯，成了漳籍開拓者的代名詞。每一個地名背後都會有許多生動的故事，要瞭解一個地方，應該從它的地名開始，因地名通常可顯示出當地地形、地物或地貌景觀的特徵。也可能代表了當地特殊的地理現象，更可能隱藏著臺灣漳籍先民許多胼手胝足、可歌可泣的傳奇和拓荒血淚史。而幾個地名串聯起來，也許就訴說了一條漳籍先民從閩南漳州來臺，由登陸、轉進、開發以至於定居的路線。

## 一、臺灣的涉漳冠籍地名

根據《臺灣省通志》的統計，臺灣冠籍地名有八十六個不同的名稱，一百九十個村落；冠姓地名有六十九個不同的姓氏，一百六十三個村落。冠籍地名一百一十處，冠姓地名一百三十四處。2但實際上如加上小地名，則遠遠超過。其中，漳籍地名占了相當部分。據已出版《臺灣地名辭書》各卷，3對其中列有各縣市的《各鄉鎮市區村里名的起源》資料進行統計，僅十五個縣市的四千五百九十五個村里中，源於血緣與地緣而命名的有一百五十三個村里。據筆者的調查考證核實統計，臺灣移用漳州府的涉漳冠籍地名已知的至少有一百六十八處，明清漳州府轄有的七個縣及雲霄廳在臺灣都有冠籍地名，如加上衍生的地名則有一百八十五處。其中以嘉義縣最多，有三十四處，如加上嘉義市二處，嘉義地區有三十六處。彰化縣十九處，臺北市十七處，新北市十四處，新北市如加上衍生的地名則有十九處，加上基隆市一處，大臺北地區共有三十七處。臺中市十四處，宜蘭縣十三處，南投縣十三處，臺南市十三處，雲林縣八處，高雄市八處，高雄市如加上衍生地名則有二十二處，較少的桃園縣有五處，澎湖縣三處。而在新竹、苗栗地區，是客家人聚居區，在臺灣後山東海岸花東縱谷的屏東、花蓮、臺東，是漳籍人分布較稀少之處，故涉漳冠籍地名也較少，如新竹縣二處，苗栗縣一

處，屏東縣二處，花蓮縣一處，金門縣一處。新竹市、臺東縣則無。移居的漳州人密度越大，聚落越多，相對來說，漳籍舊地名就越多。特別是在山區，由於地形地貌豐富多彩，小地名更多，其中涉漳地名相對也多。特別是在雲嘉南地區、臺北地區、臺中地區、高雄地區、宜蘭地區等。在蘭陽平原，漳州籍的比例高達百分之九十四，因此，漳州人命名的地名到處都有。這些涉漳地名分布數量總體上和臺灣漳籍人的分布狀況是大致相同的。

我們可以藉由地名瞭解當地民眾來自何方，如漳州寮、漳州里、白礁亭、漳浦厝、雲霄厝、詔安厝、詔安城、銅山館、平和里、南靖宮、彌靖村、長泰等。明清時漳州府所轄的各個縣份都成為臺灣的漳籍舊地名，甚至許多鄉、村、社小地名也成為臺灣的漳籍舊地名，如長泰山重村的茄埕與高雄市茄萣區、漳浦佛曇的鑑湖與宜蘭縣進士路的陳氏鑑湖堂，平和縣小溪鎮琯溪與南投市平和里琯溪宗祠，移用自平和縣坂仔鎮心田村的臺中市北屯區心田賴家等，又如移用自漳浦縣官潯鎮橫口村的桃園縣大溪鎮瑞源里的橫圳。如臺南市鹽水區月港與原漳州府海澄縣「外通海潮，內接山澗，其形似月」相同，因而均命名為月港。臺南市鹽水區雅稱月港，因街區的東、南、西三面環水，狀似新月，故稱為月港或月津，為鹽水區舊稱。海澄月港為龍海市海澄鎮舊稱，是福建歷史上四大商港之一。臺南月港明鄭時期有「一府二鹿三艋舺四月津」的俗諺，曾為臺灣第四大港。海澄月港晏海樓又名八卦樓，臺南月港有八角樓，海澄、臺南月港都有武廟等。

在考察臺灣聚落地名時，我們發現一種十分有趣的地名現象，如嘉義縣民雄鄉的漳籍何姓血緣聚落的冠籍地名平和村，實際上是在今雲霄縣馬鋪鎮何地。臺南市佳里區的冠籍地名漳州里、海澄里如今卻不在漳州或龍海；祖籍泉州市晉江東石鎮的遷臺移民命名的九龍里、主祀九龍三公的嘉應廟祖廟卻來自原龍溪縣（今華安縣）舊地名。更有甚者，嘉義市西區漳籍羅姓聚居地的宗廟公厝冠籍地名美源里白沙廟卻不是源於漳籍羅姓開基原鄉雲霄縣，而來自廣東臺山市。雲林縣西螺鎮冠籍地名河南里命名者不是1949年後遷臺的河南省移民，而是來自漳州詔安縣籍程姓血緣聚落，而且這些冠籍地名的命名都發生在1945年臺灣光復後。經考查，民雄鄉平和村舊名雙援，明鄭時期由明鄭部將招徠漳州移民屯田開墾，入墾的何姓祖籍原為漳州府平和縣。清嘉慶三年（1798年），從平和縣新

安里劃入三圖五個約二十五保劃入雲霄廳,其中包括三圖安厚約的何地、馬舖、呈奇嶺(車墩、龍鏡等)、峰頭等保。何地是漳州市雲霄縣馬舖鄉一帶何氏聚居地的總稱,在乾隆年間,臺灣何氏族人曾回雲霄縣馬舖鄉認祖歸宗。經過三百多年的變遷,在1945年之後,民雄鄉何氏族人仍以祖先遷臺時的家鄉所屬的縣份平和縣,將雙援命名為平和村。南明永曆十五年(1661年),漳州霞陽楊氏二房十一世楊文科從漳州府海澄縣三都新恩里新安堡霞陽社隨鄭成功軍隊來臺,後居臺南縣番仔寮,為最早渡臺的霞陽楊姓。道光年間,番仔寮楊姓派人回原鄉抄錄族譜。1946年臺南縣佳里鎮將番仔寮命名為漳州里、海澄里。但1958年8月,漳州市析海澄縣海滄、新霞二個甲包括霞陽村,歸廈門市郊區(集美)管轄。

## 二、漳臺冠姓聚落地名

地名是人類生活的記錄,臺灣許多漳籍舊地名都帶有地緣和血緣結合的特點。1975年5月至1985年12月期間,美國猶他家譜學會正式在臺灣各地進行族譜、方志等與譜系相關的資料調查收集,共得臺灣民間所存的各種新舊譜牒資料兩千多種一千五百餘卷,《臺灣區族譜目錄》收入了譜牒資料一萬零六百一十三種,記載了大陸二十四個省市二百五十一個姓氏向臺灣移民開基祖的族譜資料。據對該目錄所載資料進行分析統計,族譜中所登錄祖籍地為福建各府縣的姓氏族譜共有四千七百三十部,其中,登錄祖籍地為福建的有五十二姓。漳州府屬的各姓族譜有一千六百零八種,其中所登錄祖籍地為漳州府各縣的累計有二百七十四姓,登錄祖籍地為漳州的有九十八部三十七姓。經合併統計,登錄祖籍地為漳州府各縣有八十二個姓。[4]

實際上不止這些姓氏,據1990年代漳州與臺灣兩地四百多部姓氏譜牒記錄統計,漳州府七縣明清時期至少有九十八個姓氏六千八百九十五人遷居臺灣開基。如與1985年12月期間,臺灣各地進行調查收集譜牒有八十二個姓相比,漳州遷臺姓氏增加了諶、程、董、傅、韓、胡、紀、歐、湯、童、塗、向、辛、

尤、俞、卓等十二姓。2006年，漳州市政協在全市組織開展千村萬戶姓氏普查中，與1990年代相比，筆者又發現遷臺姓氏還有歐陽、唐、凌、汪、蔣、姚六姓。漳州向臺灣移民已知姓氏共一百零四姓。[5][6]2009年，漳州市政協在全市組織徵集涉臺族譜，赴臺灣收集一批臺灣涉漳族譜，與2006年相比，筆者又新發現一批漳州遷臺姓氏。從現已查知的有開臺祖記載的漳州和臺灣民間一千多部族譜看，筆者新發現漳州遷臺姓氏還有白、丁、杜、甘、龔、侯、佘、宋、麥等九姓。至此已知，漳州向臺灣移民姓氏共一百一十三姓。[7]這漳州遷臺一百一十三姓即：白、蔡、曹、陳、陳林、陳蔡、諶、程、戴、鄧、丁、董、杜、范、方、馮、傅、甘、高、龔、官、管、郭、韓、何、洪、侯、胡、黃、紀、簡、江、姜、姜林、蔣、康、柯、柯蔡、賴、藍、李、連、梁、廖、林、凌、劉、柳、盧、六、呂、羅、馬、麥、倪、歐陽（歐、區）、潘、蒲、邱（丘）、闕、阮、佘、沈、施、石、宋、蘇、孫、湯、唐、田、童、塗、汪、王、王游、魏、溫、翁、巫、吳、五、向、蕭、謝、辛、徐、許、薛、嚴、顏、楊、姚、葉、尤、游、余、俞、曾、詹、張、張廖、張簡、趙、鄭、鐘、周、朱、莊、侯、卓、鄒、左。

　　較早渡海遷臺開墾的移民以家族中敢於闖蕩冒險的男子居多，這些人有了安身之地，就會返籍帶眷遷居臺灣，同族的其他人也會紛紛過海投靠。漳州《白石丁氏古譜》稱讚二十五世丁品石入臺創下基業後，「族人來投，皆善遇之」，[8]能夠為剛剛來臺發展謀生的族人提供各種幫助，受到鄉親族人的交口稱道。經過若干年後，同族人逐漸增多，就形成小聚落。大陸移居的鄉親都是成群結隊來到臺灣，在異地他鄉，人地生疏，同籍同鄉、同宗同族的人自動組織起來，同心協力，艱苦創業，生活上互相關懷幫助，生產上互相支持，共同對付自然災害，避免外族欺侮。姚瑩在《東溟文集》說：「臺灣之民不以族分，而以府為氣類。漳人黨漳、泉人黨泉、粵人黨粵：潮雖粵而亦黨漳。」[9]這說明了臺灣早期社會同籍同姓聚居形成姓氏冠地名的現象十分普遍。在臺灣南部開發比較早的地區，移民進入早，族親聚居多，如康熙末年至雍正年間，臺南、鳳山一帶是早期移民先落腳的地方，聚居經久，多數已有家室，相安耕作，逐漸形成村落，於是營建村廟、宗祠，開路建橋，插竹圍莊等公共建築已出現。這些先期到達臺灣的移民，

經過幾十年的發展，已安居樂業，並組成早期的家族形式。康熙三十四年（1695年）修纂的《臺灣府志》就說：「隸斯籍者，非有數世高、曾之土著也。有室有家，父而子，子而孫，即為真土著矣！」[10]可見在康雍年間，臺南地區大部分人已經進入定居生活，康熙五十六年（1717年）編修的《諸羅縣志》就記載了當地有五世同堂、男子有四十八人的大家庭，還有四世同堂的大家庭。[11]這就形成一個宗族群體，形成一種「同字姓」的宗族，並把新開墾的地名以自己共同的姓氏命名，外莊人也以姓氏名稱呼其聚居的村莊。據林嘉書《福建祖籍臺灣姓氏與家族數目簡表》資料進行統計，祖籍漳州各縣的臺灣姓氏家族合計有兩千零二十七個，其中南靖有五十三姓五百四十六個家族，詔安有三十六姓三百五十三個家族，平和有三十一姓三百一十三個家族，漳浦有三十五姓三百二十三個家族，龍海有四十二姓二百七十五個家族，漳州有三十七姓一百七十一個家族，長泰有十五姓三十四個家族，雲霄、東山各有一姓一個家族。按民間譜牒記載，明清期間，漳州遷臺姓氏人口最多的前三縣分別為南靖、平和、詔安縣。[12]遷臺人數一百人以上的家族有二十八個。

從閩南、廣東為主移居臺灣的百餘個姓氏，其中用來作為地名命名就有四十多個姓氏。陳正祥教授編寫的《臺灣地名手冊》收錄了五千六百個臺灣地名資料，其中有八十七個以姓氏為地名的詞條。[13]據《臺灣省通志》卷一土地志地理篇所載地名統計，臺灣全省冠姓地名有一百三十四處。再據《臺灣省通志》、陳正祥《臺灣地名手冊》、伊能嘉矩的《大日本地名辭典‧臺灣篇》三書所錄冠姓地名統計，登載的臺灣全省冠姓地名有六十九姓，一百六十三個村落，另有陳、黃、吳三姓合居之村落一處。[14]這裡所指的同族村落冠姓地名主要是血緣聚落。這些同族村落主要是以福建籍的移民為主。[15]如範圍擴大到僅以姓氏為地名的聚落，漳臺冠姓聚落地名數量則遠遠多於冠籍地名。在漳州，據對《漳州姓氏》所載的《漳州市各（縣市、區）村、社地名一覽》進行分析統計，[16]漳州市冠姓聚落至少有五百七十四個。其中芗城區有十一個，龍文區有十七個、龍海市有一百四十七個、漳浦縣有一百二十九個，雲霄縣有二十一個，詔安縣有五十九個，東山縣有十五個，平和縣有六十四個，南靖縣有五十八個、長泰縣有三十一個、華安縣有二十二個，實際上這類歷史地名肯定還不止這些。

在漳臺，經常出現帶有區域性姓氏聚居現象，表現出某些地方性特點的高比例的姓氏，其中有許多是著姓望族，形成了冠姓地名。所謂「張王李趙遍地劉（流）」，「陳林半天下，黃蔡滿街走」。在臺灣島地，各個年代形成的名門望族，遍布臺灣全島，有的已成為歷史記憶，有的正如日中天。如基隆顏家、宜蘭陳家、宜蘭黃家、臺北李家、艋舺高家、艋舺張家、稻江陳家、士林楊家、士林、潘家、北投陳家、南港闕家、內湖葉家、板橋林家、深坑黃家、大溪李家、龍潭蕭家、新竹鄭家、內埔姜家、臺中張家、西屯廖家、北屯賴家、霧峰林家、豐原張家、清水楊家、龍井林家、社口林家、彰化吳家、員林張家、鹿港辜家、竹山林家、草屯洪家、斗六吳家、西螺廖家、刺桐林家、嘉義蕭家、麻豆林家、臺南吳家、高雄陳家、橋頭餘家、屏東張家、澎湖歐家、金門下坑陳家、瓊林蔡家等等。漳籍遷臺姓氏家族中也有許多成為望族。在傳統上，臺灣五大家族是指臺灣自日據時期一直到臺灣光復後，地方上最具政經影響力的五大家族，由北至南分別為基隆顏家、板橋林家、霧峰林家、鹿港辜家、高雄陳家。其中板橋林家、霧峰林家為漳籍。根據吳文星的研究資料，日據時期，稱為富豪與望族之名者，資產為一萬日圓以上，至百萬以上。而其中臺灣中部富豪最多且財力雄厚。而臺中四大家族中，霧峰林家林獻堂為六十萬，林紀堂為四十萬，林烈堂七十萬，太平吳鸞旂九十萬，神岡呂汝玉十萬，竹山林月汀六萬。[17]臺中霧峰林家、太平吳家、神岡呂家、竹山林家均為漳州籍。

## 三、以始祖、家廟、宗祠命名的涉漳聚落地名

在臺灣還有許多以漳籍冠姓始祖、家廟、宗祠命名的聚落地名。據已出版《臺灣地名辭書》各卷，[18]對其中列有《各鄉鎮市區村里名的起源》資料進行統計，僅臺灣十五個縣市的四千五百九十五個村里中，源於血緣與地緣而命名的有一百五十三個村里。據考查核實，已知的僅遷臺漳籍二十六個姓氏中，就至少有八十三處涉漳聚落地名。其中，以漳籍始祖、家廟、宗祠命名的至少有二十七處，以冠姓厝、村里命名的至少有三十二處，實際上遠遠不止這些。這些漳籍冠

姓村落通常是由於漳籍或同姓的人口占大多數，成為該村落的主體而得名，也有的是紀念最初移民開墾者而命名。

　　在漳州，以開基始祖命名的，如漳浦縣杜潯鎮文卿村，清代文卿村為舊城堡，為邱姓聚居地。據文卿村所存邱姓舊族譜殘本記載：「祖上光州固始人，於後唐天成二年（927年）入閩。文卿之祖邱翰，元朝居南爐，生一子維周（號明孫）。維周生九子，長子長卿，贅陳家；次子文卿，元朝任潮州路揭陽縣主簿，歸休居杜潯。」文卿村邱姓開基始祖邱韓保，諡號文卿，原居漳浦縣二十八都南爐（今屬龍海市東泗鄉西嶺村），於元朝任潮州路揭陽縣主簿，歸休居杜潯開基，後裔衍成大族。於是民國時期始以「文卿」為保名，新中國成立初期為第七區（杜潯區）文卿鄉，1958年9月公社化後為杜潯公社文卿大隊，1989年杜潯公社改為杜潯鎮，文卿大隊改為文卿村。漳浦縣杜潯鎮正陽村為洪姓聚居地。明代時，洪君志與子洪原性自海澄縣（今龍海市）河福來此開基，成為洪姓開基祖。正陽村原為明代大洋社，清代正陽保。今近城村霞美（下尾）保原為許姓聚居區有「下尾許」之稱，民國時期洪姓成為主要姓氏，1944年，遂以洪姓開基始祖原性（諡號）為保名。將清代霞美（下尾）保並為范陽、文卿、原性三保。1988年8月正陽大隊改為正陽村。陳獻章是廣東新會縣白沙村人，明代著名教育家、理學家，因有恩於羅姓，被奉為羅姓保護神。明宣德年間，羅美源遷入雲霄縣馬鋪鄉開基，成為雲霄羅姓開基祖，雲霄羅美源派下傳衍於雲霄、平和、南靖等地。馬鋪鄉時屬平和，後劃入雲霄。康熙年間，羅姓族人遷臺，他們都世代相承祖先的傳統，建廟奉祀羅姓保護神白沙爺公。1953年，將聚居地以雲霄開基祖名字命名為美源里，將宗廟命名為白沙廟，如嘉義市西區美源里、嘉義縣水上鄉南和村美源村。又如臺南市下營區賀建里，意為開臺祖郭賀所建之村，為紀念漳州府龍溪縣二十九都錦湖鄉石美保寮西社即今龍海市角美鎮西邊村寮西郭賀最早入墾而命名。九龍里、詔安里、河南里的命名也是出自同樣的緣故。從中，我們看到了千百年來炎黃子孫不管身處何方，不管政區變化，對祖根的追尋的傳統宗族文化一脈相傳，始終不變。在這種慎終追遠的文化傳統影響下，必然是在漳臺各地大小村落修建的姓氏宗族祠堂數量相當多，也形成一批這類地名。如長泰縣武安鎮溪東村的三房、岩溪鎮湖珠村祖厝邊、祖寮、尚吉村祖厝邊、江都村祖

厝邊，華安縣新圩鎮綿治村長者地、仙都鎮中圳村百子堂，龍海市浮宮鎮八坑村祖厝，南靖縣船場鎮張坑村祖洞、梅林鎮璞山村祖厝角、南坑鎮村雅村仙祠公、龍山鎮龍山村祖厝邊、寶斗村大宗、奎洋鎮光祠村、山城鎮溪邊村上祖厝，平和縣安厚鎮三隆村祖厝、南勝鎮雲後村三房、五房，雲霄縣雲陵鎮享堂村文公祠，詔安縣南詔鎮城內社區聖祖、許厝祠、李厝祠、東門社區郭厝祠，漳浦縣南浦鄉後坑村祖厝、六鰲鎮鰲東村祠堂、霞美鎮眉田村大祖後、石古農場祠堂頂，計有二十七處。

　　明清以來，祠堂是漳臺宗族祭祀先祖、議決大事的重要場所。堂號作為家族的徽號和別稱，不僅有明顯的地域特徵和血緣內涵，而且帶有濃厚的封建宗法色彩，既是對某一姓氏家族特色的高度概況，也是當時社會形態的反映。同樣具有區分宗支族別、血緣親疏的社會功能。它的產生、發展，多與修族譜、建宗祠、祭祀祖先、宗親聯誼活動同時進行。臺灣中研院民族研究所林美容透過對《草屯鎮之聚落發展與宗族發展》的研究後認為，血緣聚落的發展與宗族的發展有密切的關係，由聚落的血緣性，進而有跨聚落的血緣結合，這從祭祀公業、宗祠的設立可見一斑。聚落的血緣姓對聚落內與聚落之間因神明信仰而產生的地緣組織，如神明會、寺廟組織，亦有很大的影響，因此不論是聚落性的神明會或是跨聚落性的神明會，均表現出相當的血緣姓，而一些跨聚落性的廟宇，幾乎都是為集結同姓聚落而設。

　　在漳州，除冠姓地名外，還有相當數量的以姓氏宗族祠堂作為地名，據對《漳州姓氏》所載的《漳州市各（縣市、區）村、社地名一覽》進行分析統計，[19]全市計至少有二十七處這類地名。如長泰縣武安鎮溪東村的三房、岩溪鎮湖珠村祖厝邊、祖寮、尚吉村祖厝邊、江都村祖厝邊，華安縣新圩鎮綿治村長者地、仙都鎮中圳村百子堂，龍海市浮宮鎮八坑村祖厝，南靖縣船場鎮張坑村祖洞、梅林鎮璞山村祖厝角、南坑鎮村雅村仙祠公、龍山鎮龍山村祖厝邊、寶斗村大宗、奎洋鎮光祠村、山城鎮溪邊村上祖厝，平和縣安厚鎮三隆村祖厝、南勝鎮雲後村三房、五房，雲霄縣雲陵鎮享堂村文公祠，詔安縣南詔鎮城內社區聖祖，漳浦縣南浦鄉後坑村祖厝、六鰲鎮鰲東村祠堂、霞美鎮眉田村大祖後、石古農場祠堂頂等。

在臺灣，以家廟、宗祠命名的涉漳聚落、史蹟遍布各地。僅漳州遷臺陳姓、塗姓、林姓、江姓、羅姓、鄭姓、廖姓、張廖姓、張姓、洪姓、潘姓、劉姓、楊姓、方姓、吳姓十五個姓氏，就至少有二十九處聚落，如臺北陳德星堂、臺南陳德聚堂、榕仔腳陳氏宗祠、嘉義等地的塗姓開基祖廟、塗厝、臺中林氏宗廟、月眉龍德廟、林厝底、彰化江九合濟陽堂、嘉義羅姓美源里、美源村、新竹鄭氏家廟、西螺七崁張廖宗祠、臺中西屯張廖家廟、廖煥文墓園、臺中張氏祖廟、草屯鎮草屯炖倫堂、臺北士林潘宅、劉家宗祠、臺南楊家古厝、楊協發公厝、方家祖祠、高雄吳家古厝等，分布在臺北市大同區、士林區；新竹市北區；臺中市南區、西屯區、南屯區；南投縣草屯鎮；雲林縣西螺鎮；彰化縣和美鎮、埔心鄉、永靖鄉、員林鎮；嘉義縣樸子市、水上鄉；臺南市中西區、安平區、柳營區、大內區、關廟區；嘉義市東區、西區；高雄市彌陀區；金門縣金沙鎮等地。此外，尚有澎湖縣湖西鄉許家村的許氏宗祠、下社祖厝等，實際上遠遠不止這些。

## 四、漳臺以冠姓厝、村里命名的涉漳聚落地名

林美容認為，同宗族人自然的聚合來自同一祖籍鄉村的同姓族人，並非全體一起就到臺灣開拓，他們前前後後分批地進入臺灣，並非每個來的人都留下來了，有的回大陸，也並非每個終老於此的都有後代在臺灣傳衍，但只要二、三代的族親共居一處之後，就足以應付開墾的人力需要及形成同族聚落。一方面建立家園，一方面就是要建立家族的勢力，能夠有一個安定的基礎，有餘產留給子孫，子孫才有結合建立宗族的基礎。[20]民居是人們安身立命的地方，漳臺民間俗稱為厝，而結構完整具有特色的民居，則稱為宅第。它需要能夠長居久安、融入自然的特質，主要在體現現實生活的需求及生活和環境的互動。另外受到文化傳統、政法地位或經濟條件等因素的影響，民居建築也會展現出不同的藝術形式。常常在厝、寮前加上姓氏作為地名。於是在漳臺就產生了許許多多以冠姓厝、村里命名的涉漳聚落地名。閩南人一般稱房屋為厝，客家人稱房屋為屋。

在閩南農村至今還有許多的這樣的村莊。據對《漳州姓氏》所載的《漳州市各（縣市、區）村、社地名一覽》進行分析統計，[21]在漳州市五百七十四個冠姓聚落地名中，其中，龍海市用作聚落地名的厝字有九十六個，其中冠姓厝地名有五十四個；長泰縣有四十六個，其中冠姓厝地名有八個；南靖縣有七十九個、其中冠姓厝地名有十一個；東山縣有八個；龍文區有八個，其中冠姓厝地名有六個，其他縣也還有許多。在臺灣，這類的姓氏地名也相當多，如漳州遷臺許姓、郭姓、賴姓、游姓、何姓、沈姓、童姓、柯姓、黃姓、葉姓、劉姓、藍姓、呂姓十三個姓氏，目前已知的就至少有三十二處以冠姓命名的涉漳聚落地名、史蹟，如許家村、許厝港、許厝埔、郭氏古厝、郭厝、心田賴家、賴厝廊、賴厝里、賴明里、賴清標墓、游厝、何厝莊、沈祖祠、沈厝、童厝、柯厝、姓黃仔、葉厝里、劉家里、藍家古厝、呂家頂瓦厝等，實際上遠遠不止這些。例如臺中市有由平和縣、詔安縣何姓族人建立的何厝莊，有由平和縣賴姓族人建立賴厝莊、賴厝廊、南靖縣邱姓族人開發的邱厝莊。乾隆年間，漳州府龍溪縣蘇共入墾嘉義，嘉義縣六腳鄉有蘇厝村，舊稱蘇厝、蘇厝寮。明萬曆初年漳州府龍溪縣蘇正順攜長子蘇振文入墾今臺南安定，臺南市安定區有蘇林里、蘇厝里。如臺灣嘉義縣的沈厝寨是詔安沈楸公派系的移民開闢的，如今居住的還是詔安沈姓後裔。其他遍布臺灣各地的閩南籍聚落，又如陳厝在臺北市和平里、臺中市梧棲區福德里、彰化縣永靖鄉永興村、雲林縣土厝村都有，以及嘉義縣民雄鄉的陳厝寮、新北市三芝區的陳厝坑等。如劉厝埔、朱厝崙、曾厝崙、許厝港、胡厝寮、謝厝寮、林厝、林厝寮、黃厝、黃厝村、張厝村、王厝、吳厝、蔡厝巷、劉厝、楊厝、許厝、塗厝、施厝寮、顏厝、廖厝、蘇厝、江厝店等等。也有將姓氏冠於地名後的村社，如臺南市的官田陳、麻豆林、柳營劉等等，則為當地於建莊當初有該姓氏興建家屋或墾拓而命名。

註釋：

1.（漢）班固：《漢書》第六冊卷29，中華書局1964年11月版，第1692頁。

2.林衡道主修、盛清沂纂修、廖漢臣纂：《臺灣省通志》卷二，臺中：臺灣

省文獻委員會、眾文圖書1973年6月印行，第206—207頁。

　　3.施添福總編纂：《臺灣地名辭書》卷一至二十一，臺灣省文獻委員會、國史館臺灣文獻館出版。

　　4.趙振績：《臺灣區族譜目錄》，中壢：臺灣省各姓歷史淵源發展研究學會等1987年元月版。

　　5.林嘉書：《閩臺移民譜系與民系文化研究》，黃山書社2006年5月版，第248頁。

　　6.林殿閣主編：《漳州姓氏》下冊，中國文史出版社2007年9月版，第2207頁。

　　7.江玉平主編：《漳州與臺灣族譜對接指南》，廈門大學出版社2011年8月版，第6頁。

　　8.陳在正：《濟陽丁始遷閩入臺考》，載《臺灣研究集刊》1989年4期。

　　9.（清）姚瑩撰：《中復堂選集》，臺北：臺灣銀行經濟研究室1960版，第1—3頁。

　　10.（清）蔣毓英撰、陳碧笙校註：《臺灣府志校注》，廈門大學出版社1985年版。

　　11.（清）高拱乾等纂輯：《臺灣府志》卷七，臺北：臺灣銀行經濟研究室1960版，第185—187頁。

　　12.林嘉書：《閩臺移民譜系與民系文化研究》，黃山書社2006年5月版，第211—212頁。

　　13.陳正祥：《臺灣地名手冊》，臺灣省文獻委員會1959年出版。

　　14.林衡道主修、盛清沂纂修、廖漢臣纂：《臺灣省通志》卷二，眾文圖書1973年6月印行，第200，209頁。

　　15.張廣敏主編：《福建省志·閩臺關係志》第三章，福建人民出版社2008年12月版。第52頁。

16.林殿閣主編：《漳州姓氏》，中國文史出版社2007年9月版，第1931頁。

17.吳文星：《日據時期臺灣社會領導階級之研究》，臺北：正中書局1992年版，第72—86頁。

18.施添福總編纂：《臺灣地名辭書》卷一至二十一，臺灣省文獻委員會、國史館臺灣文獻館出版。

19.林殿閣主編：《漳州姓氏》，中國文史出版社2007年9月版，第1931頁。

20.林美容：《草屯鎮聚落發展與宗族發展》，原載中央研究院《第二屆國際漢學會議論文集》，收錄於《鄉土史與村莊史——人類學者看地方》，臺北：臺原出版社1989年版。

21.林殿閣主編：《漳州姓氏》，中國文史出版社2007年9月版，第1931頁。

（作者係漳州市政協文史委主任）

# 從譜志文獻記載看閩臺姓氏源流

紀谷芳

查閱閩臺民間的族譜，你可發現大量族譜記載祖先來自光州固始，當然也有一部分來自光州固始以外的廣大中原地區。中原地區人口南遷入閩的歷史可謂源遠流長，上自遠古，下至宋元之交，在漫長的歲月裡，從未間斷。隨著大量中原人口的南遷入閩，大量中原姓氏也隨之入閩傳播。時至明清時期，隨著眾多福建移民遷居臺灣，中原姓氏也隨之入臺傳播。

## 一、從中原到閩地

據史料記載，在光州固始歷史上形成過多次較大規模的南遷入閩移民潮。由於大量移民都來自光州固始，因而，及至宋代，「閩人稱祖皆曰自光州固始來」。然而，南宋史學家、譜學家鄭樵（1103—1162年）在為《滎陽鄭氏家譜》所寫的序中指出：「今閩人稱祖者，皆曰光州固始。實由王緒舉光、壽二州，以附秦宗權，王潮兄弟以固始眾從之。後緒與宗權有隙，遂拔二州之眾入閩。王審知因其眾以定閩中，以桑梓故，獨優固始。故閩人至今言氏譜者，皆云固始，其實謬濫云。」[1]的確，從閩人譜志記載看，也有一部分祖先來自光州固始以外的廣大中原地區。因此說，福建地區的姓氏絕大部分都來自古代的中原地區。

中原地區是中華文明的發源地，這裡是自三皇五帝到北宋中國長期的政治、經濟和文化中心，因此古有「得中原者得天下」之說，歷來為兵家必爭之地。正

是因為這裡地處戰略要地，所以幾乎每次改朝換代，這裡都有戰事發生，致使中原大地屢遭洗劫，生靈塗炭，社會動盪不安，經濟遭受嚴重破壞，由此引發形成過多次向外遷徙的移民潮，移民主要向南方尤其是向閩地遷徙。根據袁家驊先生在其主編的《漢語方言概要》中指出：「中原人民遷移入閩的過程，大概始於秦漢，盛於晉唐，而以宋為極。」歷史上形成較大規模的南遷入閩移民潮，有四次：一是西晉末年「永嘉之亂」形成的移民潮；二是唐初跟隨陳政父子入閩形成的移民潮；三是唐末五代跟隨王審知兄弟入閩形成的移民潮；四是兩宋之際宋元之交戰亂形成的入閩移民潮。

據福建省志記載，福建有文字記載的歷史可以上溯到西周（約公元前11世紀中—公元前771年）。西周時期福建境內居住著稱為「閩」的原始居民。閩族人在種族上與中原華夏人不同，屬中國古代南方百越族的一個分支，故稱閩越族。周代福建人口數量史籍無記載。秦始皇統一中國後（公元前221年），曾設閩中郡，但只是虛設，並沒有實際行政統治，福建仍然是閩越族的勢力範圍。由於缺乏文獻記載，秦朝福建人口數量無從稽考。漢元鼎六年（公元前111年），閩越王餘善「刻武帝璽自立，詐其民為妄言」，公開叛漢分裂。漢武帝於元封元年（公元前110年）發兵攻打閩越。據《史記·東越列傳》載，漢武帝平定閩越後以「東越狹多阻，閩越悍，數反覆，詔軍吏皆將其民徙處江淮間。東越地遂虛」。「明·王應山《閩大記》卷二《閩記》載，漢昭帝始元二年（公元前85年），有逃遁山谷的閩越族人復出，自立冶縣，屬會稽南部都尉。西漢末，冶縣屬會稽郡，其版圖幾乎包括今天的福建全境。《漢書·地理志》記載，漢平帝元始二年（2年），會稽郡領26縣（冶縣是其一），共計戶數223038，人口數1032604。如果以26縣平均計算，每縣約8600戶，40000人。[2]東漢末至三國時期，稱雄於江東的孫氏政權為了確立其對閩中的統治，在孫吳對閩用兵的62年間，漢族入閩的人數不少，主要是孫吳的軍隊和流民等。這使福建的民族結構開始發生重大變化，由閩越族為主逐漸轉變為以漢族為主。三國時屬吳國，設建安郡，轄建安、南平、將樂、建平（建陽）、東平（松溪）、昭武、吳興（浦城）以及候官、東安（南安、同安）共9縣。西晉統一後，由於建安郡人口增加，於太康三年（282年）從建安郡中分出晉安郡。從兩晉南北朝到唐宋，由於中原戰

亂，北方漢族人民因避戰亂大量南遷並輾轉入閩，福建人口不斷增加。至唐天寶元年（742年）已有91186戶，410587人；到唐建中（780—783年）又增至93535戶，536581人。至宋代，福建進入封建社會的鼎盛時期，人口持續增長，北宋元豐年間（1078—1085年）福建路1043839戶，2045918人，至南宋嘉定十六年（1223年），福建已有1599214戶，3230578口。[3]

隨著大量中原移民的南遷入閩，中原姓氏也隨之南遷入閩傳播。

據《晉書·地理志》卷三一八云：「閩越遐阻，僻在一隅。永嘉之後，帝室東遷，衣冠避難，多所萃止。」《三山志》載：「永嘉之亂，衣冠南渡，始入閩者八族。」《福州府志》載：晉永嘉年間，「中州板蕩，衣冠始入閩者八族，林、黃、陳、鄭、詹、邱、何、胡是也」。[4]而實際上在晉代以前就有不少姓氏入閩，比如，根據《閩臺百家姓·吳》載，吳姓徙居福建歷史悠久，公元前473年越滅吳時，吳姓先民為逃避戰爭禍患，由吳國遷徙入閩，西漢時期已聚族六千多戶，人口三萬眾。[5]又如，漢武帝時許州許　，奉命討平閩越，其子15人分鎮閩地。[6]另據《寧化客家姓氏》載，有管姓於東漢初入閩。[7]據《紫雲黃氏錦田大宗族譜》記載，東漢末有光州固始人黃道隆曾任會稽市令，後避亂入閩，成為錦田黃氏之祖。[8]根據對《閩臺百家姓》及各有關姓氏志書、譜牒文獻資料的歸納整理，唐代以前入閩的姓氏大體上有：陳、林、黃、鄭、詹、丘（邱）、何、胡、張、劉、楊、梁、鍾（鐘）、溫、巫、王、吳、蔡、許、謝、廖、賴、周、江、蕭、余、孫、魏、戴、鄧、薛、卓、董、歐、湯、康、嚴、金、阮、邵、柳等41姓。

唐初，根據《漳州姓氏》記載，隨陳政、陳元光父子開基漳州的河南光、中、蔡三州7000多將校府兵中就有中原姓氏58姓，兩批共64姓，連同隨軍入閩開漳軍眷姓氏共有87姓，形成眾多的漳州姓氏開基祖。兩批入閩開漳的64姓是：陳、許、盧、戴、李、歐、馬、張、沈、黃、林、鄭、魏、朱、劉、徐、廖、湯、塗、吳、周、柳、六、蘇、歐陽、司馬、楊、詹、曾、蕭、胡、趙、蔡、葉、顏、柯、潘、錢、余、姚、韓、王、方、孫、何、莊、唐、鄒、邱、馮、江、石、郭、曹、高、鐘、汪、洪、章、宋、丁、羅、施、蔣。隨同入閩開

漳軍眷姓氏有40姓，其中不重複的姓氏有23姓：卜、尤、尹、韋、甘、寧、弘、名、陰、麥、邵、金、種、耿、謝、翁、五、瞿、薛、上官、司空、令狐、吐萬。[9]

唐末五代，黃巢自河南起兵反唐，歷時7年，再度促成大規模的遷徙。當時，「中原亂，公卿多來依之」，從各姓的源流記載看，大都說其祖先來自河南光州固始。據明嘉靖《固始縣志‧隱逸》記載，王審知入閩帶固始鄉民「18姓」。其中記明的有：方、胡、龔、徐、顧、丘、白7姓。清末固始進士何品黎考證王審知帶領固始鄉民5000多人入閩。1994年出版《固始縣志‧人口遷徙》記載，隨王審知入閩的固始籍民為27姓：陳、張、李、王、關、蔡、楊、鄭、謝、郭、曾周、廖、莊、蘇、何、高、詹、沈、施、盧、馬、付、董、薛、韓、孫等。而根據固始縣史志研究室《根在固始》一書彙集近些年豫閩臺有關文史專家考證的隨王審知入閩的姓氏有王、陳、林、劉、郭、謝、吳、張、黃、周、許、楊、蘇、鄒、詹、薛、姚、朱、李、鄭、程、嚴、董、呂、孟、連、湛、虞、庚、戴、蔡、莊、鄧、柯、沈、蕭、卓、何、孫、繆、趙、高、施、曾、盧、廖、馬、傅、韓、釋、余、駱、蔣、包、阮、袁、賴等57姓。[10]根據以上三種文獻記載，唐末五代隨王審知入閩的姓氏，剔除重複者，合併字義相通的姓，共有65姓，分別是：方、胡、龔、徐、顧、丘（邱）、白、關、廬（盧）、王、陳、林、劉、郭、謝、吳、張、黃、周、許、楊、蘇、鄒、詹、薛、姚、朱、李、鄭、程、嚴、董、呂、孟、連、湛、虞、庚、戴、蔡、莊、鄧、柯、沈、蕭、卓、何、孫、繆、趙、高、施、曾、廖、馬、傅（付）、韓、釋、余、駱、蔣、包、阮、袁、賴。

另，根據《閩臺百家姓》載述，唐至五代時期入閩的姓氏有：李、郭、洪、曾、廖、徐、葉、蘇、莊、呂、羅、高、潘、朱、游、施、沈、趙、盧、顏、柯、翁、范、宋、方、杜、傅、侯、曹、丁、馬、蔣、唐、馮、姚、石、紀、程、連、古、姜、田、鄒、白、塗、尤、韓、龔、袁、六、倪、夏、童、錢、五、章、關、樂等姓。《漳州姓氏》載，辛姓最早在唐開元年間入閩；常姓在隋唐時期入閩，那麼，至遲在唐朝時已入閩；商姓在唐末隨王審知入閩。[11]《泉州姓氏堂號》載，留氏在唐朝入閩。[12]根據余保雲《寧化客家姓氏》載，唐至五代

# 從兩岸譜牒（族譜）文化看歷史的演進

時期從中原南遷入寧化的客家姓氏有：杜、紀、賴、李、傅、練、龔、余、陳、黎、江、堯、時、黃、羊、五、馬、魏、鄒、范、楊、劉、溫、伊、嚴、唐、鄔、胡、施、孔、夏、高、塗、貝、柯、馮、薛、官、蔣、張、游、謝、何、吳、孫、彭、王、游王、鄭、藍、郭、董、晏等53姓。

綜合上述有關唐至五代時期入閩的姓氏，剔除重複者，共有120姓，分別是：方、胡、龔、徐、顧、丘（邱）、白、關、廬（盧）、王、陳、林、劉、郭、謝、吳、張、黃、周、許、楊、蘇、鄒、詹、薛、姚、朱、李、鄭、程、嚴、董、呂、孟、連、湛、虞、庾、戴、蔡、莊、鄧、柯、沈、蕭、卓、何、孫、繆、趙、高、施、曾、廖、馬、傅（付）、韓、釋、余、駱、蔣、包、阮、袁、賴、洪、葉、羅、潘、游、顏、翁、范、宋、杜、侯、曹、丁、唐、馮、石、紀、連、古、姜、田、塗、尤、六、倪、夏、童、錢、五、章、關、樂、練、余、黎、江、堯、時、羊、魏、溫、伊、嚴、唐、鄔、孔、貝、官、彭、游王、藍、晏、辛、常、商、留。

到宋朝，全國政治、經濟重心南移，同時，在兩宋之際、宋元之交，由於戰亂，許多中原人士紛紛入閩。這一時期新入閩的姓氏有：簡、佘、闕、裴、占、斥、焦、鄢、邢、譚、聶、畢、郝、莢、崔、俞、華、危、饒、鮑、過、花、居、科、通、梅、艾、滕、熊、萬、易、諶、莫、毛、蒲等姓。

儘管在宋元之後大規模的中原移民基本結束，但小規模、小批量的移民始終不斷，因此，在元、明、清、民國時期也還有不少新的姓氏入閩，主要有：帖、文、揭、安、於、賀、龍、刁、桂、賈、房、修、封、褚、齊、任、單、項、史、段等姓。

綜合上述各個時期入閩的姓氏，剔除重複者共有204姓，分別是：陳、林、黃、鄭、詹、丘（邱）、何、胡、張、劉、楊、梁、鍾（鐘）、溫、巫、王、吳、蔡、許、謝、廖、賴、周、江、蕭、余、孫、魏、戴、鄧、薛、卓、董、歐（歐陽）、湯、康、嚴、金、阮、邵、柳、廬（盧）、李、馬、沈、朱、徐、塗、六、蘇、司馬、曾、趙、葉、顏、柯、潘、錢、姚、韓、方、莊、唐、鄒、馮、石、郭、曹、高、汪、洪、章、宋、丁、羅、施、蔣、卜、尤、尹、韋、

甘、寧、弘、名、陰、麥、種、耿、翁、五、瞿、上官、司空、令狐、吐萬、龔、顧、白、關、程、呂、孟、連、湛、虞、庾、繆、傅（付）、釋、駱、包、袁、游、翁、范、杜、侯、紀、連、古、姜、田、尤、倪、夏、童、錢、關、樂、練、黎、堯、時、羊、伊、鄔、孔、貝、官、彭、游王、藍、晏、辛、簡、佘、闕、裴、占、斥、焦、鄢、邢、譚、聶、畢、郝、茨、崔、俞、華、危、饒、鮑、過、花、居、幸、科、通、梅、艾、滕、熊、萬、易、諶、莫、毛、蒲、帖、文、揭、安、於、賀、龍、刁、桂、賈、房、修、封、褚、齊、任、單、項、史、段、常、商、留。

　　顯然，由於資料不全，還有一些入閩姓氏未收入。因此，中原歷代入閩的姓氏實際上有多少並無準確統計數字，但有據可考的至少有上述所列（扣除重複）204個。這204個姓氏絕大部分都是漢族姓氏，只有少數幾個姓氏，如鐘、雷、藍等屬於少數民族姓氏。此外，宋、元、明時期，還有來自中原以外的黏（元朝）氏、出氏（明朝）等北方少數民族姓氏，以及有來自阿拉伯後裔的丁氏（宋朝）、蒲氏（宋朝）、郭氏（元朝）、錫蘭國的世氏（明朝）傳入泉州地區。進入現代社會，人口出現了大流動，又有新的北方姓氏傳入福建，但不在本文探討之列。

## 二、從唐山過臺灣

　　臺灣人稱大陸移民到臺灣開基為「唐山過臺灣」。臺灣各族群的先民們都是在不同時期先後從「唐山」渡過海峽來到臺灣的。臺灣彭桂芳女士在《唐山過臺灣的故事》中寫道：「『我們的祖先是從唐山來的！』這句話，長時期以來在臺灣民間父告子，子傳孫，一代叮嚀一代。一直到今天，從來沒有一個人會忘記：自己的『根』，是深埋在臺灣海峽的彼岸，那一片五千年來綿延不絕孕育著炎黃子孫的芬芳泥土中。」

　　據史料記載，自明清以來，閩粵沿海地區人民，分別在明末鄭芝龍經略東南

沿海時期、荷據時期、明鄭時期和清代乾嘉時期，先後掀起了四次移臺高潮。此後，在抗戰勝利、臺灣收復後，也有不少大陸人民往臺灣尋親、謀生，或被抓去做壯丁，或隨國民黨黨政機關撤往臺灣。

臺灣的大陸漢族移民在荷蘭統治時代結束時（1661年），大約是兩萬五千人左右。鄭氏政權結束時（1683年），大約是十二萬人。光緒十九年（1893年），全臺人口兩百五十四萬餘。一九〇五年日本人第一次在臺灣從事比較科學的「戶口調查」，全臺人口是三百一十二萬。[13]

大陸移民，主要來自福建。連橫先生在《臺灣通史》中也寫道：「臺灣之人，中國之人也，而又閩、粵之族也。」據清末成書的《安平縣雜記》說，臺灣漢人隸漳泉籍者十分七八，隸嘉應、潮州籍者十分之二，其他福建府州及外省籍者僅占百分之一。[14] 1926年日本殖民者對臺灣人口祖籍地調查顯示：全臺灣人口總數375.16萬人，其中祖籍地為福建省者311.64萬人，占人口總數83.1%。[15]

隨著眾多福建移民遷居臺灣，中原姓氏也隨到臺灣傳播。

根據泉州市1991年的調查，泉州清代以前至少有101個姓氏8000人遷居臺灣開基。[16]其中，百人以上的姓氏則有陳、林、黃、李、吳、蔡、郭、曾、梁、顏、康、白等姓，而陳、林、黃三大姓均超千人。主要遷移地點在西部沿海平原地帶的臺北、新竹、臺中、臺南、高雄、澎湖等地。[17]遷臺的101個姓氏分別為：陳、林、黃、張、李、王、吳、劉、蔡、楊、許、鄭、謝、郭、洪、丘、曾、廖、賴、徐、周、葉、蘇、莊、江、呂、何、羅、高、肖、潘、朱、鐘、彭、詹、胡、施、沈、余、趙、盧、梁、顏、柯、孫、魏、翁、戴、范、宋、方、杜、傅、侯、曹、溫、薛、丁、馬、蔣、唐、卓、藍、馮、姚、石、董、紀、歐、連、汪、康、白、塗、尤、龔、嚴、金、阮、倪、夏、柳、錢、出、五、蒲、宮、祈、穆、黏、駱、雷、賀、褚、章、單、甘、辜、六、歐陽、諸葛。

據《漳州姓氏》載：早在南宋祥興二年（1279年），就有兩批漳州人去臺灣。一批是參加護衛南宋末代小皇帝南逃的將士，他們在廣東被擊潰後，一部分人突圍，逃往澎湖、臺灣避難；另一批是同年四月元軍進攻東山時，沿海百姓為

避難而舉家渡海到澎湖、臺灣安居。[18]近些年漳州市政協對漳臺族譜對接做了大量卓有成效的工作，2011年出版了《漳州與臺灣族譜對接指南》。據此書記載，已查知的明清以來漳州共有112姓向臺灣移民。這112個姓氏分別為：白、蔡、曹、陳、陳蔡、陳林、諶、程、戴、鄧、丁、董、杜、范、方、馮、傅、甘、高、龔、官、管、郭、韓、何、洪、侯、胡、黃、紀、簡、江、姜、姜林、蔣、康、柯、柯蔡、賴、藍、李、連、梁、廖、林、凌、劉、柳、盧、六、呂、羅、馬、麥、倪、歐陽（歐、區）、潘、蒲、邱（丘）、闕、阮、佘、沈、施、石、宋、蘇、孫、湯、唐、田、童、塗、汪、王、王游、魏、溫、翁、巫、吳、五、向、蕭、謝、辛、徐、許、薛、嚴、顏、楊、姚、葉、尤、游、余、俞、曾、詹、張、張簡、張廖、趙、鄭、鐘、周、朱、莊、卓、鄒、左。

　　臺灣之姓，大姓人口特多，小姓姓量特多。據2007年6月12日戶籍登記資料統計，當年臺灣總人口22896250人，共有姓氏數量1542姓，其中單姓1422姓，複姓120姓。前10大姓人口占臺灣總人口數的52.79%，而前100大姓人口22105105人，占總人口數96.54%。[19]小姓姓量特多的一個重要原因，是抗戰勝利、臺灣收復後，大陸各個省份的人民往臺灣尋親、謀生，或被抓去做壯丁，或隨國民黨黨政機關撤往臺灣導致的，但隨眾多姓氏遷臺的人數相對來說並不多。因此，至今臺灣占絕大多數人口的姓氏仍然是明清時期遷臺的福建籍移民的姓氏。對此，我們可以從臺灣前十大姓氏與福建省前十大姓氏的關聯度得到佐證：

　　臺灣前十大姓：陳林黃張李、王吳劉蔡楊。

　　福建前十大姓：陳林黃張吳、王李鄭劉楊。[20]

　　從以上兩個地區姓氏排序看，其前四大姓排名完全一樣，說明閩臺兩地，陳、林、黃、張都是大姓。在福建前十大姓中除鄭姓外（鄭姓為臺灣的第十二大姓），其他九大姓都在臺灣的十大姓之列，僅後面幾姓排列次序略有改變。閩臺兩地的前十大姓，都各占所在地區總人口的一半以上。

　　我們再從入臺始況看。根據林永安、許明鎮《姓氏探源—臺灣百大姓源流》載，臺灣前十大姓入臺始況大體如下：

陳姓：明、清二代，陳氏族人渡海來臺祖，以開漳聖王、太傅及南朝等三大支派為主，並以來自福建同安者居多。

林姓：明、清二代，林氏族人渡海來臺祖，以福建漳州居多。

黃姓：明、清二代，黃氏族人渡海來臺祖，多屬黃守恭派下（黃守恭即泉州紫雲黃氏始祖）。

張姓：明、清二代，張氏族人渡海來臺祖，以張化孫十八大房、鑑湖等派居多（張化孫於南宋嘉泰二年〈1202年〉從寧化縣石壁村遷居上杭，後裔遍布閩、贛、粵、桂、湘、浙、港澳臺及泰國、馬來西亞等。唐昭宗乾寧三年〈896年〉，張延魯請命屯墾晉江南岸，並遷居湖澄，後雅稱鑑湖，即今湖中）。

李姓：明、清二代，李氏族人渡海來臺祖，多屬李火德派下（唐江王李元祥之後李綱，南宋高宗時拜相，其孫李珠遷居福建寧化，生子五：金德、木德、水德、火德、土德。宋末元初，李火德遷居上杭，為閩、粵李氏大始祖）。

王姓：明、清二代，王氏族人渡海來臺祖，以福建籍居多。

吳姓：明、清二代，吳氏族人渡海來臺祖，吳坤派下居多（後晉天福元年〈936年〉吳簡子吳宣遷居江西臨川，未幾，攜子吳綸再居今江西南豐嘉禾驛，後又徙居祝家山，吳綸次子吳宥，遷居福建寧化，是為閩、粵吳氏始祖，宥生四子，次子吳坤遷居永定，生三子，後裔傳衍閩粵各處）。

劉姓：明、清二代，劉氏族人渡海來臺祖，以劉開七派下居多（至宋寧宗嘉定元年〈1208年〉之後，劉氏東派後裔，自寧化經上杭，徙廣東興寧、平遠，子孫傳衍分支，而有劉開七肇基廣東梅縣，子劉廣傳及十四孫播居各地）。

蔡姓：明、清二代，蔡氏族人渡海來臺祖，以青陽、瓊林二派居多（青陽位於今晉江，瓊林位於今金門）。

楊姓：明、清二代，楊氏族人渡海來臺祖，以福建籍居多。

從上述入臺始況看，大多數的入臺始祖都來自福建，就算有一部分來自廣東，但他們大多數人的祖籍地也都在福建。

臺灣學者潘英在《臺灣人的祖籍與姓氏分布》一書中指出：「臺灣的拓殖是近三、四百年來的事。臺灣現住人民，除『先住民』外，都是近三、四百年來由中國大陸移殖過來的；而且這些由大陸彼岸移殖臺灣的中國人，除臺灣光復以後大批來臺的所謂『外省人』外，絕大多數是來自閩、粵兩省的所謂『福佬』（即從福建遷移到臺灣的漢族人）和『客家人』。」根據他的研究，臺灣在1956年9月共有87個大姓，它們依次是：陳、林、黃、張、李、吳、王、劉、蔡、楊、許、鄭、謝、郭、洪、邱、曾、廖、賴、徐、周、葉、蘇、莊、江、呂、何、蕭、羅、高、潘、簡、朱、詹、游、彭、鍾、施、沈、胡、余、盧、顏、柯、梁、趙、翁、魏、孫、戴、方、宋、范、鄧、杜、溫、傅、侯、薛、鐘、丁、曹、藍、連、卓、馬、石、蔣、古、歐、紀、董、唐、姚、程、馮、湯、康、田、汪、白、姜、尤、鄒、巫、龔、嚴。這87個大姓僅占臺灣總姓氏的8.5%，卻囊括了臺灣總人口的96.4%。其中以「福佬」人口居多的姓氏共73姓，以「客家人」人口占多者13姓，以「外省人」人口居多者1姓。[21]根據相關研究資料表明，全球客家1億多人口，其中臺灣600萬，大多認同根在閩西。[22]由此可見，臺灣絕大多數人的姓氏都來自福建。

## 三、兩岸本同根

如前所述，閩臺姓氏絕大多數來自中原，其中又以來自光州固始地區居多。歷史上的光州固始位於今河南省的東南部，它北臨淮河，南靠大別山，包括今淮河支流小潢河、白露河、史灌河流域。「光州」是中國古代的一個州（郡）級政區，「固始」則是一個縣級政區。「光州固始」連稱，始於唐代。「固始」，為光州的屬縣，這種關係一直延續到民國建立。[23]古代光州固始地區大規模南遷入閩的基本原因當然是戰亂。然而，為什麼移民都是從光州固始而來呢？查閱相關資料，可發現此地具有一些獨特的地理和人文條件，正是這些獨特的地理、人文條件形成了歷史上光州固始地區向外移民的社會基礎：

一是地處戰略要地。光州固始一帶所在的史灌河流域透過淮河幹流與華東地區連通,是中原地區進入華東的咽喉要地。春秋時期處於吳、楚兩國交界處。秦漢以降,時而屬於中原地區的「豫州」,時而屬於東南部的「揚州」,因而有「吳頭楚尾」、「豫南揚北」之稱。它是南北交會之地,東西連通之區,進可取,退可守,地理位置十分重要,歷來為兵家所必爭。在沒有大的戰亂和災荒情況下,此地應該是比較理想的人口聚集地。

二是物產相對豐富。就地貌而言,南部為山區和丘陵,北部為淮河及其支流沖積平原,地勢平坦。光州固始一帶地處淮河以南,氣候四季分明,光照充足,雨量充沛,溫暖濕潤。境內河網密布,水系發達,既利於灌溉,也利於水上交通。戰國時期,楚國的孫叔敖在淮河支流決河上興建期思陂,建均濟閘,設三孔閘門,開渠兩道,引河水入眾多小陂塘,以灌溉農田,這是一項大型水利設施。此工程幾經後代重修,在歷史上曾發揮巨大作用。固始縣水利發達,有「固始水利甲中州」[24]之稱。由此固始自然是中原地區重要的水稻產區,魚米之鄉,又是茶葉、板栗、臘肉等農副土特產品的重要產地,因而有「北國江南」之譽。這樣的地區更是符合人口積聚的地區。

三是多元文化交融。該地區夏商時期就有古老的部族方國存在。西周時有蓼(一作繆,夏東夷人皋陶之後)、蔣(姬姓國)、黃(嬴姓國)和弦等國。春秋時又有番(即潘,據說是祝融八姓昆吾之後),春秋中晚期,楚滅諸國,設置有蓼、黃、蔣等縣邑。此外,又有雩婁(今固始縣南),為吳國城邑。戰國時期此地仍屬楚,有曾、期思、雩婁等縣邑。先秦時期這裡就有華夏、苗蠻和淮夷人居住,有多個部族的封國存在,因此,該地區是一個多種民族相交匯的地區,也是多種民族文化相交融的地區。春秋戰國時期,又是中原文化與荊楚文化、吳越文化的交匯融合之地。多種文化的相交融,必然促進各種文化相互取長補短,從而促進先進文化的誕生與發展。而文化的發展也必然促進社會環境的改善,促進人口的進一步聚集,為大規模南遷創造條件。

四是具備移民基礎。固始縣的始設屬於僑縣,它本身就是人民流移的產物。古代北方的百姓為避戰禍和逃荒,曾多次被迫向南方大規模遷徙。北方漢人的南

遷，大多由淮河支流汝、潁河東南下進入淮，或者從淮河上游沿河而下。為了安置北來的流民，東晉南朝的統治者就在江南、淮南設置僑州、僑郡、僑縣。隸屬於光州的固始縣就是在南朝宋明帝泰始年間設置的僑縣。非光州固始籍的北方人士來到這裡，已經比較安全。於是他們在此集結、休整，再繼續南遷。因而此地成為中原漢人南遷的積聚地和中轉站。[25]另據固始縣史志研究室《根在固始》載，固始地於漢唐時代，居住有較多的中原衣冠士族，這些衣冠士族聚族而居，世代耕讀，具備一定的人力物力在朝代之末、戰亂之際遠徙入閩的條件。

從前述的分析中可以看出，光州固始這個地區是一個很適合人們聚集、生活的地區。因此，這個地方在中原北部遇到戰亂或災荒情況下，它就是避亂的好地方、逃荒的好去處，而當遇到更大戰亂或更大災荒時，也必然導致這個地方的人民再向外遷徙。僅唐至五代時期在光州固始地區就形成過兩次移民南遷入閩高潮，形成了眾多的姓氏隨之遷徙入閩。

除了大量移民來自光州固始，也有一部分來自光州固始以外的中原地區。對此，可從眾多閩臺譜牒文獻資料和一些地方志書中得到查證。如《臺灣通志‧人民志‧氏族篇》記載，在1953年臺灣的戶籍統計中，當時戶數在500戶以上的100個大姓中，有63個姓氏的族譜記載其先祖來自河南光州固始。顯然，其餘37個姓氏就是來自光州固始以外的地區。據介紹，許多臺灣人稱自己為「河洛郎」或「河洛人」。「河洛」，泛指黃河與洛水交匯的流域。以今天的地域觀念，其主要區域，即河南省全境，也即狹義的中原地區。[26]而廣義的中原指黃河流域，包括今天河南省的大部分及陝西、山西、河北、山東的一部分。[27]因此，追根溯源，歷史上閩臺姓氏中主要大姓的來源絕不僅限於光州固始地區，而是涵蓋了整個中原地區，甚至涵蓋更廣的黃河、長江兩大流域，但絕大多數源於中原地區的定論不會有誤。

我們看看臺灣2007年前十大姓的郡望堂號：

陳姓：潁川（今河南許昌）、汝南、下邳、廣陵、東海、河南（以上是郡號）、德星、德聚、德馨、三恪、繩武、存誠等堂號，其中又以潁川、汝南堂最為著名。

林姓：西河（今山西汾陽）、南安（以上是郡號），問禮、忠孝、永澤、林本、善慶、崇本、十德、濟南、九牧等堂號，其中又以西河堂最為著名。

黃姓：江夏（今湖北雲夢）、櫟陽、安定、房陵、漢東、上谷、譙郡（以上是郡號），紫雲、種德等堂號，而以江夏、紫雲為最著。

張姓：清河（今河北清河）、南陽、吳郡、安定、敦煌、武威、范陽、犍為、沛國、梁國、中山、汲郡、河內、高平（以上是郡號），百忍、金鑒等堂號，以清河為最著。

李姓：郡號為隴西。

王姓：太原（今山西太原）、琅琊、北海、陳留、東海、高平、京兆、天水、東平、新蔡、新野、山陽、中山、章武、東萊、河東、金城、廣漢、長沙、堂邑、河南（以上是郡號），三槐等堂號，以太原、琅琊為最著。

吳姓：延陵（今江蘇武進）、渤海、濮陽（以上是郡號），讓德、種德。

劉姓：彭城（今江蘇銅山）、沛國、弘農、河間、中山、梁郡、頓丘、南陽、東平、高密、竟陵、長沙、河南（以上是郡號），藜照、德馨，以彭城為最著。

蔡姓：郡號為濟陽（今山東定陶）。

楊姓：弘農（今河南洛陽）、天水（以上是郡號），四知、棲霞。

從上述我們可以清晰看到，臺灣的前十大姓世代相襲的郡望堂號，多數位於古代的中原地區。其中的第一郡望分別位於現今的河南、山西、湖北、河北、甘肅、江蘇、山東各地，除有7姓（陳、林、張、李、王、蔡、楊）的第一郡望位於黃河流域，另有3姓（黃、吳、劉）的第一郡望已經跨過了黃河，位於長江流域。因此，也可以說臺灣前十大姓中的大多數祖先首先從古代的中原地區南遷入閩，而後又從福建遷往臺灣的。當然，如果要從前一百大姓或更多的大姓姓氏郡望堂號看，也同樣能說明閩臺絕大多數大姓姓氏來源於古老的中原地區。

「參天之木必有其根，懷山之水必有其源」。閩臺兩地自古一家，兩岸人民

同祖同宗、同根同源，一脈相承，都是中華民族血緣的延續，即從中原延續到福建，又從福建渡過海峽而延續到臺灣各地。

註釋：

1.轉引自陳支平：《福建族譜》，福建人民出版社2009年版，第128頁。

2.《福建省志·人口志》，方志出版社1998年版，第1頁。

3.《福建省志·人口志》，方志出版社1998年版，第5頁。

4.《福建省志·人口志》，方志出版社1998年版，第15頁。

5.蔡干豪主編：《閩臺百家姓》，海風出版社2011年版，第105頁。

6.蔡干豪主編：《閩臺百家姓》，海風出版社2011年版，第149頁。

7.余保云：《寧化客家姓氏》，海風出版社2010年版，第4頁。

8.黃磐石主編：《紫雲黃氏錦田大宗族譜》2008年編印，原文記載：「道隆公，河南光州固始縣人也，為東郡會稽市令，黃舜夫之幼子，任官東郡會稽市令。東漢之亂，棄官入閩，初居仙遊大尖山、小尖山之陽，即今之平明山，俗稱雙陽也。考盤寤歌，矢高尚之志，後以里匪困擾，非宜所居，改遷於桐城（今泉州市）之西門，相土而居，爰留作室。其子又自桐城復歸。」

9.林殿閣：《漳州姓氏》，中國文史出版社2007年版，第2191頁。

10.參考固始縣史志研究室：《根在固始》，第81頁。

11.林殿閣主編：《漳州姓氏》，中國文史出版社2007年版，第65、1001、1383頁。

12.許在全、林中和：《泉州姓氏堂號》，福建人民出版社2006年版，第182頁。

13.尹章義：《臺灣開發史研究》，臺灣聯經出版事業股份有限公司1989年版，第26頁。

14.崔之清：《臺灣是中國領土不可分割的一部分》，人民出版社2001年

版，第14頁。

15.中國閩臺緣博物館：《閩臺緣》，福建人民出版社2006年版，第13頁。

16.實際上應該包括清代在內。

17.陳曉亮、萬淳慧：《尋根攬勝話泉州》，華藝出版社1991年版，第43頁。

18.林殿閣主編：《漳州姓氏》，中國文史出版社2007年版，第2201頁。

19.林永安、許明鎮：《姓氏探源——臺灣百大姓源流》，大康出版社2009年1月版，第41頁。

20.許明鎮：《臺灣姓氏與中國大陸之淵源》，載蔡干豪主編《閩臺百家姓》，海風出版社2011年6月第1版，第9頁。

21.潘英：《臺灣人的祖籍與姓氏分布》，臺原出版社1998年版，第42頁。

22.《首屆海峽百姓論壇文選》，2007年印發，第48頁。

23.張新斌：《「光州固始」的歷史文化解讀》，《尋根》2009年第1期。

24.程有為：《「光州固始」在南遷中原漢人中的地位》，《尋根》2009年第1期。

25.參考紀谷芳：《光州固始南遷入閩移民簡論》，《魅力中國》2011年3月（中）總第144期。

26.鄭淑真等：《根在河洛》，華藝出版社2000年版，第45頁。

27.王永寬：《中原姓氏尋根概述》，《固始移民與閩臺文化研究》，九州出版社2010年版，第263頁。

（作者係中國閩臺緣博物館文獻訊息中心主任、副研究館員）

# 弘揚族譜文化是增強中華民族凝聚力的重要途徑

董承耕

所謂凝聚力一般是指人與人之間親和力、聚合力和向心力。民族凝聚力是一個民族內聚和匯合的基礎，對國家的統一和社會的穩定產生巨大的作用，對國家和民族的發展會形成強大的創造力和生命力。中華民族凝聚力是中國綜合國力的重要組成部分，是中華民族全體成員組成一個統一的有機整體，並確保中華民族發展的內在力量。這種凝聚力是由多種因素交互作用形成的。縱觀歷史，弘揚以血緣為紐帶的族譜文化，是影響和產生中華民族凝聚力的重要基礎和途徑。因此，加強族譜文化建設，大力組織修撰、宣傳和開發族譜文化，對於增強中華民族凝聚力有著重大意義。

## 一、族譜文化的內涵

族譜也稱家譜、宗譜、世譜、祖譜等等，是家族記載本族世系和重要人物事跡的書籍。它是以表譜形式，記載一個以血緣關係為主體的家族世系繁衍和重要人物事跡的特殊圖書體裁，所以也就是家族的檔案。它不僅記載著該家族的來源、遷徙的軌跡，還包括該家族生息、繁衍、婚姻、文化、族規、家約等歷史文化的全過程，即家族發展的生命史，具有很高的歷史價值和文化價值。

族譜是姓氏文化的重要部分。所謂姓氏文化，是指與姓氏有關的物質文化和非物質文化，其內容包括姓氏的起源、流變、家庭播遷、名人事跡、世系、宗祠、家訓、郡望、堂號、字輩等等，以及由此形成的尊祖敬宗、報本反始、尋根

問祖等族姓與民族文化認同理念。可見，族譜本身覆蓋姓氏文化的基本內容。所以，研究姓氏文化不能不研究族譜文化。

族譜是中華民族的三大文獻之一，正如現代歷史學家認為，所謂歷史包括國史、地方志、族譜，由此三足鼎立的史書才能構成整個國家歷史的全部。五千年華夏文明史就是不同血緣姓氏為紐帶的宗族繁衍生息、播遷交融興衰更替的發展史。在漫長的歷史長河中，中華姓氏傳承延續，昇華凝結，形成了一種超越時空與地域內涵豐富的文化體系，包括族譜、祠堂、陵墓、歷史人物等社會的各個層面，是中華傳統的瑰寶。可見，族譜在姓氏文化中，以至於整個中華傳統文化中占有極為重要的地位。

## 二、弘揚族譜文化是增強中華民族凝聚力強大的思想武器

族譜文化的內容十分豐富，但歸結起來主要有三大部分：一是世系圖，即某人、某個家庭的世系所承，居於何代，其父何人；二是按世系圖中所列各人的先後次序編定的，分別介紹各人的字號、父諱、行次、時代、職官、封爵、享年、卒日、謚號、姻配等；三是以族規、家訓、家法為主要內容的附錄等。族譜的功能繁多，但與內容相對應的主要有尋根留本、增知育人、承前啟後等作用。從這裡，我們不難看出，族譜文化研究對增強中華民族的凝聚力有重大影響。

1.弘揚族譜文化是增強中華民族凝聚力的內在動力。

族譜是以血緣為基礎的家庭關係的方面表現，是家庭成員的「戶口簿」。因此族譜文化對親緣關係的作用主要表現為兩個方面：一是憑證。透過它把已存在的親緣關係聯結起來。二是紐帶。促進宗親成員的向心力，把以血緣為紐帶的家庭成員凝聚起來。所以，族譜文化最核心的價值就在於它的凝聚力。

族譜所體現的這種血緣關係是自然的，不以人們意志為轉移客觀存在的，同時這種關係經過長期文化的薰陶而產生文化認同感，必然在人的感情上產生牢固親和力和吸引力，這是任何人都無法否認的。俗話說「血濃於水」就是這種現實

生活的生動寫照。

　　族譜文化從狹義上，是講一個姓氏的人只有一個祖先，即所謂「同姓都是一家」、「五百年前是一家」，對於不同姓的人就有不同的祖先。但從廣義講，由於中國歷史的特殊性不同姓氏的人，又都有共同的始祖。據研究，中國當今幾乎所有的姓氏都與炎黃二帝聯繫在一起的。傳說中炎黃二帝以後各自誕生了許多姓氏，如許、高、姜、呂、謝等都是炎帝的後代，而張、王、李、趙、劉、楊、董等都出自黃帝。實際上，姓氏的發展是非常複雜的，在其過程中經長期離合演化，今天的同姓在歷史上不一定是同宗同姓，同出於一個祖先，但心理上仍然認同是同一個祖先，其共同的始祖是炎黃二帝，自稱是炎黃子孫，這種認同不僅是血緣上的，而且更重要的是文化上的認同，這種認同感將產生了巨大的向心力和凝聚力。

　　因此，族譜文化（姓氏文化）生命力最旺、感召力最強、凝聚力最強。中國歷史發展的獨特現象，使中華民族是成為安土重遷的民族，他們一般不到萬不得已不會離開家鄉，這種對家鄉的眷戀都體現在對家庭的向心力上，所以中國人不管走到哪裡，都不會忘記自己的祖先，更不會忘記生已養已的父母之邦。「尋根」是中國人的傳統，透過對自己身家源流的尋訪，找回自己的「根」，而在這種「尋根」活動中，族譜文化在其中扮演著十分重要的角色，族譜這種紐帶，在幾千年傳統文化的影響下，已經成為中國人凝聚宗親群眾，團結族群的一個強大動力。

　　2.發揮族譜文化作用是增強中華民族凝聚力的思想基礎。

　　維繫一個民族的凝聚力，文化認同是很關鍵的一個因素。姓氏文化，除了血緣認同外，很重要的就是文化認同。一個姓氏、一個家庭在起源、發展、演變中，形成了頗具特色的家族文化，如家譜中的族訓、家規等，這是一個家族、一個姓氏乃至整個民族向心力、凝聚力的基礎。

　　族訓、家規是各家族自己制定的約束和教化家族成員的家族法規，其中一部分是規約，族人必須遵守，否則以家法制裁；另一部分為訓語，主要為勤戒的內容，講述做人行事的道理，也叫「家教」，是倫理道德的集中表現，也是前人留

下來的精神財富的核心。

當然，由於受到時代的限制，在過去的族訓、家規中有不少封建糟粕，必須去偽存真，但最主要是保留著許多優秀的傳統美德。如敬父母、和夫妻、重親情、勉讀書、尚節儉、戒淫穢、防懶惰、反奢侈等，它主張尊祖敬宗、孝順父母、愛護兄弟姐妹，建立和睦家庭，提倡鄰里友愛、團結互助、建立和諧社區，堅持揚善避惡，反對傷風敗俗，這是非常珍貴的文化遺產和精神財富。

族譜中的族訓、家規滲透著深厚的儒家的倫理觀念。儒家文化以群體為本位，以家庭為中心，著重人倫價值，強調「親親為大」、「愛有差等」、「入則孝，出則悌」，家、族、宗、國，由近及遠，抵又及人，「修身、齊家、治國、平天下」、「追求從家庭和諧到社會和諧的一個有序的理想社會」。可見，中國人對儒家思想為主要內容的家規、族訓的道德文化認同，是增強凝聚中華民族的重要思想基礎。

3.發揮族譜名人效應是增強民族凝聚力的榜樣作用

記述家族歷史名人是族譜的重要內容。各個氏族在歷史發展的長河中都曾出現過許多先賢偉人。在他們身上體現了愛國主義為核心的民族精神，嚴於律己、清明廉政的高尚品德，不怕艱辛、自強不息的奮鬥氣息，敢於追求和諧、注重道德的高尚人格，勇於奉獻、講求厚德載物的寬廣氣度，主張革新鼎故、與時俱進等優良品質。這些都成為後代子孫學習的榜樣。以董氏為例，在悠久的歷史中就出現過許多賢達，他們在中國文化、教育、政治、經濟、倫理道德發展史上都留下不可磨滅的輝煌篇章。從遠古馴龍能幹的董父到春秋不畏權貴的「良史」董狐，從西漢今文經學大師並被號稱中國歷史「第二聖人」的董仲舒，到近現代中國偉大的無產階級革命家、黨和國家卓越領導人董必武，以及在解放戰爭中出現的戰鬥英雄董存瑞等等，名人輩出。縱觀中國幾千年的文明史，幾乎每個時期都有一批董氏精英應運而生，脫穎而出；幾乎每一個重大歷史事件都有一批董氏族人縱橫捭闔，積極參與；幾乎每一個重要歷史轉折點都有一批董氏族人橫力躍馬，叱吒風雲。

「榜樣的力量是無窮的」，在族譜名賢錄中所記錄本家族在發展過程中湧現

出來值得後人學習的優秀人物及其生平事跡，包括官員、文臣、武將、專家、學者、能人、義士、藝術賢達、社會名流、工商名人、戰鬥英雄、貞節烈女以及對家族發展作過重大貢獻或重要影響的人，這些一件件生動的人和事無不讓族人自豪，對後人有很好的激勵、鼓舞作用。

　　首先，對後人會產生光榮感、榮譽感，覺得出生於這樣的家族中很自豪，從而增加親和力；其次，認同感。學有榜樣，催人上進，產生向心力；三是瞭解名人生動事跡就會受到感染，從而產生號召力、動員族人向志士仁人學習。這些親和力、向心力和號召力都是構成凝聚力的重要元素。所以大力宣揚和學習先賢事跡和高尚品質對增強中華民族凝聚力能造成不可估量的榜樣作用。

## 三、大力加強族譜文化建設，為構建中華民族凝聚力作貢獻

### 1.加強科學編修族譜工作

　　當前在修纂譜牒工作中存在著兩種傾向：一是認識不足。中國修譜由來已久，從甲骨文檔案中，可以看到早在商代人們就開始修撰譜牒，直到民國時期修譜之習仍未改變。新中國成立後，曾一度把修譜當作封建宗法制度的糟粕，被完全禁止，「文革」期間又被當作封資修的東西加以破壞，使許多家族出現無譜或譜牒資料殘缺的現象，到了80年代大陸進入開放時期，在海內外人民交往日繁，在「三胞」尋根問祖的推動下，修譜工作又得以恢復。但不少地方對此仍然認識不足，認為這是「吃力不討好」的工作，以及在修譜中存在「三缺」狀況：「資料缺」，過去很多歷史資料均已掉失或支離破碎；「資金缺」，要集資十分困難；「人才缺」，不少資歷豐富的人已去世，或年老精力不足，而年輕人因工作繁忙，對修繕不理解，家族意識日益淡漠，不願投入，從而畏難情緒很大。正是因為這樣，我們就必須加大動員，提高認識，把這項工作看成是功在當代、利在千秋的大事，正如古人所說，不重修譜這是一種不孝的表現。要組織強有力的修譜團隊，要深入實際開展調查清理「家底」。實際上組織修譜的過程就是增進

同族人相互瞭解（密切上下左右族人的關係）、合作（有錢出錢有力出力）的過程，也是團結海內外宗親開展引資、促進家鄉建設大好機會。比如我們從1988年下半年開始修撰《八閩董氏匯譜》，此前對福建省董氏人口分布、人員多少一概不知，開始每到一地，宗親們對我們充滿不信任感，並要多方盤問，甚至要查看身分證，後來我們走了70—80個村莊，接觸了上千人，基本上弄清了董氏在福建省的基本情況，到後來我們每到一處都受到普遍的歡迎，所遇到的宗親都非常親切，大多數人都願在人力物力上給予大力支持幫助，可見修纂族譜的過程就是團結族人、增強族人凝聚力的過程。二是存在著片面性。主要有三個方面：一是照搬過去的歷史資料（對舊譜中存在封建倫理道德思想沒有進行去偽存真）；二是攀附假托現象，為光宗耀祖往往攀附帝王、名臣為自己的先祖；三是書善隱惡，在譜中只書清官名人、奇才、烈女，而對於「叛逆」、「敗倫」者則採取「除名」出族等做法。這些都不同程度上有損族譜的真實性，減少族譜的可信度，所以我們在修譜一定要防止這種片面的作做，上對得起祖宗，下對子孫負責的態度，編出科學性強可信度高的有質量的族譜。

2.有計劃地組織尋根、尋親活動

尋根認祖是一種民族文化的認同的活動。「參天之木，必有其根，懷山之水，必有其源」。在中國人觀念中，特別重視鄉土之情，依戀本源，講究重生報本，尊祖敬宗。尋根是中華民族固有的一種傳統心態，中國人自古以來就有這種「認祖歸宗」的傳統，這對增強中華民族凝聚力有重大意義。因此，我們要有計劃地精心組織海外「三胞」懇親和到臺灣認親活動。

中華民族在自己獨特的環境中，經過幾千年的醞釀由眾多族源融合、自然形成以漢族為核心的多元一體的偉大民族，相對獨立共同生活的地理生態系統，漫漫歷史長河的共同創造，彼此密切交往不斷分化和融合，形成了中華民族大家庭，也產生了千技一本、萬水同源的民族凝聚力。今天炎黃子孫已經走向世界，遍布五大洲。儘管他們之中有不少人入籍所在國，但對大多數而言，國籍認同的改變，但並沒有改變他們民族認同和文化認同。近年來，他們每年一度，不遠萬里的遠涉重洋，漚麻於泊水之濱、橋山之巔的華夏始祖軒轅黃帝陵前，共告「五

洲風雨疾，華夏有炎黃」，「愛我中華，報效祖國」，這就是血濃於水的感情。可見，搞好海外僑胞回鄉尋根問祖活動是很有價值的。當前利用族譜同根同源同族的資源歡迎臺胞到大陸尋根和組織大陸人員赴臺尋親意義特別重大。臺灣是中國固有的領土，臺灣現有2300萬人中，祖籍福建的逾80%，臺灣百家姓的前10名的排序幾乎與泉州一致。去年我會就首次組團到臺灣訪問，與8個董楊宗親懇會開展懇親活動，所到之處都受到宗親的熱待，加深親情、友情和鄉情，收到很好的效果。「慎終追遠，孝悌為先」是中華民族傳統美德，像一條堅韌的紐帶橫跨於海峽兩岸，產生很強的凝聚力，從兩岸宗親「尋根」、認親的實踐中深刻體會到，一本族譜、一座祖墓、一幅祖像，看似平常，但對於尋根的臺胞來説，卻是情之所繫、根之所托，有千鈞之重。因此，對於這項赴臺懇親活動我們一定要進一步深入開展下去。

3.把修譜、建祠、祭祖有機結合起來

家譜是家族關係的實際記錄和依據，沒有它就無法把族人之間聯結起來。尋根問祖就無從談起。祠堂是家族的象徵，是姓氏的重要標誌，是一姓一族放置先輩靈牌、祭禮亡靈的場所。也是親緣聯絡的中心和凝聚感情關係的重要場所。由於宗族分支分散各地，人數眾多，不易集中，唯有透過祠堂的修建、維護和管理，把分散的宗族成員聯結起來，進而透過祠堂祭祀活動，增進親緣個體間的團結、理解與合作，達到增強特定親緣團體的集體力量。祭祖懇親就是中國對祖先的崇拜，含有追悼死者勉勵生者、慎終追遠不忘其本的意思。人們透過祭祖融合親族關係，聯絡親族感情，促進親系的形成。祭祖是親緣文化不可或缺的重要部分，是親緣文化凝聚力的重要表現。

因此，人們要把修譜、建祠、祭祖三者有機地結合起來，這樣就能很好地促進海內外宗人的瞭解、合作和團結，從而有力地增強中華民族凝聚力。

（作者單位：福建省社科院）

#  談閩臺關係文獻：以《盧氏宗圖》為例

廖慶六

## 一、前言

　　以族譜文獻之內容為依據，我們可以看出閩臺兩地之間，在血緣與地緣方面之關係相當密切。在現有各姓氏家族所編修之族譜中，可以找到有關兩地深厚關係之佐證數據，包括姓氏人口結構、血緣宗族組織、裔孫尋根謁祖及住民移出與遷入之地域、堂號與墓碑之題名。事實上，從這些家族史料中，可以證明閩臺在歷史發展及地理連結上，兩地確實具有無可取代的方便性與必然性。關於閩臺之關係文獻，以《盧氏宗圖》內容為例，其中就記載不少重要的家族訊息，包括姓氏源流、修譜序文、世系宗圖、歷次修譜、歷史名人等等資料，從這些珍貴歷史資料，都足以見證閩臺兩地盧姓宗親在血緣與地緣之間的傳承與互動關係。

　　《盧氏宗圖》編修於清嘉慶十三年（1808年），編修者是始祖理成公第十四世、盧氏安溪卓源派下裔孫盧允霞。在宗圖中記載當時他「移居臺灣北路淡水艋舺街」，並於「嘉慶十三年仲冬，回家稽閱族譜，敬錄是圖」。由此可知，修譜者祖籍地是在福建安溪，後來他移居臺北艋舺街，並早在清嘉慶十三年，就回到祖籍地去抄錄族譜。這是一幅姓氏宗圖，內容僅有譜序及世系兩部分，其中有盧氏六大房之衍派、遷徙臺灣裔孫之名單、歷次修譜人名與序文，其主要功能在於提供子孫辨別世系，同時也可見證閩臺兩地姓氏家族之歷史發展關係。閱讀譜中之關鍵性人物，藉此還可延伸瞭解盧經的「忠諫」事跡，盧允霞的「京控」事

件，窺探盧若騰之「抗清」經過，以及臺灣設立各種「祭祀公業」之緣由，這些課題與當時的政治、軍事、司法、社會，均牽涉到一些關聯性。本文將以《盧氏宗圖》之內容作為基本資料，再輔以臺灣公私藏盧氏族譜文獻內容，同時也親自訪談在臺盧姓宗親。文章內容涵蓋盧氏之淵源、世系、丁口、字輩、修譜、譜序、名人，依序介紹，並附上宗圖複印件，以資探討早期盧姓之家族歷史，並藉此次研討會之機會，就教於方家。

## 二、盧氏淵源

盧氏系出於姜太公之後，這是眾多盧氏族譜所記載的姓氏淵源，例如《始興盧氏五修族譜》記曰：盧氏系出於姜，後有傒公，食采於盧，因以為氏。漢封太尉長安侯綰為燕王，後裔居涿郡，魏更涿為范陽，盧氏遂以郡望「范陽」為燈號。

1.依《盧氏宗圖》內容記載

遠祖：如金公，河南光州固始人，宰相盧杞叔父。唐朝時，隨岳父陳元光入墾福建雲霄。傳至雲陂公，移居永定太平里。

始祖：理成公，徙漳州龍溪縣目（墨）場，宋嘉熙元年（1237年），移居汀州連城，再遷居龍岩。其後裔於明成化七年（1471年），遷居漳平縣永福里世祿鄉藹平山。

房祖：理成公傳二世祖志能公，志能公傳三世祖太常公、諱清，明洪武十三年（1380年），欽升武略將軍。生子六人，分成六大房，其中老大房生二子，分成兩支。從第五世起，子孫散居福建各地開基，其各房支祖及分居地如下：

第四世房祖━━━→第五世開基各房支祖

老大房：△亨哥公┬△秉華公、安溪卓源祖
　　　　　　　　└△秉崇公、長泰青陽祖

老二房：△孟二郎→△吳福公、興化祖

老三房：△孟三郎→△福財公、南安澳下祖

老四房：△孟四郎→△崇智公、漳平祖家

老五房：△孟五郎→△秉頭公、漳平祖家

老六房：△孟六郎→△秉恭公、南安福居祖

遷臺：遷居臺灣之房派裔孫，僅有老大房秉華公、安溪卓源祖第七世堯平公及永安公派下之裔孫十五人；第7世堯平公傳下裔孫只有一人，第7世永安公傳下五房支派計有十四人。其他各大房派，包括老大房秉崇公及老二房、老三房、老四房、老五房、老六房派下，宗圖並未記載有遷徙臺灣之裔孫。

2.依姓氏專書及相關文獻記載

盧姓之由來，始於炎帝神農氏，氏生於姜水之濱（渭河支流），故以姜為姓。及齊太公六世孫齊文公有子高，高有孫小白，春秋時，姜傒與小白交厚，後小白之兄齊襄公為公孫無知所殺，傒聯合其他大臣，平定內亂，殺公孫無知，迎立小白為齊桓公（公元前684年）。桓公為表彰傒之功勞，封傒為齊國上卿，並賜祖父之名高為傒之姓，食邑於盧（今山東長清縣西南），子孫為盧氏，是為盧姓之始。傒為盧之鼻祖，炎帝生於姜水而姓姜；高、許兩姓又為炎帝之裔；而炎帝之後，堯之臣伯夷佐禹治水有功，封呂侯，子孫改姓呂。是故，姜、高、許、盧、呂、紀等姓氏，實同出一源，因此在臺灣各地，即有「烈山五姓」宗親之聯誼。

現今盧姓在臺灣人口數約十一萬人，在姓氏總人口排名中，位居第42。臺灣各地盧姓之祖籍，絕大部分屬閩南籍，粵東籍次之。據考證，清乾隆五十五年（1790年），移住臺北艋舺的安溪人漸多。[1]根據族譜文獻考證，興化店盧家和

北新莊盧家，這兩支派同為唐末御史中丞盧鄒，宋代盧童，明初員外郎盧孝忠之後裔，祖先開基福建同安，他們與金門賢聚盧氏，同以盧鄒公為入閩始祖。在現在新北市所轄淡水區的盧氏，及淡水興化店盧家和三芝北新莊盧家，都是當地的名望大家族之一。新北市之盧氏近代名人，包括有曾經擔任臺北縣議會議長盧阿山，淡水鎮農會前理事長盧再傳，歷任三芝鄉長、臺北縣議員盧根德，臺灣省「立委」盧修一，前臺北市教育局局長盧啟華，前臺北市盧姓宗親會及臺北市烈山五姓宗親會理事長盧忠義等多人。其中盧再傳、盧啟華、盧忠義三人之先世，都是來自福建安溪卓源鄉龍頭社，同屬卓源祖派下之裔孫。[2]

臺灣由盧氏族人成立的宗親會組織，包括：臺北市盧姓宗親會、桃園縣盧姓宗親會、新竹縣盧氏宗親會、彰化縣盧氏宗親會、宜蘭縣盧姓宗親會、金門盧氏宗親會、臺北市烈山五姓宗親會，高雄市烈山五姓宗親會等。著名的祭祠公業團體，則有新北市盧察院祭祠公業、新北市盧世馨祭祠公業、新竹縣盧電光祭祠公業等。

## 三、世系

1.《盧氏宗圖》內容僅記世系及譜序

依《盧氏宗圖》內容之記載，盧氏世系圖起自始祖理成公，並涵蓋理成公之第四世、六大房裔孫（第一世理成公→第二世至能公→第三世太常公→第四世亨哥公、孟二郎、孟三郎、孟四郎、孟五郎、孟六郎）之譜系；但本宗圖記載之世系內容，仍以老大房第五世秉華公安溪卓源祖之譜系為主體，從第四世亨哥公傳衍至第七世永安公，其派下之裔孫世系頗為詳細，簡記如下。

2.第四世六大房

老大房：△亨哥公┬△秉公、安溪卓源祖（續3）
　　　　　　└△秉崇公、長泰青陽祖（續8）

老二房：△孟二郎→△吳福公、興化祖（略）

老三房：△孟三郎→△福財公、南安澳下祖（略）

老四房：△孟四郎→△崇智公、漳平祖家（略）

老五房：△孟五郎→△秉頭公、漳平祖家（略）

老六房：△孟六郎→△秉恭公、南安福居祖（略）

3.卓源祖傳至第七世有三子

△秉華公→△凱疇公┬△堯清公（略）
　　　　　　　　├△堯平公（略）
　　　　　　　　└永安公（續4）

4.第七世永安公傳第八世分五房派

長房：△永安公→△仕元公（略）

二房：△永安公→△仕良公（略）

三房：△永安公→△仕嘉公（略）

四房：△永安公→△仕異公（略）

五房：△永安公→△仕寬公（續5）

5.第八世仕寬公傳至第十世分五支

△仕寬公→△啓甫公┬△道萃公（略）
　　　　　　　├△道儀公（略）
　　　　　　　├△道就公（續6）
　　　　　　　├△道御公（略）
　　　　　　　└△道搏公（續7）

6.第十世第三支道就公傳至第十四世允霞公回祖籍抄譜

△道就公→△呈兩公→△明第公→△維師公→△允霞公（遷臺、抄譜者）

7.第十世第五支道搏公傳至第十三世遷臺五人

△道搏公→△呈雄公┬△明章公┬△維雙公（遷居臺北）
　　　　　　　　│　　　　└△維掌公（遷居臺北）
　　　　　　　　│
　　　　　　　　└△明集公┬△維准公（遷居臺北）
　　　　　　　　　　　　├△維我公（遷居臺北）
　　　　　　　　　　　　└△維敷公（遷居臺北）

8、青陽祖傳至第十世喬權公（忠諫盧經公）

△秉崇公→△祖仲公┬△志銳公（略）
　　　　　　　　├△志毓公→△元輔公→△汝鳳公┬△經公（喬權）
　　　　　　　　└△志盛公（略）　　　　　　├△紳公（略）
　　　　　　　　　　　　　　　　　　　　　　└△綸公（略）

四、丁口

1.統計數字

依照傳統宗族社會觀念，《盧氏宗圖》記錄盧氏之家族世系與祖先人名，亦以「丁口」人數為限；包括所有男丁裔孫，及婚娶入門的媳婦（祖妣），其餘女子人名，則一概未予收錄。在舊時代，丁口既是統計人口的基本計量單位，亦是派征丁銀、徭役的依據標準。以《盧氏宗圖》所記錄的丁口數為例，從第一世始祖開始，到第18世最後一代為止，總丁口數約在一千左右，並以老大房卓源祖派下資料較為齊全。為了突顯遷徙臺灣者都在第13世至第16世之間，本文即以卓源祖第13世至第16世，這四代男丁之丁口數進行統計。第13世至第16世男丁之「丁口」數，共有526人，包括：第13世男丁91人，第14世男丁123人，第15世男丁172人，第16世男丁140人。

2.遷臺始祖

依據《盧氏宗圖》之記錄，遷居臺灣之房派，僅有老大房秉華公、安溪卓源祖第七世堯平公及永安公派下之裔孫十五人。第7世堯平公傳下裔孫只有一人，他是第15世榮泡，遷居臺北。另外第7世永安公傳下五房支派，其派下徙臺裔孫計有十四人，其名單與遷居地如下：長房二支遷居臺南八人，包括第13世維文，第14世允自、允靜、允畿、允言、允重、習節，及第16世煜進；五房三支遷居臺北一人，第14世允霞；五房五支遷居臺北五人，第13世維雙、維掌、維準、維我、維敷。以遷臺人數跟各代男丁之丁口人數相比，第13世是6：91；第14世是7：123；第15世是1：172；第16世是1：140。以總數計算比率是15：526；以百分比計算，則移出丁口僅占祖籍地男丁總數之2.8%。

## 五、字輩

字輩是後代子孫進行血緣尋根之密碼，從《盧氏宗圖》之世系人名中，約略可以看出第7世永安公派下所用之字輩，與盧氏相關族譜文獻所記載者，他們所用的世代字輩大致吻合，從此可以佐證卓源祖裔孫之血緣關係。

1.依《盧氏宗圖》之記載

《盧氏宗圖》沒有單獨記錄字輩名稱，但從世系所記錄之祖先人名，大致可以歸納出他們的字輩。從第7世永安公算起，傳至第18世裔孫，當時他們所用的字輩，依序為：「種仕甫道呈、明維允鍾英、克得」。另外據臺北盧忠義先生所提供之族譜資料，他們遷居臺北淡水這一支盧氏家族，其歷代祖先之輩分字號，為：「種仕甫道呈、明維允鍾英、克得振大業、乃世紹康寧」，盧忠義先生屬第20世「大」字輩。

2.依盧氏族譜文獻之記載[3]

老大房卓源祖永安公派下之字輩，從第7世永安公「種」字輩算起，傳衍至第26世「寧」字輩為：「種仕甫道呈、明維允鍾英、克得振大業、乃世紹康寧」，與淡水盧氏之字輩，完全相同。

3.傳衍世代

以《盧氏宗圖》抄譜之年代作為斷限，截至清嘉慶十三年，當時卓源祖永安公派下已傳衍至第17世屬「克」字輩；另依宗圖上所記之資料，有老四房崇智公「漳平祖家之裔孫」當時已經傳衍至第18世「元」字輩。雖然他們同樣都奉理成公為第一世始祖，但是屬於老大房第七世永安公派下所用之字輩，顯然不適用於其他各大房派之子孫。

## 六、修譜

據《盧氏宗圖》數據記載，有始祖理成公之子孫，從明末清初年間創修族譜與宗圖，傳至盧允霞最後一次續修，他們總共有六次修譜之記錄：

1.八世大玉公，九世魁諧公、魁環公，稽前輯後，約明末清初，興修宗圖族譜。

2.呈三公接承而重修之，順治元年。

3.明燦公輯而續之，康熙三十六年。

4.允明公又輯而續之，年不詳。

5.允文公又輯而續之，乾隆五十四年。

6.允霞公又輯而續之，嘉慶十三年仲冬。

以上六次修譜人名之房支別：第一次是由大四房漳平祖裔孫（8，9世）共同修纂；第二次呈三公（11世）屬安溪卓源祖永安公派下五房三支裔孫；第三次明燦公（12世）屬永安公派下長房二支裔孫；第四次允明公（14世）屬永安公派下長房二支裔孫；第五次允文公（14世）亦屬永安公派下五房三支裔孫；第六次盧允霞（14世）也是永安公派下五房三支，他於清嘉慶十三年（1808年）回籍完成抄譜工作使命。

查閱現有臺灣族譜目錄，除舊本《盧氏宗圖》外，另外可以提供給盧氏族人重修族譜參考之族譜文獻，附記如下：

1.《盧氏家譜》，（清）盧元璞序，同治十一年（1872年）抄本。

2.《姜盧紀氏族譜》，姜盧紀氏族譜編輯委員會編輯，商工文化出版社1967年出版。

3.《盧氏大族譜》，盧俊華編輯，創譯出版社1972年出版。

4.《金門賢聚盧姓族譜》，盧懷琪編纂，金門縣盧氏宗親會2006年出版。

5.《盧氏來臺玉招公派下大族譜》，盧文凡編撰，2004年12月出版。

# 七、譜序

在《盧氏宗圖》中，共有六次修譜之記錄，但僅留下五篇族譜序文，謹附記以供參考如下：

1.創修族譜序

追維盧姓根源始祖之所自出，系姜太公，諱尚、字子牙、號飛熊先生，年八十，遇文王，師之佐治西岐，賜名呂望，旋佐武王，興周八百載，武王稱為尚父，封國於齊，世子俁，齊食邑於盧，遂以盧為姓。由是分支衍派，世傳天下。凡姓盧者，皆本於此也。遂有漢之中郎盧植公，劉玄德公師事之，則為天下三大師之列。唐有盧照鄰、盧懷慎等，為四杰齊名，兼有三世清潔之芳聲。宋有盧一成，為鄉賢之列，明有盧經公，為天下大巡之首，因忠諫而入忠祠。清有盧焯公，為巡撫部院，皆揚於祖德。其餘古今或文或武，公卿大夫，難以概述。至我福建開基始祖如金公諱鐵，原系河南光州固始縣人，從岳父陳將軍諱元光，來辟雲霄為縣治，陳將軍　，如金公同功臣徙治龍溪之郡城，如金公始置家目場。自唐以來，著姓於此，則盧杞之叔父也。公　而宰相盧杞有祭文在目場存焉。第福建姓盧者，又皆本於目場也。至雲陂公諱宗善，開基永定縣太平里高陂大塘凹，祖祠系倒地眠牛形牛口穴，又私祖牛尾穴，至我藹平山一世祖理成公，移居汀州府連城縣廣黨橋下，住七年，獵遊來龍岩縣，遂卜居焉。溯其年，乃宋嘉熙元年也。至大明成化七年，入漳平縣永福里世祿鄉，即今謂四十坑也，方甲社藹平山住，生我二世祖志能公，生三世祖太常公，生六子：長曰亨哥，次曰孟二郎，三曰孟三郎，四曰孟四郎，五曰孟五郎，六曰孟六郎。志能公即肆才公，太常公即清公。嗣後子孫散處異地，各宜按譜參稽，以知本源之衍著焉。

盧清公，洪武三十五年累戰成功，十一月二十日欽升武略將軍、莊浪衛中所副千戶。永樂二年十二月廿一日，欽追與世襲父盧肆才贈武略將軍、營軍副千戶。母王氏贈宜人。龍字三百六十一號盧千戶房屋牛皮灘雞心崎。

始祖理成公世傳汀州府連城縣廣黨人也，宋嘉熙元年，來居藹平山，遂生志能公，志能公生太常公，奕業相承，歷今九世矣！唯恐世遠謬知，即以志能為高祖，太常為曾祖，修而統之，開支分派，世代著明，次第定秩，啟垂厥後，世世相承，俾知同氣連脈，和睦相親，以時祭祀，尊尊親親，或有散處異地，世遠不歸，開宗立族，而後富貴者，亦知所自來，追祀祖宗矣，譬諸天下之尊京師，萬水之朝宗於海也。余是遊學於鄉，命予為之序。

主譜八世嗣孫大玉、修譜嗣孫魁諧、魁環。

宋嘉熙元年十二月買得阿留旨並伊夫弟陳公藹平山上盂坪蓋屋成祖今祠宇重修。

2.重修族譜凡例

王者易姓受命為一世，又曰三十年為一世，今以父子相繼為一世，上自高祖，下及玄孫，以五世為提頭者，五服之義也，玄孫再提而為九世，又再提而為十三世，皆五服之義也。何也？己身以上，而為高曾祖考，以下而子孫曾玄以支分言之，有伯叔兄弟堂從，及於嫡子庶子之別，故服有齊衰斬衰，杖朞大功小功緦麻之降殺，謂之五服也。然五世服則竭矣，所辦找名分而已。修是譜者，所以圖列提頭為準也。書其人而及其裔、系其源而別其派，長子從父以著代，次子並長以同行，宗支兄弟不以齒拘，各從其派者，皆從五服支降殺，九族支親親也。上下而推之，則見源流知所自，旁行而列之，則見子孫之多少，執是譜者在所當知，閱是圖者，宜從世推耳。吾清溪卓源者，出於奉天誥命武略將軍盧清公之苗裔也，源流派胍，定籍漳岩，掛玉籍於帝闕襲恩寵於王朝，可謂言炳丹青，行垂今古矣。追溯宋朝嘉熙元年，我理成公來居漳平縣藹平山遂升志能公，公生太常公，公生六子：長曰亨哥，生叔華公，即謂之秉華公。公卜遷清溪崇信，傳世凱疇公，生三子：堯清、堯平、永安，永安公審擇卓源龍頭，奕業相承，紀世十有三矣。從茲子姓繁衍，或有分處異地，卜鼎他郡，不有斯譜，何以知源流之有自，而敦其一本之誼哉？余是稽往輯來，重修譜牒，俾後人尊祖敬宗之誼，較若列眉，至於族茂麟趾，馳名玉階，愛敬盡於一人，顯懿光於京者，則又所以致孝也，所以隆本也，誠能發憤自強，聯振家聲，繼述先人未成之事，彰揚祖宗積德之征者，孝立而本固，盛德巨業至矣哉。吾氏唯善觀而自得，庶無負於斯譜云爾。

順治六年歲在己丑夷則月望日序

嗣孫森斑呈三甫重修

3.三修譜序

夫族譜云者，乃載子姓歷代之昭穆，與夫一族之生死、葬祭、婚姻、嫁娶，俾爾子孫，同　其詳，孝弟油然而生矣。唯以世遠人多，集處星居，先人慮其愈久而愈忘，追溯源流支派，歷敘根據著落，編修上下二部，以遺後人，人人安得

置之為故紙,而不繼述先人之志事者乎?是嗣孫呈三甫,修輯所從來也甚矣,呈三甫其大有俾於後人也。古本蠹壞,遺帙失字,呈三甫稽查前後,登記二部,使不有呈三甫,而子姓之昭穆出處,幾幾乎無自而曉矣!謹依呈三甫重修上下二部,細查未及編志者,復重修之,覽斯譜也,則鼻祖耳孫,昭昭可考耶。

大清康熙參拾陸年歲次丁丑仲秋之月

嗣孫履煉明燦甫重修

4.四修譜序(闕)

5.五修譜序

乾隆五十四年重修族譜序

族之有譜,固所以載世代源流及生死婚娶墳墓,而實所以聯一本敦宗睦族之誼也。禮曰:上治族考,旁治兄弟,下治子孫。推而衍之,聯而續之,所謂以天地之心為心者,天下無不愛之,人民以祖宗之心為心者,天下無不和之,族姓以父母之心為心者,天下無不友之兄弟是也。吾族自永安公,著代卓源,自立為宗,呈三公溯其源,詳其流,修為斯譜。嗣後明燦公輯而續之,允明公又輯而續之,固不欲其遺逸散失,使後人無所稽查。第一本例,不應三四手筆,於是即前所修者,重新之,而未及修者,復輯而續之,又恐其難於稽查,因以永安公為本源,而以五房分為五派,又於各派之中,從道字行,復分其派,各附卷帙,俾後嗣子孫,按譜索之,隆一本之親,上治下治旁治,而以天地父母祖宗之心為心,敦吾宗睦五族可也。

乾隆五十四年歲次己酉葭月至日序

嗣孫揚烈允文氏拜志

6.六修譜序

夫人生在世,上各有姓氏,當知有根有祖。有根有祖,則有宗有族,有族有宗,則以知世代奕葉相承之有自也。欲知世代流傳之有自,故先人設著有宗圖族譜,以傳之後世,後世接而承之,如川流不息矣。夫故有宗族者,不可不慎重於

宗圖族譜者也。蓋我盧姓始祖，相傳系佐興周八百年之姜太公，傳至我如金公，始入福建，傳至雲陂公，又傳至理成公而生我志能公。前譜深遠難稽，即有八世大玉公，九世魁諧公、魁環公，稽前輯後，興修宗圖族譜，以開基藹平山理成公為一世祖。由是卓源龍頭永安公裔孫，呈三公接承而重修之。嗣明燦公輯而續之，允明公又輯而續之，允文公又從而續之。余閱是譜，深悉先人慎重宗譜，實使後人知所尊祖敬親、敦宗睦族之至意。由是敬之彌高，感之彌深，遂錄承宗圖全幅，根本分支，奕葉相承聯續，得以便觀，掛於祠堂之上，俾子姓人等，得以目　而時醮，誠使之家喻而戶曉也。

十四世裔孫秋金允霞拜圖

嘉慶十三年仲冬回家閱族譜敬錄是圖，移居臺灣北路淡水艋舺街。

## 八、名人

有關宗圖所列歷史名人，以盧經最為顯著，盧允霞次之。另附記金門籍宗親盧若騰於此，以供史事佐證之參考：

1.盧經（1571—1649年）

依《盧氏宗圖》之記載：第十世喬權、諱經，天啟乙丑科進士，為河南大巡，忠諫入祠。子三，皆為庠生，孫一名開官。盧經家族之世系圖如下：

```
世：5        6         7         8        9        10       11       12
名：△秉崇→△祖仲┬△志銳
              ├△志毓→△元輔→△汝鳳┬△經 ──┬△履嘉
              └△志盛                 ├△縉  ├△履遠
                                      ├△紳  └△履浩─△開官
                                      └△綸
```

在《盧氏宗圖》中，盧經是理成公第十世裔孫，屬於老大房青陽祖秉崇公之

六世孫。據民國十八年（1929年）《同安縣志》記載：「盧經，字一得，萬曆壬子舉人，天啟乙丑（1625年）進士。初授行人，升侍御史，巡按河南。有宗室萊陽王者，以受獻拏一諸生到府楚掠。經甫下車，即明斷其曲。王懼，遣長史求勿疏。弗許，竟以此獲譴下獄。少宗伯陳子壯、科臣李汝璨等，皆特疏申救，始得論戍放歸，年七十九。」[4]盧經很晚才中進士，當官卻做到十三省巡按、四川道監察御史，任職都察院，後來又做河南道巡按。因處理一件案件，發現有一皇叔霸占民田、欺壓當地的百姓，就對這個皇叔嚴肅處理。因此得罪了皇親國戚，他就被貶坐牢，後來經過朝廷忠臣力排眾議，最後才把他救出來，從此告老還鄉，回到福建同安。盧經為官表現高風亮節，體恤百姓，忠諫直言，政績卓著。清雍正元年（1723年），朝廷為盧經恢復名譽，御賜「忠諫」匾，以示表彰。雍正五年（1727年），敕命在長泰青陽建祠。過了將近300年，2012年2月25日廈門市（集美）召開「盧經陵園」重修竣工慶典，從此盧經之墓，列為廈門市第二批涉臺文物古蹟保護單位。[5]

2.盧允霞

依《盧氏宗圖》之記載：第十四世允霞，字秋金，配黃氏，有子三，孫四人。父維師公、諱奇總，聖朝皇恩三賜，享壽九旬，娶鄭氏、生四子，又梁氏。移居臺灣北路淡水艋舺街。嘉慶十三年仲冬，回家稽閱族譜，敬錄是圖。允霞公家族之世系圖如下：

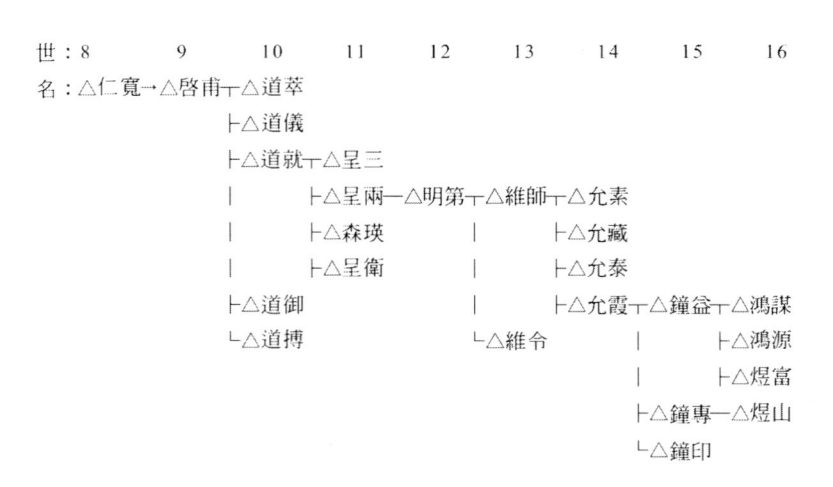

# 從兩岸譜牒（族譜）文化看歷史的演進

```
世： 8      9      10     11     12     13     14     15     16
名：△仁寬┬△啓甫┬△道萃
          ├△道儀
          ├△道就┬△呈三
          │      ├△呈兩┬△明第┬△維師┬△允素
          │      ├△森瑛        │    ├△允藏
          │      ├△呈衛        │    ├△允泰
          ├△道御                    ├△允霞┬△鐘益┬△鴻謀
          └△道搏              └△維令      │    ├△鴻源
                                            │    ├△煜富
                                            ├△鐘專─△煜山
                                            └△鐘印
```

　　《盧氏宗圖》就是允霞當年親自抄錄並保留下來的族譜文獻，這也是他對臺灣盧氏家族保留珍貴家族史料所做出的貢獻。但是，到嘉慶末年，他先因舉發運糧胥吏陋規而被判刑，並在道光初年演變成為一個「京控」事件。關於清代臺灣運糧陋規、允霞被訴罪經過及後來的「京控」緣由，在姚瑩（1785—1853年）《東槎紀略》及連橫（1878—1936年）《臺灣通史》中均有相關記載。閱其內容，包括：臺灣運糧緣起，倉吏多方挑剔與胥吏陋規，商人勉強應命，米價躍貴，民食被害。尤其針對盧允霞部分，更指控曰：「盧允霞謂所善商人：『我能革陋規！』眾信之，以為謀主。設館，征各船戶錢為訟費。」據《臺灣通史》史卷二十記載，當時臺灣府知府（1823—1825年）方傳穟（1775—？），他對運糧相關案件，提出以下之言論：雖稍有賠費，亦由船戶自圖巧利，為口員、胥吏之所挾持，遂成陋規，非無故而致也。若裁去運穀，則商船自此不識奉公之義。設一旦有意外之征發，反興嗟怨，以為不當役使之意。履霜堅冰，由來有漸，其不便者四。盧允霞一無賴訟棍爾。昔嘗以唆訟擬遣，逢恩赦歸。又盤踞鹿港，煽惑商民。假控革陋規之名，設立公館，每船抽費數十。是以奸民暴斂也。各商船戶唯泉郊數人稍稍附之，餘皆已悟其奸，有赴廳控其假公者。此前歲鄧丞所以往毀其館也。彼挾此恨，又為眾船戶所歸尤，故冒死叩閽，以塞眾人之責。始因斂費而控陋規，繼因陋規而陳改制。是以一奸民而敢橫議，變亂祖宗成法矣。雖停罷商運之議，啟自楊桂森，然桂森之議，昔已不行。今則因盧允霞之控而行之，是

奸民舞智，反優於邑令之建言也。其不便者五。

這是方傳穟呈報上級有關改制臺運之部分理由，其中牽涉到盧允霞之聲名。另據《東槎紀略》卷一「籌議商運臺穀」記載，閩浙總督（1819—1821年）趙慎畛同意臺灣知府方傳穟看法，水師提督許松年則力阻其議，其文曰：「文恪公深然之，水師提督許公松年力阻其議。適盧允霞入京師上控，求罷商運，事下督撫議。司道乃採楊桂森之說，停止商運，請臺地供粟半收本色，以給臺營，半收折色，每穀一石改征銀一兩二錢，以給內營，即全數劃抵臺灣兵餉。臺地免一領一解之煩，內地免解餉遭風之慮，每年又可省運腳銀六千餘兩。」依清史檔案之記載，道光九年（1829年）時，盧允霞「京控」事件終於有刑部原擬以軍流定罪之咨文，最後卻因盧允霞病故而作罷。[6]回顧歷史發展，當時官方先有彰化知縣（1810—1812年）楊桂森改征折色之請，再有汙蔑「奸民盧允霞有斂錢叩閽」之控。但是迨至道光七年（1827年），官方終於做出「仍復舊章，不計梁頭；又以眷穀折色，每年減運二萬餘石，商力稍紓」之結果。

從以上史料分析，盧允霞是因「臺灣運糧」（簡稱臺運）所孳生之問題而被誣，繼而他才採取「京控」之後續動作，從此可以得出三點結論：一地方訟案與「京控」事件之發生時間，約在清嘉慶十五年（1810年）至道光九年（1829年）之間；二盧允霞雖被定罪，卻因先有「逢恩赦歸」，再因病死而將其「京控」事件了結；三地方官員指明盧允霞「始因斂費而控陋規，繼因陋規而陳改制」，由此可以看出清朝官府確有諸多陋規弊端發生，而「臺運」政策終獲改善，更與盧允霞之「京控」有密切之關係。事實上，盧允霞在涉案之前，他於嘉慶十三年（1808）即肩負尋根及抄錄《盧氏宗圖》之工作使命，而宗圖記載盧允霞之父親維師公，曾蒙「聖朝皇恩三賜」，享壽九旬高齡；加上因他個人之冒死「京控」，終而改除官方之弊政。由此諸多事實推論，盧允霞絕不會是訟棍奸民之類才對。

依《大清律例》，清代的地方審級分為縣、府、司、院四級。如若初審不服，應逐級控府、控道、控司、控院，越訴者笞。其有冤抑徑赴京城都察院、通政司或步軍統領衙門呈訴者，名曰「京控」。京控可以說是一種非常上訴行為，

而京控審結之案件，就是終審裁決的案件。對於清朝「京控」制度，學者已有不少研究成果。他們列舉控訴屬實之案件，同時也對胥吏陋規，百姓冤屈等情事提出不少之評論意見，例如趙曉華《略論晚清的京控制度》一文，及李典蓉《清朝京控制度研究》一書即是。[7]

3.盧若騰（1600—1664年）

盧若騰，金門賢聚盧氏始祖、復齋公第11代孫。若騰字閑之，一字海韻，號牧洲，又號留庵，別號四留居士。其直系祖先為第三世亨房天佑公（汝禹）派下，祖父必登公、諱一桂，父戀璣公、諱道炳。若騰生一子審卿、諱饒研。早年三試未中，崇禎九年（1636年）丙子科舉人，崇禎十三年（1640年），登庚辰科進士榜，召對稱，旨特授兵部武庫清吏司主事。一生歷官本司郎中兼統京衛武學，升浙江布政司參議分司寧紹巡海道，升提督軍務兼理糧餉，巡撫溫、臺、寧、處都察院右都御史，都御史加兵部左侍郎，再加尚書通議大夫。[8]盧若騰是南明忠臣，有「盧菩薩」之美稱。據《福建通志》記載，清兵渡江入閩，若騰投水為人所救，乃之長泰，偕傅象晉、郭大河等募兵起事，所「望山之師」也。另依族譜所載，盧若騰在浙江失利後，乃回閩之曷山，與傅象晉、郭大河等人舉義，屯兵望山，欲乘間圖武安，後因興師不利，偕王忠孝輩居島上，自號留庵。隆武四年（順治五年，1648年），盧若騰等人來歸，鄭成功蓄積實力後再次出擊，攻克同安縣。永曆十八年（康熙三年，1664年），將渡臺灣至澎湖，三月十九日，卒於澎湖；先葬於澎湖太武山，後徙回本鄉。

另據盧若騰於明永曆二年（1648年，清順治五年）手撰《青陽盧氏族譜序》一文，其中有一段文字，似可佐證此段史事，以及他與盧經之間的交往。序文之記載如下：

家之有譜，猶國之有史……閩漳盧氏，系自唐懷慎，子曰奕、曰鐵，鐵字如金，從岳父陳元公（光）闢建漳，封龍岩縣城，因置家墨（目）場，嗣後子孫散處，傳二十餘世。……於洪武間，以軍功封寬和衛千戶侯，弟亨襲職，而亨次子曰秉崇者，占籍於泰（長泰）之青陽山，見山聳水秀，因之習累世不文焉，加以崇重師儒，余之得成一第，亦所玉就。仁里若斯，安得不克大厥家乎？未幾而得

一公，果耀高第，中土代狩，威風勁節，不避貴戚，聲名藉藉士庶間，始信立德立功之有征矣！迨歲甲申（1644年），而麒山難作，繼而南都失守，山河風景無異，城郭人民已非矣！及今戊子（1648年），余乃披髮入山，再至斯地……益以是知青陽之福，未有艾也。故不憚詳敘之，以見積累者之必興云，戊子正月穀旦……侄孫若騰拜敘。[9]

青陽盧氏「得一公」，就是指盧經。盧若騰之譜序「戊子（1648年），余乃披髮入山，再至斯地」，就是指《福建通志》記載盧若騰「乃之長泰，偕傅象晉、郭大河等募兵起事，所望山之師也」一事。雖然盧若騰之入閩始祖，與盧經之入閩始祖有別，但兩人都是少數福建同安籍盧姓進士及第者，兩人都擔任過明末都察院御史，同屬盧姓之光。另一方面，盧若騰對臺灣的歷史淵源，要比盧經更為深厚，因為盧若騰晚年參與鄭氏反清復明大業，他到過澎湖，可惜壯志未酬而身亡。

## 九、結論

《盧氏宗圖》留傳臺灣已有205年（1808—2013年）之久，這一幅手抄本族譜文獻，其中含有不少重要的家族訊息，包括姓氏源流、修譜序文、世系宗圖、歷次修譜、歷史名人等數據，其史料價值頗高。從這些珍貴家族史料中，可以見證閩臺兩地盧姓宗親，他們在血緣與地緣之間的傳承與互動關係。另從相關族譜文獻與歷史檔案中，可以澄清舊時代閩臺兩地盧姓名人之事跡，由此可證，這是一件重要的閩臺關係文獻。

在《盧氏宗圖》歷次修譜序文中，記載盧氏共有六次修輯族譜紀錄，而盧允霞是最後一次親自抄錄族譜世系及祖先人名之宗親。自他而後，至今已經超過兩百年，除偶見一些簡略家譜數據，或祭祀公業系統圖等祖先人名數據外，在臺灣尚未有族人續修族譜之舉動或刊印族譜之成果。在《盧氏宗圖》記載家族成員中，至少有15位祖先在清初就來到臺灣墾殖發展，他們都遷居在臺北與臺南兩

個地方,目前其子孫人數與分居地方,因資料欠缺而未能詳考。反之,在臺盧氏宗親未必能夠知道他們的遷臺始祖,為了建立一個比較完整的家族歷史,因此由盧氏宗親發起合作計劃,並以《盧氏宗圖》數據作為基礎,大家共同進行族譜世系對接工作,確有其必要性。

在《盧氏宗圖》世系祖先人名中,從第四世分散福建各地開基,其中要以青陽祖派下、第十世盧經公之功績最為顯著,明末盧經公為官「忠諫」之精神,確實值得後人之敬仰,但是青陽祖及盧經公派下裔孫,從《盧氏宗圖》世系資料,與所見族譜文獻及明清檔案史料中,皆無法看到可以用來佐證盧經與臺灣歷史發展具有直接之關係。再者,依當時世系所載遷臺發展者,僅有卓源祖派下裔孫十五人,與當時原鄉盧氏丁口比較,其比率低於百分之三。據查,卓源祖派下裔孫在臺灣淡水設立一個「盧察院祭祀公業」宗族組織,但其受祭人應該不是青陽祖裔孫盧經公,因為他與淡水族人沒有直系血緣關係,而且「盧察院祭祀公業」之祭祖日期,訂在每年陰曆的十一月初一日,這是他們卓源祖第14世祖習記公之祭日。再者,金門籍盧若騰也擔任過御史,他還到過澎湖。以兩人的為官經歷觀之,盧若騰與盧經都可尊稱為「盧察院」。到底「盧察院」是指何人?或單純以此命名祭祀公業而已。其詳情如何?確實有待後人進一步考證。

現存《盧氏宗圖》是由遷居臺北的盧允霞一人,親自回籍抄錄的重要家族史料,不幸後來盧允霞身陷與「臺運」有關之訟案。若以姓名、地籍、年代等關係條件作判斷,臺灣史料及檔案中所記載的「盧允霞京控」事件,應與抄錄《盧氏宗圖》的盧允霞同屬一人無誤。以二百年前舊時代的時空環境來說,他被清朝官員汙蔑而蒙冤,他因立志革除陋規而冒死「京控」,最後因故免受鞭笞、坐牢及流徙三千里之苦,卻對當時的弊政改革帶來重大影響。於國於家,盧允霞一生都在付出與貢獻。此時此地,後人對於他的事功與冤屈,亦應給予適度的肯定與平反。總而言之,盧允霞已隨《盧氏宗圖》而歷史留名,這是研究盧氏族人遷臺歷史及清朝中葉臺灣人「京控」事件的好素材。從拜讀《盧氏宗圖》之內容,與盧允霞之歷史事跡中,吾人確實可以獲得一些啟示。

註釋:

1.廖漢臣：《艋舺沿革志》，《臺北文物》，第二卷第一期（1953年）。

2.族譜編輯委員會：《姜盧紀氏族譜》，彰化：商工文化出版社1967年版，第56—57頁。

3.族譜編輯委員會：《姜盧紀氏族譜》，彰化：商工文化出版社1967年，第51頁。

4.吳錫璜總纂：《同安縣志》卷28（1929年）。

5.廈門市涉臺文物古蹟保護單位盧經陵園重修竣工紀念冊（2012年2月）。

6.臺灣「中央研究院」歷史語言研究所藏《明清史料》，事由：「移會稽察房本部議覆閩浙總督孫爾準等奏審明定擬安溪縣民盧允霞京控臺灣配運內地官谷文武員弁暨丁胥需索規費等情並妥議臺運配谷章程一折」（登錄號：151268-001）。據戶部（道光九年四月）題名《戶部為遵旨議奏事》文件，《數位典藏與數位學習聯合目錄》http://catalog.digitalarchives.tw/item/00/28/9c/83.html（2013/05/19）瀏覽。

7.趙曉華：《略論晚清的京控制度》，《清史研究》1998年第3期。李典蓉《清朝京控制度研究》，上海古籍出版社2011年版。

8.盧懷琪總編纂：《金門賢聚盧姓族譜》，金門縣盧氏宗親會2006年，第110頁。

9.同上注，第32—33頁。

（作者係臺灣著名譜牒專家，美國祖先網（www.ancestry.com）退休顧問）

# 閩臺譜牒的特點與文化價值

蔡干豪　林　庚

## 閩臺譜牒的基本特點

　　根植於中國宗法社會的姓氏譜牒,伴隨著民族文化產生而產生、發展而發展,是民族文化的寶貴遺產。隨著中原士族移民福建,族譜開始在福建產生與發展。唐代以後,福建編修族譜興起。宋代以後,隨著政治、文化中心的南移,福建的家族制度趨於完善,譜牒文化的體系也基本確立,體例也趨完備。明清以後,福建人大量遷移臺灣,臺灣譜牒興起,又形成了閩臺同根同祖的譜牒文化。從當前保存下來的族譜來看,福建家族的族譜最早的是宋代開始修撰的,閩臺族譜基本上都是在明代開始修纂的。清代,譜牒體系細化的現象更加明顯,一般的世家大族除了共同編修總譜外,各房各支還編修房譜、支譜。同姓宗族之間還共同編修統譜或聯譜,有些同源而不同姓之間也有修合譜。

　　家譜,是記載一個以血緣關係為主體的家族世系繁衍及其重要人物事跡的特殊圖書形態。它產生於上古時期的商朝,完善於封建時代。3000多年來,家譜在不同時代顯現出不同的形態,發揮著不同的作用,其價值與特色非常值得我們研究和探討。譜牒,又稱族譜、宗譜、家乘、家譜、家傳等,是記錄家族遷徙、發展的軌跡和家族人物的世系、傳記的史書,與國史、地方志構成中國三大志書。家譜種類豐富多彩,根據家譜記載範圍的大小可分為總譜、大宗譜、宗譜、房譜、支譜、房譜;按照編撰特色又分為宗譜、統譜、合譜、聯譜等;根據家譜

纂修部門的不同又可分為官修家譜、私修家譜。

　　閩臺兩岸譜牒由於歷史的原因，在歷史上都發生過多次的中斷修撰的問題，1950年代在臺灣開始復興，80年代改革開放以來，隨著海外華人歸鄉「尋根熱」的出現和中華民族傳統意識的復興，福建譜牒文化重新興盛。尤其是福建的譜牒文化作為海峽兩岸血緣認同的重要依據。

　　（一）閩臺譜牒有共同的源脈。縱觀閩臺族譜，多數都稱源自「河南固始」。譜牒文化是宗族制度的產物，福建宗族制度隨著北方士民不斷地移居福建而逐步建立。福建和臺灣民系主要是中原遷徙入閩入臺，共同的血脈，形成了共同的修譜族系基礎，多數族譜可以對接。

　　（二）閩臺譜牒有共同的修譜理論。閩臺族譜除了承繼中原撰修譜牒的理論體系的四種基本的記述格式——歐式、蘇式、寶塔式和牒記式以外，宋代福建出了兩個譜牒學專家，一個是北宋的泉州人呂夏卿，在編纂《新唐書》時，創設《世系》諸表。另一位是南宋的莆田人鄭樵，在《通志》中，創立了《氏族略》。他們對譜牒學的研究成果影響全國，對閩臺譜牒的修纂造成重要理論指導作用。

　　（三）閩臺譜牒的修撰規範完整。一是結構完備。閩臺傳統族譜主要有以下幾個部分的內容：1.譜序；2.凡例；3.家族的世系和血緣關係圖表；4.恩榮錄；5.族規；6.祠堂、祖墓、族產、契約文書；7.人物傳與科名錄；8.藝文與軼事。二是脈絡完整。明朝建立以後，大興修譜之風，出現普及化態勢，福建各地民間不僅家族有譜，而且根據家族的延伸，家族的分支或各房也修撰支譜、房譜、家譜。三是定期續修。一般為小宗譜30年一修，也就是一代人修一次；大宗譜60年一修，各個家族都把修譜修撰作為重要的永久性事業。四是有完備的修纂譜的儀式和相關規程。

　　（四）閩臺家譜的相關機構眾多。修撰和研究、收藏機構不斷出現。海峽兩岸都出現由宗親自發組織的臨時修譜機構，形成從鄉村到城市的經久不衰的譜牒文化熱。在各地各宗族族譜研究的基礎上，出現了許多譜牒修撰機構，臺灣姓氏源流學會比較早，隨後閩臺的各姓宗親聯合會、各姓氏協會、姓氏源流研究會等

專門研究機構陸續湧現。譜牒作為學術研究的價值日益受學術文化界廣泛重視。

（五）閩臺族譜收藏的多樣化，千餘年來，歷代所修家譜是難以計數的，這其中絕大部分因年代久遠，已經湮沒於歷史的長河之中。留傳至今的和新修的家譜，大約不會少於數萬種。這些家譜，分藏於海內外各類公藏機構和私人手中，其中公藏占有主導部分，私藏更不容忽視，私藏肯定超過公藏。臺灣出現存譜機構比較早，1950年代初就大量湧現。現在閩臺的公共圖書館、各地的文化館、博物館、紀念館、檔案館、檔案室、文物商店、修志會機構都有多少不等的收藏，臺灣高雄和閩西都有專門的客家族譜館。

（六）專業機構的出現和參與。臺灣的文獻會在1950年代就開始族譜研究工作，收集整理了大量臺灣族譜，對全臺譜牒和人口遷徙、祖籍狀況進行全面調研，編著出版了大量的很有價值的研究資料。福建閩臺緣博物館、漳臺族譜館是近期出現的閩臺族譜專項研究機構。1984年以後，福建省陸續成立省、市、縣三級地方志編纂委員會，編纂三級志書，一些從事地方志工作的人員被聘請參加族譜的編修工作，形成地方志與譜牒同時發展的局面。到20世紀末，福建省地方志編纂委員會決定編修姓氏志，各市、縣也同時進行姓氏志的編纂。姓氏志主要是在各姓族譜的基礎上進行編纂的，對現存的新、舊族譜進行較系統的介紹，更加凸顯了族譜的文化價值，推動了族譜更大規模的編修。

可見，閩臺譜牒文化因為同根同源有許多共同的，密不可分的特色。

# 閩臺譜牒文化的作用

一、譜牒的歷史文化作用

不同時代的家譜，在當時的社會、政治、經濟、文化活動中，都曾發揮過不同的作用，其最初的最根本的作用是「別婚姻」。從商周到漢代，家譜的主要作用是祭祀祖先、證明血統、辨別世系，以利優生優育，同時又是權力和財產繼承的依據。進入魏晉南北朝的門閥社會後，家譜在政治、社會生活方面的重要性大

大增強，家譜的主要作用是證明門第，做官、婚姻嫁娶以及社會交往等，都要以家譜為依據，家譜由家族文獻轉而成為一種政治工具。隋唐兩代，取士多由科舉，家譜在選官方面的政治作用削弱，在婚姻等方面的作用增大。宋代以後，取士、婚嫁不看重門第，各社會階層的成員升降變遷也很頻繁，家譜的政治作用基本消失，編修家譜成為家族內部的事情，家譜的作用也隨之發生變化。宋元明清幾代家譜的纂修主要是為記錄家族歷史，純潔家族血統，尊祖、敬宗、睦族，團結、約束家族成員，教育後代，提高本家族在社會中的地位和聲望，家譜的教育功能增強，家譜中大量出現家族祖先的善舉恩榮和各種家訓、家箴，對於傳播封建倫理、穩定社會秩序發揮了一定作用。因而，家譜的纂修無論是唐代以前還是宋代以後，往往都得到政府的支持和鼓勵。此外，明清兩代科舉取士，各地中舉名額都有一定數額，一些考生往往冒移籍貫，避多就少，遷往文化相對不發達地區，以期容易考上，就如同當今高考前變更籍貫一般，為此，經常引起訴訟，家譜此時又將發揮證明作用。清代旗人襲爵、出仕，需要出示家譜以為憑據，這可以看做是家譜的政治作用的一點緒餘。所以福建的少數民族也與漢人一樣，重視家族族譜的修撰，使福建族譜修撰文化延綿不斷。

閩臺兩地由於姓氏五源文化關係緊密，但由於海峽的隔離，兩岸家族分多聚少，加上過去交通不便，臺灣海峽無風三尺浪，所以對族譜的重視程度更加。為有利於認祖歸宗，對去臺灣的記載尤其注重，如雲霄何地的《何氏族譜》清清楚楚記載了清代東渡臺灣的300多人。而能帶到達臺灣的族譜也是很有限。多數人只能記住自己的郡望堂號。

二、閩臺譜牒的現實意義

首先，譜牒有社會科學研究價值。族譜中仍然蘊藏著大量有關人口學、社會學、民族學、民俗學、經濟史、家族制度以及有關地方歷史和人物的資料，具有很高的史料價值。當代地方文化，特別是地方志的編纂對族譜編修的影響很大是人文學科的重要研究依據。對於古代人物研究具有相當權威的資料價值。由於家譜的特點是記錄家族人物，重要人物專門寫有傳記，而且支脈清晰。這些資料，雖然會有溢美之詞，但大多數內容還是可靠的，完全可以填補史學研究的許多空

白。譜牒為移民問題的研究提供了第一手資料。在中國歷史上，各朝代人口的流動是很頻繁的，而任何一部家譜都要記錄族源和遷徙情況，本家族的始遷祖由何處而來，遷居原因，經何處而定居此地，定居後又有哪個支房遷出，遷移的原因、數量、遷居何處、移民生活、移民與當地土著的關係、遷居與本房的關係等，都須記載清楚。

其次，譜牒有重要海外聯誼價值。福建是中國重要僑鄉，也是臺灣同胞的主要祖籍地。臺灣同胞和海外僑胞到福建尋根問祖，使譜牒具有政治意義上的作用。在海外的炎黃子孫已超過5500多萬，分布在五大洲一百多個國家和地區，儘管有相當部分已加入所在國國籍，但民族與文化認同並沒有改變。在世界近萬個華人社團中，以宗親會、同鄉會為代表的親緣性社團占了很大比例，並且發揮著積極作用。譜牒可以為他們的後裔尋根問祖提供了可靠的根據，也更增加了他們對故國故鄉的依戀之情。福建的姓氏源流研究在協助臺港澳同胞和海外僑胞尋根探源、開展海內外姓氏源流學術交流、海外聯誼、彰揚先賢業績等方面，取得了豐碩成果，為海內外同胞搭起了一座民族尋根之橋。

其三，譜牒是臺胞尋根謁祖的依據。由於閩臺族譜的特殊性，長期以來對臺灣同胞尋根謁祖造成了極其重要的作用。雖然歷史的各種原因兩岸族譜修撰多次中斷，給臺胞尋根謁祖帶來許多不便，但是由於海峽兩岸宗親的努力，各地各姓氏宗親組織為閩臺宗親的聯絡提供大量珍貴史料，逐步地使海峽兩岸族譜對接，臺灣多數名人都可以在福建找到自己的祖根，也凸顯族譜的社會價值。在改革開放後福建的修譜熱潮中，臺灣宗親對於宗族的修譜活動給予大力支持，為修譜捐資，並提供臺灣宗親資料，使新編族譜包含遷臺宗親的世系，部分實現閩臺宗親世系的延續。透過族譜的編修，可以促進同宗同族間的團結互助，滿足海內外炎黃子孫「尋根謁祖」的需求。

第三，譜牒有民族文化弘揚價值。譜牒文化中蘊藏著極其豐富的中華民族文化精華。譜牒不僅僅為封建時代宗族制度的研究提供了最基本的資料。宗族制度是封建宗法關係的重要組成部分，是封建統治的基礎，也是中國傳統文化的一個重要內容和民族文化植根的土壤。家譜中對於封建宗族制度的記載十分全面，包

括有關宗族的構成，祠堂的組織、規模、結構、職能、管理範圍與官府的關係等，祠產的類型、數量、形成、經營方式和收入用途，族學的規模、收錄學生的範圍、資金來源、維持方式、獎勵內容等。家譜中的族約、宗規、家訓、家禮、家箴等，既是封建倫理，也是道德行為規範，在其他類型文獻中，是很難如此集中的。其中保存許多優良的道德傳統和愛國愛鄉事跡，與當今社會倡導的回歸中華民族文化家園、構建和諧社會有共通之處，值得借鑑與弘揚。

其四，譜牒文化有利推動和平發展。臺灣早期移民大多是從大陸的廣東、福建去的，尤以福建為最多。古代大陸移民臺灣，共經歷了三次高潮：第一次是明末天啟年間，泉州、漳州一帶貧民遷居臺灣達3000多人，崇禎年間又有數萬人。第二次是鄭成功收復臺灣後，跟隨鄭成功而去。第三次是康熙年間清政府統一了臺灣鄭氏政權，開放海禁，移民人數多達幾十萬。近年來，隨著海峽兩岸交往的增多，大批臺灣同胞回大陸探親尋根，已成為一股不可逆轉的潮流。海峽兩岸要統一，利用家譜資料聯絡親情，是一個非常重要的措施。閩臺譜牒文化研究推動了海峽兩岸民間交流，對促進海峽兩岸和平發展。2007年9月到2013年6月，福建省海外聯誼會、福建省中華文化學院、福建省姓氏源流研究會分別在福建福州、臺灣臺中、福建泉州、臺灣高雄、福建漳州召開了海峽百姓論壇，在臺灣不分藍營綠營，不分黨派，大家歡聚一堂，共敘親情宗誼。海峽百姓論壇已經成為海峽兩岸民間交流的重要品牌。

除此之外，家譜資料還為地方史、家庭結構、社會結構、婦女地位、優生學、民俗學、經濟史、科技史、宗教史、中外關係史等領域的研究，提供了大量的可信資料，具有極為重要的價值，這已是學界共識。但由於家譜是私人纂修，有些記述華而不實，言過其實，有些內容妄相假托、有意捏造，這都是能夠理解的。問題是我們在使用時要注意鑒別，區別對待，去偽存真。只有這樣，方能使我們的研究資料詳實、可信。

## 譜牒相關問題與思考

在宗親活動日益頻繁、海外尋根備受重視、姓氏研究深入發展的推動下，當代福建族譜的編修已經形成風氣，各個家族相互影響、相互激勵，使族譜的體例越來越完備，裝幀越來越精美，總的來看，新譜的編修深受當代地方志編纂的影響，大體上有以下幾個明顯的創新。第一，對於舊譜中的一些篇目，由於其所代表的思想已經不適合當代的社會環境，新譜不再續編。第二，男女並書，體現男女平等思想。改革舊譜記男不記女的體例，實行男女並書。還力圖體現男女平等的思想，如不論男女，只要達到標準，在人物傳、科名錄等都予記載，女兒、媳婦也不用某氏，而用全名。第三，參考地方志的體例。當代新編族譜儘量借用地方志的體例，把新編族譜的體例向族史、族志、姓氏源流的體例靠近，以減少宗派色彩，姓氏文化特色顯出，許多已經成為地方史料的組成部分。一些族譜記述家族所在鄉村的社會歷史和現狀，增設地方史、姓氏源流、大事記等篇目，地方文化色彩更加明顯。第四，應用先進編纂方法。當代科學文化的成果也推動了新編族譜體例的創新。因此，在新編族譜中，體例上多有地圖、照片、畫像等。為聯絡的需要，一些族譜還設置宗親通訊錄和世系檢索表，使譜牒成為人們可利用的一種社會資源。第五、區域性的族譜志書。如漳州市為界定編修與市地方志編修《姓氏志》開拓了新的研究平臺。有利於進一步綜合利用研究成果，解決歷史遺留問題。當前福建譜牒文化對構建福建和諧社會既有積極的作用，也難免有消極的因素，表現在：封建宗法思想在當代仍有遺存，存在為親者諱、假托始祖、美化先人、牽強附會、言過其實等問題，往往還傳播宗派思想，而且男女平等還未真正實現。關鍵在於有關部門的引導與規範，使之興利除弊，以促進福建和諧文化建設。

但是，譜牒研究依然有許多問題值得思考。

一、研究機構成立還是處在初級發展階段。雖然除了姓氏源流研究會等宗親的橫向民間組織以外，已經有中國閩臺緣博物館、漳州政協海峽文史館等專門機構的成立，但是他替代不了非政府的家族機構的研究和聯誼，許許多多的工作依然需要家族去推動。沒有合法的機構就難於開展深入的研究活動。福建省江夏黃氏源流研究會在福州成立，標誌我省第一個省級宗族研究會成立，這是一個新起點。但是多年以來依然是獨此一家，別無分店。這就說明，目前家族性研究機構

成立的瓶頸依然很多，有待各級黨委和政府的支持和幫助。

　　二、要支持和輔導民間譜牒修撰工作。福建當代編修的族譜數量很多，具體難以估計。過去新編譜牒基本是內部刊印，交流收藏，造成很好的作用，但是多數是民間自發行為，專業水平欠缺影響了譜牒質量。近幾年江夏黃氏、上黨連氏等姓族譜已經正式出版，標誌著福建譜牒文化得到政府出版機構的認可，開始走上了「大雅」之堂。我以為，還要進一步支持和提倡各個姓氏宗親族譜的正式出版，提高民間修譜的質量。出版部門應積極介入族譜的印刷出版環節，擔負起編輯審查的責任。

　　三、協助宗親修譜工作變革觀念與時俱進。主要有：第一、廢除族權。在新編族譜中，堅決廢除不符合當代社會道德原則的族規。對於舊譜中的族權規定，有的族譜作為資料保存，有的族譜予以刪除並充實了許多時代特色；有的既保留舊譜中有價值的史料，更用新思想、新方法增加續修的內容。依然有許多有待研究進步發展。第二、尊重女性。閩臺族譜都存在女性如何入譜問題，雖然在新修族譜中對於有成就的女性，也同男性一樣予以記述，舊譜中歧視女性的現像已經基本消除，但許多問題依然沒有解決。如，族譜世系圖中多數沒有女性入譜，閩臺女性對此都提出異議。自古以來蔡氏女性入譜這點傳統就有利大家借鑑。第三、注重姓氏源流研究。在新修族譜中，對宗族源流研究的內容明顯增加，許多族譜不厭其煩地考證姓氏、宗族的源流及與其他宗族、甚至其他姓氏的關係。對於家族成員向外地、特別是向海外遷移的歷史和現實十分重視，記載詳細。對於海外的名人，特別是臺灣的重要人物，一些族譜考證頗詳。由於年代久遠，多數對入閩開基始祖研究依然存在不少欠缺。

　　四、綜合提高譜牒研究成果解決研究瓶頸。過去修撰譜牒多為分散進行，研究成分不高。近幾年來，隨著姓氏文化研究的深入發展，宗族活動的範圍也日益擴大，許多人不滿足於家族內的聯繫層面，民間已經認識到一些侷限，於是突破家族血緣的界限，以姓氏為依據尋求更大範圍的聯絡，出現通聯趨向，這是良好的開端。一是以縣為單位編修姓氏統譜。二是以大市為單位編修姓氏統譜。三是以地區為單位編修姓氏統譜。四是以歷史淵源為據編修多姓聯宗譜。五是以省為

單位編修姓氏通譜。六是以姓氏為單位編修世界範圍的通譜。但多數只是「混合」，沒有真正去解決問題。因此，爭論最多的是修譜存在的「牽強附會」依然難以解決。表現突出的有：一是附會「隨王審知入閩」問題。內容是在歷史發展過程中不斷豐富完善的。由於族譜的編修並無統一的標準，資料也在不斷增加，因此族譜在初始階段內容都很單薄，經過多次重修或編成宗譜、統譜以後內容才趨於完備。二是附會歷史名人的問題。福建各家族在修撰族譜時，為了提高家族的聲譽和族人的自豪感，往往把歷史上的某些名人作為自己家族的祖先，有許多確實牽強附會。

　　本文受篇幅侷限，只是拋磚引玉。總之，閩臺譜牒文化處在民間狀態，宗親會研究機構處在最初級階段，許多問題都缺乏政策引導和支持，難免有所偏頗，要推動譜牒文化發展還是依靠大家努力。

（作者蔡干豪係福建省姓氏源流研究會副會長，林庚系《閩臺百家姓》副主編、高級講師）

# 開閩三宗子代譜牒差異暨斷代之分析

王伯宗

## 開場自序

　　家之有乘，就像國之有史那麼重要。家先祖父初當警察、後為私塾老師；先父從事農業推廣。清朝留下來的族譜，就在印證、傳頌、蒐集中延續了下來。小時耳濡目染，宗祠中跑進跑出，卻無特別深刻的印象，及長只知道一間一間的三合院垮了、拆了，不知不覺中族脈垮了、族譜沒了、族人散了。父親說本家族譜因1935年臺灣清水大地震被埋在大廳的瓦礫中，冒雨從瓦礫中搶救出來，整本清朝時從大陸帶回的族譜被泥水弄得殘破不堪，卻有幸留存了下來。

　　家父因農業推廣，整年在清水鄉鎮趴趴走，間接也抄錄了別個支派的族譜，對日後我昆仲二人對於各派族譜的瞭解有很大的幫助。大陸改革開放後，家兄等人將本譜整理後「送譜歸宗」，彌補了大陸祖厝因紅衛兵時焚燬的部分族譜，得以將整個缺塊填補上來，真是祖宗有靈，家族有幸。

　　並非每個支派都這麼幸運，南安象運黃田王振裕先生來臺灣找尋中斷了六十年的親人，卻苦無線索，雖經臺中市王姓宗親會奔波找尋，只知該祖居地1955年因臺中清泉崗機場的創建被犁為平地，族人四散，雖被政府安置，因老人凋零、族譜沒有被傳襲下來及日據戶政制度的變更（三個名字只能登記一個名字）、族人未按字諱取名等因素，找了埔里、新社等幾個村莊，並無所獲。後來雖從本會數據找了些蛛絲馬跡，又受限於個資法（戶政限三等親始可申請），無

法獲取族人數據,現只有等日後來臺買報紙刊登新聞尋親一途了。

　　無譜苦,太多的譜也苦,譜譜印證、差異也就凸顯出來,從甲譜難順合乙譜意,從乙譜又覺得不太合意,只能從有限的數據中理出比較説得過去的一些解説,這就是本次所要探討一些問題了,希望先進宗賢給一番指點。

開閩世譜紀實

| 系姓 | 開閩 | 名諱 | 紀實 |
|---|---|---|---|
| 四九世 | 一世 | 審潮 | 字信夫,恁公長子,初為固始縣佐,唐末光州刺史王緒辟為軍正,僖宗光啓元年,隨王緒以副先鋒提兵由南康入汀漳,王緒以道險糧少令軍中不得以老弱自隨。潮公兄弟三人奉母以從,至漳,緒責之欲殺母,兄弟争代母死,將士共為之請,緒乃止。追至南安,緒多殺,一軍皆忿,設伏擒緒,緒自殺,眾奉潮公為帥。光啓二年克泉州,唐授泉州刺史加檢校散騎常侍。景福二年取福州,拜福建觀察史、威武軍節度使加檢校尚書左僕射。<br>公生於唐會昌六年三月十一日,卒於唐乾寧四年十二月二十四日,年五十二歲,葬惠安縣平康里盤龍山,唐贈司空,後追封秦國公,諡號廣武。<br>娶侯氏,封俊安郡夫人,子三:延釭,延望,延義。 |
| 四九世 | 一世 | 審邽 | 字次都,恁公次子,隨兄入閩,駐泉州,唐拜散騎常侍兼御史大夫,署泉州刺史,加金紫光祿大夫,兵工戶三部尚書,轉左僕射琅琊開國伯,進封司徒開國伯,食邑七百戶。<br>公生於唐大中十二年戊寅六月廿二日申時,卒於唐天佑元年甲子二月初十日午時,年四七歲,葬晉江鴛歇里皇蹟山,諡號武肅。<br>娶李氏,封隴西郡夫人,子四:延彬,延楨,延美,延武。 |
| 四九世 | 一世 | 審知 | 字信通,恁公三子,隨兄入閩,駐泉福州,唐拜威武軍節度使,福建觀察史加檢校太保右僕射中書門下平章事,封琅琊郡王,食邑四千戶。梁拜中書令,封閩王。<br>公生於唐咸通元年庚辰九月初八日巳時,卒於後唐同光三年乙酉十二月初二日酉時,年六六歲,葬福州鼓山,諡號忠懿。宋追贈「八閩人祖」。<br>娶石氏,封建國夫人,張氏,封南劍縣君;子四:延翰,延鈞,延羲,延政。 |
| 五十世 | 二世 | 延釭 | 潮公長子,拜漳州刺史,加金紫光祿大夫。<br>娶陳氏,封碧心夫人,合葬於始安鄉居仁里馬坪塘外,子三:繼麟,繼鳳,繼盛。 |
| 五十世 | 二世 | 延望 | 潮公次子,字崇名,駐福州,拜羽林大將軍飛騎,汀州刺史,長樂尹,戶部尚書。以正直公忠匡輔王室,於閩主昶(繼鵬)通文三年,與延義同被奸臣所害,葬於惠安十九都上田山之陽。<br>娶李氏,封福建夫人。子二:繼隆,繼豐。 |
| 五十世 | 二世 | 延義 | 潮公三子,見兄延望遇害,懼而改名思義,遁匿,閩敗入泉,留從效認為軍正。<br>娶郭媪女,子六:繼仁,繼孝(大成),繼德,餘名無考。 |

| 系姓 | 開閩 | 名諱 | 紀實 |
|---|---|---|---|
| 五十世 | 二世 | 延彬 | 審邽公長子，字表文，住泉州，世襲檢校太傅琅琊開國侯，授泉州刺史，葬南安清歌里鳳凰山畔。<br>娶徐氏，封宋國夫人；子二：繼崇、繼樞。 |
| 五十世 | 二世 | 延楨 | 審邽公次子，字表政，襲封開國侯，卒葬三十八都。娶鄧氏，封長樂郡夫人。 |
| 五十世 | 二世 | 延美 | 審邽公三子，字表善，官至金紫光祿大夫，漳州刺史，襲封琅琊開國侯。<br>娶金氏，封陳國夫人；子二：繼業、繼勳。 |
| 五十世 | 二世 | 延武 | 審邽公四子，字表功，官至金紫光祿大夫，檢校太保，琅琊開國侯，與延望同時被害。<br>娶陳氏，封鄭國夫人。 |
| 五十世 | 二世 | 延翰 | 審知公長子，字表章，後唐拜威武軍節度使，後自立為閩主，仍禀唐正朔。後為延稟所殺。<br>子：繼嚴。 |
| 五十世 | 二世 | 延鈞 | 審知公次子，字表率，後更名璘，延翰被殺，延鈞繼立，後唐拜威武軍節度使，加檢校太師中書令，封閩王，後稱帝，國號閩。為子繼鵬及皇城史李仿所弒。<br>子三：繼鵬、繼韜、繼恭。 |
| 五十世 | 二世 | 延羲 | 審知公三子，字表明，後更名曦，控鶴都將連重遇叛昶，被擁為閩王後稱帝，為叛將朱文進、連重遇所弒。<br>子：繼圖。 |
| 五十世 | 二世 | 延政 | 審知公四子，字表正，拜建州刺史，封富沙王，後稱帝，國號殷，旋復國號閩。為南唐李璟所滅。舉族入金陵，封鄱陽王，徙封光山王，卒贈伏王，諡恭懿，宋追贈太師。<br>娶張氏，封順懿夫人，葬儀鳳山橋頭；另有李氏與連氏。<br>子六：繼成、繼昌、繼達、繼元、繼重、繼晉。 |

## 開閩世譜紀實

| 系姓 | 開閩 | 名諱 | 紀實 |
|---|---|---|---|
| 審潮公系 ||||
| 五一世 | 三世 | 繼隆 | 延望公之子，字伯盛，拜左侍禁擢羽林大將軍，為閩主昶所殺，葬惠安二十四都墓亭坑山。<br>※傳下十四世後未見續譜（見世界王氏立姓開宗系譜）。 |
| 五一世 | 三世 | 繼孝（大成） | 延羲公次子，襲授威武將軍，生卒不明，子一濤翁。<br>※自五十一世後接臺灣台南市佳里區王氏家乘。 |
| 審邦公系 ||||

| 系姓 | 開閩 | 名諱 | 紀實 |
|---|---|---|---|
| \multicolumn{4}{c|}{審邦公系} |
| 五一世 | 三世 | 繼崇 | 延彬公長子，字伯文，官至左僕射，判泉州府，封琅琊開國男。公生於梁開平二年戊辰四月十二日，卒於周廣順二年壬子三月初二日，葬南安二三都梁封山。娶郝氏，封清源夫人，生子傳懿。<br>※參閱安溪岩嶺渡台派、南安象連黃田渡台支派、同安碗瑤渡台系譜、臺灣桃園柑仔園支系、浙江溫州莒溪王立譜系。 |
| 五一世 | 三世 | 繼樞 | 延彬公次子，字伯機，官至光祿大夫，汀州刺史，封健康侯。娶鄧氏，封鄭國夫人，合葬雲台梅山之左。<br>※參閱南安象連黃田渡台支派。 |
| 五一世 | 三世 | 繼業 | 延美公長子，字伯修，官至檢校太尉，泉州刺史，加侍中，琅琊開國侯。後被延羲所害。<br>娶林氏，封夫人。 |
| 五一世 | 三世 | 繼勛 | 延美公次子，字伯功，官至光祿大夫，泉州安撫史，檢校太保開國男。閩亡，保大四年加侍中，入金陵朝覲南唐任為池州團練使。<br>娶郝氏，生子傳烈、浩。<br>※本派為「開閩金陵派」之一。※參閱安溪渡台祖尊炳公支派世系譜。 |

## 開閩世譜紀實

| 系姓 | 開閩 | 名諱 | 紀實 |
|---|---|---|---|
| \multicolumn{4}{c|}{審知公系} |
| 五一世 | 三世 | 繼嚴 | 延翰公之子，字伯謹，官至檢校太僕，判六軍諸衛事，封建陽王，後出任泉州刺史，被羲鴆死。 |
| 五一世 | 三世 | 繼鵬 | 延鈞公長子，字伯高，後更名昶，拜長樂尹，判六軍諸衛事，封福王，父被弒繼立為帝，後為叛將朱文進、連重遇弒於陛莊。妻子皆被害無後。 |
| 五一世 | 三世 | 繼韜 | 延鈞公次子，字伯隱，拜汀州刺史，擢侍進加殿中侍御史，後被叛將李仿所害，無後。 |
| 五一世 | 三世 | 繼恭 | 延鈞公三子，字伯禮，封臨海郡王，練達政務；與繼鵬被弒於陛莊，無後。 |
| 五一世 | 三世 | 繼圖 | 延羲公之子，字伯漢，官拜中侍御史，汀州刺史，為奸臣薛文杰所害。<br>※斷五、六代，見同安珩山堂及渡台世系譜。 |

| 系姓 | 開閩 | 名諱 | 紀實 |
|---|---|---|---|
| 五一世 | 三世 | 繼成 | 延政公長子，字伯立，守南劍諸軍事，平營兵馬督監，漳州刺史，閩亡，南唐徙爲和州刺史。<br>娶韓氏，封夫人；生子崇裏，避諱更名宗讓。<br>※參閱安溪爐田、五里埔及渡台世系譜，同安石㟀、珩山厝支派世系譜。 |

## 開閩世譜紀實

| 系姓 | 開閩 | 名諱 | 紀實 |
|---|---|---|---|
| 五一世 | 三世 | 繼昌，號（秉禎） | 延政公次子，字伯興，拜南都都督，長樂尹，被叛將李宏達所殺。<br>娶吳氏，生子榮端。<br>榮端（4世）……管禮、管朋（明）、管斌、管智、管友（8世）<br>延翰—繼昌—程—椿（下另有子嗣）<br>繼昌字伯興，號繼順，檢校尙書兵部員外郎加中書令上柱國賜紫金魚袋，鎮福州封建陽王，黃氏吳氏俱封夫人<br>※參閱安溪少卿柏業、坑頭譜。<br>臺灣嘉義譜（王宏仁著）<br>浙江溫州莒溪王立譜系 |
| 五一世 | 三世 | 繼禎（秉禎）一作繼瑞 | 延政公次子，字伯祥，配吳氏，延政公，被南唐擊破，遷族金陵，入「泉蓋屋花坪下」其祖地基現在，秉禎復移南安縣瑛內村。<br>生子管禮、管朋（明）、管斌、管智、管友（4世）。<br>※參閱浙江溫州莒溪王立譜系<br>另據浙江王裕臻宗長表示管禮與榮端之間差了8代。 |
| 五一世 | 三世 | 繼達 | 延政公之子，字伯三，無戀功名，遷安溪崇信里招卿村。<br>娶詹氏，生二子：忠、義。安溪招卿派始祖<br>※參閱安溪招卿派系譜。 |
| 五一世 | 三世 | 繼重（連氏生） | 延政公三子，字文厚，南唐上柱國駙馬都尉，避亂與母復歸居南安，後擇居於連江縣。<br>娶○氏，浙譜子三：仕、長由、長清。（福州譜子四：綱、紹、紀、繹）。<br>※參閱福州琅岐董安王氏開族世譜及泉州白醮渡台王金平家譜 |
| 五一世 | 三世 | 繼元 | 延政公之子，泛遊京師得免株連之難，派下居永春。 |
| 五一世 | 三世 | 繼晉一作繼勤 | 延政公六子，官太常寺協律郎。<br>娶陳氏，子三：郁、都、郵。 |

## 開閩三宗子嗣排序差異明細表

| 潮公系 | | | | | 開閩王氏 |
|---|---|---|---|---|---|
| | | 延釭¹ 繼麟 繼鳳 繼盛 | 延望² 繼隆 繼豐 | | 安溪譜 |
| | 延釭¹ 繼麟 繼鳳 繼盛 | 延望² 繼隆 繼豐 | 延義³ 思義 大成 繼仁 繼孝 繼德 | | 台灣譜 |
| 延康¹ | 延興² | 延宗³ | 延休⁴ | | 晉江及菲律賓 |
| 延望¹ 繼隆 繼豐 | 延宗² 繼麟 繼業 | 延釭³ 繼鳳 繼盛 | 延廣⁴ 休 | | 浙江譜 |
| 延興¹ 繼隆 | 延宗² 繼業 | 延康³ | 延休⁴ | | 馬來西亞 |
| 延嗣¹ | 延興² | 延宗³ | 延康⁴ | 延休⁵ | 南安譜 |

| 開閩三宗子嗣排序差異明細表 ||||
|---|---|---|---|
| 系 公 | 邽 | 審 | 開閩王氏 |
| | 4延武 3延美—繼業 | 2延楨—繼樞 1延彬—繼崇 | 安溪譜 |
| | 4延武 3延美—繼勛,繼業 | 2延楨—繼樞 1延彬—繼崇 | 台灣譜 |
| | 4延嗣 3延最 | 2延彬 1延遠 | 晉江及菲律賓 |
| | 4延嗣 3延達—繼榮,繼績 | 2延最—繼和 1延彬—繼崇 | 浙江譜 |
| | 4延嗣 3延達 | 2延最—繼和 1延彬—繼崇 | 馬來西亞 |
| | 4延達 3延最 | 2延彬 1延起 | 南安譜 |

127

## 開閩三宗子嗣排序差異明細表

| 開閩王氏 | 系　　公　　知　　審 |
|---|---|
| 安溪譜 | 延翰　延鈞　延義　延政<br>繼嚴　繼鵬　繼韜　繼恭　繼圖　繼成　繼昌　繼達　繼元 |
| 台灣譜 | 延翰　延鈞　延義　延政<br>繼嚴　繼鵬　繼韜　繼恭　繼圖　繼成　繼昌　繼達　繼元　繼重　繼晉　繼勛(勤) |
| 晉江及菲律賓譜 | 1延翰　2延鈞　3延豐　4延美　5延保　6延武　7延望　8延義　9延喜　10延政　11延資　12延 |
| 浙江譜 | 1延翰　2延稟　3延鈞　4延豐　5延美　6延保　7延武　8延旺　9延義　10延喜　11延政　12延資<br>繼昌　繼真　繼寶　繼雄　繼升　繼緒　繼恭　繼韜　繼鵬　繼圖　繼成　繼鏞　繼嚴　繼珣　繼澄　繼柔　繼克　繼烈　繼勛　繼重　繼禎　繼達　繼晉　繼志 |
| 馬來西亞譜 | 1延翰　2延鈞　3延美　4延保　5延武　6延豐　7延義　8延政　9延望　10延資　11延喜　12延寶<br>繼真　繼昌　繼恭　繼韜　繼鵬　繼圖　繼成　繼嚴　繼鏞　繼珣　繼澄　繼柔　繼重　繼元　繼勛　繼烈　繼政　繼望　繼資　繼光　繼升　繼雄 |
| 南安譜 | 1延翰　2延鈞　3延義　4延政　5延興　6延武　7延豐　8延望　9延美　10延資　11延喜　12延寶 |

## 斷代與誤植之我見

128

一、前言

周代開宗室世襲制，士、農、工、商皆由世襲。漢代由於平民革命，打破世襲制度，為做官必須繳交譜牒，對歷代祖先交代清楚，致有新舊唐書宰相世系表，舊唐書由後晉劉昫依韋述舊作增損所成，新唐書為歐陽修、宋祁就舊唐書增刪而成。新舊之間既有其差異，當有其斷代之嫌，見「新舊唐書與各譜牒的差異」。

二、臨沂四世I臨沂七世約兩百年只傳了四世

臨沂四世遵公於東漢光武帝時為大將軍仕至中大夫（公元25年至57年中）。

臨沂七世覽公清河太守仕至中大夫（公元206年至278年中）晉武帝登極公元265年。

遵公I音公I融公I祥公I覽公昆仲約200年間也只傳了四代，平均每代約50年。

三、開閩三宗子代出處凌亂

據五代史載延羲乃審知公的廿八子則係連同養子計算在內。五代養子之風盛行，尤以藩鎮為甚，與審知公同時之李克用，養子多達百餘人，審知公自難例外。故今日看當時不論嫡子、庶子、養子、從子（兄弟之子）只要有後裔，均應列為開閩王氏一份子。故其兄弟間從子的出處自有譜牒各異、陳述不同，均已不必分，亦不可分。如見各譜不同亦非錯誤。下面僅就開閩子嗣做一番見解陳述。

| 姓名 | 差異 | 差異分析 |
|---|---|---|
| 繼勛 | 延美次子<br>延政長子 | 南唐保大三年延政亡後被遷族入金陵，繼勛亦於保大四年加侍中入金陵朝覲，自是歸入延政派下，如此則隨延政入金陵者，依譜載有繼成、繼勛、繼重、繼禎等。保大九年延政卒，繼勛請旨歸閩卜葬，則又回到福建，後來繼勛子孫稱開閩金陵派子：傳列（烈）與繼崇子曰傳惢自有其更相近的關係。 |
| 繼嚴 | 延翰子<br>延鈞子 | 延翰被延稟、延鈞等所殺。繼嚴無事卻被封為建陽王，出任泉州刺史。<br>十國春秋載「繼延亦惠宗（延鈞）子冊封建陽王」，福建通志亦稱「昶（繼鵬）弟繼嚴」由此確認係延鈞之子而出延翰為後者。 |

| 姓名 | 差異 | 差異分析 |
|---|---|---|
| 繼昌 | 延政次子<br>字伯興 | 拜南都都督,長樂尹,閩天德三年(945年)三月李宏達潛入福州誘黃仁諷引兵突入府室殺繼昌。<br>配黃氏、吳氏。浙譜:子程。安溪譜:子榮端(另解析)。 |
| 繼禎(秉禎) | 延政次子<br>字伯祥 | 贈光祿大夫。安溪長卿譜序「延政公……支派遷於金陵避亂入泉蓋屋花坪下祖地基地現在秉禎復移南安縣瑛內村」此句應作「延政公……支派遷於金陵避亂,入泉蓋屋花坪下,祖地基地現在,秉禎復移南安縣瑛內村」。保大九年(951年)延政卒,繼勛請旨歸閩卜葬,則眾兄弟又回到福建。繼勛移南安,繼重移南安後移連江,秉禎復移南安縣瑛內村。 |
| 管禮<br>管斌 | 浙譜:開閩四世<br>安溪譜:開閩八世 | 管禮住南安復移安溪後坂,管斌於顯德元年(954年)遷安溪長卿(長坑)。審知公生於唐懿宗咸通元年(860年)兩者相差九四年,以四代計則平均每代約二十三歲,實屬合理。 |
| 榮端 | 繼昌子<br>管禮子 | 為南安翁山之興始祖。生於宋孝宗淳熙十五年(1188年),據浙江王裕臻先生分析有斷八代之嫌,管斌顯德元年(954年)遷安溪長卿,則從已知的資料,管禮住南安復移安溪後坂,管禮與榮端之間應有232年以上的差距,以八代計,則一代約29歲,尚屬合理。<br>安溪長卿及蓬洲不察,因「管」字輩,直接接譜於少卿派譜,目前已知有少卿、柏葉、坑頭。 |
| 守仁 \| 聖仁 | 浙譜與安溪譜相差十二代 | 守仁公為管斌公傳五世,約100多年(約1054年左右,即宋仁宗至和、嘉祐年間)。<br>管斌於顯德元年(1954年)遷長卿,先發公生於明洪武二十四年(1391年)。<br>兩者相差四三七年,如以19世計,則每代約23年,合理。<br>長卿在明朝因打糧差遭滅村,至清代初年間才又修譜,此期間或因戰亂恐譜有失。故如再插入12代亦無可厚非,何況浙譜人名歷歷,代代相傳,只是有些人名、人物與三槐支系。 |
| 台灣植槐堂 | 開閩王系統 | 許多人分不清楚,另文解析。 |

# 臺灣太原王氏衍派支分

## 太原堂與植槐堂的初始印象

小時候我家祭祀祖先神位的龕頂有一方匾額寫著「太原堂」,父執輩說是王姓的堂號,但王姓同學家三合院的門楣卻寫著「植槐堂」,在幼小的心靈上就認為不是「同一國」的。及長接觸多了也讀了一些書知道是出自同一系源,但每每

與人解說，尤其是執「植槐堂」這塊招牌者卻自認與「太原堂」不同，不易說服，茲將其先後分別於下：

太原堂為郡號（地方上的名望之家），以太原堂為堂號的姓氏有王、羊、祁、易、武、祝、宮、溫、霍、閻、尉遲等十姓。

太原堂王氏：以晉公王子喬一脈裔孫。（王元之弟王威仍留太原，稱太原王氏）太原堂為王子喬一系的原始堂號。

琅琊王氏：琅琊本山西一個小地方，王子喬子孫居此，後王翦曾孫王元避秦亂徙山東之地亦稱琅琊，後秦置琅琊縣，至西漢改郡國，今為臨沂市一帶。東晉王導拜相，滿朝百官約70%為王、謝，遂有金陵烏衣巷之稱，然王導仍稱琅琊王氏。在唐朝有王方慶、王浚、王璵、王博四位拜相仍稱琅琊王氏，即是王審知亦曾被封為琅琊王。

金陵王氏：金陵即今南京，分兩派，一派為王導族親仍居金陵者所衍支派，另一派為開閩王氏即審知公四子王延政遷族金陵所衍出，這些支系後來均回福建衍派，有王繼勛、王繼勤（晉）等系：如臺北七星山松山一帶仍稱開閩金陵派。

以下支派亦曾遷居金陵但不稱開閩金陵派者有際禎（秉禎）一系。有安溪少卿派（梧棲鴨寮）、安溪長卿、蓬洲派（清水瓊仔腳、過溝、勝記……），南安岩頭（清水泉盛）及繼重一系如福州。琅岐董安王氏開族世譜、龍海白礁高雄路竹王金平家族等，在臺灣部分堂屋以植槐堂自居，其他如晉江派亦是如此。

開閩王氏：為琅琊之一支系，乃指唐末王審潮、王審邽、王審知三王衍出之支派。

三槐堂、植槐堂、槐蔭堂、嗣槐堂（堂號）亦為琅琊之一支系，為北宋王佑效皇宮槐樹之雄偉手植三棵槐樹，祈願子孫官運昌盛，果然子孫位列三公（宰相職）在北宋稱極一時。王陽明亦自稱槐子里的。分布於江蘇、浙江、廣東較多，臺灣客家，及後隨國民政府遷臺者（零散），即便王陽明支系亦眾多說法，斷代不易溯源。

## 臺灣植槐堂

1.系出開閩王氏,並無特別典故,只表現在建築物之門楣,派別雜亂,只在古族譜清溪蓬洲宗譜第一部(重修王氏家譜小引)吳清江拜書云:「開閩望族,植槐名家……森然林立,代有偉人……緬當年通晉經者有人,登漢頌者有人,三槐兆三公之瑞,四杰入四德之門……」依書所載蓬洲祖祠原是有植槐樹,也有三槐兆三公之瑞的景仰與羨慕,希望自家的子孫亦能傚法及榮登三公之列。查看幾編序文就是沒提到「植槐堂」三個字,返鄉謁祖,只見祠堂、民宅門楣皆為「太原傳芳」。清初墾民浮海過黑水溝來臺,為團結怕外姓欺負皆自附在廟宇,如清水之董公廟、神岡之木德星宮等祀奉開閩三王廟宇。不分支派,自成一股力量。「植槐堂」是否如是而來,因無文件記載,也只能說是景仰與羨慕而取的堂號,跟大陸植槐堂無直系的淵源,只有旁系的關係。

2.系出三槐堂或其旁系者:

(1)桃園平鎮等客家系統者,由廣東移入,見三槐王氏族譜(1992年王者翔著)

(2)民國三十八年(1949年)隨國民黨來臺,如江蘇泗陽縣王氏旅臺族譜(1982年王業嵐重修)珩山堂(含朝闕堂)出自審知公─延義─繼圖一系約斷五至六代,同安縣馬巷分府十都珩厝鄉王元戶開基,本派與珩山厝王西濤支系不同派。王西濤支系出自審知公─延政─繼成─有珩山厝、石潯、安溪爐田、嶢陽、五里埔等分支。臺灣中部有安溪爐田嶢陽、五里埔等,另嘉義市王氏宗祠(立太原堂、三槐堂及敬遠堂三個堂號)亦屬之。

西湖堂:出自審知公系,斷代由鰲峰公為興始祖,同安縣二都從順里樸同堡西湖塘村,在臺灣部分支派以植槐堂自居。

## 開閩三宗 & 植槐堂之分野

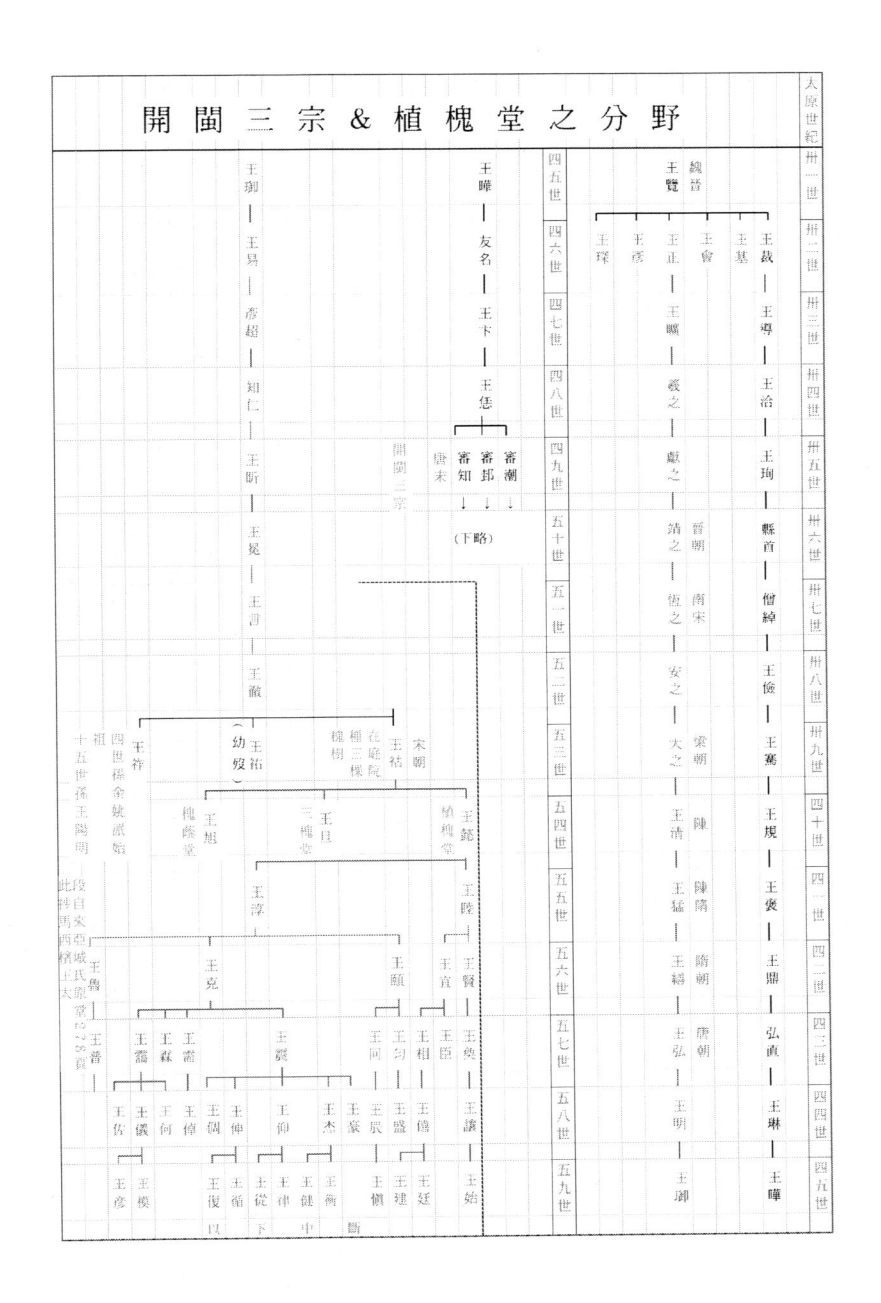

| 太原世紀 | 世代 |
|---|---|
| 卅一世 | 魏晉 王覽 |
| 卅二世 | 王裁－王基－王會－王正－王彥－王琛 |
| 卅三世 | 王導－王曠 |
| 卅四世 | 王洽－羲之 |
| 卅五世 | 王珣－獻之 |
| 卅六世 | 縣首－靖之 晉朝 |
| 卅七世 | 僧綽－恢之 南宋 |
| 卅八世 | 王儉－安之 |
| 卅九世 | 王騫－大之 |
| 四十世 | 王規－王清 梁朝 |
| 四一世 | 王褒－王猛 陳朝 |
| 四二世 | 王鼎－王䌷 隨朝 |
| 四三世 | 弘直－王弘 唐朝 |
| 四四世 | 王琳－王明 |
| 四五世 | 王曄 ─ 友名 ─ 王卜 ─ 王恁 ─ 審潮/審邦/審知（開閩三宗 唐末）（下略） 王暉－王郦 |
| 四六世 | 王珝－王昇－彥超－知仁－王斷－王挺－王洞－王徽－王祜（在庭院種三槐樹）／王祐（幼歿）／王祜（宋朝）－王懿（植槐堂）－王陸／王賢／王宣－王頎－王克－王淳 ... |

（下方續為王氏世系分支表，包含王佑、王儀、王何、王偉、王佩、王伸、王仰、王杰、王豪、王居、王信、王議等及其子孫王彥、王模、王復、王番、王從、王律、王健、王裔、王慎、王建、王廷、王始等）

補充：繼勤（晉）已有後裔，清朝已入主南港後山碑及松山中坡碑有人對三槐兆三公之瑞的景仰與羨慕，希望自家的子孫亦能傚法榮登三公之列。所以姓王的種三槐樹是可以的，掛植槐堂號則大部分是景慕三槐兆三公之瑞。至於是否真

正出自王懿後裔子孫則要追根溯祖了。

## 迷失的世系圖《1》

### 安溪長卿派

新(蓬洲儀浙江大長、大四、大五房版)　　　　　原清溪蓬洲宗譜

| 長卿世系 | 開閩世系 | 太原世系 | | 長卿世系 | 開閩世系 | 太原世系 |
|---|---|---|---|---|---|---|
| | 1世 | 49世 | 王審知（西元860年生） ／｜＼ 王延翰 王延鈞 王延義 王延政 | | 1世 | 49世 |
| | 2世 | 50世 | 王繼成 王繼昌(秉禎) 王繼達 王繼元(伯重) 王繼昌(伯管) 王繼禎(伯祥) | | 2世 | 50世 |
| | 3世 | 51世 | 王繼成 王繼昌 王繼達 王繼元(伯重) 王繼管(伯昌) 王繼禎(秉禎) | | 3世 | 51世 |
| 長卿派 王管斌(西元954年遷長卿) | 4世 | 52世 | 王氏宗譜只記載 秉禎字伯祥延政公次子 居南安瑛內傳五世　　王榮端 少卿派興始祖 | | 4世 | 52世 |
| 王祖基 | 5世 | 53世 | 王一新 | | 5世 | 53世 |
| 王顯旺 | 6世 | 54世 | 王得基 | 上同少卿柏葉、坑頭派 | 6世 | 54世 |
| 王新五 | 7世 | 55世 | 長卿派↓ 王復祖 | | 7世 | 55世 |
| 王番俤 | 8世 | 56世 | 王管智 王管友 王管斌 王管明 王管禮 | | 1世 | 8世 | 56世 |
| 王守仁（下接p8） | 9世 | 57世 | 王祖基 | | 2世 | 9世 | 57世 |
| | | | 王顯旺 | | 3世 | 10世 | 58世 |
| | | | 王新五 | | 4世 | 11世 | 59世 |
| | | | 王番俤 | | 5世 | 12世 | 60世 |

134

## 迷失的(謎)世系圖《2》

### 安溪長卿派

蓬洲移浙江大長、大四、大五房版

| 蓬洲世系 | 長卿世系 | 開閩世系 | 太原世系 | | 三槐堂 | 開閩王氏 | 管斌公 | | 長卿世系 | 開閩世系 | 太原世系 |
|---|---|---|---|---|---|---|---|---|---|---|---|
| | | | | | **本數據正確性待考?** | | | | | | |

**安溪長卿派世系**（左側）：
- 王紹義
  - 袖丁當軍 / 王聖保 / 王聖德 / 王聖仁 / 王祖童
    - 蓬洲派住菁潭 / 王先發 / 王長發 / 王祖發 / —
      - 附地沉洋 王尾盛（地） / 王訓生（移蓬洲） / 王義甫（云西派） / 王東派 王恭甫 / 王慶耀 王恭暉? / 王恭暉（台灣譜）
        - 王宗厚 / 王永森 / 王永基 / 王永乾（大陸譜）
          - 王廷坦（弟五） / 王廷源（弟四） / 王廷碧（蕨） / 王廷爵（番） / 王廷祿（昭福）

（蓬洲五大房）

**右側世系（三槐堂／開閩王氏／管斌公）**：
- 王旦 — 妻洪氏／王林氏／王守仁（傳5世約100年 約1054年）
  - 王素 / 王覬 / 王視 / 王硯
    - 王本（友蘇軾 1036-1101） / 王鞏 / 王德 / 王本
      - 王覬子3 / 王順 / 王琪
        - 馬來西亞檳城太原堂百年特刊p279頁節錄 / 王勝 / 王建
        - 此二派族譜紀載有出入！其中疑有名人附會亦或同名之累？其相關人名經比較年代相近
          - 王型 / 王堃（世居長坑）
            - 王奐
              - 王立 / 王創
              - ※然由大陸攜回之溫州王立族譜故福建浙江皆有子孫傳世應予採信（略）
                - 王球 / 王因 / 王初
                  - 王皐生
                    - 王廣泉 / 王廣源
                      - 王逢鋁

### 古代名人節錄

**王 覬**： 宋神宗元豐年間 （指1078-1085）
　　　字元豐　　舉進士知蘇州（已成年）

**王 德**： 宋高宗建炎初年 1127起
　　　字子華　　大破兀朮於紫金山

**王 勝**： 元末—桐城會宮人（?-1362）
　　　（今安徽樅陽縣會宮鄉）字均勝
　　　領千人歸順朱元璋敗陳友諒
　　　追贈懷遠大將軍太原郡侯

**王守仁**： 明成化8年-嘉慶7年（1472-1529）
　　　本名云，後改為守仁、字伯安、號陽明
　　　平寧藩之亂封新建伯特進光祿大夫、
　　　柱國兼兵部尚書・妻諸氏、張氏
　　　屬三槐堂

## 少卿坑頭公譜

135

## 迷失的(謎)世系圖《1》

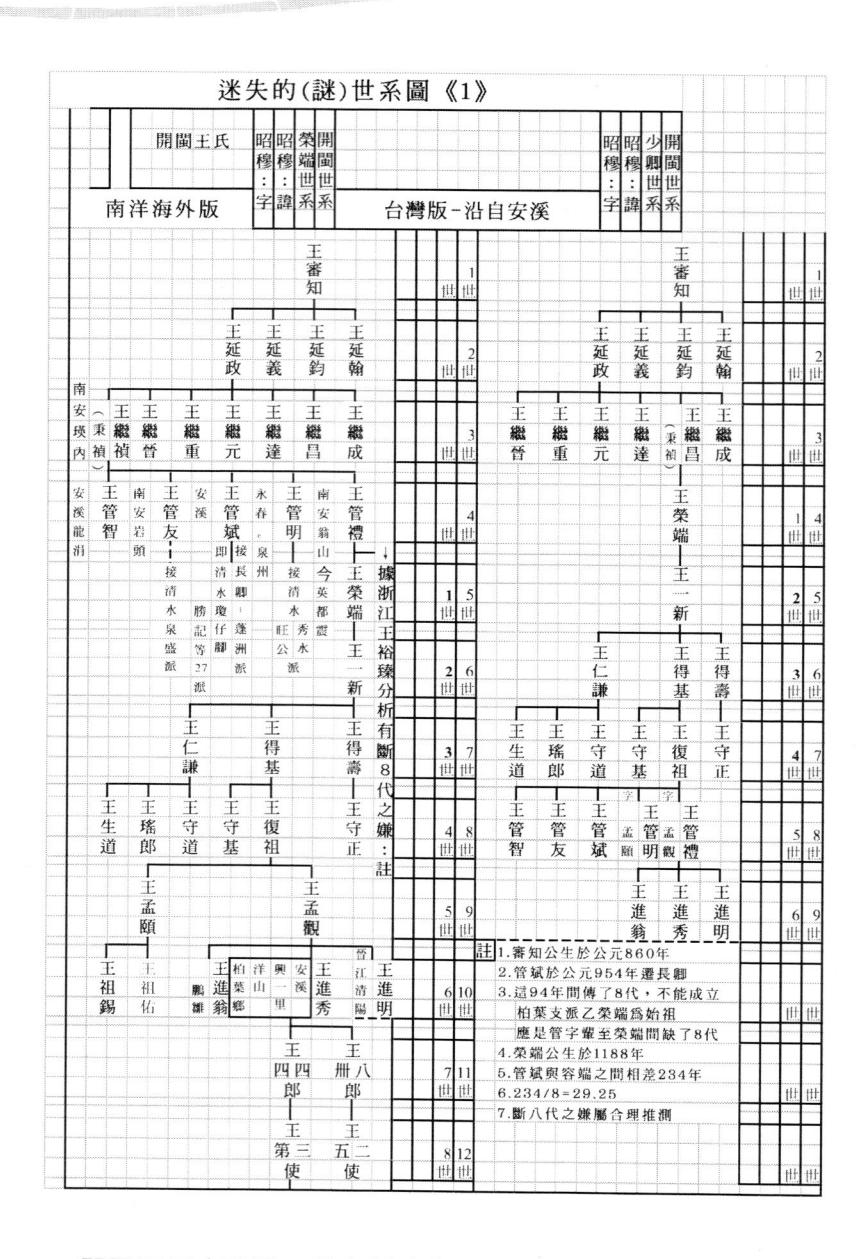

開閩王氏金陵派—長泰縣武安&朱洋蓋竹坑仔頭厝世系圖

註：
1. 審知公生於公元860年
2. 管斌於公元954年遷長腳
3. 這94年間傳了8代，不能成立
   柏葉支派乙榮端為始祖
   應是管字輩至榮端間缺8代
4. 榮端公生於1188年
5. 管斌與容端之間相差234年
6. 234/8＝29.25
7. 斷八代之嫌屬合理推測

# 開閩王氏

源啟

| 蓋竹世系 | 武安世系 | 開閩世系 | | 昭穆：諱 | 開閩世系 |
|---|---|---|---|---|---|
| | | | 王審知 | | 1世 |
| | 13世 | | | | |
| | | | 王延翰　王延鈞　王延義　王延政 | | 2世 |
| | 1世 | 14世 | | | |
| 王明 | | | 王繼成・王繼昌　王繼勛　王繼重　王繼禎　王繼勤 | | 3世 |
| 妻漳郡進士官 王仲敏 居長泰西門 妻馬氏 金氏長泰縣 王師禹 | 2世 | 15世 | 回閩　王浩　沒到金陵　回閩管智　王郁 開閩金陵派 | | 4世 |
| 字國論教明 妻陳氏 王商聘 洲太使 王商睦 | 3世 | 16世 | 開閩金陵派 隨父回閩 王傳烈　王祖賜　王祖福　王納 | | 5世 |
| 元秀才儒醫 妻侯泉氏州 王國樑 字德祥 妻許氏隱居不仕 王國明 字德裕 | 4世 | 17世 | 王明 | | 6世 |
| 元秀才 王祥佑 建西月祖祠 入清溪贏竹 字思誠 王禮 字君仁 王眞治 明初 | 5世 6世 | 18世 19世 | 失 3 公元1022 宋仁宗年間 1063 在位42年 | 王夏日版有問題 王佑 王爵 王修禮 王眞治 明初君仁 | 7世 8世 9世 10世 |
| | | 20世 | | 唐末860-1368元亡 約500年 只出十代？ 一代50年？ | |
| | | 21世 | 賣書畫 開青寓 居泉州 王端列 回閩謁祖 3 字 | | |
| | | 22世 | 移仙遊 王名爵 | 王明君仁 治初 | |
| | | 23世 | 王福 | | 11世 |
| | | 24世 | 王修 | | 12世 |

公元1189 1194 光宗南宋年間 在位5年間

137

## 遺失的世代傳承比較分析　　　　　　　　　　　　　基準：太原世系

| 表列 | 起 | 迄 | 期間(年) | 傳代(世) | 平均一代(年) | 備註 |
|---|---|---|---|---|---|---|
| 1) | 王審知(49世,含)生年<br>唐咸通元年西元860年 | 管斌公(56世,含)遷長卿<br>後唐顯德元年西元954年 | 94 | 8 | 11.75 | 疑？<br>偏低 |
| 2) | 管斌公(56世,未含)遷長卿<br>唐顯德元年西元954年 | 先發公(63世,含)生年<br>明洪武24年西元1391年 | 437 | 7 | 62.43 | 疑？<br>偏高 |
| 3) | 表列2)加入遷浙派守仁公一至聖仁公12世後 | | 437 | 19 | 23 | 合理 |
| 4) | 王審知(19世,含)生年<br>唐咸通元年西元860年 | 先發公(63世,含)生年<br>明洪武24年西元1391年 | 531 | 15 | 35.4 | 疑？<br>仍偏高 |
| 5) | 表列4)加入遷浙派守仁公一至聖仁公12世後 | | 531 | 27 | 19.67 | 受1)影響仍偏低 |
| 6) | 先發公(63世,未含)生年<br>明洪武24年西元1391年 | 王伯聲(83世,含)生年(1937)<br>(修正後太原91開閩43) | 546 | 20 | 27.3 | 無斷代<br>正常 |
| 7) | 先發公(63世,未含)生年<br>明洪武24年西元1391年 | 6)如以蓬洲大長房後裔長孫計<br>應可再加3代以上(86世) | 546 | 23 | 23.74 | 合理 |
| 8) | 5)+6)即審知一王伯聲<br>西元860－1937(49－83世+12世) | 合計(83－49+1+12) | 1078 | 47 | 22.94 | 合理 |
| 9) | 5)+7)即審知一蓬洲大長房後裔長孫<br>西元860－1937(49－86世+12世) | 合計(86－49+1+12) | 1078 | 50 | 21.56 | 合理 |

| 備註 | 1、本表以太原世代表示。此分析表示數字會說話 |
|---|---|
| | 2、遷浙派所提12世如非余姚王陽明派下及穿插其它名人(另附世系譜分析)應考慮納入 |
| | 3、大陸祖厝來信所提四公、五公是王弟四、王弟五，蓬洲大四、五房，已回祖厝認祖歸宗) |
| | 4、大陸祖厝調整管斌公世代及加入遷浙派守仁公一至聖仁公12世後，分析如下： |

| 修1) | 王審知(49世,含)生年<br>唐咸通元年西元860年 | 管斌公(52世,含)遷長卿<br>後唐顯德元年西元954年 | 94 | 4 | 23.5 | 合理 |
|---|---|---|---|---|---|---|
| 修2) | 管斌公(52世,未含)遷長卿<br>唐顯德元年西元954年 | 先發公(71世,含)生年<br>明洪武24年西元1391年 | 437 | 19 | 23 | 合理 |
| 修4) | 王審知(49世,含)生年<br>唐咸通元年西元860年 | 先發公(71世,含)生年<br>明洪武24年西元1391年 | 531 | 23 | 23.09 | 合理 |
| 修5) | 王審知(49世,含)生年<br>唐咸通元年西元860年 | 王伯聲(91世,含)生年(1937)<br>(開閩43世) | 1078 | 43 | 25.07 | 正常 |
| 修6) | 王審知(49世,含)生年<br>唐咸通元年西元860年 | 以蓬洲大長房後裔長孫計<br>應可再加3代以上(94世) | 1078 | 46 | 23.43 | 合理 |

| 後語 | 史上之斷代懸疑，王家於遵公(臨沂四世)一音一融一祥、覽　昆仲(臨沂七世)約200年間也只傳了四世；晉書：祥　祖仁(非音)，青州刺史，父融…因年代久遠猶爲待考證的問題(王導爲臨沂九世)。 |
|---|---|

| X) | 遵公東漢光武時爲大將軍<br>仕至中大夫(西元25－57年中) | 覽公清河太守仕至中大夫<br>西元206－278年(晉武帝登極265年) | 200 | 4 | 50 | 疑？<br>偏高 |
|---|---|---|---|---|---|---|

（作者係臺灣臺中市王姓宗親會總幹事）

# 唐山過臺灣：族譜在臺灣閩南籍家族存在情況——以臺中市大甲區為例

張慶宗

## 一、臺中市大甲區簡介

大甲位於臺中市西北隅，區內以寬闊的大安溪細分大甲街區與日南區兩部分。從明清拓墾以來，主要的大陸移民來自閩粵，與本地平埔人混居。但雍正九年（1731年）後，特別是清中葉的閩粵、漳泉分類械鬥，大甲街區成為泉州籍的聚落，日南地區則以客家及漳州籍為主。大甲族群的詳細數據，可從公元1926年，日本在臺灣實施「臺灣在籍漢民族鄉貫別調查」，資料顯示，「大甲居民，有2338戶，13261人。其中大甲漢人籍貫比例為同安占32.8%，三邑（晉江、南安、惠安）占20.5%，安溪占2.7%，汀州（永定）占2.7%，漳州占2.7%，潮嘉惠占38.7%」。其中漳州與潮嘉惠州族群主要聚居於日南地區（日南九里分別是：日南、幸福、太白、孟春、建興、西岐、福德、銅安、龍泉），其餘為大甲街區；據1956年戶口普查：陳（1321人）、李（912）、林（781）、王（685）、黃（561）、郭（501）、張（432）、吳367、蔡（336）、鄭（286），至今這些仍為大甲閩南籍的主流姓氏。到了公元2012年底，大甲人口有22118戶，77986人，人口雖增長5.8倍。但因工業區的設立、大甲街區的發展和遷移的自由，致使鄉村聚落消失，傳統習俗淡忘。使本地原有客家族群，生活全轉為閩南化。在閩南生活文化空間中，許多客家人已不知自己是客家籍的現

象。

　　大甲人口不多,卻是臺灣十大旅遊小鎮之一,鎮內鎮瀾宮媽祖廟,擁有龐大信徒,每年有百萬人次的繞境進香活動,被DISCOVERY頻道讚為世界三大宗教活動之一。產業以腳踏車、藥品為世界名品牌。農產品以芋頭產量全臺最多,質量最優。特產以糕餅最有名。本地的臺商在世界各地數量也算龐大,主要集中在腳踏車業、塑料皮包業。

## 二、大甲家族擁有的族譜與祖籍地

　　大甲有29里,本文以每里的大家族,進行族譜現況調查訪問。幸運的遇有詳細或簡單的族譜,可以瞭解其家族由來。次則雖無族譜,卻有來臺祖名與生卒資料等支系表,以一代25歲,推估來臺時間。部分家族因不知祖籍地與來臺祖名,而無法進一步探討,只好刪舍。如此整理出大甲區民祖籍資料82筆。這些數據已涵蓋原大甲人的多數子孫,足以供來日大甲人回大陸祖源地尋根參考,也希望臺灣或福建地區同行,發現可對接家族,能相互討論、支持,取得更進一步的訊息。

### 一、有族譜、內容詳細的家族

| 里別 | 來台時間 | 來台祖 | 大陸祖籍 | 族譜內容 |
|---|---|---|---|---|
| 庄尾 | 嘉慶年間 | 陳苞生 | 同安縣馬巷街三忠王宮邊 | 兩岸對接詳細 |
| 頂店 | 同治、光緒 | 梁比美 | 泉州府南安縣詩山鎮鳳坡 | 新、舊譜都有，新譜傳記不足 |
| 龍泉 | 雍正年間 | 洪愈 | 泉州府南安縣石井鎮仙景 | 兩岸對接詳細 |
| 平安 | 咸豐十年 | 朱應三 | 漳州府平和縣東門外礎溪鄉樓內 | 以傳記形式出版，台灣資料為主 |
| 太白 | 乾隆三年 | 邱道芳 | 廣東省長樂縣橫流渡利田寨圓墩下 | 渡台後數據，傳統簡單 |
| 日南 | 乾隆中葉 | 邱傳萬 | 惠州府陸豐縣石馬祠 | 渡台後資料，傳統 |
| 西岐 | 乾隆末年 | 羅創元 | 廣東省惠州府陸豐縣 | 渡台後資料，傳統 |
| 幸福 | 乾隆三十五年 | 巫植棟 | 廣東梅縣松東鎮上畲 | 傳統，曾回祖籍地 |
| 文曲 | 乾隆二十六年 | 陳任 | 永春州德化縣半嶺春栗屋 | 有支系表，有傳 |
| 庄美 | 乾隆中葉 | 王時沃、王時沙、王時服等 | 南安縣廿八都象運鄉黃田 | 從南安取回，完成對接。渡台後有詳細支系資料 |

## 二、有族譜，數據簡單的家族

| 里別 | 來台時間 | 來台祖 | 大陸祖籍 | 族譜內容 |
|---|---|---|---|---|
| 孔門 | 道光十一年 | 王章吊 | 晉江縣石菌鄉中集堡土號後門 | 簡單支系表 |
| 奉化 | 乾隆年間 | 楊子爵 | 晉江縣東邊鄉海厝社 | 全台楊氏譜之部分 |
| 義和 | 明中葉 | 李權軒 | 晉江縣十都小歸湖鄉 | 來台第五代生於康熙十二年,有簡單譜 |
| 平安 | 道光年間 | 李神助 | 晉江縣十都小歸湖鄉 | 全台李氏譜之部分 |
| 德化 | 嘉慶年間 | 黃恭 | 晉江縣東石鎮壁角鄉 | 小冊子支系表資料 |
| 日南 | 乾隆年間 | 葉珠 | 南安縣十三都嶺下草安鄉 | 全台葉氏譜之部分 |
| 龍泉 | 雍正年間 | 周陣 | 南安縣崎口鄉 | 小冊,簡單支系表 |
| 奉化 | 嘉慶年間 | 卓體立 | 南安縣廿二都烏樹頭鄉 | 全台卓氏譜之部分 |
| 頂店 | 雍正年間 | 郭訪正 | 同安縣上渡社 | 新譜,傳統,傳記少 |
| 頂店 | 雍正年間 | 周有升 | 同安縣 | 簡單支系表 |
| 武曲 | 道光末年 | 柯丁丑 | 同安縣(不知祖籍地) | 臺灣部分詳細 |
| 武陵 | 乾隆年間 | 劉繼 | 同安縣金門鄉 | 渡台後支系,傳統 |
| 文曲 | 道光三十年 | 紀興 | 同安縣 | 簡單支系資料 |
| 武曲 | 乾隆年間 | 張趨 | 同安縣五都洪坑鄉馬厝巷 | 渡台後支系,傳統 |
| 銅安 | 乾隆年間 | 李艮 | 同安縣灌口林地社 | 新譜,簡單資料 |
| 銅安 | 乾隆三十六年 | 陳克埭 | 同安縣同禾里內官社馬巷 | 渡台後支系表、簡表 |
| 孔門 | 嘉慶二十一年 | 謝國佐 | 同安縣鰲美鄉 | 有世系與簡單資料 |
| 奉化 | 乾隆年間 | 白霸 | 安溪縣盤頭鄉 | 全台白姓譜之部分 |
| 日南 | 明鄭時期 | 林振養 | 安溪縣新春鄉 | 簡單支系資料 |
| 頂店 | 同治二年 | 許富 | 惠安縣獺窟鄉 | 有支系表,有小傳 |
| 文武 | 康熙年間 | 王吟 | 安溪縣五里埔 | 渡台後支系表 |

## 三、有清朝、日據時間的族譜,近代沒續寫的家族

| 里別 | 來台時間 | 來台祖 | 大陸祖籍 | 族譜內容 |
|---|---|---|---|---|
| 孔門 | 乾隆五十二年 | 王嘉獅 | 晉江縣二十都下宅鄉 | 詳細字美,保存完整 |
| 文武 | 乾隆末年 | 郭業皇 | 晉江縣都吟鄉滄岑 | 詳細字美,保存完整 |
| 文曲 | 道光十一年 | 蔡傾 | 晉江縣錢湖 | 再抄錄,內容簡單 |

142

| 德化 | 乾隆年間 | 王志侯 | 南安縣廿八都象運鄉黃田 | 從南安取回完成對接 |
| 文武 | 約同治年間 | 鄭芳攔 | 同安縣大嶝田墘村 | 舊本為影印本 |

## 四、沒族譜，但已整理祖先資料的家族

| 里別 | 來台時間 | 來台祖 | 大陸祖籍地 | 說明 |
| --- | --- | --- | --- | --- |
| 朝陽 | 乾隆四十年 | 黃軫 | 晉江縣安海街 | 有祖先生卒資料 |
| 順天 | 乾隆中期 | 郭國變、國梓兄弟 | 同安縣後浦堡 | 有祖先生卒資料 |
| 孔門 | 乾隆初年 | 林胤躬 | 同安縣營後鄉 | 有祖先生卒資料 |
| 中山 | 乾隆年間 | 何維 | 同安縣新墟鄉大墓口 | 有祖先生卒資料 |
| 奉化 | 嘉慶年間 | 陳晚 | 同安縣馬路巷 | 有支系表 |
| 奉化 | 嘉慶年間 | 楊峻明、楊峻英 | 同安縣十四都後溪頭鄉 | 有祖先生卒資料 |
| 頂店 | 嘉慶年間 | 紀藍 | 同安縣後麝鄉刺竹圍 | 有祖先生卒 |
| 幸福 | 嘉慶年間 | 蔡淳 | 同安縣十六都東西鄉蔡亭堡 | 有祖先簡單資料 |
| 幸福 | 乾隆年間 | 蔡欽 | 同安縣金門瓊林內坑 | 有祖先生卒資料 |
| 幸福 | 乾隆中葉 | 李克量 | 同安縣歸德里蔗內保 | 有支系表、生卒資料 |
| 西岐 | 道光年間 | 邵赫 | 同安縣 | 有祖先生卒資料 |
| 頂店 | 嘉慶年間 | 吳協 | 南安縣六十四都郡下吳鄉 | 有祖先生卒資料 |

## 五、目前族譜撰寫中

| 里別 | 來台時間 | 來台祖 | 大陸祖籍地 | 說明 |
| --- | --- | --- | --- | --- |
| 大甲 | 乾隆中期 | 許臣 | 同安縣城內後香三公館 | 有渡台後支系表 |
| 德化 | 乾隆年間 | 梁可時 | 南安縣廿八都象運 | 撰寫中，曾回祖籍地 |
| 太白 | 康熙年間 | 劉◎ | 興化府仙遊縣 | 缺渡台祖名，其餘臺灣資料詳細 |
| 奉化 | 乾隆年間 | 張◎ | 晉江縣十一都洪塘 | 撰寫中，曾回祖籍地 |

六、沒族譜，僅從祖先牌位或墓碑或先人口述知籍貫的家族

| 里別 | 來台時間 | 來台祖 | 大陸祖籍地 | 說明 |
|---|---|---|---|---|
| 孔門 | 光緒二十四年 | 高池 | 晉江縣永寧鄉 | 望族應有譜，但未見 |

| 武陵 | 1937年遷大甲 | 蔡清城 | 晉江縣平湖鄉 | 想寫譜 |
|---|---|---|---|---|
| 大甲 | 約道光年間 | 許飯 | 同安縣馬巷鄉 | 望族應有譜,但未見 |
| 大甲 | 嘉慶末年 | 杜仁和 | 同安縣灌口街 | 望族應有譜,但未見 |
| 文武 | 道光年間 | 吳潭 | 同安縣馬路巷 | 望族應有譜,但未見 |
| 德化 | 乾隆年間 | 何◎ | 同安縣楓林鄉 | 想寫譜 |
| 德化 | 道光年間 | 薛◎ | 同安縣 | 望族應有譜,但未見 |
| 文武 | 嘉慶年間 | 郭有光 | 同安縣香厝里 | 想寫譜 |
| 江南 | 乾隆初年 | 許元英 | 同安縣 | 想寫譜 |
| 太白 | 乾隆中葉 | 康菊 | 同安縣 | 想寫譜 |
| 龍泉 | 嘉慶年間 | 鄭聰明 | 同安縣八都 | 想寫譜 |
| 銅安 | 道光二十八年 | 邵永 | 晉江縣 | 想寫譜 |
| 武陵 | 嘉慶年間 | 林悔 | 同安縣廿一都高奈鄉 | 望族應有譜,但未見 |
| 銅安 | 日據初期 | 錢添丁 | 泉州府同安縣 | 記錄資料 |
| 銅安 | 清末移大甲 | 郭火 | 同安縣 | 記錄資料 |
| 德化 | 清末移大甲 | 紀豬 | 南安縣樹坑鄉樟腳厝 | 想寫族譜 |
| 武陵 | 清末遷大甲 | 李鳳山 | 南安縣 | 想寫族譜 |
| 文曲 | 道光年間 | 黃亨 | 南安縣和美鄉 | 望族應有譜,但未見 |
| 武曲 | 乾隆初年 | 黃鑽 | 南安縣門口店白鵝石 | 望族應有譜,但未見 |
| 福德 | 嘉慶年間 | 陳郡 | 南安縣 | 望族應有譜,但未見 |
| 福德 | 咸豐四年 | 陳連 | 泉州府惠安縣 | 記錄資料 |
| 文武 | 道光年間 | 李神元 | 安溪縣 | 望族應有譜,但未見 |
| 朝陽 | 道光二十四年 | 林文闊 | 安溪縣年兜尾鄉 | 望族應有譜,但未見 |
| 朝陽 | 嘉慶年間 | 余明輝 | 安溪縣 | 想寫譜 |
| 文武 | 1910年彰化遷大甲 | 王順德 | 安溪縣 | 望族應有譜,但未見 |
| 武曲 | 乾隆中葉 | 顏順德 | 安溪縣烏土鄉 | 記錄資料 |
| 福德 | 道光二十五年 | 曾壽 | 漳州府詔安縣 | 記錄資料 |
| 大甲 | 乾隆四十六年 | 鄭振楊 | 漳州府龍溪縣南圾鄉 | 記錄資料 |
| 孟春 | 不詳 | 崔◎ | 興化府莆田縣 | 想寫族譜 |
| 日南 | 乾隆中葉 | 陳表觀 | 興化府莆田縣樟孔鄉 | 望族應有譜,但未見 |
| 幸福 | 乾隆三十六年 | 陳隱 | 福建興化府莆田縣陳埔 | 望族應有譜,但未見 |

## 三、大甲的族譜種類分析

145

在大甲，不管家譜、族譜、譜牒、祖先支系表等都簡稱「族譜」。筆者再細分昔日完成的「舊譜」和最近完成的「新譜」。1950年代以前所修或撰寫的譜暫稱為舊譜，內容大都能和大陸祖籍地結合，記錄祖先年代綿遠流長，毛筆書寫，字跡端正清秀。1950年代以後所寫的譜稱為新譜。近年所寫的新譜為鉛字印刷或電腦影印，圖文並茂，和傳統族譜很不同。

大甲的客家族群幾乎都有族譜，有詳細的也有簡單的。除了日南邱姓外，要看詳細族譜須再前往苗栗或新竹的祖先原居地祠堂觀看。很明顯他們大多是日據初期，大安溪整治成功的新移民後代，根源仍在祖居地原鄉，族群不算龐大。邱姓則從廣東渡臺居大甲日南，拓遷至苗栗。族譜本是零散，親族斷枝。經邱仕電整理重編丘氏大宗譜，再將臺中、苗栗一帶邱姓家族理續清楚。

在長期的訪問資料蒐集中，大甲大部分族群沒有祠堂，也沒有族譜，包括部分清朝、日據時期的富紳。舊社會時代，地主擁有強大的經濟能力，子弟能在私塾讀書，進而得取功名，揚宗耀族。所以地主家庭應該花費千金，請人編寫一部詳細的族譜。但從大甲田調發現符合此現象的有：頂店南安籍梁氏族譜、孔門晉江籍王氏族譜、文武晉江籍郭氏族譜等。此族譜往往只一本，字體漂亮，視為珍寶，而謹藏在大房或某人家裡，久之，其他家族成員不知有此族譜，而認為家族沒族譜，以致產生該有族譜卻未曾發現的家族。如：大甲同安籍杜姓、日南南安籍郭姓、義和晉江籍李姓、奉化同安籍陳姓。這些家族成員在日據時期，因富有皆曾被採訪入《臺灣鄉紳列傳》，所以應該有譜，在其家族卻未見，可能是有譜而某戶收藏，以至其他家族不清楚。也可能遭火災、水災而損毀。但可確定的是族譜在此家族中，並無繼續增訂，以至大部分家族成員不清楚，最後變成不重視族譜。另一般普通家族，昔日大都沒族譜。近年則因家族成員的認知需要，開始撰寫族譜，其中自然遇到缺乏數據的困擾。但仍有多家完成基本數據。撰寫格式也有許多突破傳統方法。針對以上現象，各擇幾筆做簡單說明。

## 一、近代修譜且詳細

1.龍泉里《南安仙景洪氏族譜》，（公元2012年版）：乾隆年間洪氏祖先渡臺居清水高美，後遷居大安五甲。部分家族於清末遷雙寮，洪瑞來家族遷大甲街。洪瑞來祖先在大甲鎮瀾宮旁經營米、布的閩臺貿易，擁有三千石的土地年租，是富商，子弟讀過書。1900年洪春生前往南安仙景祖籍地抄簡譜回臺。傳聞花六甲水田土地之費用。往後兩岸中斷訊息。一百年後，族群後裔洪增榮根據1900年抄錄的族譜為依據，以現代方式撰寫，重新將祖先的故事，家鄉、村落的歷史一塊記錄。同時委託他人在晉江刊登報紙而取得祖籍地族人的聯繫，再返回祖籍地尋根，並將祖籍地現況一併記錄，2012年出版，供家族參考收藏。內容有昔日族譜的樣式，更有近代家鄉歷史可讀，個人數據的記錄，是一本能讀、能瞭解過去的族譜。

2.頂店里《南安鳳坡梁氏族譜》：梁家祖先在清同治年間渡臺，以做買賣而致富。在日據時期的分產鬮書中，言明按時提撥經費做祖籍地祠堂祭典經費，同時撰寫族譜數大冊。後因兩岸分治，族譜未續修，兩地成陌路。近年後裔梁家銘深覺祖厝情感之重要，委託臺灣大學城鄉研究所李乾朗教授之團隊撰寫祖厝建築，同時捕捉梁家祖先故事點滴，同時完成來臺後的族譜支系。2013年4月出版《瑞蓮傳芳》一書，內容有昔日舊譜風格，並添加許多祖先的事蹟、祖厝建築等影像，是一本能讀、好讀的族譜。

3.順天里《同安官山陳氏族譜》：陳氏原籍福建省泉州府同安縣馬巷三忠王宮邊，在曾祖父陳推遷過世後，曾祖母楊寶娘攜二子陳苞生、三子陳麗生來臺。陳苞生在大甲開墾，由於拓荒過度辛勞，37歲逝世。其子陳紹嚴在母親與祖母教導下，認真讀書，而有成就，任大甲巡檢衙門職員。後代皆為地方俊材。族裔陳進春在大甲鎮公所退休後，開始撰寫家族族譜，憑著父母親告知的族親，一一拜訪，竟然在長房處取得舊譜，也得知另一家族亦完成其家譜，最後在族親的協助下，整合數據完成親族譜系及家族遷移遺蹟的探索，圖文並茂，是本整理出來的族譜。

二、前代有修族譜，近代未修

1.孔門里《晉江廈澤王氏族譜》：祖籍福建省泉州府晉江縣下宅。乾隆五十一年（1786年）底，臺灣發生林爽文抗清事件。社會動盪不安，官方屢增兵平亂，而無法奏捷，戰役危害臺灣至巨。至乾隆五十二年底，亂始平。期間晉江下宅人王天隨父子散財助官兵平亂，戰後朝廷欽賜把總、千總之職，並誥封通議大夫。亂平後王家擇居開墾大甲。王家來臺第二代王天增，為朝廷太學生，誥封朝議大夫。第三代王時昆，官章昆崗（生於道光六年，卒光緒四年）。授封欽加運同銜賞戴花翎，分發廣東即補同知，誥授中議大夫，晉封資政大夫，因開鑿大安圳，經營「金鼎三」金融當鋪業而名聞一時。

第四代王地湘，誥封「欽加五品銜候補經廳」。第四代王俊出建材與資金建大甲文昌祠，名留大甲。第五代王燕翼，任日據時期臺中州參議員。王紹琦曾當縣議員，創金鼎三製橘子罐公司、製冰工廠，創建大甲光陸戲院。第六代王甲壬，捐大甲高中校地，並成立「麒麟金獅陣」國術館。第七代王茂雄，任醫生、2003年第四十二屆遠東及東南亞年會主席。王家目前有20多位醫師，在臺北居多，國外以日本東京、美國華盛頓州居多。王家最盛時擁有大甲街一半以上的田產。可說從清代到二次大戰終戰後，王家都處於大甲地區政經領袖地位。

王家有顯赫的聲望，族譜修至日據時期，往後未增修，殊為可惜，然家族資料多，經濟能力強，若要修譜，此家族可輕易完成，而且內容極為豐富。

2.文曲里《晉江蔡氏家譜》：文曲里蔡家收藏有清道光十七年，第十五世孫蔡爾中來臺，住蔡傾家3個月，撰寫族譜，道光十七年完成族譜，後經宣統三年、1990年再抄寫之複印件一冊。數據顯示，第一世蔡輝，於唐朝末年，從莆田仙遊遷居晉江青陽，第十世蔡次傳為南宋寧宗嘉定庚辰年榜進士，曾至漳州、泉州為官。第十一世蔡若濟助張世杰扶宋主於廣東潮州，抗元失利後，子孫避居，遷遊於廣、閩一帶。第十五世蔡自明始遷居晉江錢湖。明公下第十三世蔡聰，生四子，茂、對、所、草，皆遷居臺灣拓墾。其中第十四世蔡所，約至嘉慶年間，以40餘歲齡娶妻，生蔡傾。族譜以蔡傾為來臺始祖，應是定居顧田園，不再是春來臺灣、秋回大陸的拓墾者。蔡傾原居臺灣神岡，其後裔至宣統年之前已遷居高美。1912年遷居六塊厝莊，即今水汴頭蔡姓家族。

3.道光元年（1821年）11月15日，大甲街附近商業者王姓宗會發起祖靈祭祀，成立王姓宗親會，祭祀王姓始祖王審知夫妻神像。至1905年再重組成立。再1995年農曆11月15日，大甲四鄉鎮地區王姓再成立宗親會，傳承昔日舉行祭祖祝嘏大典。這是大甲最有組織的王姓宗親會，會員近百人，但大家也很苦悶，多數族群沒有族譜，找不到祖先資料。只有南安籍王時沃家族有撰寫祖先支系表。公元2000年筆者從沙鹿王伯宗處影印得《南安象運王氏族譜》，知象運王振裕收藏並整理，同時尋找在臺族親。這本族譜正好可和王時沃、時沙等家族銜接。建議此家族應利用這難得數據，建立族譜。奇怪的是，筆者受王振裕委託尋找族親，以兩年時間，找遍相關地方，幾乎能寫成當地開發史，竟然對其所尋之人卻毫無線索。

4.孔門里《謝國佐族譜》：謝國佐生於乾隆四十九年（1784年），卒於同治元年（1862年）。祖籍福建同安縣鰲美鄉。嘉慶二十一年因通商至臺灣而居。數遇盜賊於海上，皆以樸實外觀而免於難。商市利流，發積於後壟，而成巨富，恩授征世郎。生15子，長子振聲，為增生署閩縣儒學正堂。孫文東，為監生。文東次子耀貳生女五娘，五娘子王再興娶劉繡雀。文東三子耀炎為捐贈文昌祠地人。謝國佐八子振添之孫謝朝甚，疑為日據時期大甲名米商。

## 三、家族留有簡單譜

1.乾隆二十六年（1761年）陳任從福建省永春州德化縣半嶺春栗屋移居清水海風莊，開墾大甲六塊厝田。福建永春州德化籍陳任，身體魁偉，在故鄉原有小時訂婚的未婚妻，但未婚妻十三歲時去世。陳任到臺灣時年紀已不小，有人介紹南埔村莊氏。莊氏父親同意這門親事，但母親不同意，因此莊父告訴陳任在凌晨莊氏煮飯時，可以背對背背回來做媳婦。於是陳任於前一天到南埔莊。全莊請吃檳榔，然後次晨背正在做飯的祖媽回來。一年後第一個孩子出生，多年希望得以實現，真是高興，命名為加再，即好加再，很僥倖的意思。第二個孩子名再添，

第三個孩子名再喜。（2008年10月18日，陳任後裔陳煌順前往德化尋根，尋得族譜，陳任被標記失蹤。）

2.同治十一年，武陵里劉家最晚在此時已從龍井遷居本地。劉家為當地的地主家庭，望族世家。後裔劉松藩曾任臺灣「立法院院長」、劉銓忠曾任多屆臺灣「立法委員」、劉松齡任農會金控董事長，另多人任老師、藝術家、企業家等，是個非常有成就的家族。然族譜簡單，只有支系表、生卒數據。應需再增修傳記。

3.光緒十四年，郭玉瓊（1829—1888年），名鉗，字玉瓊，諡武琪，大甲街頂店人。祖籍福建泉州府同安縣安仁里上渡社。裔孫郭錦沅曾往祖籍地多趟，經當地郭姓協助，終在族譜尋獲祖先兄弟名，而確定祖先家居漳州角美鎮流傳村。而非祖先所述的上渡社。雍正年間，開臺祖郭月偕子訪政與兄郭日相偕渡臺，定居大甲頂店。待贈六品銜（疑同治初年，抗戴潮春軍有功）。2012年完成新修訂譜。

4.義和里李姓，晉江縣十都小歸湖鄉。來臺祖李權軒於明中葉渡臺，居笨港大橡郎，生卒資料莫考。來臺第五代李廣惠，生於康熙十二年。乾隆三十五年與堂地遷大甲，在大甲內水尾、外水尾形成兩個李姓宗族聚落。兩地昔日都是地主家庭，為地方相紳代表。後裔李天德經營永信藥品，列為臺灣百大企業。家族留有祖產，每年拜祖聚餐領紅包，有族譜，可惜只是簡單支系表及生卒數據，欠缺小傳。因經濟能力強，建議修詳細新譜。

5.王吟、王天香兄弟：祖籍地：福建泉州府安溪縣五里埔（馬巷分府蓬萊堡第十都珩厝鄉），來臺祖：第二十九世王天香。約於康熙年間渡海來臺，居大安港，分傳清水、大甲。族譜於1982年完成，根據來臺第五代玉英啟建族譜資料（清同治十年建立），再整理補充。有來臺後家族世系表及生卒資料、墳地等。而有家族小傳，但僅幾筆，且極欠缺。來臺前數據借用臺灣各地王氏資料。

## 四、全臺同姓氏族譜（可依據此資料撰寫家譜）

1.《邱氏大族譜》，邱仕殿於90年代撰著：將苗栗、臺中的邱氏蒐集整理出頭緒，其中以邱道芳、邱傳萬、羅太夫人等資料最完整、詳細。為本地邱姓的大寶典。邱姓為本地大族群，家族為世界名牌捷安特腳踏車的大股東或知名藝術家。建議邱家應增補祖先傳記。

2.在1980年代間，臺灣流行商人幫家族撰寫族譜，他們召集全臺同姓，提供數據，幫忙撰寫，將全臺同姓氏數據合刊成《大族譜》。如：陳姓、卓姓、李姓、白姓、林姓等等，此類族譜有祖籍地、家族支系表及家族簡述。為當時記錄許多珍貴數據。建議這些家族可繼續增添家族資料，留存許多各家族訊息。

## 五、簡單的族譜：

　　大甲所見的族譜大多是簡單的祖先支系表，多從祖先牌位抄錄，並整理。所以有多人想進一步整理補充。以此為基礎，兩岸族譜若能更進一步聯誼，將可協助許多臺灣同胞取得祖先祖籍地數據，進而對祖籍地產生深濃的情感，將有助於兩岸融洽感情，再展中華盛世。

## 六、已完備未出版：

　　太白里劉姓於康熙年間來臺，至今已成龐大家族，家族有日據時期的文官，現代的醫生、教授等。後裔劉坤和已整理完成族譜的支系及生卒與部分小傳，內容豐富。但因無來臺祖姓名，祖籍地僅知興化仙遊，所以無法往上推，無法至祖籍地找尋數據。他多希望能有仙遊劉姓的點滴訊息，好補足族譜上的空白。

## 四、鼓勵寫族譜

從兩岸譜牒（族譜）文化看歷史的演進

　　曾聽一位朋友說，其兒子在英國留學讀碩士，在英國時認識一位同是臺灣去的女留學生，雙方談得來，也情投意合，同學慫恿雙方先認識交友，後進而結婚。其間，聽女方說有一位親戚是臺中市市議員，男方也說其父是市議員，兩人應是門當戶對。後來女方聽母親說其親戚名，竟然是男方的父親。男子問其父，雙方的關係因由，這市議員才感受到現代家族間的淡漠，若無親族聚會或族譜內容的認識，遠房親族間將互不認識，而孩子們也不認識，若在國外先結婚，再回家向父母親報備，若因血緣接近而誕生異常孩子，將是一生要接受的苦楚，所以朋友認為族譜非建立不可。

　　族譜除了可瞭解家族間關係外，還留存許多元素。所以調查中發現許多家族長輩很重視祖籍等資料，他們除了保留族譜外，或多或少能敘述祖先的祖籍或事跡。但老人家常隨著時間的凋零而消失，家中子孫也習慣將老人家過時的舊東西，隨火燒化隨魂而去，因而大甲族譜不斷在消失中。另中年人因忙著事業奮鬥，而很少接觸族譜，甚至不知族譜為何物，因而對祖籍數據陌生，對自家堂號、祖籍地也不瞭解，而產生淡薄、不重視現象。二十年前，臺灣國小社會課設有此課程，孩子們大都向父母尋找答案，因父母的陌生，常無答案，造成很多家長的困擾，老師也無法有效達成教學目標。所以此課程最後飄零而被廢。要解決此問題，除需加強對祖籍、堂號的認知外，更需鼓勵民間「大家來寫族譜」活動，藉以掀起對族譜的重視。因這種課程是人文社會科學的重要知識，可以認識自己家世的基礎。

## 一、為什麼不寫族譜

　　為什麼大甲那麼多家庭沒有族譜，主要原因是族譜不是家庭必需品，甚至有人連「族譜」是什麼東西也不清楚。另外有許多人想擁有自己的家族族譜，卻不可得。原因則多樣：

　　1.沒有資料：早期許多家庭窮困，加上先人壽命不長，以致孩提時期，父親

已亡,斷掉家族歷史傳說,所以想寫,也寫不出來。

2.水災、火災銷毀家族資料。早期大甲是水災常發生的地方,水災將住屋田園沖毀,也流掉家族重要訊息。

3.族群龐大,數據彙整不易:有人因家庭因素排斥撰寫,有人怕花錢,有人認為祖先牌位不能打開,有的數據消失,有的數據混亂無法分析。

以上因素為不想寫族譜的原因,但它是可以克服的。

## 二、生活文化中留下的線索

有許多人希望家中有族譜,但卻無任何數據,那要如何完成族譜記載呢?生活文化中留下的線索,可以建立點滴數據。

1.在大甲大多數家庭,都有神明廳的設置,祖先牌位被安置在神桌的虎邊(面對神明廳的極左邊位置)。祖先牌位外面書寫「祖籍地,○姓歷代祖先神位」。內部記錄著家族祖先姓名與生卒時間,是非常寶貴的族譜數據。但較可惜僅為直系數據,旁系數據要藉助其他前代伯叔公家族協助。

2.祖先墓碑,寫著祖籍地。所以其後代子孫能清楚祖先來自大陸的哪個縣份。不過,也有相當數量族群不是寫祖籍地,而是寫姓氏的郡望地,以致不知祖先來自閩粵何地,而跑到河南、山東等中原處尋根,所得答案落差極大。

昔日臺灣是個移民社會,有落葉歸根的觀念,所以祖先墓碑上方會刻有祖籍,以便亡後數年,「撿金」遷葬回籍。但有許多家庭因家窮,或沒讀書或父母早亡,而不知祖籍地,而寫成「大甲」、「頂店」等現居地名,後代子孫遵循傳統流傳下來。有族譜者會記錄祖籍地的全名,有的靠口耳相傳,沒文字數據就容易淡忘,僅能記到縣名為止。祖籍縣名僅放在祖先墓碑或神主牌位上。大甲漢人以「銀同」為最多。「銀同」指福建省同安縣,包含今日金門。

3.臺灣的戶政數據,在日據時期的1895年後,被完善的記錄下來,至今也被

完善的保留。所以可憑著祖先的居住地，到當地戶政申請全家族所有戶政數據，數據中可得知祖先的父母姓名、出生年月日、死亡時間、子女排行及婚姻時間等等。數據很容易推到同治、光緒年間。

4.若自家家族真的沒資料，可尋求其他家族資料來補充。因先民為了保護自己的地盤與利益，拓墾成功的家族，會放租土地吸引親戚或同姓宗族前來投靠，形成同姓聚落。在大甲，這些宗族聚落在清代很明顯，所以本地有一段很長時間，每個村里都是個別同宗的聚落地。直至1975年以後，因工商業變遷，大量國民住宅出現，快速打消掉同宗聚落的現象。這些應記錄在村莊史中。

5.有的祖先已留族譜，祖籍地與祖先資料詳細清楚，自然可留給後代做修譜參考之用。另有更多家族沒有族譜，僅靠一本記事簿或口頭傳下來一二百年。在近二三十年來的工商業時代，很容易將此訊息消失掉。故鼓勵寫族譜。

## 三、建譜成功案例

從清水秀水遷居大甲的晉江彭田籍蔡伯源校長，家中留有祖先生卒數據，退休後，一心想為子孫建立族譜，卻苦無數據，到處訪問、請託。筆者太太是其缺少聯繫的家族，因訪問而相識。筆者依其祖先資料及祖籍地，親自跑一趟晉江彭田，從祖先輩分，幸運翻開其祖先之名，帶回影像數據。蔡校長從祖先牌位內整理出祖先名，加上所知排出家族代數關係，再委各房寫出子孫支系姓名，由他做統整。最後再透過蔡姓宗親會到祖籍地做對接求證，以一年多時間完成家譜。2013年4月將完成的族譜贈送各房家族，深受各房感謝。接著他將再寫各房人物軼聞數據，蔡校長深覺有意義，而且時間過得充實，增加聊天題材。

## 五、結語

唐山過臺灣，先人的生活大部分是辛苦的，需非常努力工作，且節儉存錢，目標是想衣錦榮歸故里。所以有人賺了錢成為富豪，與故鄉有聯繫往來，而且出資修繕祠堂與按時提撥祭祖經費，並抄錄族譜留臺。但大部分人群，卻只能求溫飽，連返鄉能力都有問題，最後客死異鄉，或仍須努力為求溫飽而生活，慢慢的，後代子孫也因沒讀書，而消失祖籍原鄉的記憶。所以大部分閩南族群沒有族譜的原因在此。

　　幸好，臺灣的民俗生活間留存祖先牌位祭祀與墓碑上祖籍記錄，加上代代口耳相傳的祖籍地名，也讓現代有文化、認為族譜重要的家族，能追蹤先祖的蛛絲馬跡，寫下來臺後的家族支系或簡單族譜，留下家族間的殘存數據。

　　族譜先記生，後記卒。人一生下來，就要照族譜昭穆輩分，取名列入族譜，所以生時紀事，一樣可列入族譜記載，免得以後追溯而易附會，造成虛假的現象。族譜的內容易受到編修家族的經濟條件與要求，或編修者的觀念之影響，產生各式各樣的族譜。但總觀前人族譜，世系、昭穆、生卒、榮恩、墳塋等基本記錄外，個人小傳不應漏寫，成長聚落簡介也可融入。從大甲《南安洪氏族譜》、《瑞蓮傳芳》二書，可知，現代族譜，除了祖先數據外，也可是一本可讀的書，有祖先一生奮鬥外，還可記錄許多家族樂於談論的故事。

　　本文筆者已替家鄉其他族群建立許多基本數據，有來臺祖名字、來臺時間及祖籍地，目的想藉此次族譜交流且有興趣的專家同好，協助尋找更進一步的數據訊息，或能和祖源地銜接的族譜，倘若因此能再完成一本或更多本新族譜的誕生，將對這個族群建立穩固的根源認識，同時愛屋及烏，兩岸的血緣、地緣可更加確立而交流。

　　參考文獻：

1.邱仕電：《編年丘氏大宗譜》，1997年。

2.陳進春：《大甲官山派—陳士族譜》，2010年。

3.王清斌：《王吟後嗣族譜》，1982年。

4.李乾朗、鄭碧英：《梅鏡傳芳》，遠景出版社，2013年。

5.洪增榮：《洪氏家譜》，2012年。

6.朱瑞墉：《朱麗傳》，2006年。

（作者係臺灣大甲區域歷史研究者、著名譜牒專家）

# 溯源追遠——阮氏家譜簡述

阮靜玲

## 一、前言

　　中國傳統家庭中，每一村落，每一姓氏必定會保存一本以上家譜，透過家譜可提供給後世瞭解其淵源、敬祖尊宗進而揚名後世。臺灣是一個移民的社會，無論先來後到的種族，都是為了追尋與開創美好的新生活，而毅然決然地離鄉背井，這種不畏艱難與挑戰生命的意志力，一直不斷地在這塊土地上演出。[1]臺灣自有漢人移墾以來，也將傳統的修纂族譜帶進臺灣，特別是從清朝統治到日本割據的兩百多年當中，臺灣的漢人始終保存著大陸文化傳統，修纂族譜就是一項明顯的例證。[2]本文擬就臺灣修纂之阮氏家譜，略述其內容，提供未來利用網路資源持續修纂家譜之參考。

## 二、臺灣阮氏家譜現藏概況

　　訊息化社會中，許多資源都可以透過網路獲取，如果想要瞭解臺灣家譜現藏狀況，有幾項途徑獲得，包括：

　　（一）「臺灣地區家譜聯合目錄」數據庫
（http://rbook2.ncl.edu.tw/Search/Index/3）

2002年3月「國家圖書館」召開「臺灣地區家譜聯合目錄合作編制相關事宜座談會」，決議由與會各收藏單位提供書目數據，建置「臺灣地區家譜聯合目錄」，收錄「中央研究院」民族所圖書館、「中央研究院」傅斯年圖書館、臺北市文獻會、臺灣圖書館、臺灣省各姓淵源研究學會、宜蘭縣史館、臺北故宮博物院、「國史館」、「國史館」臺灣文獻館、「國家圖書館」、萬萬齋等11個單位所典藏家譜數據，[3]共計28,846筆書目。

（二）「臺灣記憶」系統之臺灣家譜
（http://memory.ncl.edu.tw/tm_cgi/hypage.cgi?HYPAGE=document_twgn_category.hpg）

「國家圖書館」於2004年與美國猶他家譜學會簽訂合作協議書，由「國圖」購藏該會典藏之臺灣家譜微卷數據，並進行數位化掃描及分析建檔，相關數位化成果呈現於「臺灣記憶」系統供民眾個人研究使用。目前系統收錄家譜9,809筆、數據世系表1,025筆、個人資料1,204筆、宗親會資料1,257筆、其他604筆，共13,899筆。系統原先提供使用者可以瀏覽六頁影像，因為個人隱私權因素，目前影像瀏覽功能已經關閉，使用者需到館方能使用全文影像。

（三）耶穌基督後期聖徒教會的家譜查詢網
（http://www.lds.org.tw/index.php/family-history-temples/family-search）

1894年所成立的猶他家譜學會（Genealogical Society of Utah）百年來在世界各地從事家譜資料的蒐集及研究，1987年改稱耶穌基督後期聖徒教會家譜部門。為幫助人們追本溯源，於1938年開始進行拍攝微縮影片的工程。中文數據收集與拍攝始於1970年代，廣泛收集來自臺灣、大六、香港、印度尼西亞、新加坡、馬來西亞、菲律賓、日本以及美國等地的數據。數據範圍包括祖先畫像、地圖、世系表、婚姻契約、鬮分契約、賣店契約、功德榜、訃文、秋審題本、地方志、人物志、縣城地圖、科舉數據、戶籍清冊等。使用者可以透過「家譜查詢網」查詢並瀏覽全文影像。[4]

（四）臺北故宮家族譜牒文獻數據庫
（http://npmhost.npm.gov.tw/ttscgi/ttsweb?

0:0:1:phmetai:/tts/npmmeta/metamain.htm@0.8785804633274417）

臺北故宮博物院圖書文獻館館藏數據庫，收錄有1996年獲贈由聯合報文化基金會所藏中國族譜微卷資料（美國猶他家譜學會多年徵集之資料）10,150種，此批資料也已數位化。內容多為明、清及民初時期所纂修的族譜，以及多屬清代漢人移墾臺灣及家族活動記錄的臺灣各姓氏編修家譜，數據庫提供族譜題名、編纂者、始遷祖、家族姓氏、地望、內容分析、族譜來源等字段檢索，全文影像限於館內瀏覽。[5]

（五）臺北市文獻會典藏族譜查詢表
（http://www.chr.taipei.gov.tw/public/Data/9941752471.htm）

依書名筆畫序列出該會所藏家譜資料。

（六）臺灣尋根網（http://genealogy.hyweb.com.tw/index.jsp）

2002～2005年「國科會」數位典藏國家型科技計劃數位典藏創意加值計劃之子計劃，提供查詢姓氏、族譜、家族、人名、宗祠、古代人物等數據庫以及族譜網路資源。

透過「臺灣地區家譜聯合目錄」數據庫可以掌握臺灣家譜主要典藏單位現藏家譜，以「阮」查詢計查獲39筆阮氏家譜書目，其中有5筆非臺灣家譜，同時去除各館相同書目以及訃文，臺灣阮氏家譜共有11種以及3種刊物。以下分別簡單介紹。

（一）阮氏族志

內容為記述1729年阮嘉尚從大陸東渡來臺開始綿延流長到1974年第12代的族譜。包括題詞、序言、淵源沿革與阮氏正宗源流、阮常興堂志要、阮克環派下系統世系表、阮常興堂大事記、所謂阮家五大房的由來、建置家廟「阮姓祠堂」概況、閩臺略圖等。此家譜是由阮蓮洲自1960～1972年南北奔馳，到東港、臺北、嘉南、臺中、彰化等地阮姓民眾較多地方，尋找各地宗長手中的族譜，詳細記載並進行數據統整、印證數據真實性與連續性，於1972年完成初稿，編就阮克環派下世系表，全書以稿紙書寫而成，遷臺祖為阮嘉尚，於清雍正七年

（1729年）自福建省泉州府南安縣英內上堂鄉27都帶獨子厚德來臺，並攜其父克環神主牌來臺奉祀。擇居雲林縣笨港（北港鎮）掩豬社（溝皂里），開墾海埔新生地為農。乾隆五十年（1875年）四祖文堯、文享、文喜、文意、文祥五兄弟，由北港遷移至彰化縣東堡湳仔莊（和美鎮嘉犁里下湳仔）。後世稱為阮氏五大房。

（二）阮氏族志

由阮蓮洲根據稿紙書寫之《阮氏族志》，1972年起以三尺高、一百二十尺長白布書寫家譜，其先在布上劃方格子，再用毛筆工整一筆一畫正楷恭書而成，內容包括題詞、序言、閩臺略圖、淵源沿革與阮氏正宗源流、建置家廟「阮姓祠堂」概況、所謂阮家五大房的由來、阮克環派下系統世系表、阮常興堂大事記、阮常興堂志要等。此家譜的形制相當特殊，作者同時準備一些白布，未來可縫在所完成《阮氏族志》後，由後代子孫繼續完成，藉以保持世系表的完整性。

（三）阮氏宗譜

阮國慶主編，阮氏宗親會1977年出版，內容除世系表及宗親錄外，其餘多與阮蓮洲《阮氏族志》相同，世系表部分除阮克環世系外，涵蓋全省阮氏世系，此書為臺灣完整之阮氏家譜。

（四）阮氏世系圖（阮家族譜）

民國年間打字印本，以來臺（臺中市）後，部分最古戶口抄本及現在各戶口名冊抄寫而成，始祖為阮久，屬一家族之世系表。

（五）阮氏祖譜

內容包括阮氏宗譜中的淵源沿革志、阮氏世系志、陳留阮氏世系（入粵分居各縣宗支）、恭義祖、阮氏歷代先賢列傳、遷臺祖阮文鎗世系表（由福建省漳州府南靖縣下水社祖坑口入墾八芝蘭——今臺北市士林區），以及阮正義書寫十五世祖阮陽15—21世世系。

（六）阮氏族譜

阮廷耀（遷耀）家族所填寫19—21世調查表（表填18—20世），遷臺祖為阮陸國，由福建省漳州府南靖縣移墾埔里社——今南投埔里（《阮氏宗譜》頁系34）。

（七）阮氏源流族譜

阮正安根據《阮氏宗譜》所書寫之家譜，首先敘述阮氏源流，次述遷徙路線、世系表、阮氏遠祖世系、陳留阮氏家譜世系、屏東林邊竹林村下莊阮氏家譜世系1—8世（雍正七年阮信由福建漳州漳浦縣白石堡下魏鄉入墾林仔邊今屏東林邊）。

（八）阮氏歷代祖公媽忌神

阮歪家族所填寫6～15世調查表，遷臺祖為阮情，於雍正年間由福建省泉州府晉江縣入墾沙轆（今臺中沙鹿）。

（九）阮氏歷代族簿

紀錄阮朢峰家族15—22世之家譜。譜載乾隆中葉，阮朢峰由福建省汀州府永定縣入墾吞霄（今苗栗通霄）。

（十）阮姓家族譜

由阮仙忠書寫阮文鎗—阮福元派下（《阮氏宗譜》頁系76）5—8世之家譜，遷臺祖為阮文池，由福建省漳州府南靖縣吳宅下永社遷至紗帽山，後遷居臺北州七星郡士林鎮。

（十一）阮嚴派下家譜

阮季雄書寫，遷臺祖阮苗由福建省漳州府紹安縣澳角鄉入墾阿罩霧——今臺中霧峰，其派下阮嚴有14—22世家譜（《阮氏宗譜》頁系43）。

（十二）彰化縣阮姓宗親會成立紀念特刊

1979年10月7日出版，內容包括阮氏源流相關文章、祠堂介紹、宗親會規章以及通訊簿等內容。

（十三）臺灣區阮姓宗親通訊簿

中部地區阮姓宗祠祭典委員會1984年編印，內容包括阮氏早期先祖移民臺灣述略，以及全省宗親通訊簿，作為宗親聯繫之訊息。

（十四）臺北市阮姓宗親會宗親通訊

成立於1979年8月間臺北市阮姓宗親會，出版《臺北市阮姓宗親會宗親通訊》，通訊每半年刊行一次，共出版5期，各期除宗親通訊簿、報導會務等有關事項外，每期都有關於阮氏淵源之相關文章。

## 三、《阮氏宗譜》概述

宋以前，中國家譜內容簡陋，完全以家庭成員資料為主，明代以降，家譜的內容擴大記事範圍，也強大家譜的功能，明清以後所修的家譜，約有幾項內容[6]：1.序文：說明修譜緣由。有些望族序文通常由名人學者或本族出仕子孫撰寫，可以反映不同時代的社會狀況。2.譜例：修譜時所訂出規則，作為修譜遵循方向。3.姓族源流：敘述家族得姓的來源。4.世系表：說明家族成員間關係，為家譜中最重要部分。5.恩榮錄：先祖光榮事跡，為歷史研究的第一手資料。6.宅居故里：記載居住環境與終老之處。7.祠堂墓冢：祠堂是供奉先人牌位，及同宗之人共商聚首之處所，因此都會專章記載祠堂。墓冢部分，後代子孫慎終追遠，因此對地理方位、建築樣式等仔細記載。8.家傳：明朝以後，譜與傳合為一，有的家族將傳還細分為列傳、內傳、外傳、圖像等等。內傳記未出嫁的族內有德行的女子，外傳記出嫁有懿行的女子。9.藝文著述：文人雅士的文學作品在家譜中詳細注錄。10.家訓：收錄家規與家訓。11.其他：清末以來，家譜中還有列入人口表、職業別、契約、水利、拾遺等等內容，使得家譜內容更加豐富。

由臺灣現藏阮氏家譜中可以發現，1972年阮蓮洲調查編寫的《阮氏族志》是1974年《阮氏族志》初稿，是阮克環派下系統的相關數據，而1977年出版的《阮氏宗譜》則是在《阮氏族志》基礎下增編數據，世系表除遷臺祖阮嘉尚（始祖阮克環）派下，另增加遷臺的七十四支世系表。《阮氏宗譜》可謂目前臺灣阮

氏家譜中最為完整。而其餘阮氏家譜則是根據《阮氏宗譜》，將其自身一支世系列出或是所填之調查表，由於《阮氏宗譜》具備傳統家譜所應有內容，透過本書可以掌握阮氏在遷臺即在臺灣現況，內容簡述如下：

（一）淵源沿革志

相傳阮氏為皋陶後裔，姓氏則始於「阮國」，據《通志‧氏族略》所載：「阮氏，商之諸侯，國在岐渭之間。周文王侵阮徂共見於詩，子孫以國為氏。」而所建立之阮國，在涇渭之間，即今甘肅涇川一帶。秦漢之初，因戰亂頻繁，除一支留居河南成為陳留阮氏始祖外，餘者分成東南二宗，東由河南遷安徽、江蘇、福建、廣東等地，後部分遷至臺灣；南由河南遷湖北、四川、貴州、雲南等地。

除淵源沿革外，宗譜亦記載阮姓源流概述、阮氏太始祖阮逹（字善富）譜記以及陳留阮氏世系。

（二）阮氏歷代先賢列傳

包括阮翁仲、阮肇、阮敦、阮瑀、阮籍、阮渾、阮咸、阮瞻、阮孝緒等自秦至清87位歷代先賢小傳，以及民國人物阮寶珊。

（三）族事彙編

包括家廟阮姓祠堂概況、阮常興堂志要、阮克環派下第五世阮維發進士墓誌銘、紀念照片集、阮烈士寶珊追悼會紀念照及阮烈士寶珊之事跡剪報。

其中阮常興堂的名稱是阮姓祠堂祭祀公業的名號，也是阮姓宗祠祭典會的舊堂號。該堂建於日據時代1937年，是由遷臺祖阮嘉尚及三世阮厚德、四世阮文堯兄弟（三代）創業置產的公業。正殿供奉三大座神位碑，列入歷代始祖高曾祖考妣之仙名於內，每年定春秋二期致祭（農曆二月十五日與八月十五日）由裔孫等集堂參加祭典。

（四）諸文獻

包括大陸移民來臺圖、福建省略圖、廣東省東部略圖、福建廣東兩省行政區

域表、中西年曆對照表等參考數據。

（五）家約格言

阮氏宗族之家訓等格言。

（六）阮姓元始祖皐陶以前世系表

（七）阮姓祠堂祭祀公業阮常興堂大事記

自明崇禎七年（1634年）至1974年重要記事。

（八）各房派世系表

根據各房派世系表，可以發現清代阮氏族人渡海來臺者，以福建為眾，在臺阮氏計有75宗支，分別分布於全省各處：

1.福建漳州

（1）漳浦縣：雍正七年，阮信入墾林仔邊（今屏東林邊），後成為當地大族；乾隆初葉，阮章河入墾笨港（今雲林北港）；乾隆末葉，阮天德入墾下埤頭（今高雄鳳山）；阮竹浦遷宜蘭礁溪。

（2）南靖縣：乾隆初葉，阮剛毅後裔移墾庵古坑（今雲林古坑）；乾隆中葉，阮文鎗入墾八芝蘭（今臺北市士林區），其孫阮協移墾宜蘭礁溪，另一孫阮陸國移墾埔里社（今南投埔里），其弟阮房宇於稍後入墾礁溪、阮波入墾斗六門（今雲林斗六），後再移墾嘉義後壁；乾隆末葉，阮會辨入墾今臺中市南屯區；阮流水、阮茂盛遷今臺北市；阮登極遷宜蘭礁溪。

（3）龍溪縣：乾隆中葉，阮儀入墾今臺北市；嘉慶末年，阮贊入墾塗庫莊（今臺南仁德）；阮榜遷今臺北市。

（4）海澄縣：乾隆中葉，阮目入墾今屏東新園。

（5）詔安縣：嘉慶末年，阮福入墾大里杙（今臺中大里）；阮苗入墾阿罩霧（今臺中霧峰）；阮杰入墾草鞋墩（今南投草屯）。

（6）平和縣：嘉慶末年，阮水入墾今南投；阮恩生、阮櫼入墾大墩（今臺

中市）；阮爐、阮精日遷臺中霧峰。

2.福建泉州府

（1）南安縣：雍正七年，阮嘉尚入墾笨港（今雲林縣北港），其孫阮文堯兄弟於乾隆五十年移墾半線、和美線（今彰化縣和美鎮嘉犁里），成為當地大族；乾隆中葉，阮源入墾打狗（今高雄市）；阮天入墾半線、茄冬腳（今彰化花壇）；阮尊入墾半線、臭水彰化秀水；阮诜入墾半線（今彰化市）；阮碖遷今臺北市。

（2）安溪縣：雍正末年，阮堯入墾鳥松腳（今高雄鳥松）；乾隆初葉，阮標入墾諸羅今嘉義市；阮孟褆入墾今屏東高樹。

（3）晉江縣：雍正年間，阮情入墾沙轆今臺中沙鹿；嘉慶、道光年間，阮秋蘭入墾葫蘆墩（今臺中豐原）；阮藍入墾岸里大社（今臺中神岡）。

（4）阮松、阮九入墾和美（現今彰化和美）。

3.福建汀州府永定縣：乾隆中葉，阮才琳、阮望峰入墾吞霄（今苗栗通霄）；阮春琳入墾今苗栗苑里；乾隆末葉，阮築入墾斗六門（今雲林斗六）；阮定軒入墾今臺北市北投區；嘉慶初年，阮立居入墾竹頭崎（今嘉義竹崎）；道光年間阮傳入墾今雲林西螺；阮愛入墾大墩（今臺中市）；同治年間，阮雲清入墾諸羅（今嘉義市）；阮枝入墾阿罩霧（今臺中霧峰）。

4.福建福寧府福安縣：阮晏遷今臺北市。

5.福建南平府永安縣：阮魯齊遷今臺北市；阮望峰遷臺中豐原；阮枝遷臺中霧峰。

6.福建福州府林森縣：阮傳坤遷宜蘭礁溪。

7.廣東省

（1）普寧縣：嘉慶年間，阮成國入墾今臺北市。

（2）桂平縣：阮斌芳遷臺北市。

（3）邕寧縣：阮元興遷臺北市。

165

8.其他：阮子升自江西吉安遷臺北市；阮緝軒自浙江溫嶺遷臺北市；阮國珍自河南拓城遷臺北市；阮承挑自湖北陽新遷臺北市；阮仁山自安徽懷寧遷臺北市；阮永茂自河南開封遷臺北市。

（九）宗親錄

首有宗親錄索引，後有阮氏宗親個人之簡述並包括個人照片。

（十）空白表格

提供家譜自錄譜序、世系表、個人調查表、家庭大事記、宗親通訊簿等空白表格。

## 四、結語

阮氏家譜自阮蓮洲於1960～1972年，至全省各地調查整理書寫《阮氏族志》，進而阮氏宗親會在1977年編印《阮氏宗譜》，該書是截至目前臺灣最完整的阮氏家譜，涵蓋遷臺阮氏之各支，但是出版至今已達40年，時至今日，根據1984年《臺灣區阮姓宗親通訊簿》中記錄，臺灣區阮氏人口計16425人，排名93[7]，而至2012年7月2日止，阮姓人口總計37,836人，排序為第74大姓[8]，人口增長達一倍餘，各派下的世系表增長也是相當可觀。

紙本家譜增補出版相當耗費人力與經費，因應訊息社會發展，加上耶穌基督後期聖徒教會在2001年發表Personal Ancestral File（個人祖先檔案）軟體，提供整理家譜數據的工具，該軟體除能詳細記錄祖先數據外，亦能將資料排列成家庭樹，更能與其他家譜數據鏈接，進而使記錄更加完整[9]。阮克環派下第九世孫阮深淮則在2002年，因參觀家譜展覽機緣，而開始族譜的數位化工作，其依據《阮氏宗譜》中阮克環派下世系表鍵入個人祖先檔案軟體內，並將新增人員補入。近年來在阮忠隆協助下，建立「彰化阮姓宗祠」網站[10]，除將已完成之世系表匯入外，也包括宗祠介紹以及訊息報導。透過網站建立，可快速提供相關訊

息,也可將其他派下世系表陸續建立鏈接,更是除了宗親會聯誼的直接接觸外,串聯各宗親的良好途徑。網路資源也將是各姓建立其家譜的良好契機,進一步將臺灣家譜多以遷臺祖開始建立的世系表,持續往前溯源。

參考文獻:

1.林慶弧:〈修平科技大學「臺灣民俗與文化」課程中「家譜編撰」單元教學設計〉《修平人文社會學報》,18期(2012年3月),112頁。

2.陳捷先:《臺灣地區近年族譜的修纂與研究》,書目文獻出版社主編《譜牒學研究》第一輯,太原:書目文獻出版社,1989年2月,249頁。

3.宋慧芹:〈臺灣地區家譜聯合目錄系統簡介〉《全國新書訊息月刊》,59期2003年11月,26頁。

4.網址:http://www.lds.org.tw/index.php/family-history-temples/family-history-centers。

5.葉淑慧:《中文族譜文獻訊息化之比較研究(上)》,《臺灣圖書館管理季刊》,1卷4期2005年10月,79—80頁。

6.陳捷先:《中國的族譜》,臺灣宗親譜系學會主編《譜系與宗親組織·第一冊》,臺北市:臺灣宗親譜系學會,1985年,239—241頁。

7.《阮氏先組早期移民臺灣述略》,《臺灣區阮姓宗親通訊簿》,彰化市:中部地區阮姓宗祠祭典委員會,1984年。

8.「內政部戶政司」編:《全國姓名探討》,臺北市:「內政部」,2012年。

9.網址:http://www.lds.org.tw/index.php/family-history-temples/family-history-centers。

10.網站:http://www.ruan-cf.tw/。

(作者係臺灣漢學研究中心助理編輯)

# 宗親會的參與和尋根的企盼——兼述高雄市大小區保社里（保舍甲）呂氏家族

呂正鐘

記得三十三年前，我受邀加入高雄市烈山五姓宗親會，由宗親會員、青年聯誼會委員，二十六年前獲選為青年會長，受聘為副總幹事，世界暨亞洲懇親籌備會總幹事，轉換擔任理監事，二年前被推選為理事長，亦從此與宗親會結下永不解的良緣，並為所屬浩生幼兒園之名譽董事。歷經會館基金會之改組為財團法人、浩生幼兒園董事會改組為負責人制，至亞洲第十四屆暨世界第七屆懇親大會祕書長之執行工作，參與理事長多次之改選及受眾多宗親之愛護，推舉為世界呂氏宗親總會之理事，常務理事，河東雜誌社社務委員兼高雄地區聯絡人，在承受宗親們的抬舉，讓我覺得責任之加重，更真心體會「血濃於水」之純情，深悟血緣、血統之可貴，也在宗親間日益永固的情誼，情如兄弟般的友愛下，深覺能為宗親效勞是無上光榮。

有時候，宗親們意見相左、爭執時，看到各自調適、協調、解決的那種情景，讓我體察人生境遇的不同，所造就不同的見解外，更深愛宗親們的不分黨派、宗教、男女、教育程度、區域等差別，事過境遷似的沒有芥蒂而和樂融融，相誠互敬地敦親睦族，亦可見宗親的可貴。

近三十年來，參訪各地宗親會，瞭解許多宗親會之成立時，原無宗祠（會館）之建築者居多，在歷屆理事長、理監事、總幹事（祕書長）、副總幹事（副祕書長）暨會員們共同努力合作、團結支持下，會務仍蒸蒸日上，可欽可佩。

吾每位宗親會員均有惜緣、惜福之心境，且盡心盡力地維護其得來不易的名

聲。有的宗親會每年都舉辦慈善濟助米糧給予低收入戶或孤兒院所、頒發子女獎學金、敬老金或紀念品之義舉，可謂善舉助宗親、推己及孤兒。

亞洲烈山五姓宗親懇親大會由高雄市烈山五姓宗親會發起舉辦，至今已有十九次，今年二十次在湖北隨州舉行，可謂成績輝煌。各屆舉辦之前，主辦單位經常會組團邀請各地及東南亞宗親，屆時蒞臨指導、參與盛會。其熱忱情誼，不僅受到海內外宗親之口碑讚賞，該地主辦宗親亦忙得不亦樂乎！籌備之辛苦，出錢出力，每次估算不下百萬元的花費，可謂大請客，以從不賺錢而蝕本的懇親，其意義之深遠，實出自宗親們熱心服務的美德，為的只是歡喜相聚，敘敘之情懷而已。

吾呂氏宗親亦然，首屆亞洲懇親由新加坡主辦，筆者有幸參與盛會，兼任臺灣團副團長參與了整個活動，該次懇親大會之盛況與主辦宗親之用心，我們可推想而知，亦是蝕本而大請客，其義重情深，兄弟手足恭悌之情，自不在話下，也是我們學習的方向與目標。至於世界呂氏族人懇親大會由馬來西亞首次舉辦，第二屆在新加坡、第三屆在泰國、第四屆在泉州樸里，各地呂氏宗親會至今已主辦有四次，今年第五屆舉辦地點在新竹市，由世界呂氏宗親總會主辦，各地呂氏宗親會協辦，吾擔任副主任委員，歡迎大家蒞臨指教。吾世界呂氏宗親總會每年大會中，均歡迎世界各地宗親回來團聚，然因非刻意安排，故許多聯誼工作，僅止於小點線面聯絡，而非全面的推展。世界會可以好好地運作，以符合本會之名——世界，也可展現吾炎黃子孫、四海之內皆兄弟之大面觀。且讓我們手攜手，心連心，進而共創二十一世紀中華民族大團結的到來，願您我共勉之。

各地宗親具有家譜者居多，少數雖有家譜，但仍不知出自何處？未能聯機，譬如筆者家族，據先祖口傳僅知系福建漳州本家來臺後，暫居臺北淡水，兄弟先後來臺，兄主弟傭且兄慈弟敬，互相扶持，然並無記載詳細住址，故筆者仍再尋根，請各位宗長協助，提供訊息，感激之至。

先祖口傳本宗族系福建漳州來臺亦有稱由漳州轉臺北淡水遷至高雄市大小區保社里保舍甲二個祖厝地可資證兄弟地，但經查保社清福寺之信徒都是泉州移居，因此也可能是泉州呂氏移遷，正待查中，今簡述家譜系統表如後附表：（第

一代至第四代仍待查,許多旁系宗親未列)。

高雄市大小區保社里(保舍甲)呂氏家族,目前散居高雄市及各地,只有呂明府(奉祀呂府王爺),呂鳳宮(奉祀呂府千歲)之聖誕或祭典等活動時,方有部分宗族回鄉省親、團聚。現居住祖厝地者約二十廿餘戶,百餘口宗族,倘含散居各地可聯絡上之族人三百餘人口,筆者正在籌備編輯族譜工作,也正尋覓祖居何處?盼各位宗長指導。

本宗族(筆者暫定名為:保舍甲呂氏家族)系福建漳州來臺,曾居臺北淡水,再遷至該地,但其因仍在考察中,據說系兩兄弟先後來臺,兄先來,勤耕有成,回鄉邀弟返臺,並受僱於兄為傭。由目前祖厝地分布可約略知悉。兄弟族系所居地約八百坪,弟族系所居地約四百坪,農地相鄰居多,然因年代久遠,且僅有筆者本房族留有祖譜,餘者未保留,大抵探其原由,因擇日館之地理師在神主牌位更新時,因書寫容納不下而去除,實在可惜,所以宗祠之重要,實系於各代宗親薪傳下來,方為上上之策,亦有敦親睦族之處所,實值吾等未建築宗祠者警惕之並請速建築之。

保舍甲呂姓家譜系統表

(第一至四代待查,系統表根據神主牌列之,祖妣待查暫時不列)

## 世系表

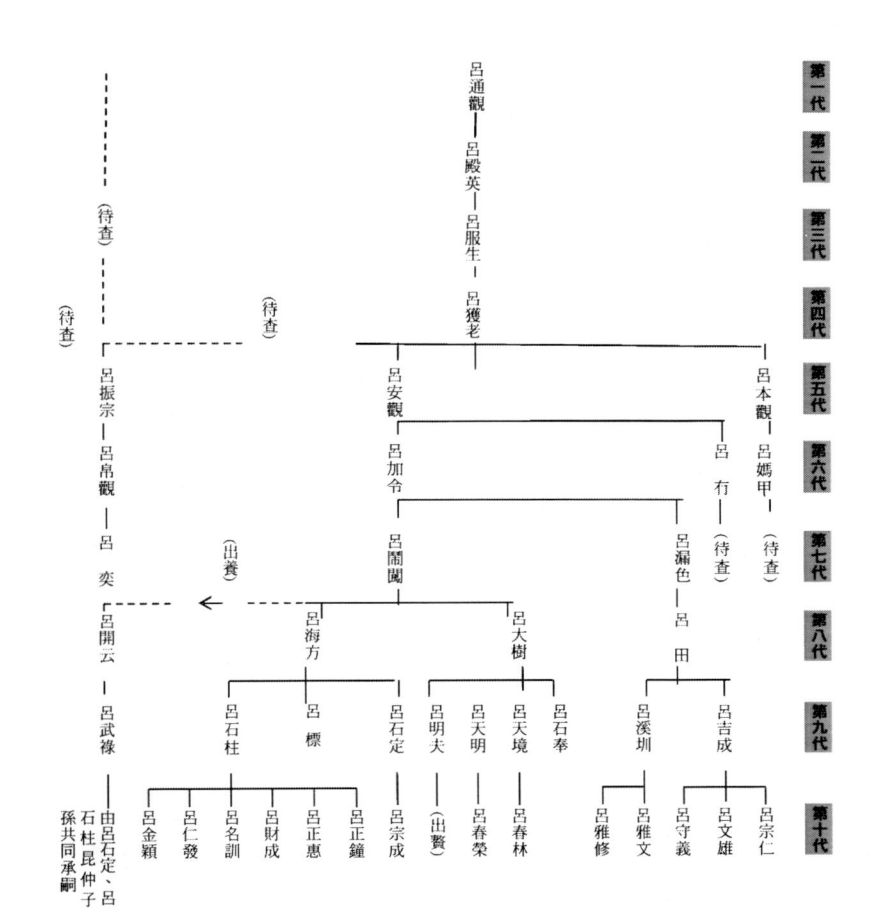

|  |  |
|---|---|
| 第一代 | 呂通觀 |
| 第二代 | 呂殿英 |
| 第三代 | 呂服生 |
| 第四代 | 呂獲老 |
| 第五代 | 呂安觀 ／ 呂本觀 |
| 第六代 | 呂加令 ／ 呂媽甲 |
| 第七代 | 呂閭閶 ／ 呂冇（待查）／ 呂漏色（待查） |
| 第八代 | 呂海方、呂大樹 ／ 呂田 |
| 第九代 | 呂石柱、呂標、呂石定 ／ 呂明夫（出贅）、呂天明、呂天境、呂石奉 ／ 呂溪圳、呂吉成 |
| 第十代 | 呂金穎、呂仁發、呂名訓、呂財成、呂正惠、呂正鐘、呂宗成、呂春林、呂春榮 ／ 呂雅修、呂雅文、呂守義、呂文雄、呂宗仁 |

另一支系（待查）：

呂振宗 ─ 呂帛觀 ─ 呂奕 ─ 呂開云 ─ 呂武祿

（由呂石定、呂石柱昆仲子孫共同承嗣）

呂海方 ─ 呂開云（出養）

（作者係臺灣高雄市烈山五姓宗親會榮譽理事長）

171

# 編修家譜後的一些省思

蔡世明

## 一、修譜所根據的文獻

2007年3月，我完成本家《大崙蔡勝家族譜牒初編》的編印工作，這是我家首次建立的譜牒。

2003年8月，我從臺北華僑中學的教職退休，此後才有餘力從事家譜的編撰；可是問題馬上浮現了，因為家中並沒有留存可資參考的記錄，而且家族的長輩大多不在了，只有茂村叔父可以諮詢；這時幸好四弟世琦提供了他向臺南市西區、中區戶政事務所申請到我家在日據時期及光復初期的戶籍謄本，才啟動了我修譜的工作。

先祖蔡勝公，約於清代中葉從福建省泉州府徙居臺灣府城（今臺南市），定居於府城大西門外的佛頭港，經營兩岸間商品的批發販賣，店號為「金同成」。自勝公以來，於今已傳衍至第七代，估計有兩百多年的歷史。這期間由於時局的動盪，且日常為謀生計之不暇，從無家譜傳世；有關歷代祖先的傳承，僅於祠堂內祖先神位的記載、祖塋的碑刻，及長輩的口傳，此外別無可以徵引的文獻；是以一世勝公及二世廣（嫩）公、車公的事跡幾乎無傳。

清代時期，臺灣的戶籍資料未見留存。十九世紀末，中、日爆發甲午戰爭，清廷敗績；公元1895年（清光緒二十一年），清廷把臺灣割讓給日本，二十世紀初年，日人為確切掌握臺灣的人口狀況，於1903年公布「戶籍調查令」，並

於1905年10月1日上午零時起三天實施臺灣史上第一次戶口普查，調查結果顯示臺灣總人口數約三百零四萬人，此後日人次第在臺灣建立完整的戶籍檔案；因此，我家從三世慈公以下，始有文獻可以稽考。根據當時的記載，先曾祖父慈公設籍於臺南廳臺南大西門外佛頭港街七番戶。1945年10月25日，臺灣省光復，國民政府接收日人建立的戶籍檔案；1947年公布「臺灣省各縣市國民身分證發給辦法」，規定凡經申請戶籍登記者均應請取「國民身分證」，每戶發給「戶口簿」。這些戶籍登載的資料，是我修譜的主要依據。

## 二、祖籍地的確認及尋根的結果

關於我家祖籍地的確認，首先是根據祠堂所供奉祖先神位上的記載，其上書寫：福建省泉州府晉江縣南門外石獅鎮大侖鄉。其次，我家每座祖塋的碑額，均鐫刻「大侖」二字。平日，長輩的口傳，也都是告訴我們：祖先是來自福建晉江的大侖。我的二姑媽蔡錦霞女士，於1948年到福建省惠安縣山霞鎮東坑村工作；時隔五十七年，我於2005年5月14日、2006年2月2日，兩次到惠安去探視她，她都問我：你有沒有回去大侖看看？此外，我家祠堂上所供奉的神明，如玄天上帝（上帝公）、廣澤尊王（郭聖王）、福德正神（土地公）、雷府天尊（騎虎尊王雷萬春）、包公（包拯），也都是閩南地區所普遍信仰的神明。從前府城佛頭港的下游，大侖蔡姓建有奉祀玄天上帝的崇福宮，其位置即今臺南市民族路三段一百一十九號，是清高宗乾隆元年（1736年）蔡柯榮從福建省泉州府晉江縣石獅鎮大侖鄉的崇福堂，恭迎玄天上帝的神靈來臺，供奉於蔡家宗祠，稱為「崇福宮」。此廟的祭祀、修建等活動，我家的長輩也都曾參與過。

從上述的種種論證，我家的祖籍地在石獅大侖應該是沒有疑問的。2004年間，我敦請江西省南昌大學歷史系俞兆鵬教授代為協尋本家族在大侖祖籍地的世系，此事後來輾轉交由福建省濟陽柯蔡委員會副祕書長蔡友立宗長辦理。2005年5月16日，我在俞教授父子的陪同下，到石獅大侖尋根謁祖，承友立宗長熱烈

接待；晤談中，宗長告訴我說，有關你家在大崙祖籍地的世系，他多次查過《大崙蔡氏族譜》，發現與「蔡勝」同名的有三位，但年代都不能配合，所以一時還無法銜接；他已經把我家這一系加載《青陽蔡氏播遷金臺裔孫簡錄》，日後再持續查尋。

## 三、目前僅知的內地親人情況

臺灣曾被日本殖民政府統治五十年，回歸祖國後，1949年又因內戰的關係，造成兩岸的分隔；直到1987年開放臺灣人民返鄉探親，兩岸才逐漸恢復來往。由於將近百年的隔離，音訊中斷了，彼此沒有往來，關係也就生疏，導致現在兩岸間家族譜系的對接出現一些困難。

我家徙臺第一代的蔡勝公，神位上註明為「老祖公」，卻未見其夫人的名諱；是否當年勝公徙臺時，其夫人是留在大崙家鄉，沒有跟著來臺？據說早年從內地到臺灣謀生者，清政府是不准家眷過來的，導致一家分隔兩地，幾代以後，親屬的關係因此失聯。這個問題，個人手邊缺乏資料，無法深入去研究，情況仍不清楚，期盼內地研究清代移民臺灣史的專家學者，能給我一些指教。

先父森公暨茂村叔父嘗言，先曾祖父慈公於清末時，為了經商及省親，時常來往兩岸之間，每逢年節必備豐盛的禮品，回大崙家鄉分贈親族。唯1912年（民國元年）慈公逝世後，我家祖輩（金水公、金池公）及父輩（森公、茂村叔父）兩代，都沒有到過大陸祖籍地。目前僅知有兩位親人嫁至大陸者，一是1908年1月16日，大姑婆花娘與福建省泉州府晉江縣前坑鄉郭炳記結婚，此事在日據時代的戶籍檔案裡是有明確記載的；據聞郭家後裔在廈門行醫，但一個世紀以來也都沒有他們的消息。此外，則為錦霞二姑媽於1948年間前往福建省惠安縣山霞鎮東坑村工作，後與姑丈李江城結婚；1987年10月，臺灣當局開放大陸探親後，五姑媽杏容娘曾兩度前往惠安探視其二姐。

## 四、從時局的演變理解家族產業的興衰

　　臺灣從康熙二十三年（1684年）正式納入清帝國的版圖，設立臺灣府，府治就在今天的臺南市。此後約兩百年的時間，臺灣府城是全島的政治、經濟、文化重心。從安平進入臺江內海後，府城城西的五條港區，是當年兩岸經貿的首要進出口岸。五條港由北而南，分別為老古石港、佛頭港、南勢港、南河港、安海港等五個港口。

　　由於道光年間（1821—1850年），多次大風雨的侵襲，使得臺江陸浮；到了咸豐（1851—1861年）、同治年間（1862—1874年），五條港區淤積更為嚴重，只剩下新港墘港（原老古石港）可以進出貨物。

　　咸豐八年（1858年），清政府與英、法簽訂《天津條約》，開放臺灣的安平、滬尾（今淡水）兩個通商港口。咸豐十年（1860年）10月，清政府分別與英、法簽訂《中英北京條約》、《中法北京條約》，兩約簽訂後，臺灣成為西方國家的通商口岸，北部區域每年的出口總值凌駕南部之上。外商勢力進入臺灣，洋行的財力雄厚，市場情報、經營手法靈活，中國傳統的郊商則逐漸式微，臺灣府城的經濟地位自此淪喪。光緒九至十一年（1883—1885年），中、法兩國因越南問題發生戰爭，十一年六月九日在天津簽訂《中法會訂越南條約》；中法戰爭後，臺灣的政治、經濟地位發生巨變，從此北重南輕。光緒十三年（1887年）二月十六日，臺灣正式設省，政治中心北移，臺北府與大稻埕分別成為臺灣政治、經濟的重心；臺南府淪為全臺防禦體系下的一個據點，五條港區的重要性隨之消逝。光緒二十年（1894年），中、日兩國因為朝鮮問題發生戰爭，結果清師敗績；二十一年（1895年）中、日簽訂《馬關條約》，清政府把臺灣、澎湖群島和遼東半島割與日本。日據時期的1899年11月8日，臺灣總督府成立鐵道部，縱貫南北的鐵路線正式動工；至1904年，臺南聯絡南北的縱貫鐵路完工；鐵道運輸系統的逐步建立，物產運輸多經臺南車站，車站在臺南市東區，於是城市重心東移，五條港區作為轉運集散中心的地位逐漸被取代。1901年6月1日，臺灣總督府成立專賣局，管控重要的經濟物資，臺南五條港區的郊商勢力遂告瓦

解。1908年4月1日起,臺灣總督府分三期計劃建築打狗港(今高雄港),打狗港興建後,成為臺灣農產品輸往日本的最大出口港,安平港的地位一落千丈。

　　從以上這一段臺灣近代史的回顧,可以看出臺灣府城五條港區由盛而衰的過程與原因;先曾祖父慈公的時代不幸正處在五條港區沒落的階段,家族的產業也因此由盛而衰了。

## 五、家族與廈門的關係尚有待探討

　　2005年5月16日,我偕同江西南昌大學歷史系俞兆鵬教授父子遊覽廈門南普陀寺,在面向大雄寶殿左後方的走廊壁上,見到嵌有乾隆五十六年(1791年)辛亥七月所立捐款修寺的石碑,碑文中刊載「同成號捐銀參拾大元」;因為其上沒有店主的名諱,這家「同成號」是否為先祖當年所經營的店號?一時尚不能確定。但我家當年從事兩岸商品的批發販賣,是與廈門有來往的;此外,經營這種大、中盤的生意,必須有相當的資本才行,不是一般小本零售商店那麼容易開設,所以這家店號跟先祖有關係,我想也是不無可能的。2006年2月5日上午,我跟舍弟世文、鴻江到廈門集美拜謁陳嘉庚墓園後,乘坐出租車,擬前往輪渡碼頭坐船到鼓浪嶼;在車上與師傅交談,聽師傅講閩南話的口音,與我家十分相似,因問師傅府上何處,他說其家世居集美。一路相談甚歡。我因此推想:先祖徙臺之前,可能為了經商,已經從大侖移居到廈門一段時間,才導致兩地世系的傳承因此中斷,而且隨著歲月的流轉,講閩南話的口音,已經由泉州腔轉變為廈門腔。

## 六、結語

　　這次由中國閩臺緣博物館舉辦「首屆海峽兩岸民間譜牒文化交流大會」,我

有機會被邀請出席，幸得躬逢其盛，但願能夠與來自各方面的專家學者有所請益，期能解決修譜後還留存的一些疑問。

（作者係臺灣臺北市華僑中學退休教師）

# 閩臺譜牒建構探索——以南院陳氏修譜為中心

陳炎正

## 一、摘要

眾所皆知,「國有國史,族有族譜」,所以對家族譜牒之建立,向為國人所重視。族譜家乘是一個家族發展史的記錄,亦是一個家族傳家之寶;咸稱為中華民族傳統文化重要的一環,由此可見一個家族對於自家史乘文獻的編修具有其相當的重要性。

本文企圖從南陳山侯亭近年來修譜角度切入,來探討對閩臺移民面向的關係,以及泉州人為主流的家族修譜模式,從歷史發展脈絡來詮釋近年來陳氏家族重建家廟,尋根溯祖,並積極從事編修族譜對接工作,不遺餘力地作出了相當貢獻。

## 二、南陳太傅派閩南分布

唐建中二年(781年),太傅派邕公裔孫,舉家遷至嘉禾嶼(今廈門)陳寮鄉洗馬坑開發,後代分布禾山,薛嶺附近,即今高崎機場西北角,並以殿前社為主,再分居今湖里區及同安、馬巷等地,唯同安陽翟派由浯州(今金門)移居至此。2003年10月,撤縣合併改為廈門市,清代由同安縣移民海外頗眾,尤以臺

灣為著，至於泉州籍移民大多分布臺灣濱海地區，而形成泉州籍移民聚落，為臺灣漢人移墾社會之一大特色。

（一）早期同安縣轄（包括今廈門）陳氏大族莊社

1.禾山、殿前（店前）：縣後、墩上、浦源、江頭、後浦、馬壟、枋湖、西園、鶴山、輪山

2.陽翟（浯陽）：由浯州（金門）遷入港頭、前厝、西浦、漸前、院兜、土樓、田洋

3.東溪（東門橋）雙溪口、溪頭、西溪

4.丙州（七星嶼）薛嶺分族

5.官山（內官）浦頭、前庵、侖頭

6.運頭（雲頭）新圩

7.帶溪（溪岸）陳勝元故居

8.吳倉（梧村）金榜山

9.嶺兜（欖都）

10.灌口（溪南派）

11.東孚（魚孚）登瀛派

12.汀溪西源

（二）馬巷轄

1.五甲街、牛磨巷、臥龍邊

2.山侯亭大鄉十三社

3.陳新（陳頭）陳下厝

（三）金門轄（浯州）

1.後浦（金城）

2.湖前（碧湖派）

3.陽翟（分族同安）

4.烈嶼（小金門）

（四）其他鄉里部分

1.泉州、晉江

2.安溪山頭陳

3.惠安後坑

4.南安霞尾、上玄

5.南安英內（易為洪姓）

6.永春赤崎

7.漳浦鑑湖（赤湖派）

8.海澄東泗派

9.漳州（龍海圳尾）浚尾

10.長泰東陳派

11.龍溪石碼派

12.海陽秋溪

13.海陽、彭林、欽寮

## 三、南陳山侯亭家族的歷史淵源與族人移臺情形

所謂「南陳」是指「南院太傅派」陳氏家族而言，檢視陳家自唐代（736年）陳忠子陳邕、官居太子太傅，遷居閩地，遂為入閩始祖。唐景雲二年（711

年），陳元光戰　，其子　，邀同陳邕舉家遷至漳州南驛路南廂山，嗣而建立南山寺，於是遂有「南院太傅派」。唐建中二年（790年）陳邕派下裔孫，合家三百餘口，移居嘉禾嶼（今廈門）陳寮鄉（洗馬坑）開發，復與薛令之同里閈，故有「南陳北薛」之稱。

迨至宋末，元兵南侵，陳家入閩廿三世祖仁秉公，始由嘉禾遷至同安馬巷轄翔鳳里十二都封侯保山亭，遂為山侯亭派陳家開基祖地。如今本地發展有十三社、外鄉十八社，後代子孫傳至廿三世，近代在廈門轄內各房派之宗親，如官山（內官）、東溪（溪頭）、店前、溪岸、丙洲、陽翟衍派等，將有十數萬人，陳氏在同安地區可說是地方上一大家族。

乾隆年間，閩南移民形成規模，尤以臺灣為其主要移入地區。從移墾社會建立及家譜數據顯示，有大半是泉州人，而山侯亭陳家也隨著移民潮，有不少族人移居臺灣從事拓荒，至今仍保留有不少祠堂、族譜等，形成移民聚落與歷史痕跡，遍布全臺，如臺北市陳德星堂大宗祠及北投區仁隆祖厝，即為陳氏移民最好的歷史見證。

## 四、近年來陳家修譜對接工作的經驗談

（一）中國人對於飲水思源，慎終追遠的美德，相當重視。陳氏族人移居臺灣後，散居南北各地，早期移墾家族篳路藍縷力求團結奮發，二百年來，所形成血緣、地緣關係至為密切。其間因政治因素，導致百年的區隔斷層，這些移民群後代，無法返回大陸原鄉尋根溯祖，對於修譜對接工作形成一大挑戰，困境不少。

（二）自從大陸改革開放以來，臺胞心繫鄉情，無日或釋，除其所謂神緣，湧向祖地進香朝聖，尋根謁祖，掀起高潮。至於因血緣、地緣關係密切，也有不少親人急於族譜對接工作，正體現著「根」的啟示作用，也顯示了當前修譜具有重要性和緊迫性。

（三）唯我祖俊卿公於南宋高宗紹興八年（1138年）中狀元，官拜東宮侍講，孝宗朝進太師尚師。傳至伯容公，容生仲昌公，仲昌生應瑞公，應瑞生作鐘公，鐘生仁秉公，分族封侯亭，今已有二十餘代。其恐譜失序，本源恐不明，今覽之慨然嘆焉。故急需以稽錄系圖，使我輩一本知其源脈也。茲謹畫系圖，而陳氏入閩，自忠公始，而侯亭之始自仁秉公，昭穆相繼，序次有別，使後人考之者，得曉其本根尋之者，得其房分，畫自始至止，其族眾有二十餘房，開處有二十餘鄉，子孫繁衍，序次難知，切願各房知書識禮者，起義提倡，糾集捐題修譜，切即自己房份，可從近代昭穆錄起，按順序安排簽入接錄，以全一族名次，長幼有序，定見親親追本睦族之篤也。

（四）1987年11月大陸開放後，第一希望能躬親參觀當年皇帝腳兜（北京皇城），至於原鄉探訪祖厝「尋根之族」終獲如願以償。越明年祖厝（祠堂）倡議修建，1990年冬月，如期奠安祭祖，唯族譜重修，未克付之落實，無不耿耿於懷！時光易逝，轉眼又二十餘年，遂向祖地宗親建議編修族譜之重要性，於是向各房派蒐集世系圖，並首先編印早期所保留吾族文獻史料，以期將來充實以資參考之用，願我同宗親人共勉之焉，我族「南陳山侯亭族譜」早日編修完成。

（五）茲據清代同治十二年以及民國十七年兩次編修族譜，近百年之家族發展史料尚稱缺乏，如今編修體例，我們參酌新舊譜格式，加予介紹海峽兩地一些新訊息，重新擬定目錄如下：

一、序言

二、譜序

三、源流（一）黃帝（二）得姓（三）潁川始祖（四）入閩祖

（五）侯亭開基祖

四、南陳侯亭大宗譜實錄

五、侯亭本支世敘

六、祖訓

七、昭穆

八、傳略

九、祠堂

十、祖塋

十一、廟祀

十二、軼聞

十三、侯亭大宗各房支派世系（公譜）

附錄：臺中（神岡）雲堪公派下直系表（詳見陳榮利族譜）

　　據「山候亭陳氏昭穆」，按輩分可從「陽」字輩錄起，「雲」「結」「金」「玉」「劍」「珠」「珍」「重」「海」「鱗」「龍」「官」「文」「乃」「國」「唐」等。這些字都來自千字文，四字為一輪，為家族昭穆，長幼有序，如今必須加強重視，使之一目瞭然。

## 五、建立譜牒中心，強化服務平臺

　　近年來，我們發現有不少臺胞對族譜對接工作束手無策，在返鄉所遇到困境不少，因早期移民臺灣墾荒者大多是基層農民，在文化不高更冒著臺海風險，帶著離鄉背井的愁緒，始終無法紓解，對當年奔走異鄉時，既未帶有家譜，在資訊未發達時代裡，訊息不足而影響目前對接工作甚大，影響所及，在目前所見臺灣新式修譜模式，都以入臺祖為始遷祖，對大陸祖先認知有限，尤其老家舊地名變遷，不得而知，無法發揮應有功能。對於大陸祖地雖仍保有不少祠堂，但為當年文革破壞殆盡，對於對接工作增加不少困難。如此一來，我們希望能有一套辦法，建議相關單位早日規劃成立族譜中心，並在閩臺緣博物館長期舉辦族譜展覽，健全各地宗親會，鼓勵建立族譜，為鄉親提供訊息，進而多辦研討會，出版

有關族譜刊物介紹，如晉江市譜牒研究會，績效卓著，令人敬佩，對於強化服務功能，必大有幫助。

近二十年來，我個人來往海峽兩岸將有百次之多，除其將族譜對接工作，略有經驗，同時協助老家修祠堂、祖塋、祭祖等活動，無不全力以赴，也頗感幸福。但至今仍有不少親人，無法瞭解直屬世系，而感到遺憾。

## 六、結語

最近，漳、泉兩地，積極從事族譜蒐集展示活動，同時舉辦族譜對接工作研討，是一個大好機會，由上述情形可知，建構族譜對接工作，具有其相當重要性。有所謂血濃於水，在「根」的啟示，大家都在圓鄉築夢，有其共同的目標，為加強血緣、地緣的認同，以族譜對接為最好的基地，凝聚家鄉向心力，強化民族情感，尤以移居臺灣的臺胞大多是閩南人而言，閩南地區所扮演的角色，愈顯重要，同時更蘊含著具有重大的時代意義。

參考文獻：

1.《同安縣志》，清道光版。

2.《馬巷廳志》，清道光版。

3.（清）陳駿三：《重修南陳店頂宗祠記》，同治五年十月。

4.（清）陳轍金：《南陳侯亭大宗譜》，同治十二年。

5.陳珠蔗：《封侯亭陳氏族譜》，1928年。

6.《臺灣德星堂陳氏大宗祠專輯》，1973年。

7.陳慶餘：《南陳臺灣侯亭五大派大宗譜》，1982年。

8.《南陳山侯亭族譜》，臺中縣文教協會印行，1991年。

9.《臺中神岡陳榮利族譜》，臺中縣文教協會印行，1991年3月。

10.廖慶六:《族譜文獻學》,2003年5月。

11.廈門陳氏編委會:《廈門陳氏》,2004年10月。

12.《漳臺族譜對接成果展概覽》,2007年11月。

(作者係臺灣省姓氏研究會顧問、臺中縣社區大學人文學程教師)

# 尋找客家的生命力：以廣東蕉嶺曾姓六戶子孫遷臺為例

曾喜城　羅秋珍

## 一、前言

男人得到了一大片田產，還得到了熱情如火的異域女子？

明朝中葉廣東的客家人林道幹到了屏東平原。林道幹出身海盜，除了留下一些飛鴻泥爪，還有一些為人津津樂道的藏寶圖及情妹故事以外，可惜不曾在屏東平原定居傳衍後代子孫。

一直到1624年起，至1662年的三十八年期間，荷蘭人殖民臺灣，為了提高臺灣甘蔗的產量，他們曾經到廣東沿海招募漢人渡臺做傭工，為數不少的客家壯丁曾到過嘉南平原，或者屏東平原做傭工。這些客家傭工領到了得來不易的錢以後，多數人都回到大陸原鄉，我們有理由相信有一小部分客家人留下來，和熱情的平埔女人生了孩子。清郁永河留下的《裨海記遊》，書中描述著平埔女人拉著漢人的手進入屋中，然後喝酒……生孩子。客家祖先傳述平埔女人會巫術，客家男仔一不小心就會被女巫「摸心仔」帶走。我們不知道被「摸心仔」帶走的男人過得好不好？但臺灣歷史典籍的研究，卻千真萬切地說：男人得到了一大片田產，還得到了熱情如火的女人！

1662年泉州籍的閩南人鄭成功帶著近三萬軍人到臺灣。鄭氏手下的兩位大將，閩南人施琅，客家人劉國軒，以他們各自在家鄉募兵的結果，我們相信臺灣史學專家林衡道教授所云：鄭氏士兵有三分之一是客家人。鄭氏經臺採用屯田政

策，閩南人開墾今臺南縣的新營、柳營、左鎮⋯⋯；客家人則南下渡過了高屏溪開墾屏東平原，如九塊厝及現今長治鄉的地名德協、車城鄉的統埔，以及原名九塊屋的九如鄉九塊厝的「三山國王」廟，舊有志書載明是明朝天啟年間倡建的客家人廟宇。有「三山國王」廟的地方，多曾經是客家人的聚落。

1683年閩南人施琅帶著清軍渡海攻進了臺灣，結束了鄭氏在臺灣二十一年的統治。許多閩南和客家人回到大陸原鄉，也有更多閩、粵漢人仍留在臺灣，打算做永久的定居。依據日人伊能嘉炬的《臺灣文化志》所載，1683年清軍入主臺灣，一些原居臺南東門種菜維生的客家人，他們和閩南人同時坐船沿海路從東港登陸，開發了屏東平原。

## 二、客家人在屏東平原的發展

客家先祖在屏東平原行走過了三百多年的滄桑歲月，回溯歷史現場，立即可感受到先民篳路藍縷以啟山林的墾拓歲月。我們今天在屏東平原做田野調查發現，大武山孕育了高屏溪、東港溪和林邊溪三條主要的河川，閩南人和客家人同時在屏東平原開發；閩南人沿著海邊開發了枋寮、東港、新園、萬丹、屏東，再沿著高屏溪開發九如、鹽埔，一直到了阿里港。而客家人則沿著河流開發竹田、內埔、萬巒、新埤佳冬、長治、高樹，甚至越過高屏溪開發到了高雄的美濃和六龜。我們沿著客家聚落觀察，客家人的河壩農業文化和閩南人的海邊貿遷文化多少有些差異，雖然各自的祖先都在屏東平原行走過了三百多年滄桑歲月，我們仍然很容易回溯到歷史的現場，感同身受祖先篳路藍縷以啟山林的艱辛歲月。

康熙六十年的朱一貴民變事件發生時，屏東平原的客家莊已開發了「十六大莊六十四小莊」。屏東平原上的客家人，雖然算不上人多勢眾，至少也有相當的人口數。要不然光憑客家的硬頸精神，也組織不了「六堆」以抗暴禦侮。康熙二十二年的渡臺禁令，嚴格禁止客家人渡海來臺不甚公平，等朱一貴民變之後，客家人才再能夠順利從安平到臺灣。直至雍正、乾隆年間臺灣的治安漸趨穩定，閩

南、客家先民到臺灣者日漸增多，因為臺灣寶島原系好討生活的地方。所謂客家人住的「十六大莊六十四小莊」聚落，都建在「埔」、「崙」或「勢」的高而平坦之地，潺潺的溪流從聚落外圍流過；聚落四周則種了重重的刺竹林作為屏障。進入聚落的孔道為東、西、南、北柵門，柵門旁榕樹下有個小土地公廟。客家祖先「晴耕雨讀」，「日出而作，日入而息」，過著太平歲月的桃花源生活。聚落裡的客家居民，先是就地取材用竹做「穿鑿屋」而居，後來才有泥造、磚造、洗石屋……不管是「一條龍」、「單伸手」、「三合院」或「四合院」住屋，客家族人都會在正堂上書寫堂號。例如鐘姓的「潁川堂」、林姓的「西河堂」、李姓的「隴西堂」、黃姓的「江夏堂」、陳姓的「潁川堂」等等，客家人不會也不敢背祖忘宗；每日早晚三炷清香，表達慎終追遠的懷思儀式，因為唯有對祖先的晨昏定省，才能獲得安身立命的幸福人生。

　　我們沿著東港溪的支流到了萬巒、頭溝水、二溝水、三溝水、四溝水、五溝水……再進去就是大武山。客家聚落到五溝水而止，進入山區就是平埔族和排灣族居住的部落了。

　　夕陽西下，一抹紅霞斜映在屏東五溝水彭城堂——劉氏宗祠三合院的建築物上。這一座清朝同治年建造的「彭城堂」建築，門廳壁面上書寫著：一耕田二讀書三做忠臣孝子。

　　簡簡單單十二個字，反映出客家祖傳父，父傳子的人生哲學。客家的人生哲學，正是父賢子孝，兄友弟恭的家族倫理，慎終追遠的儒家哲學。

　　走出五溝水到四溝水，穿過四溝大鐵橋就是下樹山。客家人在屏東平原的聚落開發史這麼說：先民到了頓物莊（竹田），沿著東港溪溯溪而上可以直達下樹山港，然後開發內埔莊、中心崙莊。如今下樹山河港雖已渺無蹤影，猶憶當年四溝大鐵橋尚未建造之時，四十年前的東港溪尚可見擺渡的船隻，擔負兩岸往來的交通。出了下樹山是柑園仔，柑園仔人喜對外說：「他們是中心崙人。」中心崙的八十歲耆老，也是「宗聖公祠」後代子孫的曾東嶽先生轉述昔日建造祠堂的情景：「竹葉字的對聯，出於中心崙莊前清秀才曾作霖之手。」

　　「想當年從新竹請來葉金萬八十幾歲的老匠師，完成了他終身的代表作曾氏

祠堂。」

「當年的建屋大木,是由阿里山運下來的紅檜,還有從唐山運來的福州杉。」……

在中心崙的下背伯公廟宇牆上,我們輾轉發現了建廟的牌匾,文情並茂,還是出自曾作霖之手:

昔聖王先成民,而後致力於神,非漫然也。誠以民為邦本,社稷次之。故周禮職方所載戶口學校等外祭祀亦具其文。唐虞之書教養刑工後終及於神人以和,可見民事不可緩,帝王亦非漠然視乎神也。我忠心崙開莊略始於前清康熙雍正間,二百年來農工義務先輩孜孜不倦,時平則盡力南畝,課謀麻。世變則同袍同仇扶王蕩寇。周秦後以義名地者多矣。如藍田九江會稽赤壁朝歌等類皆顧其名可以識其意。吾忠各名莊,而又承乞以崙者,義或取其高阜無乃即實全家乎,迄今良田三百餘甲比屋麟次,既成樂土。改隸後又浸淫文明新漸亦略可目為成矣,獨於開莊即祀之福德猶缺其祠,終於致力之義未可盡失。國依於民,民依於神,若神靈未妥,凡夫水患瘟疾之害,寧壽考之祥,熟為之憑?是明有以治,而幽無以生是也,歲庚申合莊協議其祠地仍舊定於莊之南,鳩工庇材,通力合作計著手於庚申之春,告成於壬戌冬,總計用費金四千玖佰餘圓。祠之左附先農宇報先民粒食之恩也。祠之右設天后座追先世渡臺安瀾之澤也。從此祠宇既立,神靈有憑,春秋郊賽可免野祭之陋,即年節敬獻凡涉降祝告。庶幾文治之隆,周官所謂治神人和,上下行見適觀厥成。所望接踵者忠於民而信於神。無作我若神之羞,斯俎豆常新永不負忠心崙之美名也。所有當時贊助以及寄附費用等概匾同垂不朽,爰略敘以為記。忠心崙福德祠建築總理郭亮慶,副理徐阿捷、曾源君、曾作霖全立。大正十二年癸亥孟春吉日立。

中心崙莊從三百多年前的康熙、雍正年即已開發完成,當時在竹叢包圍的村莊四周東、西、南、北柵門邊有伯公土地神,保佑村民四境平安,風調雨順。這些小土地公並沒有廟宇,只是大榕樹下的石碑而已。不是村民對神明不敬,實在是要先解決民生問題,然後才能為神明蓋廟宇。中心崙(日本時代鐘干郎擔任內埔莊長,改中心崙為美和莊)的土地公祠是1923年建造,而屏東宗聖公祠於

（1927年）營造，其間的年代只相隔四年。如今檢視「宗聖公祠」曾裕振祭祀公會的股東名單，竟然大部分出自中心崙莊，這與發起人曾作霖為中心崙的士紳應有絕對的關係。曾作霖即是目前八旬高齡的名棒球教練曾紀恩的祖父。在民生安定以後，大家出錢出力為村莊蓋土地公廟以敬天祀地；出資到屏東購地蓋宗祠表達對祖先的慎終追遠懷思，這正說明了客家人的傳統生命價值：一耕田、二讀書、三做忠臣孝子的祖訓。

## 三、建造一座美麗的祠堂建築

依據彭桂芳《臺灣百家姓考》（臺北黎明公司1978年出版）指出：臺灣五大姓氏為陳、林、黃、張、李，曾姓排名第十六，而且以新竹曾姓人數最多，臺南其次，彰化、南投、嘉義、苗栗、臺北等地又其次。或許屏東地區曾姓客家人數不算多，建造一座典雅華麗的祠堂，照顧後代子孫就成為族人共同的心願。在中華民族綿延的歷史長河裡，宗祠可以代表族群移居的歷史記錄，是後代子孫的精神堡壘，宗族力量凝結的象徵也是全民最寶貴的文化資產。

曾氏的遠祖曾參為孔門嫡傳弟子，終其一生以孝聞名後世，並著《大學》《孝經》（另有一說《孝經》為曾子的弟子所著），倡誠正修齊治平之道，自唐以來被歷代帝王冊封為宗聖公。曾子父親曾點，遠祖由夏禹娶塗山之女一脈相傳，迄第五十四世裔孫曾裕振公由中原之地遷居廣東蕉嶺，時為南宋末年。明末清初遷臺曾氏子孫，奉曾裕振公為第一世祖。回溯三百多年前，客家移民冒著生命的危險漂洋過海，飽經生命的憂患波折，墾拓屏東平原為安身立命的美麗家園。其後繁衍於屏東平原的曾氏六派子孫，仍集眾資建造宗聖公祠以示飲水思源，並以儒家思想為本，齊家治平的哲學思想，將堂號定名為「忠恕堂」，以訓誨後代子孫。曾氏出資建祠堂的族人，並以一世祖的祖先名號，組織曾裕振稻穀基金會，後改名為曾裕振株式會社。每年均以古禮祭祀宗聖公，並以祭祀公會的方式管理宗聖公祠的財產，用孳息收入照顧後代的子孫，以志不忘記祖先的恩澤

與訓誨。

　　「宗聖公祠」坐落於屏東市勝豐里謙仁巷二十三號，基地面積三分七。祠堂背後有靠山，神主牌位下設土地龍神，來承接大武山的來龍，面對蜿蜒潺潺而流的萬年溪，一片平疇沃野，明堂開闊，坐擁好山好水。這座建於1927年的客家四合院祠堂，糅合了歐洲後文藝復興時期巴洛克式建築的華美風格，迄今屹立屏東平原已歷七十三年之久。李乾朗在《廟宇建築》（臺北北屋1983年出版）提及：清末知名的新竹匠師葉金萬以八十二歲高齡南下屏東，日夜加班監造完成了「宗聖公祠」，是葉氏晚年最精緻的代表作品。今天文化界視屏東的「宗聖公祠」為全民的文化資產，因為：

　　（一）宗聖公祠自古以來祭祀曾子、曾點、夏禹王等聖君賢哲，迄今為全臺所罕見。回首當年曾氏子孫為營建宗祠，曾經重返原鄉將原祠堂風貌重現在臺灣新移民的祖先天堂──「宗聖公祠」。先民的苦心孤詣，平添後人思古之幽情。

　　（二）「宗聖公祠」見證了臺灣客家艱辛的移民歷史，舉凡先人的價值觀念、社會組織、經濟活動、子女教育，無不竭盡心力，豐富生動地反映在這一座古老的建築當中。

　　（三）客家傳統四合院，加上歐洲巴洛克式的建築風格，呈現出既傳統又創新的風貌。屋脊燕尾剪黏，山牆的山花吉祥泥塑，真是美不勝收。匠師的精雕細琢，展現傳統再創新的建築美學。

　　（四）走進「宗聖公祠」，令人震懾於忠恕堂的儒學門風。門聯及圓柱楹聯，都是古聖先賢垂教的典範，教人要守身養志作為遵循修練之道，如暮鼓晨鐘深烙人心。

　　（五）「宗聖公祠」正殿保存了唐代，歷宋、明、元、清各朝皇帝設封宗聖公御石銘碑，抬梁式四點金柱上，保存了曾氏七十四代裔孫曾國藩的魏碑對聯。正殿高懸「道宗聖統」、「天經地義」木匾，莊嚴而又古樸。抬頭仰視金農體隸書、小篆、對聯、竹葉字聯，仿蘇東坡體書法的「宗聖公祠」忠恕堂，目不暇接，呈現出書法美學的真實殿堂。

屏東「宗聖公祠」，多年來被譽為全臺最難得一見的最美麗祠堂建築，我們欣欣然見到它佇立在屏東平原上，將永遠見證客家人移民拓墾六堆的歷史，也將永遠娓娓訴說客家人硬頸堅韌的生命力量。拜殿左邊唐、宋、明、清歷代皇帝敕封碑文記載：

開元八年，唐元宗皇帝御製，宗賢贊曰：百行之極，五才以孝，聖人序經曾氏如教慈，謂手足動稱顏貌，事君事親是則是效。紹興十四年甲子，宋高宗皇帝御製，宗聖贊曰：大孝要道，用訓群生以綱百行，以通神明；因子侍師，問答成經，事親之實代為儀型。

康熙二十八年巳酉閏二月十六頒發

清聖祖仁皇帝御製，宗聖贊曰：泗之傳魯，以得之一貫，曰唯聖學；在茲，明德新民，止善為期。格至誠正平以推至德要道，百行所基，篡承統緒。七十五派裔慶松恭摹。

拜殿右邊明代皇帝敕封碑文如下：

嘉靖十八年巳亥，明世宗肅皇帝敕封：宗聖曾子。敕曰：朕少讀子書，長行其道，無非景仰往古以佐治也。自昔以來，道而在上三代，傳列聖洪模，舍之則藏六經，仰前賢雅範，溯淵源於泗水，綿道脈於武城，大學篇章載百世治平之要，孝經問答具萬民感化之機，省身嚴於日三慎其獨也；傳道捷於唯一妙乃貫之，故超賜非也而有餘。即並顏庶手具無娖精蕪；自乾坤鍾毓，赫然為含靈秉耀之宗，神爽與日月光耀樣煒矣！稱道明普照之聖茲尊為宗聖曾子。欽承榮封，以昭師表，敕曰：夫婦人之大倫思必及之爾。公羊氏雖取咎於蒸梨，應分榮於結髮，茲封為郕國一品夫人，欽承恩榮，尚光閨認，承受配啟欽哉，懋哉。戊辰秋月裔孫鳳翔謹書。

## 四、客家人綿延瓜瓞的生命力

客家人飽經遷徙的憂患歲月，成為客家人硬頸的人格特質。已故香港中文大學的知名歷史學者羅香林，從譜牒與方志文獻研究客家源流，早於1933年發表普受中外學者界重視的著作《客家研究導論》。據羅氏指出：客家原系中原華夏漢族，因歷史上的兵荒馬亂經過五次遷徙到大陸南方及海外各地。唐末黃巢之亂的客家第二次遷徙，客家祖先已經到了福建省寧化縣石壁的葛藤。在日人瀨川昌久著的《族譜，華南漢族的宗族、風水、移居》（錢杭翻譯，上海書店，1999年5月出版），書中轉述客家人逃難移居福建寧化縣十分精彩動人：

　　黃巢作亂攻進汀州府（福建），某日遇見一客家婦女逃難中背著大男孩，牽著小男孩。

　　黃巢問婦女：「奇怪了，你為何背大的牽小的呢？」

　　婦女回答說：「大的是侄子，逃難中他的父親死了，我一定要想盡方法保護他到南方，好讓我哥哥有後嗣香火。小的是我的，孩子所以用牽的。」

　　黃巢被婦女這番話感動，告訴婦女說：「當你到了南方，就在門口掛上葛藤，你們就可以保住平安。」

　　婦女到了南方，告訴眾人：「大家在門口掛上葛藤。」果然福建寧化石壁逃過了劫難，甚至留下了葛藤的地名。

　　南宋末年客家人逃避蒙古的亂世，為數眾多的客家先民遷徙到贛南、閩西、粵東，史家謂客家民系於焉開始。曾喜城在《臺灣客家文化研究》（「中央圖書館」臺灣分館1998年出版）著作中，敘述宋末文天祥在廣東抵抗蒙古，客家婦女響應勤王殺敵，自此南宋朝廷敕封客家婦女為「孺人」（官夫人），今日我們在臺灣各地的客家祖先牌位上都能見到「孺人」二字，讓已經被福佬人同化的客家人還能一窺家世源流，而感動莫名。

　　明末清初的客家人南遷，終於漂洋過海渡過臺灣海峽到了臺灣。在以農業討生活的客家宗族裡，當然多子多孫才是福。甚至生了女兒也是莫大的福分，因為不管男女嬰兒，長大都是勞動人口，勞動力即生產力，亦即財富。在過去重男輕女的漢人社會，至少客家婦女不會像福佬人被叫做「罔腰」或「罔市」，因為客

家婦女能下田種地,而且相當普遍地挑起農作重責;為了祈求早日生男丁,充其量將女兒取名為「招弟」、「滿妹」而已。人類學者研究客家婦女傳統都是「天足」,是為了勞動生產所必需,其代表的婦女生命價值早已超越了「纏足」的其他族群。「纏足」是女性身體的物化,是當前女性主義論述批判的焦點。

客家人到了臺灣,在營建宅第的時候,正堂凸出正房的燈梁是「出丁」,牆上水車堵上免不了加上綿延瓜瓞的南瓜,不正意味著如同瓜藤纏綿的旺盛生命力。祖堂的祭祀,祠堂的追念遠祖,也都意味著生命的平安擴展,瓜瓞綿長。

(一)曾氏祖先牌位,傳承宗族的滄桑

和大多數客家人相同,曾世客家祖先早於清初在屏東平原開拓了安身立命的生命天堂。客家人有著根深蒂固的敬天地祭祖先的傳統民間信仰。家屋正堂祭祀的是祖先考妣神位,祠堂裡則要遠溯曾氏的始祖夏禹和曾子,以及曾子的父親曾點。

在曾氏後代子孫的心目中,曾子是族人共同的光榮祖先。在屏東縣「宗聖公祠」的正殿當中,曾子神位居正中配享俎豆的馨香。曾子的父親曾點,這位曾經陪伴孔子到沂水,「風乎舞雩,詠而歸」的孔門大弟子,則陪侍在右殿。左殿則奉祀夏禹王,因為夏禹實為曾氏的遠祖。司馬遷《史記》謂:「自皇帝至舜禹皆同姓姒,夏禹第五世孫少康封少子曲列於『鄫』。『鄫』後為莒國所滅,曾國太子巫奔魯,去邑為曾氏。」據以上太史公所記,則普天下曾氏有光榮的歷史源流,家族世系一脈相承,可以見證博大精深的中華傳統文化。

山東武城為曾氏的祖籍發源地,所以曾氏以「武城堂」為姓氏堂號。武城位在魯國,南遷至大陸南方,以廣東梅縣、蕉嶺兩地為主的曾氏子孫,則以「三省堂」或「魯國堂」為堂號,因為曾子在《論語》書中留下了亙古的名言:「吾日三省吾身,為人謀而不忠乎?與人交而不信乎?傳不習乎?」曾氏子孫也有以「忠恕堂」為堂號者,因為曾子解釋孔子「一以貫之」的道是「仁」,而「仁」者唯「忠、恕」二字而已矣。忠者能盡自己的本分,恕者能夠推己及人。

屏東平原的客家聚落,內埔老北勢和中心崙,竹田西勢和新埤、佳冬等地,都是曾氏後代子孫較多聚居之地。在三省堂的三合院民宅傳統建築裡,曾氏祖堂

的對聯為:「塗山啟緒,沂水流徽。」為什麼曾氏會是「塗山啟緒」呢?參照《史記‧夏本紀第二》所記:「禹曰:『予娶塗山,辛壬癸甲。生啟,予不子。以故能成水土功』。」曾氏的遠祖夏禹治理洪水有功,歷代被後人所歌頌。原來夏禹是娶塗山之女,辛壬日完婚,新婚第四天為癸甲日,開始出門治理洪水,塗山之女生了啟,夏禹也無法返家撫育。如此宵旰憂勤,公而忘私,過家門而不入,所以能完成治水的功勞。

客家人雖為父系社會,亦重視母系,所以兒子結婚之日不敢忘記要前往母親娘家祭祖,塗山正足以代表曾氏遠祖的母系娘家,有了母系開啟後代子孫的事業。至於下聯「沂水流徽」的「沂水」,正是曾子的父親曾點與孔子暮春同遊之地,留傳後代「風乎舞雩」千秋萬代的佳話,象徵了曾氏家族有悠久而令人欽羨的文化傳承。

(二)屏東曾氏歷代祖考及後代子孫們

彭桂芳在《臺灣百家姓考》(臺北黎明文化公司1978年)收錄了《曾氏總譜》的《客家曾氏源流》:「巫五傳至曾參居山東武城縣,生元、申、華三子。元十四傳關內侯據恥事新莽,帶著族人由山東南遷至廬陵吉陽(今江西永豐)。十八傳至尚書丞生三子:珪、舊、略。珪後五傳游立、洪立、宏立三人,居江西南豐。洪立子紆悙於宋政和壬辰(1112年)由江西南徙福建寧化石壁下居焉。生子仲輝,輝子楨孫,因南宋蒙古兵擾⋯⋯由寧化徙廣東長樂縣家焉。現居興寧、梅縣、平遠、鎮平、五華、龍州、河源、和平、廣州、新寧等縣之曾姓,皆為此。」

曾氏從黃帝五傳至夏禹姒,娶塗山之女,四傳至典烈對於曾為曾姓之始。典烈以後五十五傳至巫,去曾之邑為曾,為曾氏之始。巫之後四世為宗聖公曾參,曾參以後五十三傳為裕振公,時為南宋之末。裕振公後飽受蒙古兵禍,遷居廣東鎮平(今蕉嶺)。清初遷居屏東曾氏六大戶派下的後代子孫,即為裕振公之後,故以曾裕振為一世祖。1974年11月屏東全臺宗聖公祠六大戶派下編印《曾氏祖譜》,曾裕振公一世祖的六大派下前十幾世系如下:1.西山房始祖即逸川公。2.南山房來臺祖是第十六世的方來公,約在乾隆末年,後世子孫主要定居新埤、打

鐵莊及竹田二侖，亦有他遷臺東。3.端塘房，來臺祖為第十九世建華公，時約嘉慶年間。來臺後定居上樹山、新北勢、麟洛及田心莊。4.黃坑房，來臺祖祖譜缺乏記載，約在清初康、雍之間。來臺後主要定居於老北勢、西勢。5.蓼坡戶房，來臺祖為第十八世紹第及國標，時約嘉慶年間，來臺主要定居於新埤、佳冬，及九嶺房共計六十房。

## 五、結語

從《祖譜》觀察曾氏來臺子孫，大概在康熙雍正之後，主要以乾隆年間為主，甚至也有晚在嘉慶以後。回溯當年從原鄉渡海來臺並非易事，若從正港安平登記要豐厚的財力，而偷渡又要遭受生命的危險。近幾年曾氏不乏後代子孫回原鄉尋根，大概可以認定曾氏在蕉嶺幾乎都是貧農，來臺子孫經二百多年的努力，營建宗聖公祠以表示光宗耀祖，兼也照顧曾氏六派族人，難怪可以獲得六派子孫的認同。曾氏子孫推第一世祖及第三世祖啟滄的名義為「公嘗」性質的組織，除了曾裕振一世祖為六派共同的祖先，第三世祖啟滄之後有「九嶺戶」「端塘戶」「西山戶」「南山戶」「黃坑戶」「蓼坡戶」。至於六戶不同的名稱，也都是移居蕉嶺縣不同的地方，而以地名為戶名。六派子孫再移居臺灣，正像徵了客家人旺盛的生命力量，反映在宗族祠堂上不僅是慎終追遠，而且也代表後代子孫的繁衍瓜瓞。

參考文獻：

1.曾喜城：《臺灣客家文化研究》，臺北：臺灣圖書館，1999年。

2.林衡道：《鯤島探源》，臺北：黎明文化出版公司，1981年。

3.彭桂芳：《臺灣百家姓考》，臺北：黎明文化出版公司，1978年。

4.陳安然主編：《屏東宗聖公祠六大戶派下、曾氏族譜》，屏東：東陽，1974年。

（作者：曾喜城，臺灣美和科技大學副教授、屏東縣曾氏宗親會理事長；羅秋珍，臺灣屏東慈惠醫專管理專科學校通識教育中心講師。）

# 臺灣城仔內蘇氏譜稿的編纂與釋要

蘇守政

## 一、前言

　　今臺南市七股區所轄的城內里，東距佳里區市街約四公里，緊鄰臺十七號省道（西濱公路）。轄境自古分為「城仔內」、「水師寮」與「潘厝後」等三個聚落。「蘇」、「金」、「潘」三姓人氏在此地聚族而居，可追溯至三百餘年之前。「潘厝後」之潘姓住民已於日據末期全數遷離，「蘇」與「金」兩姓後裔則尚分別聚居於「城仔內」與「水師寮」兩地。城仔內蘇氏遷臺始祖，系出福建泉州府晉江縣龜湖鄉蘇氏石埕房（早年地名與房頭名稱）。

　　佳里區金唐殿內，立於1789年（清乾隆五十四年）的旌義碑，記載當時諸羅縣安定里西堡沿海各莊助平林爽文事變之始末，以及義首、義民的名錄；碑文已出現「城仔內莊」的地名。《石埕房蘇氏譜》則記載：遷臺二世祖振文（後人尊為城仔內大祖）娶新港大社柯氏（新港為今臺南市新市區，大社亦為昔日鄭氏開墾招佃之所），三世祖志升生於1670年（清康熙九年），遷臺始祖妣郭氏於1676年（清康熙十五年）卜葬於番仔寮等事跡。據上述史料分析，十七世紀中葉，城仔內蘇氏一族已定居現地。

　　族中耆老則傳述：1661年（南明永曆十五年），城仔內大祖振文時年十三，隨鄭成功攻臺，後因軍屯而奉派駐守現地。鄭成功以一隅抗清，南天遍燃烽火。鄭氏政權據臺後，清帝國更以遷界之策圍堵，閩南沿海居民流離失所。振文

來臺二年後，配合鄭氏政權搬眷政策，乃兼程返回晉江原籍，奉雙親來臺，同時迎請祖家關帝神像隨舟護佑，並攜來唐山家用之石臼、石磨，於今將軍溪口的大船頭（將軍鄉廣山村北）登岸，重返城仔內現址原駐防地，就近定居，開基立業。

大祖振文育有志升、志昂二子；志升再傳盛愛、盛德、盛興、盛旺、盛陣、盛佐等六子，即為今城仔內蘇氏六房之祖。開基至今歷三百五十餘年，已傳十四世；原為明鄭軍屯遺民，歷代營生農漁兼業，為文獻可考，蘇姓入臺定居之始。十七世紀迄今，滄海桑田，地貌變遷，西南海岸持續陸升，城仔內已非當年濱海一隅；而臺海風雲幻化，臺灣已數度易主，其間先人艱苦備嘗，端賴堅忍對應，轉化困境開展家業。自開基以來，所隸行政區域及其名稱，每隨政權易手而更迭，「城仔內」之名則三百餘年未曾變易。

追溯大陸先祖事蹟，入閩始祖蘇益生逢唐末世亂，自河南光州隨三王入閩；五代至兩宋，歷世簪纓榮顯。城仔內蘇氏所由出之泉州府晉江縣龜湖鄉蘇氏石埕房，系龜湖三世長房山確於南宋末年開派。明中葉以降，石埕房一系陸續遷離晉江龜湖原籍，至明末已分別播遷至安溪、尤溪、福州、德化、溫州與臺灣等地散居。展閱乾隆初年所修之《石埕房蘇氏譜》，垂至清初，雖分處異地，依然昭穆有序，世系井然。大祖振文乃龜湖十六世裔孫，於唐山明清易鼎之際，奉父良賡、母郭氏遷臺，落地生根，別立宗派。

城仔內莊廟「文衡殿」主祀文衡聖帝（關聖帝君），「老關帝」等開基神像，相傳是由始祖迎自唐山故里。後進蘇氏家堂則安奉開基創業前四世列祖之神主，併合祀唐山直系先祖靈位；六房派下歷代先人之神主則分由各房子孫在宅奉祀。宗族歲時祭祀首重關帝祀典與清明祭掃祖墳，代代賡續不替，慎終追遠相沿成習。列祖謹守樸實、敦厚、尚義之家風，艱辛拓墾創業垂統。傳世日遠，子孫分枝衍派，清中期即有移出善化的記載。近年移居國內外各地之族親日增。感念祖德宗功，每逢清明或關帝聖誕，返鄉祭祖、進香之族外宗親絡繹不絕。

三百五十餘年來，子孫繁衍，開枝散葉，不免日益疏離；為使莊內外之六房宗親能明察世系，心懷桑梓，數十年來先輩宗長屢有修譜之議，唯茲事體大，始

終未能竟其功。1996年，修譜之議再起，膺此重任，是年9月1日先行赴福建泉州，尋訪開基祖原籍晉江龜湖，確認龜湖現今隸屬石獅市寶蓋鎮；參訪當地蘇氏家廟，查閱當地「文革」劫後存留的族譜，解明晉江龜湖蘇氏開基源流。返臺後，始著手蒐集資料，閱讀相關文獻。為擴大參與層面，1998年起，連續兩年每逢新春與清明，邀請各房有志宗親齊聚莊內文衡殿會商，議定分房調查，集中統整世系圖的相關事宜。

為順應時代變遷，族譜的編纂宜超越傳統格局，兼具鄉土史的意涵。其內容非僅應詳敘世系，舉凡聚落沿革、地理變遷、宗族歷史、歲時祭祀，乃至舊譜校訂等亦當一應俱全，俾子孫得據以認祖歸宗，感念先人開基立業、垂範後世之德澤，進而凝聚宗族情誼。唯年代久遠，分枝日繁，宗親散處四方，資料彙整不易，1998年起陸續多方蒐集圖文資料，進行口述歷史的記錄，逐步統整，擇要草撰初稿，至今已大致定稿，本文即為現階段彙整部分的呈現。

## 二、城仔內鄉土志

（一）潘、蘇、金氏三百年鄉誼

臺南市七股區所轄的城內里，正名為「城仔內」，原有潘、蘇、金三姓人氏世居本莊，潘姓一族已於日據末期全數遷離，蘇、金兩姓定居本莊，至今已逾三百五十餘年。據耆老傳述：潘姓是平埔族，應屬西拉雅本系蕭壠社的苗裔，蘇、金兩姓始祖則為先後來自大陸的同鄉。1786年（清乾隆五十一年），林爽文舉事，當時官府曾編組安定里西堡沿海各莊莊民，協力剿捕，血戰達五個月。事平後，清廷賜「旌義」御匾褒揚。乾隆五十四年，六莊義首、義民代表遂合同立碑為記。列名之城仔內莊義首計有潘彭、金埕、蘇淵、蘇佐、金貴等五人，姓氏結構與近世無異。

三百五十餘年前，祖籍「泉州府晉江縣廿四都龜湖鄉」的蘇振文（字道化，號仁惠），十三歲即隨國姓爺鄭成功攻臺，之後奉派北上屯田，駐守本莊現地。

越二年，振文返回唐山原籍搬眷，奉迎雙親暨祖家關帝來臺，一行於歐汪溪口（今之將軍溪）「山仔腳」的大船頭（位於今將軍區廣山里之北）登陸，返回城仔內駐防地，落地生根，是為城仔內蘇氏的開基大祖。成年後，娶新港大社柯氏，生志升、志昂二子，志升再傳盛愛、盛德、盛興、盛旺、盛陣、盛佐等六子，為今城仔內蘇氏六房之房頭祖。子孫繁衍，世居本莊，已傳十四世。

三十餘年之後，距今約三百一十年前，原籍「泉州府晉江縣廿五都浦內鄉」，時年二十九歲，相傳為武秀才的金首聲（字鴻傳）隻身奉大王爺（李府千歲）開基神像來臺，於「下山仔寮」（今七股區龍山里一帶）起水，依已定居城仔內的蘇姓大陸同鄉合墾。三十一歲迎娶蘇氏大祖振文之女連娘，蘇姓以城仔內東南角之地陪嫁，昔稱「嫁妝地」，又稱「姑婆地」，為金姓開基立業之地。首聲生三子，長子文炳，次子榮，三子早逝無傳，故後人皆為長、次兩房的子孫。至今已傳十二世。

蘇、金兩姓始祖，於明清易鼎之際，先後來自泉州府晉江縣廿四都龜湖鄉，及廿五都浦內鄉，祖籍原為近鄰（今同屬福建石獅市寶蓋鎮所轄）。遷臺之後，子孫世居本莊，與少數族潘姓協力開發城仔內。三百餘年來，三姓人氏毗鄰而居，同舟共命。蘇、金兩姓自開基以來即世為姻親。推算年代，金姓開基祖妣蘇氏連娘應為蘇姓開基大祖振文之女，後世更不乏領養對方子弟承繼香火之例。與潘姓之間亦曾聯姻，經由通婚進而促成血緣的融合。

回顧城仔內開拓史，歷經世亂與變遷，三姓先人始終和睦相處，休戚與共。清乾隆末年林爽文舉事，以及十九世紀末日本據臺時，距城仔內近在咫尺的蕭壠街（今佳里）皆曾淪為激戰之地，三姓莊民屢次共渡危難，攜手保鄉衛里。近世人口激增，城仔內各姓分枝衍派，百年來陸續外移，已散居國內外各地。宗邦桑梓，鄉情世誼，歷久而彌新，實為臺灣開發史上一頁佳話，莊內外之潘、蘇、金三姓子孫，尤應銘記先人三百年之累世情誼，心繫家國，情歸鄉土。

（二）、行政區沿革

1.荷據時期

「城仔內」位於東經一二零度七分五十五秒，北緯二十三度十分五十四秒，

昔日瀕臨臺江內海北岸。依據《石埕房蘇氏譜》的記載推斷，蘇姓入墾本莊，應可上溯至三百五十餘年前的明鄭初期。至日據末期方全數遷離本莊的潘姓，據傳是平埔族，可能為西拉雅本族蕭壠社之苗裔。

1624年，荷蘭人進入臺江，將臺灣隸屬於荷屬東印度公司。其據有臺灣之目的，主要作為東亞貿易的根據地。為鞏固此一根據地，同時也開拓臺灣內部少數民族的居留地，蕭壠社即為其治理下，主要的平埔少數民族社群之一。當時，在平埔西拉雅本族四大社中，與麻豆社並列為最殷盛的社群，人口與文化更為四社之冠。其社群主要分布於今佳里、將軍、七股一帶，位於城仔內與佳里街市間的北頭洋與番仔寮，可能皆為其本社故地，歐王社（今漚汪）與史椰甲社（今山仔腳）則為其主要支社。城仔內現地在當時可能大部份尚為海埔荒野。

2.明鄭時期

鄭成功於1661年4月率軍渡海攻臺，與荷軍鏖戰九個月，於1662年1月取得軍事優勢，與荷蘭人簽訂和約，取代荷屬東印度公司，收復臺灣。圍攻熱蘭遮城期間，鄭成功已先派兵分赴南北各地駐紮屯墾。依據成功大學石萬壽教授對明鄭時期各衛鎮營屯田地區的研究，「左先鋒鎮」駐紮在今安定、西港、佳里、七股等地，用以監視平埔族蕭壠社群。對照今日地圖，此一區域尚有不少昔日鎮營所遺留的地名。以佳里為中心，東北方有「營頂」「營後」（屬佳里區），東南方有「後營」（屬西港區）、「許中營」（屬安定區），西北方有「下營」（屬佳里區）、「城仔內」「水師寮」（屬七股區）。

明鄭領臺後，最初的行政區劃：改赤崁地方為東都明京，後以東都稱全臺，改赤崁城為承天府。南北分置天興縣與萬年縣。天興縣治設於佳里興（今佳里鎮佳里興），蕭壠社在其轄區。相傳此一時期明鄭部將林可棟率軍民入墾蕭壠社之本社（另一說為副總兵英猛將軍黃伯公，廟在下營與城仔內交界處），後逐漸形成蕭壠街。蘇姓開基祖可能於設鎮屯墾之初，即隨同駐防於外圍濱海之城仔內現地，再返回唐山原籍搬眷前來定居。直至近世，城仔內的老輩尚稱今之佳里街區為「社內」，地緣關係之密切，其來有自。

傳說鄭軍據有本莊之後，曾在此築土城，「城仔內」與「水師」之地名可能

源自於鄭軍之設防。1665年,鄭經放棄金廈,退守臺灣後,改東都為東寧,東寧成為全臺之稱呼。同時改天興、萬年兩縣為州,原承天府治設四坊,各州之下轄二十四里與原住民之社。蕭壠社改隸天興州,屬永定里所管轄。

3.清初期

1690年代中期,約為蘇姓始祖良賓、振文父子定居城仔內三十餘年後,泉州晉江同鄉金首聲奉大王爺金身自大陸故里渡海前來合墾,是為城仔內金姓之開基祖(當時鄭氏政權已降清)。清朝統一臺灣之初,管轄所及設一臺灣府,下轄臺灣、鳳山、諸羅等三縣。明鄭時期之永定里改稱安定里,城仔內成為諸羅縣安定里(原為明鄭時之永定里)治下的莊社。修成於清乾隆四年(1739年)之《石埕房蘇氏譜》,記載蘇姓遷臺始祖良賓與長子振文僑居「臺灣府諸羅縣安定里西堡消壠社城仔內鄉」,此應為康熙、雍正年間的完整行政區名(該譜為泉州晉江龜湖祖籍的宗親協助修成)。

1780年代末期,清帝國平定林爽文事變後,改諸羅縣為嘉義縣。安定西里沿海各莊,因協助平亂有功,受賜「旌義」匾,今之佳里一帶則改為「旌義里」。當時六莊的義首、義民曾勒石為記,碑上明記有「城仔內莊」之地名,潘、蘇、金各姓義首亦列名其上。

4.清中後期

清中期之後,相對於周邊聚落的發展,城仔內一時似有衰微之傾向。編纂於清同治年間之《臺灣府總圖纂要》中載有安定里西堡所轄二十二莊的莊名,城仔內四鄰之大潭寮、後港、番仔寮、下營、篤加、山仔等今日之村里皆已包含在內,而獨缺城仔內。

日據初期,城仔內首度浮現於官修輿圖之上,完成於1904年的《臺灣堡圖》採用清代之行政區劃,以堡、里、莊作為地圖的分劃單位,清楚正確描繪出清末的基層行政界線。《堡圖》第三四七號的內容為蕭壠堡所轄各街、莊,明確登錄有城仔內莊與蕭壠堡之隸屬關係。圖上所顯示之城仔內莊,不僅周邊道路已具雛形,聚落房舍的分布大致與今日無異。

### 5.日據時期

日據時期，地方分治之行政區劃經過七次變遷，前四次（1896年、1897年、1898年、1901年），本區之上層行政單位為大行政區之臺南縣。1901年11月全臺劃分為二十廳時，隸屬鹽水港廳蕭壟支廳。1909年的十二廳區劃時，隸屬臺南廳，基層行政界線大致尚沿襲清末期。

1920年，實施大規模之地方制度改正，臺灣地方行政區域重劃為五州三廳，州下設市、郡，廳下設支廳以取代原來之里、堡、鄉、澳。郡下設街、莊、區以取代原來街、莊、鄉、社，而一街莊由數個部落構成。此次地方制度的改正，原蕭壟堡調整部分轄區，改稱「佳里街」。此次調整，城仔內終止與蕭壟社、堡有史以來的隸屬關係，改隸新成立的七股莊，行政區名改為「臺南州北門郡七股莊城子內」。北門郡七股莊之轄區，大半為臺江內海淤塞後之海埔新生地，城仔內、後港等昔日蕭壟堡濱海前緣的莊社，去海日遠，已成為新設的七股莊之內陸村落，七股的設治，實為三百餘年滄海桑田、地理變遷之最佳見證。

### 6.二次大戰後

1945年，日本因太平洋戰爭戰敗而放棄臺灣，國民政府代表盟軍來臺接收，重新劃分行政區域。1946年先改州為縣，改郡為區，改街莊為鄉鎮，此一時期城仔內隸屬「臺南縣北門區七股鄉」。

1950年調整縣市行政區域，縮小縣的轄區，同時裁撤區署。縮編後的臺南縣，由原新營、曾文、北門、新化、新豐等五區合成，原隸屬北門區的七股鄉，成為臺南縣直轄鄉鎮之一，而鄉之下設村，城仔內被更名為「城內村」，行政區全名成為「臺南縣七股鄉城內村」，並沿用至2010年12月24日。

2010年12月25日，原臺南縣、市正式合併升格直轄市，城仔內成為「臺南市七股區城內里」。而一甲子的「七股鄉城內村」從此走入歷史。

### （三）聚落形成與地名探源

「城仔內」地名之確切由來，已難以詳考。《南瀛文獻》二卷十二期曾刊載完成於1954年8月1日之《臺南縣村里調查表》，其中關於城內村沿革的敘述如

下:「三一〇年前是荒野自鄭成功來臺後即占據此地築土城。」另外同表有關清時期的角頭及莊社名之記載為:「城子內、鴨母寮、水師寮。」而《臺南縣志》卷一自然志第三篇聚落有關城子內的描述如下:「並水師寮為今城內村,城子內位在佳里鎮下營之西邊,與水師寮均曾為當時設防之跡。」至於古文書碑記可供查考者,則有修成於清乾隆四年之《石埕房蘇氏譜》,以及清乾隆末年所立的「旌義碑」。前者記載蘇氏始祖良賡「與長子僑居臺灣府諸羅縣安定里西堡消壟社城仔內鄉」,後者則為安定里西保助平林爽文事變之各莊義首、義民所合立,「城仔內莊」為鐫刻其上的六莊之一。

鄭成功據臺後為圖足食足兵,對拓殖事業列為首要之務。相傳鄭氏部將林可棟曾率領軍民入墾臺江北岸的蕭壟社一帶。至今,由安定、西港沿舊臺江北域向西北行至城仔內,昔日設鎮屯墾之古地名尚斑斑可考,如安定區之許中營,西港區之後營,佳里區之營頂、營後,以及同區緊臨城仔內之下營等地。而鄭軍入墾本區時,由於西拉雅本系蕭壟社的本地少數族,自荷據時代即與殖民統治者密切互動,勤於稼穡,可耕之沃野想必已充分開發。由古地名的分布視之,漢人初墾本地時,似以當時濱海之荒野或防地周邊為主,亦符合鄭氏政權「不準混侵土民及百姓(漢人)現耕物業」的拓墾政策。今林可棟後人尚聚居於佳里區的下營,城仔內蘇氏與其北鄰後港許氏居民,亦自稱先人乃隨鄭成功來臺,因此「城仔內」與「水師寮」之得名,源自鄭軍設防之說,可信度極高。

屬平埔族西拉雅系之潘姓,其先人定居城仔內之年代已無從查考,可能為最早之住民。蘇、金兩姓之遷臺祖則分別於明鄭初期及清統一臺灣初期來自大陸。傳世日久,人口滋長,莊內逐漸形成數個聚落。潘姓一族至日據末期方全數遷離,遷往附近之後港腳及臺南市、屏東市等地;其原居地則位於「南廿六線道路」右轉往番仔寮方向的「廿六—一線道路」旁,鎮山元帥廟一帶。據耆老傳述,日據時期,此地尚有兩三戶潘姓人家。今房舍雖已夷為田園,當地仍遺有古井一口。潘姓聚落昔稱「潘厝後」,此一地名現今僅殘存於城仔內老輩的記憶中。昔日之「潘厝後」鄰近「番仔寮」。「番仔寮」於荷蘭據臺後期,成為蕭壟社群新興的核心之一,潘姓先人有可能為其外圍之居民。

城仔內的本莊稱為「大社」，系明鄭初期，來自泉州府晉江縣廿四都龜湖鄉的蘇姓遷臺祖良賡、振文父子開基之地。振文生志升、志昂二子，志昂再傳六子，即今城仔內蘇姓六房頭，其中大、三、四、六等四房集居「大社」，為轄境內最大的聚落。其中大房、三房、四房聚居莊廟文衡殿附近，六房在南境，五房聚居之地位於「大社」之西，因位於莊內大水堀之北，故聚落名稱為「大堀墘」，昔日為榨麻油之地，有麻油車，故又稱「油車大堀」。「大堀墘」西南邊，緊鄰臺十七號公路之聚落，為二房聚居之地。據說早年二房祖盛德為方便捕魚，於莊西溪邊築寮。清末，二房後人為避瘟疫，由大社遷此定居。昔日，此地為城仔內沙埔地最尾端之處，故稱為「埔尾」。

「大社」東邊，稱為「舊厝」之金姓小聚落，與蘇姓聚居之「大社」、「大堀墘」、「埔尾」，同屬於廣義的城仔內。「舊厝」為金姓開基之地，遷臺祖金首聲原籍泉州府晉江縣廿五都浦內鄉，來臺後依已定居城仔內的蘇姓同鄉合墾，其後娶蘇姓大祖振文之女連娘為妻，蘇姓遂以此地作為嫁妝，故又稱為「嫁妝地」（蘇姓則稱之為「姑婆地」）。後代人口繁衍，「舊厝」地狹人稠，金姓先人為謀生計，至「埔尾」東南方的「水師」一帶捕魚開墾，先是搭建草寮暫住，故改稱為「水師寮」，因位於「城仔內」之南，又稱「下寮仔」。之後金姓族人逐漸遷至此地定居，原先僅集中於聚落道路以東，日據時期再擴展至道路西側。現今「水師寮」之戶數遠多於「舊厝」，已成金姓的核心聚落。

（四）莊廟、宗祠與開基祖墓

1.莊廟與宗祠

城仔內境內有「文衡殿」、「天南宮」與「鎮山元帥廟」等三處莊廟，前兩處奉祀之主神，分別為護佑蘇、金兩姓開基祖渡海遷臺的「關聖帝君」與「大王爺」（李府千歲）。渡臺三百餘年來，兩姓子孫虔誠敬拜，香火不斷。早年奉祀於家宅或輪祀，垂至近世，兩姓人丁漸旺，分枝衍派，遂先後營建祠廟奉祀。

主祀關帝爺之「城內文衡殿」，原先於現廟址的東南邊搭蓋茅宇，安奉帝君；1937年，蘇姓耆老與六房信士會商，發起於現廟址的後方興建廟宇，後經1967～1969年、1983～1985年兩度重修，始成今貌。1989年，蘇秤棒先生遺命

後人獻金，增建後進建物，一樓設圖書室，二樓作為奉祀先人的祖堂（蘇氏家堂），專祀蘇氏列祖的神位，祠廟之制乃燦然完備。

金姓的守護神李府千歲，族人習稱為大王爺，原由爐主輪祀，1971年，金姓耆老發起整理族譜，興建宗祠，迄來年落成啟用，定名為「天南宮」，自是金氏列祖神位與李府千歲、黑虎大將等合祠崇祀，莊內外金姓族親參拜有所。2004年眾爐下協議重建，2006年完工入火安座。緊鄰潘厝後舊址的「鎮山元帥廟」，傳說當年後港水道尚可駛入大船時，某一暴風雨夜，來自大六、載運一團戲班的船隻在此翻覆。其後為撫慰罹難英靈，據傳由關帝顯靈指示建廟，與城仔內關帝同享莊民之香火。

2.蘇氏開基祖墓

城仔內蘇氏始祖良賡逝於1709年（清康熙四十八年），葬於「水師草埔海侖鹽埕（後世稱：蒸堀墓林，水師寮聚落之南）」，始祖妣郭氏逝於1676年，葬於「後汪番仔寮社西勢（後世稱：番仔寮墓林，番仔寮聚落之西）」；大祖振文逝於1731年（清雍正九年），葬於「城仔內社西勢埔崁仔頭（後世稱崁頂墓林，城仔內大社與水師寮聚落之間）」；大祖妣柯氏逝於1678年，與始祖妣郭氏同葬於番仔寮西勢（番仔寮墓林）；三世一祖志升葬「牛稠仔埔草場邊」（後世稱港頂墓林，城仔內大社與後港西聚落之間）；三世二祖志昂之元配王氏葬「本莊南勢侖仔頭」。

上述《石埕房譜》中所記載開基列祖的葬地，與耆老追憶：至日據末期遷葬歷代先人靈骨於港頂墓林（原三世一祖志升與祖妣林氏的葬地），修成現今祖墓之前，清明時節舉族祭掃開基三代各處祖墓之順序大致相符。昔日舉族祭掃祖墓之順序，據耆老描述：第一站為水師寮南邊的蒸堀墓林（葬始祖良賡），第二站為緊鄰番仔寮聚落的番仔寮墓林（葬始祖妣郭氏與大祖妣柯氏），第三站為莊內的崁頂墓林（葬大祖振文），第四站為往後港西途中之港頂墓林（葬三世一祖志升與祖妣林氏）。由於第一站與第二站距離遙遠，為鼓勵兒童與少年全程參與，主事者會在第二站與第三站之間發放「紅龜粿」。耆老所記憶之掃墓順序與開基列祖的輩分完全吻合。

## 三、城仔內蘇氏源流

### （一）城仔內蘇氏史

城仔內蘇氏一族世居今臺南市七股區城內里，已歷三百五十餘年，為文獻可徵，蘇姓入臺定居之始。《石埠房蘇氏譜》記載：始祖良賡與長子僑居臺灣府諸羅縣安定里西堡消壟社城仔內鄉（明鄭初期屬天興縣永定里，入清後改為安定里）。良賡為泉州府晉江縣廿四都龜湖鄉蘇氏石埠房裔孫，其父祖兩代皆葬於晉治十七都（今晉江市龍湖鎮），推想渡臺前遷居龍湖已歷四代。確切渡臺年代雖不可詳考，以譜中所載二世祖（城仔內大祖）振文娶新港大社柯氏，長子志升出生於1670年（清康熙九年）等事跡，對照大祖振文隨鄭成功征臺，越二年再返回大陸奉迎雙親暨祖家關帝來臺的傳說，蘇氏遷臺定居城仔內，應不晚於1660年代。

另緬甸廬山堂蘇佐雄先生所撰之《蘇氏子孫流臺考》，記載蘇氏最初入臺而可考者，為明永曆初年福建漳州府龍溪縣籍人士蘇正順攜長子蘇振文入墾今臺南安定。正順為城仔內始祖良賡之號，振文確為良賡之長子；而鄭氏東寧建國期間，城仔內所隸屬的永定里，入清後旋改為安定里；《蘇氏子孫流臺考》所載事項，雖然祖籍與今古地名之界定有差，以之對照城仔內蘇氏所傳的《石埠房蘇氏譜》，幾可確定城仔內蘇氏為文獻可徵，蘇姓入臺定居之始。1739年，居祖籍的龜湖房裔孫蘇有聲受命重輯族譜時，為感念臺灣城仔內石埠房派宗親捐輸重金資助，特為重輯《石埠房蘇氏譜》，輯成之後，趁東遊之便，親送來臺。譜中歷歷敘明石埠房於南宋末年由龜湖三世山確開派以來的世系與遷移，城仔內開基列祖的事略亦詳錄在內。

中世以來，閩粵等地土地高度開發，人口繁衍，早已呈現地狹人稠的飽和狀態；統治當局雖高懸海禁，始終未能抵擋過剩人口流向外洋的浪潮。及至十七世紀中葉，明清易鼎，東南沿海遍燃烽火，國姓爺誓師抗清，閩南一帶成對峙之局，生靈塗炭，流離失所；鄭成功據臺前後，清廷更實施堅壁清野的遷界政策，世居泉州晉江之始祖在大陸想必已無立錐之地。據耆老傳述：已隨鄭成功來臺之大祖振文返鄉搬眷，奉迎雙親舉家遷臺；並攜來家用之石臼、石磨，於今將軍溪

口的大船頭（將軍區廣山里北邊）登岸，就近卜居城仔內現地。當時迎自大陸祖家，隨舟護佑的關帝神像，至今尚供奉於莊內的文衡殿，族人尊稱為「老關帝」。三百餘年來成為宗族的信仰中心。

　　1683年（清康熙二十二年），鄭氏政權降清，一時在臺漢人返回大陸者十之七八，先祖則留臺落地生根，定居斯土。其後子孫繁衍，至清中期已蔚成大族。三百餘年來族人守望相助，和衷共濟，尚能謹守祖業。城仔內蘇氏大祖振文娶新港大社柯氏，生志升、志昂二子；三世一祖志升娶後港社林氏，生盛愛、盛德、盛興、盛旺、盛陣、盛佐六子，分別為今城仔內六房的房頭祖；三世二祖志昂娶後港社王氏，繼娶賴氏，無男，由長兄志升的第五子盛陣入嗣。城仔內僻處海隅，自開闢以來，雖以農漁為主業，而遠承大陸祖家書香餘緒，家風樸實敦厚，向來有重視子弟教育的傳統。三房祖盛興的曾孫添璋曾中秀才。耆老傳述：歷世族長（莊內昔稱老大）皆能以德服人，深獲族人敬重與信賴，排難解紛，主持公義，有一言九鼎的威望。開基至今已傳十四世，六房子孫世系分明，族人至今彼此尚能以伯叔、兄嫂相稱。而傳世日遠，分枝衍派，早年即有二房六世先人光海移出善化。歷來遷出之族親已散居國內外各處，而城仔內開基祖地，祠廟之祭始終不輟，移居外地之族親心懷桑梓，每逢清明祭祖或關帝祀典，紛紛自各地兼程返鄉致祭。

　　回顧開拓歷史，清時期吏治與軍紀不佳，民變頻仍。近百年來，則臺海風雲日緊，統治政權數度更易，城仔內亦屢遭波及，林爽文事變與日軍攻臺時，兩度瀕臨戰火邊緣，當世壯丁多曾身臨陣仗，所幸終能逢凶化吉，倖免於滅族之禍。1786年（清乾隆五十一年），林爽文舉事，主力曾包圍諸羅縣城，並欲分兵經海路進逼府城。官府乃於沿海各莊組織義民，協助官兵圍剿。事平後，建義民亭於金唐殿，正堂中立旌義碑以紀其事，碑上鐫刻有後汪、北埔、將軍、蕭壠、後港、城仔內等六莊義首名錄。城仔內莊之義首，潘姓一人、金姓兩人、蘇姓兩人，姓氏結構與今日無異；兩位蘇姓義首，一為蘇佐，一為蘇淵；前者應為六房祖盛佐，後者則為三房三祖儀淵。今之七股區當時大部分尚為海坪，而城仔內莊則已成為海防要地。

百餘年後,公元1895年(清光緒二十一年),清政府因前一年在中日甲午戰爭中敗戰,與日本簽訂馬關條約割臺。5月間日軍抵臺接收,成為棄民之臺灣人紛紛組成義民軍抵抗。據耆老傳述:當時曾有武秀才遣人至莊內募兵。稽查史料,武秀才應為在漚汪發動鄰近莊民奮起抵禦日軍的林崑岡。同年10月10日,日軍混成第四旅團登陸布袋嘴,馳援經陸路南下的近衛師團。20日,日軍由緊臨城仔內的下營攻進蕭壟街(今佳里區),被編入義軍之青壯莊民赴戰時,有行動能力的婦孺被安頓於戰地附近藏身,行動不便的老弱則藏匿於甘蔗園內上覆牛車輪及稻草的坑洞中。義軍與日軍竟日激戰,終因火力懸殊,力盡而潰散。入夜後,日軍復在蕭壟街西側空地紮營,地當通往城仔內必經之路,參戰壯丁唯恐遭日軍追殺,遂掩護隨軍婦孺迂迴繞道西南方,待隔日日軍開拔後再逃回莊內,全莊生靈得以保全。

清廷視臺灣為天朝邊陲,治臺政策消極,往往分而治之,任令臺民挾隙相殘,民間自保唯有訴諸自衛力量,城仔內昔日亦曾以宋江陣著稱,有事保鄉,無事強身。日據時期,臺灣私鬥日漸止息,城仔內宋江陣因而式微。1915年,臺南地區發生大規模武裝抗日的「西來庵事件」,六房蘇清文、蘇海羊曾因參與舉事而被判重刑,清文入獄不久即病死獄中,海羊則於昭和天皇登基大赦時獲釋出獄。為該事件起草《討日檄文》的重要人物陳振曾拜在城仔內開館教授漢文的柯尚德為師,後由柯尚德介紹認識余清芳。柯尚德是三房三第八世蘇春木的女婿。二次世界大戰期間,不少城仔內子弟被徵調赴南洋作戰,在戰地陣亡、病亡或空襲時罹難的族親特標記於世系圖上,以表追念之忱。

戰後,統治政權再度更迭,政經情勢與價值體系快速轉換。嬰兒潮與快速工業化,促使農村人口大量外流,衝擊原有社會結構。城仔內蘇氏宗族亦無法自外於此一潮流與趨勢,強固的宗族情誼不免漸趨渙散。為彰顯先人艱辛開拓的事跡,進而敦睦宗誼,謹參酌耆老口述及有限之文獻資料,先行草撰史略,作為日後不斷充實宗族歷史的開端。

(二)在臺開枝散葉

城仔內蘇氏傳至第四世,育有男丁六人,分別為今六房頭之祖。五世、六世

之後人口逐漸滋長，早期即有二房六世光海移居善化的記錄；大房遺留的倒房舊牌位中，也記載光庇（生1770年，推測應為六世）葬在阿里港（今屏東里港）。

　　1823年（道光三年）7月的大風雨之後，臺江內海逐漸淤淺，日後形成現今臺南市安南區與七股區的新生地，陸續開啟大規模區域性的二次移民風潮，部分城仔內蘇氏三房與六房的族人也開始向外發展，以安南區為主要遷移地。茲將百餘年來移至大臺南各地，已在當地蔚成大族，並於1906年建立戶籍登記制時，直接以遷移地作為本籍的重要分派，列舉如下：

●北康寮分派（臺南市七股區康榔里），三房一.五世儀縷一六世管田一七世強水之後代，八世光大始遷北康寮。

●南路寮分派（臺南市安南區安慶里），三房一.五世儀縷一六世管田一七世寧榔之後代，始遷不詳。

●舊和順分派（臺南市安南區安順里），三房一.五世儀縷一六世騰雲一七世德盛之後代，七世德盛始遷舊和順。

●溪南寮分派（臺南市安南區南興里），世系不詳，可能為三房一.五世儀縷一六世駕霧或琵琶之後代，奉祀最遠祖為七世容。

●學甲寮分派（臺南市安南區學東里），世系不詳，可能為三房一.五世儀縷一六世駕霧或琵琶之後代，奉祀最遠祖為七世炎。

●三房陳卿寮分派（臺南市安南區頂安里），三房二.五世儀禹一六世高量一七世圖之後代，七世圖始遷陳卿寮。

●六房陳卿寮分派（臺南市安南區頂安里），世系不詳，可能為六房二.五世儀助之後代，奉祀最遠祖為六世。

●三舍分派（臺南市新市區三舍里），三房三.五世儀淵一六世龍秋一七世仗殳之後代，九世世昌始遷三舍。

　　上述分派中，北康寮分派、陳卿寮分派、三舍分派與城仔內祖籍地尚保持相

當密切的互動關係。1937年，歲次丁丑，陳卿寮宗親蘇天謝率耆老赴城仔內文衡殿，恭迎文衡聖帝（關聖帝君）香火，與早年分靈自大崗山舊超峰寺的觀世音菩薩合祀於祖宅廳堂。1993年，陳卿寮宗親正式創建武聖殿，正殿供奉文衡聖帝暨觀世音菩薩，至今尚年年返回城仔內祖廟進香。

（三）唐山祖脈溯源

九世紀末之東亞大陸，唐祚衰微，兵變、民變頻仍。動亂中，相傳原居河南光州固始已歷數世的蘇益隨王潮兄弟入閩。五代末期，益與子光誨居同安永豐鄉葫蘆山下，為蘇氏蘆山派裔之發源地。益之五世孫緘於宋仁宗寶元元年（1083年）舉進士；神宗熙寧八年（1075年），交趾入侵，蘇緘時任邕州刺史，率軍民守城不屈，舉家殉難，僅長子子元倖免。宋神宗聞訊震悼，追贈緘「奉國軍節度使」，諡曰「忠勇」；授子元殿中丞，通判邕州。子元獨子向於南宋高宗紹興二十七年舉進士，官撫州教授，卜居晉江清溝（今中國福建省晉江市陳埭鎮蘇厝村）。

向之次子崇龜，歲貢士，官江陰學諭。南宋孝宗淳熙十六年（1189年）徙居龜湖（今福建省石獅市寶蓋鎮蘇厝村，石獅市北郊），為龜湖蘇氏肇基始祖。崇龜生二子，長子名晉，次子名榮，晉之長子龜湖三世山確傳石埕房一系，為臺灣城仔內蘇氏之直系遠祖。據《石埕房蘇氏譜》所載推測，歷宋、元，至明中葉，直系先祖雖仍居住於龜湖本處，然而包含龜湖四世與野、六世烏樂、八世於淡等直系先祖在內，石埕房先人數世皆別擇吉地聚葬於山柄（可能在今石獅市西郊之彭田一帶）。

明世宗嘉靖年間，龜湖十世祖純源遷居前坑（石獅市東郊）；純源子宜善亦居前坑；宜善子嗣仲葬晉江十九都，亦屬前坑一帶。直系先祖居前坑前後歷三代，逝於順治四年（1647年）之龜湖十三世祖廷昆則葬於晉治十七都（今晉江縣龍湖鎮，石獅市之南）；城仔內蘇氏始祖良賓之父，龜湖十四世祖養倫葬在吳營（今晉江市龍湖鎮古盈）。若居處與葬處相近，推測至龜湖十六世振文（城仔內大祖）渡臺之前，居龍湖已歷四代。

城仔內蘇氏開基始祖祖籍雖為晉江龜湖，遷臺當時的居住地則可能是現今晉

江市龍湖鎮一帶，離鄭氏大本營安海（鄭芝龍在此開府時，一度改稱安平）甚近，因此國姓爺攻臺前，大祖振文投效鄭軍，依地緣關係而論，頗近情理。而石埕房後裔，歷宋、元、明至清初，已盡皆遷離龜湖原籍，散居臺灣，及福建之安溪、尤溪、福州、福清（鎮東衛）、德化，浙江之溫州等地。今定居於龜湖之蘇姓宗親則盡皆為石埕房祖山確胞弟山岩的後裔。

四、輯譜紀要與體例

（一）輯譜紀要

1.三代奠基助修宗譜

城仔內蘇氏一族自1660年代，始祖良賡與大祖振文父子遷臺開基以來，已歷三百五十餘年，傳十四世。振文成年後，娶新港大社柯氏；於南明永曆廿四年（1670年）九月廿五日生三世一祖志升，南明永曆廿九年（1675年）七月初四，生三世二祖志昂。大祖振文與祖妣柯氏另育有女兒名連娘，連娘配城仔內金氏始祖首聲，為金氏開基祖妣。志升娶後港林氏，生六男，長盛愛、次盛德、三盛興、四盛旺、五盛陣、六盛佐，分別為城仔內蘇氏六房的房頭祖；志昂娶後港王氏，繼娶賴氏，無男，故以胞兄志升第五子盛陣為嗣。

1739年，始祖原籍大陸之晉江龜湖蘇氏宗親編纂大族譜時，曾獲城仔內先人資助，因此主持修譜的蘇有聲，特為城仔內宗親另輯所屬派別的房譜《石埕房蘇氏譜》，並趁來臺任職之便，親送至城仔內，此譜遂成為城仔內後世子孫尋根溯源的重要線索。溯自南宋初年開派，下止清乾隆六年，上下近六百年。石埕房後人遷移範圍遍及閩、浙與臺灣等地。

由於此譜修成時，上距始祖、大祖一家遷臺開基立業，將近八十年，推算應已傳至第五世。三代經營，家業殷實，已能捐輸重金助龜湖祖籍編修宗譜。而此時，始祖良賡、始祖妣郭氏、大祖振文、大祖妣柯氏、三世一祖志升、四世的大房祖盛愛亦已相繼謝世，故其生卒葬地、配偶子嗣等皆詳載於譜中。輯譜時尚在人世的三世二祖志昂，僅登錄生時與配偶姓氏。四世的二房祖盛德以降則未及登載。

## 2.六房分脈　肇建祠廟

《石埕房蘇氏譜》修成於1741年，迄今已近二百七十年。譜成之日，四世六兄弟之長兄盛愛已英年早逝，其餘五位尚在青壯盛年，而傳衍至今又逾十世。後世裔孫脈分六房，分別以四世的盛愛、盛德、盛興、盛旺、盛陣、盛佐六兄弟為各房的「房頭祖」。房頭祖靈位與大陸遠祖暨開基三代列祖皆合祀於祖祠（蘇氏家堂）之內。昔日，每逢冬至，由六房裔孫合同祭祀。各房房頭祖再傳的五世列祖，習稱「角頭祖」。各角頭祖、妣忌辰則由各房各派分支子孫祭拜，依親疏遠近組成大小祭祀系統。結婚之日，新人循序祭拜歷代先人，代代相沿成習。經由上述祭祖活動的持續進行，雖歷時久遠，分支衍派，五世以下命名時也不再敘字輩，至今依然世系分明，輩分稱謂井然有序。

日據末期之1937年，城仔內蘇氏肇建莊廟文衡殿前身的「公厝」，安奉護佑始祖渡臺之關聖帝君神像，並附設祖堂蘇氏家堂，奉祀大陸遠祖、開基列祖暨第四世六房各房頭祖的神主。經開啟神主（肇建公厝時，曾整理簡化，重新謄寫）檢視，確認開基至四世先祖、祖妣之生辰忌日與子嗣名諱皆詳載於靈位之內（僅四房祖、妣之生辰忌日失記）。五世、六世之後，人丁逐漸滋長，開枝散葉，瓜瓞綿遠，傳至今日已成恢恢巨族。

## 3.千禧修譜　分疏世系

1741年（清乾隆六年），《石埕房蘇氏譜》修成之後，城仔內蘇氏似未曾再正式纂修族譜。至1985年，莊廟「城內文衡殿」重修完成後，族中耆老雖曾積極倡議編修族譜以系宗誼。由於傳世久遠，枝繁葉茂，盤根錯節，世系釐清不易，始終未能竟其功。自1996年起，各房代表曾數度集會，期能再次凝聚修譜共識。膺編纂重任後，確定階段性目標，初步以建立詳實合宜的世系表圖作為今日修譜的核心要務。

數年來，或委請宗親開啟各家神主判讀，或拜訪耆老面談記錄，或電話中訪談，或郵寄電傳往返，或查閱各戶之「生時簿」等，廣泛蒐集資料。其間有兩年，不定時赴七股鄉戶政事務所抄錄日據時期與現今全莊的戶籍資料，而得以在邁入千禧年後，逐次完成世系表的初步建構。

自開基至五世，有《石埕房蘇氏譜》可資佐證，五世以前六房頭的傳代系統皆完整無缺，八世以降則有日據以後的戶籍數據可供參考，大致無誤。訪談與彙整過程中，亦察覺六世至八世之間，各房部分先人早期遷出後失聯，或因日據後期，配合統治當局推動改革舊慣的政策簡化神主，於重新謄錄時過於簡略，而有所佚失，各房世系未能準確銜接者，則部分從缺以待來日。

　　（二）世系圖體例

　　此次輯譜，核心的世系圖以遷臺祖良賡、振文父子為斷限。城仔內肇基已三百五十餘年，人丁繁衍滋長，體系日益龐大，世系圖之構成，六房系統各自分立，各房分別再依五世列祖之排行另行分派，例如二房祖盛德之長子儀歆傳下之裔孫派稱「二房一」，次子儀譽之苗裔則屬「二房二」；二、三、六房可依照上述原則分派，大、四、五房則由於六、七、八世傳世數據部分缺遺，無法準確銜接，故不另行分派。

　　傳統漢人宗族編修族譜時，世系圖以「五世為一圖」，旨在服膺儒家五服親疏之義；而「前圖之終後圖之始」，則有繼往續來之義。此次修譜，世系圖的建構，基本上雖沿用上述傳統譜圖的形式，其內涵則體現「人生而平等」的普世價值，主要以釐清世系、聯繫宗族情誼為目的，避免作道德的仲裁，故不必然遵循「書與不書」（登錄與否）的儒家禮法成規。世系圖內容兼容並蓄，舉凡上一代入贅他姓，承先人遺命返回城仔內認祖的異姓宗親，或因上一代招婿而形成之異姓兄弟，亦如實冠姓，與其他蘇姓兄弟姐妹並列世系圖中，下一代亦一體適用。

　　圖表的構成，父母之下，兒女不分性別按出生別依序由右至左排列（傳統譜圖不列女兒，嫡長子則在父之正下方，其餘兄弟則左尊右卑，依序由內而外排列），無分男女，配偶姓名分別書於各人之左側。上述體例之試行，以「男女平權」與「鄉土認同」等理念來彌補傳統漢人父系宗法制的缺憾。

　　（三）《石埕房蘇氏譜》釋要

　　1965年，蘇周連族譜編輯委員會委託族譜專家劉炎編撰《蘇周連宗親會族譜》時，族親蘇文章先生曾提供《石埕房蘇氏譜》彙編於其中，世系表亦就當時調查所及，依序作部分增補；其內容為稽考城仔內蘇氏遷臺年代、世系、開基列

祖葬地，及唐山源流之重要文書。

晉江龜湖蘇氏石埕房於南宋末年由龜湖三世長房山確開派，垂至明末清初，石埕房後裔已陸續遷離祖籍，散居福建之安溪、尤溪、福州、福清、德化，浙江之溫州，及臺灣等地。而1739年（清乾隆四年己未），龜湖房重輯族譜時，曾獲石埕房移民臺灣之城仔內宗親捐資助修，故主持修譜之有聲，特參照龜湖房族中家藏私志，依譜按地稽查，於延平府尤溪縣振宗（與城仔內大祖振文同曾祖）處訪得可資佐證之文件，輯成《石埕房蘇氏譜》，親送來臺。至今又逾兩百六十年，其間臺灣與大陸由於地理環境阻隔，且經歷不同之歷史情境，系出同源之宗族亦不免漸行漸遠。1996年初度造訪重建中之龜湖蘇氏家廟，見新立之《龜湖蘇氏源流》碑記中，已出現石埕房之祖山確移居臺灣之訛誤，足見移居閩浙各地之石埕房後裔，雖同在大陸，卻早已不通音訊，而展閱我城仔內蘇氏所傳之《石埕房蘇氏譜》，詳載至明末清初，石埕房後裔雖多流寓他鄉，卻依然昭穆分明，世系井然，實為超越一族私志格局之珍貴史料。

《蘇周連宗親會族譜》收錄之《石埕房蘇氏譜》包含《石埕房蘇氏譜序》與《石埕房派下》兩部份；1994年，東北師範大學出版之《新編蘇氏大族譜》亦將《石埕房派下》彙編其中，並加註標點符號。比對兩個版本，校正部分文字錯誤後，全文收錄於本節之中。進一步依據《石埕房派下》內容重製世系圖，圖上標記歷代石埕房宗人之葬地與遷移，以待後世有心者詳加訪查。《石埕房蘇氏譜序》原文附後。

《石埕房蘇氏譜序》原文

歲己未宗人命小子有聲重輯族譜小子謹按舊志山確公僅記空名而不詳其命小子不知為誰氏之祖也屢聞諸長老云石埕房者支派多寓他鄉宅基悉在余里小子又不知為誰氏之後也迨輯家乘遍閱吾族家藏私志幸得石年公「進士諱堯松號雲不」本支乘中附設石埕房山確公子某孫某公某派寓某方歷歷詳敘直補前譜所不逮小子於時如獲拱璧即請宗人委堯珍叔依譜按地稽查果於延平振宗家得其本一本內載位臺公「理學諱鼎實即石年公祖」敘言其世系與石年公所志如合符節始知山確有後而石埕有祖也踴躍載筆世系炳耀日星矣思飛侄昆仲系石埕房派移居東寧有志收宗喜

填多金以助族人修譜之費族人咸愛之重之今年冬余以虛名牽繫扶策東遊重思飛之仗義即為之重輯其房譜擇以元端谷旦造其堂而奉上之俾子子孫孫光照勿替則熾昌之福簪纓之休於山確公不亦有光乎是為序。

參考文獻：

1.陳壽棋等撰：《福建通志》，臺北：華文書局股份有限公司，1871年（清同治十年重刊本）。

2.洪波浪、吳新榮：《臺南縣志》，新營：臺南縣政府，1960年。

3.劉炎：《臺灣蘇周連氏族譜》，基隆：成光出版社，1965年。

4.盛清祈：《明鄭內政考略》，《臺灣文獻》二十七卷第二期，臺中：臺灣省文獻委員會，1976年。

5.盛清祈：《當前編修家譜之體例》，《臺灣文獻》二十九卷第四期，臺中：臺灣省文獻委員會，1978年。

6.來新夏、徐建華：《中國的家譜與年譜》，臺北：臺灣商務印書股份有限公司，1994年。

7.洪敏麟：《重修臺灣省通志》卷三住民志地名沿革篇，臺中：「國史館」臺灣文獻館，1995年。

8.徐曉望：《閩國史》，臺北：五南圖書出版社，1997年。

9.黃文博：《南瀛地名志‧北門區卷》，新營：臺南縣政府，1998年。

（作者係臺灣臺北藝術大學教授）

# 開漳諸姓與海外移民社會

湯毓賢

　　開漳聖王信仰文化是中華文化的支系，濫觴於唐初閩南漳州開發和中原文化的南徙，發軔於歸德將軍陳政奉詔南下開發閩南、乃至陳元光父子創建漳州的歷史，承載著來自中原河南光州固始縣的華夏移民開疆闢土、和融民族、傳播文明的歷史積澱，是中原根親文化的延伸和傳承。開漳聖王信仰文化是中華文化的重要組成部分，又是閩南文化的根基與核心。伴隨著漳籍移民創業足跡，它在海外墾殖地經本土化後形成閩南文化族群，延續著原鄉文化情結，展示出閩南文化的恆久魅力，擴大了中華文化的影響。千百年來，陳元光開漳故事廣為流傳，人們以各種方式紀唸著他。陳元光由人到神的嬗變，得益於他啟土建漳之功，更來自官方推崇與民眾感恩。開漳聖王信仰兼具祖先神與開拓神崇拜雙重屬性，朝廷代代加封，以示褒崇；民眾廣建寺廟，尊其為神。宮廟廣及大六、臺灣、東南亞、日本、美國等地，成為閩南族群保境安民的保護神，迎來了千秋祠廟的傳承和興盛。

## 一、開漳文化緣起史證

　　陳政、陳元光父子於閩粵之交大片流移地上譜寫了一曲壯懷激烈、光耀千秋的不朽史詩，開創了大唐盛世漳州的創立歷程。他們透過對閩南、粵東、閩西的開發與經營，發展了這一地區的經濟和文化，促進了民族融合與發展，啟動了閩南漳州開發史。

陳氏父子入閩前，遠離中原政治經濟中心的福建，仍處於封閉落後狀態。中央政權對該地區的有效管理，歷經了多次反覆。從三國孫吳設建安郡、西晉增設晉安郡、南梁又增設南安郡，前後歷經300多年。南北朝後，又歷隋朝和唐朝初年的100年間，福建的開發仍處於半停滯狀態：政治上地方割據勢力此起彼伏，中樞鞭長莫及；地域上林深山阻，百里不見人煙；經濟上山多地少，處在半開發狀態；行政管理上雖地屬南安郡，但仍邊遠荒蕪，尤以漢畬民族雜處的閩南、粵東最為混亂。這一地區早在秦漢時代，中原漢人政權開始經略嶺南、派兵戍守，漢文化陸續向嶺東擴展。晉唐之間，中原板蕩，漢族人不斷南下，向華南地區遷徙，中原文化陸續傳入閩南粵東地區。如西晉末年，為避「永嘉之亂」，中原陳、林、黃、鄭、詹、邱、何、胡8姓漢人隨晉室南渡進入福建北部，少數進入閩南，與百越人錯居雜處。到了隋朝至唐初，一方面漢族人不斷遷入並定居此地；另一方面，俚、獠、畬、苗等百越族群仍占優勢。加上此地乃百越與南蠻雜處區域，峒蠻各據山頭、居無定所、流動性大。北邊泉州、南邊潮州的地方政權經常分合更迭，對兩州交界處廣大轄區的管理名存實亡。

　　唐朝初年，隸屬嶺南道管轄的閩南、粵東一帶地廣人稀、往來不便，被稱為封閉落後的蠻荒「絕域」，且儘是「蠻獠」、「瘴癘」之區。而因北方戰亂南來、通常被漢族地方政府編入戶籍並加以保護的漢族移民，與具有自身文化傳統、「不服王法」的土著族群之間的民族矛盾越來越尖銳。南遷的漢族人進入山越人領地，雙方常為爭奪有限的山林土地資源、取得較有利的生存空間發生衝突。長期混亂的社會秩序，釀發地方勢力的割據征戰此起彼伏、戰亂頻仍，讓鞭長莫及的中原漢族皇朝憂心忡忡！唐總章二年（669年），泉州（今福州）、潮州之間的蠻荒地帶土著暴亂升級，釀成所謂的「蠻獠嘯亂」，邊陲告急！唐高宗李治緊急詔玉鈐衛翊府左郎將、歸德將軍陳政為嶺南行軍總管，率中原三府之兵自河南固始南下平亂。這場由中央政權發動的邊陲平蠻戰爭，卻開啟了中原府兵戍邊安民、開治漳州歷史的新紀元。

　　陳政率軍渡過九龍江，在智取蒲葵關東麓娘仔寨，取得軍事上的決定性勝利後，進屯於七閩百粵交界處梁山南麓的故綏安縣地。儀鳳二年（677年）四月，陳政病逝於火田寓所。時僅21歲的陳元光承襲父職，帶領其眾繼續開疆拓土。

219

同年，廣東碉州人（今雷州灣地區）陳謙聯結峒蠻苗自成、雷萬興等攻占潮陽，被陳元光率輕騎討平。永隆二年（681年）烽煙再起。峒蠻攻南海邊邑，循州司馬高碇受命專攻，檄陳元光潛師入潮陽奇襲寇壘，打敗陳謙及峒蠻苗自成、雷萬興等割據勢力，俘獲以萬計，嶺表悉平，功封鷹揚將軍。繼屯田建堡、興修水利、招徠流亡、興農積粟、通商惠工，促成民族和融、邊荒安定。為閩南長治久安之計，永淳二年（683年），陳元光上《請建州縣表》提出安邊之策。武則天垂拱二年（686年）十二月初九獲準，遂於雲霄漳江之濱建置漳州，下轄漳浦、懷恩二縣，詔命陳元光為漳州刺史。唐軍經過多年綏靖與開發，使「北距泉興，南逾潮惠，西抵汀贛，東接諸島嶼，方數千里，無烽火之驚，號稱樂土」[1]。為鞏固唐王朝中央集權統治、促進民族融合作出貢獻。

陳政、陳元光率領南來的中原府兵，是一支較大規模的開發力量，不僅能征善戰，而且具有較高文化素質。陳政麾下大將許天正、李伯瑤等，都世習儒術、智勇雙全。陳元光13歲即領鄉薦第一，是文韜武略的難得將才，所著《龍湖集》、《玉鈐集》《兵法射訣》等詩文集中，有《落成會詠》《示　》《太母魏氏半徑題石》3首詩作收入清乾隆御製的《全唐詩》。陳　更是明經及第出身，授翰林院承旨直學士，後主管漳州學政，授教於松洲書院。陳酆與陳謨亦為儒士出身，均治漳有功。陳氏四代守漳，為安邊定國而勵精圖治，管理地方行政，穩定社會秩序，傳播中原先進生產技術，引導民眾種植生產，致力發展文教事業，終於完成了從單純軍事化管理向地方行政管理的有效轉化，使唐王朝實施對閩粵邊陲的有效管理目標得以實現。總之，自陳政率軍從浙入閩進駐雲霄火田，又由陳元光於梁山下雲霄火田附近建置州治及附廓漳浦縣，到陳　徙州治及附縣至李澳川，復至陳酆之子陳謨遷治所到龍溪縣九龍江下游平原地帶，均意味著這些地區開發已逐步趨於穩定。到了宋初，漳州就與福建其他地區同步發展，開發地區也從原州治所在地的漳江流域一帶擴大到整個閩南，對閩南地區開發和海外衍播都產生深遠影響。

在這漫長的歷史長河中，我們的祖先從中原出發，越過千山萬水，來到這蠻荒之地建功立業，把華夏文明與當地文化相融合，鑄就了獨具特色的開漳文化，凝聚著中華民族的祖先開疆拓土、勤勞勇敢和艱苦創業的精神。由開漳將士帶來

的古老中原文明，以及與其他地方習俗迥異的古老民俗在閩南根深蒂固、枝繁葉茂，千百年來盛傳不衰，至今在閩臺許多地方得到完整地保留。如被劃為福建省非物質文化遺產的雲霄開漳聖王巡安民俗，形象地再現當年陳聖王巡視戍境、關愛民眾、備受擁戴的生動場景。又如由唐代開漳府兵傳入的閩南話亦稱河洛話，接近隋唐時代的官音「切韻」，流行於閩南、粵東、臺灣及海外星洲等地，被王力、黃典誠等語言學家確認為中原古音的「活化石」，顯示了開漳文化在海外的影響和地位，印證了華夏文化的血脈淵源。如今漳州大地處處可見中原文化的遺風，如醇厚明快的漳州錦歌，節拍豪邁的大鼓涼傘，絲絲入扣的木偶戲曲等，無不展示出悠久的中原遺韻，將北方的豪放粗獷氣派、南方的端莊秀麗韻味演繹得相得益彰，形成一道剛柔相濟的民俗文化風景線。唐末至明清，這些府兵後裔經由海洋從大陸廣泛播遷至臺灣、東南亞及世界各地，使漳州大地成為中原文明及中華民族向外播遷的「中轉站」。

## 二、開漳聖王信仰積澱

陳元光（657—711年），字廷炬，號龍湖，唐垂拱二年（686年）漳州創建者和首任刺史。他從小隨父親陳政南來綏靖與開發閩粵邊陲，將中原文化傳播到東南邊地，奠定了閩南文化的根基。他殉職後，被感恩戴德的民眾尊為「開漳聖王」，並供奉為神。從唐、五代、宋、明直到清代，封建王朝實施懷柔神靈的政策，對陳元光的追贈褒封累計達22次，僅兩宋就有15次之多。如北宋敕廟號「威惠」，南宋封「開漳州主聖王」。歷代「盛德世祀」，廟祀馨香、千秋不替。

陳元光歷代封號一覽表

| 朝代 | 紀 年 | 封 號 |
|---|---|---|
| 唐 | 玄宗先天元年 | 豹韜衛鎮軍大將軍兼光祿大夫、中書左丞、臨漳侯,諡「忠毅文惠」 |
| | 開元四年 | 穎川侯 |
| 五代 | 吳越錢俶 | 保定將軍兼金紫光祿大夫、太傅尚書令 |
| 北宋 | 太宗太平興國三年 | 保定男 |
| | 真宗大中祥符元年 | 忠應伯 |
| | 神宗熙寧八年六月 | 忠應公 |
| | 徽宗政和三年 | 賜廟額「威惠」 |
| | 徽宗宣和四年三月 | 忠澤公 |
| 南宋 | 高宗建炎四年八月 | 加「顯佑」 |
| | 高宗紹興二年 | 輔國將軍 |
| | 高宗紹興七年正月 | 加「英烈」 |
| | 高宗紹興十二年八月 | 英烈忠澤顯佑康庇公 |
| | 高宗紹興十三年 | 開漳州主聖王,加諡「忠毅文惠王」 |
| | 高宗紹興十六年七月 | 靈著王 |
| | 高宗紹興二十三年七月 | 加「順應」 |
| | 高宗紹興三十年 | 加「昭烈」 |
| | 孝宗乾道四年九月 | 靈著順應昭烈廣濟王 |
| | 理宗寶慶二年 | 忠毅公 |
| 明 | 太祖洪武二年 | 昭烈侯 |
| | 神宗萬曆七年 | 威惠開漳陳聖王 |

| 清 | 高宗乾隆四年 | 唐高封祀典開漳聖王 |
|---|---|---|
| | 高宗乾隆五十五年 | 御賜「開漳聖王」皇燈 |

　　開漳聖王信仰文化根植於華夏豐厚的文化沃土,是古代閩越土著「信巫鬼,重淫祀」傳統土俗民風的餘緒。再經初唐自中原傳入的道釋兩教與當地民間信仰磨合交錯、兼容並蓄,逐步形成二元文化的結合體。這一文化信仰,是一種關乎民族淵源的民俗道德文化,緣起於漳州人民的深切緬懷;開漳聖王文化傳播海外,融入了漳籍移民對故國原鄉的綿綿思念。明清兩代,開漳將士的後裔們渡海創業、辛勤勞作,為移居地經濟文化的發展立下卓著功勞,並成為後來海外主要住民的祖先。播遷海外的漳州墾殖先民把開漳聖王的香火帶到海外的同時,也將原住地的民俗活動一併帶入新駐地,既保持了原信仰的特點,又融合本地風俗習

慣而有所發展，可視為中原文化和閩南風俗的跨海傳播。因此，當下海外各地開漳聖王廟宇祭祀程序和儀式，大多與漳州尤其是開漳祖地雲霄相似。

　　民間信仰活動形成的價值文化滲透於社會各個領域，制約著人們的思想觀念、行為取向和審美追求。這種亙古不變的信仰力量，作為文化核心動力溝通著人們的心靈，最終形成團結和凝聚信眾的精神載體，產生了巨大的社會能量。漳籍同胞帶著深厚的原鄉情結創業海外，將開漳聖王信仰民俗文化演繹成濃烈的民族鏈與中華結，維繫著海內外漳籍同胞親情和鄉誼，同閩南先民開發建設南洋、臺灣的歷史息息相關。開漳聖王信仰文化內容涵蓋陳元光及其家族和部將開漳建漳的歷史，也包括自唐至今閩粵臺浙等地，以及世界各地漳籍民眾祭祀開漳聖王的民俗活動，始終廣泛而深刻地影響著民俗社會的各個層面。雲霄威惠廟大門鐫聯記載的「辟草披荊歷盡關津勞劍履，建邦啟土肇基文物在雲霄」，揭示了雲霄與開漳聖王信仰的歷史文化淵源。

　　雲霄縣是初唐漳州建置的首發地，也是開漳聖王信仰文化的發祥地。境內民眾在世代相承的社會生活中，既沿襲著2200多年前閩越族先民遺留下來的傳統民俗與文化特徵，也保存著1340年前開漳將士從中原帶來的漢民族生活習慣、語言音韻、文化教育、宗教信仰、歲時節俗和生產技術等，形成一種悠久而多元的民俗文化現象。道教、釋教也在世俗化中融匯了儒家文化體系，結合形成了頗具地方特色、深富文化內涵的開漳聖王信仰民俗並相沿至今，為研究唐代中原移民史、閩南開發史和漳州社會發展史提供重要的實物依據。雲霄境內還分布著大量開漳史蹟，如閩粵名岳將軍山是「開漳始祖」陳政安息處，也因葬這位唐朝將軍而得名。雲霄威惠廟、將軍廟是閩粵臺等地影響最深遠的開漳聖王宮廟。燕翼宮又稱「開漳祖廟」，傳為開漳陳聖王故宅。陳政故居、戴郡馬亭、陳元光原葬處、停柩臺、軍陂、磨劍石、高溪廟、魏太母神道碑，以及上百座開漳聖王宮廟和開漳聖王巡安民俗等，都是一道道獨具特色的民俗文化風景。漳屬各地的開漳聖王史蹟也極為豐富，如芗城陳元光墓、松洲書院、官園威惠廟、路邊威惠廟、輔順將軍廟、漳浦威惠廟、藍田檀林威惠廟等。而遠在「唐人故里、閩臺祖地」的文化名邦河南固始，亦留存大山奶奶廟雲霄聖殿、浮光頂陳氏將軍祠，以及根親博物館等，無不展現中原根親文化的豐厚內涵。開漳文化作為首批閩南文化生

態保護展示點，包括已申報全國重點文物保護單位的陳政墓、雲霄威惠廟，以及將軍廟、將軍山公園、開漳歷史紀念館等，都是海內外開漳將士後裔們拜謁尋根的紀念地，為研究中華文化傳播衍變、傳承發展提供了鮮活的資料，也為後人追功報德、緬懷先賢留下許多彌足珍貴的文物史蹟。

開漳聖王文化作為民族遺產的一部分，是閩南文化乃至中華文化的血脈之根。開漳聖王信仰以民俗文化為載體，以血緣傳承為紐帶，兼具開基祖靈和神明崇拜雙重屬性，具有跨越地緣與血緣的普世價值。海內外陳氏族人將陳元光視為先祖，各姓開漳將士後裔則把他尊為共祖。歷經各朝廷冊封和地方官祀典，不僅抬高了開漳聖王的神格與廟格，而且祭禮也愈加隆重。陳元光完成了從人格到神格、由名將到聖人的文化嬗變；百姓們對他也由敬懼鬼神的祈安心態，到至神至聖般頂禮膜拜的轉化。歷代封建帝王為凝聚人心而持續不斷地褒封和推崇，助盛了開漳聖王信仰民俗及其傳播。古往今來，開漳聖王宮廟廣及閩南廈漳泉、閩中莆田、閩西龍岩、閩北福鼎、粵東潮汕、浙南溫州、江蘇同里、贛南、廣西、海南，以及河南固始、潢川。明清兩代，隨著閩南人移墾海外的腳步，開漳聖王信俗被帶往新加坡、馬來西亞、泰國、菲律賓、印度尼西亞、越南、臺灣等地，以及美國、日本等國家，成為閩南族群保境安民的民間保護神，也成為具有國際影響力的大陸神信仰。

## 三、開漳文化衍播海外

陳政、陳元光父子是閩臺等地陳氏後裔引以為榮的入閩肇基祖，考其祖籍初居山西河東運城一帶。唐朝建國後，屯墾於北原南山人口過渡地帶河南光州固始縣陳集鄉。這支「浮光世澤」河洛文化衍派，是中華民族大家庭中的一支，由千里南征的中原軍校兵士群體組成，先後有兩批將士相繼南征，連同軍眷人數近萬人，可考者有87姓：

卜、丁、王、方、尤、尹、石、弘、朱、甘、江、名、五、李、吳、沈、

汪、何、宋、邱、余、邵、林、周、金、馬、柳、施、洪、胡、柯、姚、種、孫、陳、六、翁、唐、高、郭、塗、徐、韋、耿、馮、許、莊、張、黃、曹、章、陰、麥、湯、鄒、曾、寧、葉、楊、詹、鄭、趙、廖、瞿、劉、歐、蔣、蔡、潘、盧、錢、鐘、蕭、薛、魏、戴、謝、韓、顏、羅、蘇、上官、司空、令狐、司馬、吐萬、歐陽。

開漳諸姓在閩南辛勤勞作，其後裔多留居漳土，成為今漳泉潮汕地區的主要人口。族裔遍布閩粵兩省，有的甚至遠播港澳臺和東南亞各國，在各地根深葉茂。唐末，黃巢之亂蔓及閩粵。這些中原府兵將士後裔為避亂之計，不少人泛海播遷臺澎金及南洋一帶。繼至明清兩代，又有更多漳民遷居臺灣、東南亞及世界各地，在海外形成獨特的「唐人文化圈」，既擴大了華夏文化的影響，又輻射著璀璨奪目的大陸民俗文化之光。

陳元光平定閩粵、在雲霄漳江流域始建漳州後，大陸文化逐步經中國東南海疆傳播到海外。唐五代時期福建貿易港興起，漳州、泉州、福州成為中國對外貿易的主要港口。自古以來，漳州故郡雲霄船舶運輸發達，物流暢通、商務開放、商賈雲集。公元9世紀，阿拉伯地理學家胡爾達茲比赫《道里邦國志》列舉唐朝4大貿易港，並載述沿途的經濟物產、風土人情等，除了「魯金」（唐代的龍編，今越南河內一帶）外，還有「漢府」廣州、「剛突」揚州、「漢久」漳州（又譯「建久」，應為方言漳州的諧音）[2]。志中載稱，此時的漳州臨河，有潮汐現象，與「漢府」廣州有8天航程。這裡指的就是瀕臨漳江、直通大海的古漳州雲霄一帶。明《八閩通志·山川》有唐嗣聖年間（684年）「胡商」康沒遮到閩南經商，在雲霄後埔溫源溪泡浴溫泉的逸聞[3]；陳元光《龍湖集》有「山畬遙獵虎，海舶近通鹽」之句。由此可知漳州建置前後，許多貨物由漳江航運碼頭集散吞吐，有外國商運船舶頻繁地往返於漳江上中游，商運往來繁盛。南唐保太年間（943—957年），三佛齊國（今印尼巨港）「蕃商」李甫誨將販運香貨所得捐建普賢院、兼顧陳政墓香火。此外，雲霄境內還留下古印度高僧來往傳教設壇的史蹟[4]。宋元時期，閩南海外貿易空前繁榮，泉州先後開闢了6條對外交通航線，與40多個國家貿易，不少福建商人、水手開始僑居東南亞各地。

受東南沿海對外開放環境的影響，加上本地生存空間窘迫，閩南部分中原將士後裔將目光投向海外。他們秉承開漳先賢開疆拓土的創業精神，開始了新的篳路藍縷的創業歷程，極大地促進福建沿海與東南亞各國的經濟文化交流，也促進了海外居住地社會進步和商業發展。明清期間，福建海上交通持續拓展，以鄭和七下西洋為契機，福建沿海與東南亞各國經濟文化交流進一步展開，於是就有更多的閩南人移居海外。隨著初唐以來雲霄漳江流域航運業的持續發展，及其此後月港的崛起，漳州對外貿易和文化交流不斷拓展，加快了漳籍民眾移居海外的步伐。明景泰（1450—1456年）前後，漳州月港漸次成為對外走私貿易之地；隆慶元年（1567年），明廷取消海禁，月港成為合法洋市準販「東西洋」；萬曆年間（1573—1620年）達到全盛，構成以漳州為起點的「海上絲綢之路」。前來貿易的國家與地區30多個，內地商家也達萬人。漳州城區「百工鱗魚，機杼爐錘交響」，手工業、紡織業空前繁榮。

　　「漳江思源懷固始，唐人訪祖到閩南。」早期漂泊海外的閩南漳籍僑民，因其先祖多系來自中原固始的唐朝將士而自稱「唐人」，因成華人之通稱；祖居地也因稱「唐山」，並衍化為對大陸的泛稱。而「唐山」之稱，世代相傳即指安葬唐朝府兵統帥陳政的雲霄將軍山，由於雲霄縣是唐代「漳州發祥地」，這座山陵也被視為「唐人祖地」的紀念聖地。隨著唐府兵將士後裔的播遷，故有「唐山過臺灣」的事實。而「唐山過臺灣」，其實就是「漳州過臺灣」。這些思鄉心切的中原府兵後裔以先賢開漳建漳為榮，這份情感，鮮明地體現了海內外漳籍同胞血濃於水的根蔓親情。

　　西洋航路開啟後，華人開始開發馬來半島。明萬曆六年（1578年），潮汕海澄人林道乾率眾來到北大年開發海上貿易市場，閩南、粵東不斷有人前往馬來半島謀生。據《東南亞華僑通史》載：「明末有兩支逃難的移民集團，一是到春武里定居墾殖的潮州人，另一是到宋卡定居墾殖的閩南人。[5]」據《龍海市志》載：「萬曆年間，葡萄牙殖民者畫製的馬六甲城市圖中，就有『中國村』、『漳州門』。當地政府任命龍溪籍華僑鄭芳揚為甲必丹，管理華僑事務。」「天啟二年（1622年），荷蘭東印度公司在廈門、海澄招募華工，漳州大批破產農民和工匠，前往巴達維亞修公路、建房屋、辟港口，或從事造船、農墾業。」至明末

清初，由於隨鄭成功抗清，以及清代中期發端於雲霄高溪的天地會反清活動，在中國東南沿海掀起了以漳州人為主移民東南亞的浪潮。這些移民將自己的信仰帶到移民地，移神和移民幾乎同時進行。從1720、30年代起，閩南粵東沿海民眾移民新加坡時，那裡已是英國殖民地。開漳聖王信仰與當地漳籍華人一道，在異國他鄉共同經歷著生存與發展的考驗。

鴉片戰爭後，西方殖民者在廈門等地招募契約華工，到東南亞及美洲當苦力。漳州一帶前往應募者，就達6萬多人。參閱《漳州府志》，到19世紀末，漳州出國華僑數目為20萬人。至1988年，旅外漳籍華人達70多萬人，主要旅居印度尼西亞、馬來西亞、新加坡、菲律賓、泰國、緬甸及歐美等20多個國家[6]。而遠涉南洋諸國開發建設的開漳將士後裔們，與當地原住民一起種植經商、開發建設南洋。由於出洋者絕大多數是單身男子，在異國久居落業後，即娶當地女子為妻，在開拓事業的同時繁衍生息，以致有「漢人錯居番社，多娶番婦為妻」、「有唐山公，無唐山媽」的俚語流傳海內外。1821年，廈門航船直達星洲，大批閩南人僑居移居新加坡。他們在其荒原、沼澤和叢林裡辟良田、鑿運河、修公路、開礦藏，從事中介商業和零售商業，使僻靜山村成為喧鬧的都市，寂寞荒島成為繁榮的商埠，成為推動當地經濟發展與文化進步的主力軍，也成為反對殖民掠奪壓迫的有生力量。開漳聖王信仰在新加坡衍播發展，以及民間信仰所具有的特質和理念，對獨立政體裡所經歷的角色與功能轉換，也發揮著推波助瀾的效用。

在臺灣，追隨明末清初鄭成功抗清，以及此後以漳州人為主的閩南人移民活動此起彼伏。被稱為「開臺王」的顏思齊、「阿里山之神」吳鳳、「宜蘭王」吳沙，祖籍都在漳州。據1953年臺灣人口統計資料顯示，當時臺灣100個大姓中，有63姓族譜載其先祖自中原固始遷入閩南，再由閩南遷入臺灣。大部分姓氏的開臺始祖，就是開漳將士的後裔。他們在居住地建廟供奉開漳聖王，表達對開漳先賢和故鄉熱土的深切緬懷。經長期融合生息，他們在居住地傳播開漳文化，使華夏文明不斷被當地文化所吸納和融合，形成相對獨立並頗具閩南特色的文化族群。這些來自大陸的移民，不僅成為開發海外和臺灣的骨幹力量，也成為大陸文化和閩南文化的傳播者。

## 四、開漳文化薪火傳承

　　開漳聖王信仰既是具有血脈傳承的祖根文化，又是世界性的民俗文化信仰。隨著閩南人闖海蕩洋的風檣，移墾者的足跡穿越了明清遼遠的時空，落籍於舟楫所及的海外彼岸。無論身居何處，他們心中永遠銘記血濃於水的故鄉泥土芳香，永遠守望生生不息的中華文明之光。中華民族倫理觀念和獨特傳統民俗，對海外僑胞價值文化觀有著深刻而廣泛的影響力，產生了十分巨大的社會功能。

　　在移居海外的華人墾拓史上，開漳聖王信仰伴隨他們漂洋過海，移植到新的居住地，成為唐人航海安全、僑居平安的保護神，具有鮮明的海洋特質。然而，故土的宗族綿延、血脈傳承和習俗衍播，無法淡化海外僑民濃烈的鄉土情緣和中華情結。他們既懷念久別的家國，又眷戀海外流灑過血汗的金色土地。於是就有祖居地的地方神祇、家族宗祠和觀念意識移植到新居住地。華夏民俗信仰落籍海外，既成為僑居點的守護神和大本營，又成為搭起民俗交流的親緣紐帶與文化橋樑，具有很強的宗教民俗凝聚力。目前登記在冊的漳州開漳聖王宮廟有251座；南洋諸島，共有聖王廟30餘座；在臺灣，也有380餘座，各地信眾超過8000萬人。這些落籍東南亞和海外各地的閩南移民，不少是開漳聖王陳元光及其將士的後裔。他們不忘祖先艱苦卓絕的奮鬥業績，把漳州一帶開漳聖王廟的分靈，按祖籍地廟宇格式營建開漳聖王廟，寄託對開漳先賢和故國熱土經久不息、延綿不絕的緬懷和眷念，把開漳聖王廟祀民俗移植到海外世代相傳、發揚光大。這種移民和移植現象，既是移墾者對家國和祖先榮譽的珍惜，又是華夏文化在海外的衍播和融合。辛勤勞作的移居者所從事的社會活動，極大地促進了地區開發和發展。

　　長期以來，開漳聖王作為海外漳籍諸姓移民安邦護土的保護神，在異國他鄉造成聯結地緣血脈親情的作用。儘管此時血緣宗祠不復存在，但故土情思和本源情感，激發他們以祖籍地為紐帶，結成協調共濟的地緣關係組織。而隨之而來的家鄉保護神，在他們艱辛的創業與發展中，充任了神聖的精神支柱。其主要因素有三：一是篳路藍縷的精神脊樑。征服自然、拓展事業祈求神靈，可在對付惡劣環境中獲取精神支柱。二是團結奮鬥的一面旗幟。抵禦外侮、聚集力量祈求神

靈，可在超越地域競爭中體現民族自尊。三是地緣關係的組織力量。團結同胞、聯絡鄉情祈求神靈，可在共謀事業發展中凝聚民族精神。當移民到達南洋進入艱辛的開拓時期，由於生活毫無保障、前途未卜，他們對宗教信仰的依賴性與日俱增，期待從中獲得心靈慰藉。所以，凡是開漳聖王廟最多的地方，往往是落籍漳人的聚居聚會和聯絡場所。他們還在僑居地成立血緣宗親會和地緣同鄉會，續修族譜，共融親情，架起炎黃子孫根系相連的民族紐帶，接上中華譜牒文化長城的關鍵鏈結。在海外僑居地，操河洛古音即閩南話的人群，冠漳州原鄉地名的聚落，沿漳州郡望堂號的宗祠，供漳州鄉土神明的寺廟，以及仿漳州藝術風格的建築舉目可視，延續著漳籍先民原鄉文化情結。團結合作的漳籍同胞在僑居地辛勤勞作，以及所從事的公益活動或回報家鄉義舉，對僑居國和祖籍國社會政治經濟各領域，都發揮著不可忽視的作用。這一民間宗教信仰以親緣與神緣為紐帶，凝聚著中華民族祖先開疆拓土的創業精神，堅守著中華文化核心價值，是一種民族道德文化的昇華，更是傳統文化留給後人的一座心靈殿堂，具有民族凝聚力和恆久生命力。海內外陳元光及其部屬後裔共祭開漳聖王，是中華文明一個重要的民俗文化奇觀。

歷史進入21世紀，海外漳籍華人進香朝聖團組紛至沓來。尤其前來雲霄威惠祖廟朝觀開漳聖王者，更是絡繹不絕，盛況感人至深！自1995年6月以來，新加坡陳氏宗義社、檳榔嶼漳州會館、浮光陳氏公會、保赤宮、舜裔宗親聯誼會，印度尼西亞蘇北省棉蘭潁川宗親會，馬來西亞陳氏宗親總會等華人會館社團，先後多次組團前來晉謁開漳祖廟，並欣然贈送「尋根夢圓」、「相約棉蘭，促進宗誼」等錦幛，表達了海外華人後裔崇賢尚德、追功報本的良好風範。為弘揚開漳聖王文化及聯誼精神，2006年10月，新加坡保赤宮隆重舉行首屆國際開漳聖王文化聯誼大會。來自世界各地的漳籍華人、臺灣各姓宗親雲集於此，謳歌開漳業績，弘揚開漳文化，光大開漳精神，共敘漳籍後裔的血緣骨肉親情。2008年5月，臺灣宜蘭舉辦第二屆國際開漳聖王聯誼大會。2010年6月，漳州舉辦第三屆國際開漳聖王聯誼大會。2012年6月，經馬來西亞陳氏宗親總會運作，由檳城陳氏宗義社主辦、檳城嶼漳州會館協辦的第四屆國際開漳聖王聯誼大會在世界文化遺產城檳城舉辦。

在新形勢下，開漳文化尋根之旅方興未艾。具有融合性、開放性、和諧性等豐富內涵的開漳聖王文化，是開展海內外交流得天獨厚的文化資源。以開漳聖王信仰為媒介，點燃「開漳聖王文化薪火，成就千秋大業傳承」，精心呵護海內外漳籍同胞共有的心靈家園，傳遞民族文化向心力、親和力、復興力，有利於加深中華文化認同和歸屬感，為開展海外交流或涉臺聯誼打下心理基礎。可見，弘揚開漳文化對於擴大中華文化在海外移民社會的影響，以及對增進民族團結和復興，仍具有廣闊的發展願景！

參考文獻：

1.鄭豐稔：《雲霄縣志‧名宦傳》（卷13，秩官），雲霄縣修志館，1947年。

2.〔阿拉伯〕伊本‧胡爾達茲比赫，宋峴譯註：《道理邦國志》，上海中華書局，1991年，第71～72頁。

3.（明）黃仲昭：《八閩通志》（卷8，地理），福建人民出版社，1990年。

4.湯毓賢：《回望清漳話城隍》（第2章），2012年，第35頁。

5.吳鳳斌主編：《東南亞華僑通史》（第4章，第2節），福建人民出版社，1994年。

6.郭上人：《漳州千年歷史特點探索》，《漳州社科論壇》，2005年第2期，第39頁。

（作者係福建省雲霄縣博物館館長）

# 試論閩臺江氏大聯譜的構想

江藝平

　　國有史，縣有志，家有譜，是為民族精神得以世代傳承的基礎。譜碟記載著姓氏始祖、支派繁衍、宗族世系、衍派播遷和歷史人物的名號、官職、事跡、墓地等，是內容豐富的文化寶庫，蘊藏著歷史學、社會學、人才學、人口學、民族學、方志學、姓氏學等方面的歷史和現實訊息，以血緣文化為特殊形式記錄了中華民族的形成和發展，是追根溯源、尋根問祖最直接的依據。譜碟研究是姓氏文化的核心和基礎科學，是海峽兩岸同胞民族認同和文化認同的重要基礎。

## 一、閩臺江氏源流概述

　　江姓主流源於嬴姓，得姓始祖為伯益三子恩成字元仲，受封江國，傳至48世孫貞公因國破而以國為氏立江為姓；另一支為翁氏所分，在五代後晉太祖天福年間，由閩國補闕郎中翁乾度六子分姓，次子處恭字伯虔分姓江，宋太宗雍熙二年（985年）進士，官拜泉州法曹，子孫亦沿襲姓江，沿用江姓原有郡望濟陽、淮陽，融入江姓大家族之中，「六桂堂」亦為洪、江、翁、方、龔、汪共同堂號。還有唐代蕭氏改姓江稱蕭江堂、清流縣魯野公改姓江等。

　　按全國姓氏最新統計，江姓是中國第52大姓，堂號有：忠廉、濟陽、淮陽、六桂、餘慶。

　　福建江姓始於永嘉之亂，八姓入閩之一，如吳興令江淹、建安內史江倩、建陽令江洪，多屬任官游幕。建安令江道興（八十五世）居泰寧，臨淄派廿九世江

仕榮遷莆田。西晉建興四年（316年），汝南定陽的江贊善隨元帝南渡，徙居福建建陽江墩，裔孫江明出任歸化鎮臨，定居歸化（今泰寧）。唐初，河南固始陳政、陳元光父子入閩辟漳州郡，61姓隨行軍校含有河南江姓，多落籍閩南沿海。唐乾符二年（875年）為避「黃巢之亂」，江一野、江二野兄弟遷往南劍州將樂縣歸仁里明溪，而後轉往汀州路寧邑皇華驛（宋代改清流麻仁里，復改倉仁里），再徙清流大路口。唐代，江孟德自江西饒州入閩，開基寧化石壁，其後裔播衍福建的永定、上杭和廣東的潮州、大埔等地。唐僖宗三年（875年），江塾一、江塾二兄弟為避黃巢之亂，從江西建昌府南豐縣以遊獵為名入閩。南宋德佑年間，江子玉知南劍州（今南平），後裔落籍福建各地，江萬傾及其子孫由江西都昌遷徙福建汀州寧化石壁村，為閩西江氏入閩始祖。元末明初，朱元璋起義，祖籍浙江金華府蘭溪縣白水井的江君麗，隨朱元璋義軍南下福建，掃蕩元兵，封都政使司，後與江姓族人一起，居福州連江縣祠臺，再遷居琅岐，為琅岐島首居江姓先民，已有660多年歷史。南宋時，江縞率族遷江西都昌，傳至江曄（八郎），為閩、粵、贛始祖，生萬里、萬載、萬頃三子，宋度宗左丞相江萬里及其弟萬頃抗元殉國，由萬載及孫由江西遷福建寧化百壁村，為江氏入閩之始。其後江百徙永定高頭鄉開基，分東山、北山、南山三大房，江肇元遷平和葛布大溪村開基。江萬載率二子隱居泉州府同安縣嘉禾里湯坂社（今廈門市湖里區田里社區），後又徙居高林、龍海港尾鎮，繁衍成族。江萬載裔孫江季官於明嘉靖年間因避寇患由港尾遷居同安汀溪鎮五峰村嶺頭社。

根據江氏先後入閩過程，參照泰寧（閩北族系）、福州琅岐（閩東族系）、永定（閩西族系）和同安（閩南族系）等相關譜牒資料，筆者繪成《福建江氏遠祖世系圖》，自黃帝始繁衍閩東、閩西、閩北、閩南四大族群板塊，成為福建江氏主流。遷臺的江氏則主要為閩西、閩南，江曄後裔，八郎公傳人。

據《臺灣區姓氏堂號考》資料統計，臺灣江氏人口有152885人，為各姓排行第25位。人口達萬人以上的縣市有：臺北縣（21805人）、臺北市（17316人）、嘉義縣（13065人）、桃園縣（11816人）、彰化縣（11766人）；集中居住著江姓的鄉鎮為：彰化縣員林鎮、臺北縣板橋市、嘉義縣大林鎮、臺中市北屯區、雲林縣西螺鎮。

《永定江氏宗譜》載，自永定高頭遷臺開基的江氏有313人。從《臺灣省通志》等資料可見，高頭江氏主要遷往臺灣臺北三芝、板橋、中和、新莊、土城鄉、八里鄉、臺中南區、大雅，桃園大溪、觀音鄉、蘆竹鄉、八德鄉、龍潭、新屋鄉、中壢鄉，彰化員林、永靖鄉，新竹新埔、寶山鄉，嘉義梅山和基隆、苗栗等地。

　　《臺灣省通志》住民志姓氏篇還記載和平籍遷臺祖有16人，入臺地點為嘉義竹崎、山仔頭莊、打貓大蒲林、臺中北屯、潭子鄉、霧峰、東勢，臺南新化、楠西鄉和彰化員林、桃園大溪等地；詔安籍遷臺祖5人，入臺地為臺中縣豐原、臺南竹園楠西和臺北縣、桃園縣等地。

　　臺灣江氏體現了如下特點：

　　1.遷臺時間始於明末，盛於清雍正、乾隆年間。

　　2.入臺祖根在閩粵，尤以永定、平和為最。移居起因多非官方安排，而是依宗族鄉土關係的互相牽引，「一人帶一人去，一家帶一家去」，因此移民背景體現為家族性和地域性。

　　3.臺灣各地均有江氏分布，但以臺北、桃園、彰化、嘉義為主。

　　4.在臺江氏族人非常重視根源祖地，多在定居地建造本宗祠堂。如：臺北縣三芝鄉的圓窗江氏宗祠、江士學公祖厝、開臺江震廷公祖厝，臺北縣土城鄉開臺江任康公祠堂，桃園縣大溪鎮江千五郎公宗祠、觀音鄉水尾村江琪臻公祖家、龍潭鄉三水村渡臺19世祖在里公祠堂，苗栗縣公館鄉渡臺祖觀妹公祠堂，臺中江厝永盛公開臺宗祠，彰化縣員林鎮三條里純直公開臺祖家、江包祖家，臺北板橋深丘16世宏海公祠等等。而且還有許多江氏族人將在臺定居地依家鄉地名取名，如桃園大溪系取平和大溪之名。

　　5.尊祖敬賢，在定居地臺灣江姓族人多建造祠廟供奉祖家地方神祭拜。常見的有：

　　（1）定光佛：同安人，北宋名僧，法名自嚴，乾德二年（964年）到武平南安岩。一生除蛟伏龍，疏通航道，為民祈雨請命而有功於民，大中祥符四年

（1011年）應邀往汀州府建廟講佛，八年正月初六日圓寂，後被客家人尊為定光佛。

（2）東峰公：永定人，名江寬山，字東峰。明朝嘉靖年間，饒平盜賊張璉為害一方，他率領子弟抵抗盜賊時不幸與三子二侄同時遇害，後官府賜「義勇」匾。為紀念其功績，建「東峰祠」祭祀。東峰公的信仰隨江氏子孫繁衍而散布於汀州、漳州府一帶，視他為宗族守護神，此傳統流傳至臺灣，在臺北三芝、板橋湳仔、四汴頭，嘉義的大林溝背、水上江竹仔腳、新港菜公厝，以及臺南楠西鹿陶洋等，客屬江氏後裔都虔奉這位祖先神明。

（3）民主公王：永定高頭村奉祀的王爺。

（4）大人爺：明末惠安東園人，名江際吉。

6.閩臺兩地江氏往來密切。1949年前，臺灣許多江氏後裔常派人回祖家祭祖謁靈。不少人在臺灣創業置產之後，又回原籍置業。如高頭東山房江勝蕃「自幼往臺置產，及歸梓里，手建田宅以遺子孫」；江漢鼎、江漢北兄弟，去臺艱苦創業，發跡後回高東修建揆日樓；南山房江由興去臺後，廣闢田園，事業發達繁榮，其後人回高南建了春暉樓；江泰鬆去臺傳至21世，已有兄弟8人，事業興旺，其中最小的回高南建了桂馨樓，修了第17、18世的祖墓，然後，又去臺灣，將樓託人代管，這些樓至今尚存。改革開放以來，永定、平和、詔安、惠安的江氏臺胞紛紛回福建祖地尋根謁祖，修建祠堂，祭拜先祖。

為加強閩臺江氏的聯誼互動，深入研究兩岸江氏文化，八閩江姓族人共同組建成立正式的民間學術社團——福建省姓氏源流研究會江氏委員會。2012年3月，福建省省長蘇樹林率領閩臺合作交流團赴臺灣開展「敘鄉情，話合作，促雙贏」參訪活動，由福建省姓氏源流研究會江氏委員會會長、志高集團董事局主席、著名慈善家江東廷先生率領的江氏委員會宗親參訪團隨同展開訪親之旅。3月27日，臺灣海峽基金會董事長、國民黨副主席江丙坤先生在臺灣海基會大樓會客廳親切會見了江氏委員會宗親參訪團成員，筆者亦同行拜見江丙坤先生，感受海峽兩岸江姓族人的骨肉親情，並贈送《福建江氏遠祖世系圖》。

## 二、臺灣江氏社團概況

因受唐末宋初翁乾度六子分姓傳說的感召，臺灣的江姓宗親社團有的和東南亞許多國家一樣，改組為六桂宗親會，並有個別洪、翁、方、龔、汪姓族人加入，但仍然以江姓為主。例如：

桃園縣六桂宗親會：1987年1月4日登記成立桃園縣江姓宗親會（桃社政字第711號），創會長江支波，至第四屆於1995年8月6日改組為桃園縣六桂宗親會，首任理事長江春城，現任理事長江衍仁，下設觀音分會（2009年第十屆會長江新發，有一支改姓為江謝複姓）、大溪‧復興分會（創會長江會川，現任會長江水清）、新屋‧楊梅‧三水分會、中壢‧平鎮分會、龍潭分會等五個分會。桃園江氏屬濟陽堂，主要祖源地為漳州市詔安縣。

新竹縣六桂宗親會：1977年2月8日登記成立新竹縣江姓宗親會，創會長江清吉；1997年9月21日改組為新竹六桂宗親會，首任理事長江澄輝，現任理事長江兆堂。

宜蘭縣六桂宗親會：1978年11月11日登記成立宜蘭縣江姓宗親會，創會長江受；1994年4月改組為宜蘭縣六桂宗親會，首任理事長江德祥。

苗栗縣六桂宗親會：原為苗栗江姓宗親會，1978年11月16日改組登記為苗栗縣六桂宗親會，創會長江增量。

花蓮縣六桂宗親會：2000年10月1日正式登記成立（花蓮縣政府八九府社行字第114814號），創會長江木火，現任理事長江楊曜銘。

實際上早在六桂傳說三千多年前已有江姓，只因六桂堂傳至江南諸省市及海外，分姓後的六桂又融入原有六姓大族群中，歷經一千來年，同流同化，難理清支系正宗與否，海外六姓後裔為求生存謀發展而組成六桂社團，成為異姓聯宗的典範。而江姓和其他五姓一樣，仍沿用原有郡望，即「濟陽」與「淮陽」。

以臺灣北部為主，部分江姓社團並未加入六桂，這些社團大多來源客家族

系，與六桂社團也有一定互動。主要有：

基隆市江姓宗親會：1855年創辦，參與「中元主普」祭祀活動，江丙坤先生曾於2000年參與祭祀，任榮譽主普主任委員。1957年12月12日宗親會正式登記成立，每年農曆十月二十一日舉行祭典，祭拜江東峰公。1946年成立基隆市江府大人爺慶典委員會，主任委員江金能；1960年3月4日成立基隆市江氏教育基金會，董事長江寶義；1980年5月26日成立財團法人基隆市江氏東峰公神明會，置樓產二處為會館，董事長江春源。宗親會首任理事長江嘉輝，2004年第15屆理事長江敏賢，按仁愛、信義、中正、中山、安樂、暖暖、七堵、北縣瑞芳、北縣土城等九個地區分25個組，下設自強委員會。基隆江氏屬淮陽堂，祖源地為泉州市惠安縣東園鎮下坡、郊坡、山紫陽、後港隸邊、東園、侖前、前康、井上、洛陽等村和漳州市龍海市港尾鎮石埠村。臺灣現任「行政院院長」江宜樺先生亦出於基隆。

臺北市江姓宗親會：1986年12月26日成立，理事長（2006年）江丕楠。臺北江氏同基隆江氏一樣，也屬淮陽堂，祖源地惠安霞里。1998年12月15成立財團法人臺北霞里江氏宗祠，董事長江漢中。

新北市江姓宗親會：1995年7月1日正式登記成立（北府社一字第234629號），理事長江德成，會館設在新北市三芝區中山路2段28號，各鄉鎮設辦事處。新北江氏屬濟陽堂，為客家族系，祖源地為龍岩市永定縣高頭鄉。新北市還有財團法人臺北縣江璞亭祭祀公業，設在板橋市中山路一段293之1號14樓，董事長江正露。

嘉義縣江姓宗親會：1997年12月30日正式登記成立（嘉府社行字第160535號），創會長江景淵，現任理事長江嘉雄。嘉義江氏以大林鎮溝背的江氏族人為主，祭拜江東峰公，也和新北江氏一樣屬濟陽堂，客家族系，祖源地永定高頭。

臺南市鹿陶洋江家古厝管理委員會：現任主事江晉清，屬濟陽堂，祖源地為漳州市詔安縣。

高雄市江府大人爺慶典委員會：主任委員江頂玉。

## 三、閩臺江氏族譜現狀

（一）福建江氏族譜

1.舊版族譜

《霞葛江氏族譜》，詔安明崇禎十三年江化鯉輯，1997年江春霆撰，收藏於福建省圖書館。

《雲路江氏宗譜》，（民國）江秀清修，民國三十一年（1942年）南臺大華印書局鉛印本一冊，收藏於福建省圖書館。

《瓊溪江氏宗譜》（建甌）。

《溪南呂江氏族譜》（上杭），不分卷，（清）江永昌續修，清光緒二十六年（1900年）木刻活字印本，收藏於福建師範大學圖書館。

《濟陽江氏宗譜》十卷，（清）江廷霖等修，清光緒六年（1880年）木刻活字印本，缺一卷。收藏於安徽省徽州市博物館。

《景隆玉牒》《閩中世譜》，咸豐五年（1855年）江振武，1966年歲次丙午抄譜，2010年清明節前七日江相麒續修，江相海收藏。

《江氏族譜》（連城姑田），1947年。

《江氏族譜》（政和下園），1924年江文珍重修。

《嶼後江氏族譜》，廈門江維再1923年手抄本複印，26頁。江元毅（惠安9世）號仕佾，清順治十四年（1657年）由惠安下埭來嘉禾里（今廈門島）嶼後開基，世系至15世。

《江氏族譜初稿》，海滄貞庵江熙己亥年編，1985年江清涼抄本複印，收藏於廈門閩臺姓氏文化交流中心族譜館。

《江氏族譜》，翔安區文崎村，民國廿二年（1933年）重抄本複印。尊江承祖為始祖，從同安湯坂里（今廈門市湖里區田里社）遷居同安馬巷鎮井頭村江

厝（現文崎），分三大房，世系至17世。收藏於廈門閩臺姓氏文化交流中心族譜館。

《嶺頭江氏族譜》，同安光緒年間抄本，為「淮陽同安嶺頭衍派江氏族譜」。江季官明嘉靖年間單身從港尾到同安嶺頭開基，分三大房，傳至11世。收藏於廈門銀城文化傳播有限公司。

2.新編族譜

《江氏族譜》，1988年9月初版，江希賢主編。

《江氏族譜》，1988年5月連城縣姑田鎮中堡村江陽矩、江鬥星等編。

《廟前江氏族譜》，廟前五修族譜編委會編，江初祥主編，2005年12月印刷，770頁，尺寸26×19cm，精裝本。尊連城江坊江九郎為入閩始祖，永宗為廟前始祖，明宣德四年遷廟前，世系至22世。對入閩上祖存疑。

《尤溪九都彭坑保江氏族譜》，2010年，收藏於廈門閩臺姓氏文化交流中心族譜館。

《江氏族譜》（政和下園），1989年江作平手抄本。

《江氏族譜》（鳳林），1990年江壽昌手寫本。

《江氏族譜》（車潭），葉滋潤編，1990年手抄本。

《湖坂江氏二房派家譜》，2009年增修抄本。淮陽堂，開基始祖振魁公為萬載公後裔，四世孫佛智由同安湯坂里遷徙安溪縣蓬萊郭山，後移居尚卿尤俊，再移湖坂開基，傳至13世。原譜收藏於安溪縣湖坂村，複印本收藏於廈門閩臺姓氏文化交流中心族譜館。

《永定江氏宗譜》，永定江氏宗譜編纂委員會編，江林宣主編，常務副主編江文野，副主編江城。2003年秋出版，精裝印刷本，1116頁，尺寸30×20cm。屬上杭派，尊江八郎為1世祖，分三九郎、四六郎、百八郎、念二郎、念三郎五大派系，世系至31代。

《永定江氏宗譜》（增訂版），永定江氏宗譜編纂委員會編，江源生主編。

2010年10月出版，精裝印刷本，1264頁，尺寸30×21cm，網路電子族譜已上網。尊江八郎為1世祖，分五三郎、四六郎、百八郎、念二郎、念三郎五大派系，世系至32代。

《玉庫江氏族譜》（古田），江千智等編，1998年冬內部印刷，162頁，尺寸26×19cm，精裝本。尊江道生為1世祖，世系至25世，收藏於廈門閩臺姓氏文化交流中心族譜館。

《三坪江氏宗譜》，上杭縣三坪江氏宗譜編纂委員會編，江瑞金、江振東主編。2007年冬印刷出版，243頁，尺寸25.5×19cm。尊江八郎為始祖，分四六郎、五三郎2個分譜，世系至28世。

《濟陽江氏簡介》（福州琅岐），江愛耕撰，2002年印，無頁碼，尺寸29.5×20cm。以君麗（明初從蘭溪白水井遷連江再至琅岐）為始祖，傳28代。

《江氏族譜》（長汀），江漢亮編，1996年8月，101頁，尺寸25×18.5cm。尊江泰隆為始祖，世系至27世。

《泰寧江氏族譜》（泰寧），文襲公等分房合編委員會編，江秀全主編。2011年秋月出版，542頁，尺寸28×20cm，精裝本。尊唐代明公（道興派系）遷泰寧為1世祖，分廷儼、真老、圭公支譜，世系至43世。

《江氏族譜彙編·江姓源流史資料集》（第一卷），江重蓉編纂，2006年12月印刷，227頁，尺寸26×19cm。（內有魯野、八郎世序，舊序多）

《港尾石埠江氏家譜》（龍海港尾），2009年12月。（無世序）

《淮陽江氏坑柄族淵源集本》坑柄江光歲手抄本複印，2000年江氏修建族譜籌委會翻印，17頁，尺寸24.5×17cm。附《淮陽江氏族譜》。坑柄今泉州市金柄社區，開基祖為立基，元至正年間從福清遷南安二都。

《鴻江族譜》（平和）華夏平和鴻溪江氏淵源研究會編纂，江佩瓊主編。1999年元月鉛印精裝本，522頁，彩照6頁，尺寸26×18.5cm。始祖江肇元。上祖百十三郎。百十三郎父為鐸，鐸之父為萬頃。世系至26代。附表有往海內外一覽表、大中專畢業生一覽表。

《阜宅江公永襄古厝》江友飛編，2003年10月，42頁，尺寸29×20.5cm。附阜宅江氏淵源之派，始祖天明，世系至21世。阜宅今福州閩侯白沙新坡村。

《江氏族譜》（詔安霞葛江寨井邊），1996年8月江楨祥編，鉛印本47頁，尺寸19×13.5cm，新印紅封面。言百十二郎遷居漳浦二都林婆畬陳東坑（今詔安霞葛江寨井邊）。延續多代後生三郎（即啟昌1世），啟昌生六郎（宗貴2世），六郎生5子，3世一郎（天生住天堂生6子）、二郎（天福移南坑生2子）、三郎（天祿移廣東生3子）、四郎（天壽住坑頭生4子）、五郎（天全井邊守祖生5子奪志、榮福、老和、創庵、坤傳）即分五大房。五郎生十一郎（即淑孫），居霞崗。以啟昌為1世祖，至3世分5房，無世系，皆文字介紹。（詔安）

（二）臺灣江氏族譜

1.舊版族譜

《員林江氏家譜》不分卷，平和（清）江登甲纂修，（民國）江元續修，清光緒元年（1875年）原本，民國二十四年（1935年）手寫本一冊，收藏於臺灣。

《永定濟陽江氏歷代宗支總譜》（著者待考），清光緒二十四年（1898年）手寫本一冊，收藏於臺灣。

《永定江氏神位世系圖》（著者待考），清朝年間木刻活字印本一冊，收藏於臺灣。

《永定江氏族譜》不分卷，（民國）江建新置，民國二十七年（1938年）手寫本一冊，收藏於臺灣。

《鴻溪（種德堂）江氏族譜》不分卷，（明）嘉靖二十五年（1546年）江萬仞始修，（清）江元健纂修，清咸豐六年（1856年）抄本，收藏於臺灣。

2.新編族譜

《江氏大族譜》（臺北），江春霆纂修，2003年印刷出版，446頁，尺寸

25×18.5cm。分八卷，卷一，姓氏肇始、江姓源流；卷二，歷代編序、濟陽家族；卷三，世系分遷、六桂淵源；卷四，昭穆譜訓、先賢圖文；卷五，江姓列傳、歷代名著；卷六，入閩事略、分區發展；卷七，渡臺開墾、在臺名人；卷八，宗親會、祭祀公業。臺灣江氏贈送，收藏於廈門閩臺姓氏文化交流中心族譜館。

《霞里江氏族譜》（惠安），江春霆纂修，1997年臺北縣出版，260頁，尺寸25×19.5cm。尊惠安下坡友杰為始祖，分三大房，世系至21世。臺灣江氏贈送，收藏於廈門閩臺姓氏文化交流中心族譜館。

《江氏族譜》，新生出版社發行，1970年出版，第十六頁記載了臺灣濟陽江氏本源。

《江氏大族譜》（臺灣），江克杉編，1975年臺中臺光文化出版社出版。臺灣省姓氏研究學會贈送，收藏於廈門市閩臺姓氏文化交流中心族譜館。

《江氏族譜》，江氏族譜編纂委員會編，1964年臺南縣三和印刷廠印刷。

《濟陽江氏歷代族譜》，江榮國編，臺北板橋，1956年。

《江九合公族譜》（彰化員林），江世凱總編，江九合公族譜編輯會編，1991年12月出版，618頁，尺寸26×20cm，精裝本。以平和千五郎（肇元）為1世祖，13世包公移臺灣嘉義縣水上，裔孫後遷彰化縣員林，分九大房，世系至23代。臺灣江氏贈送，收藏於廈門閩臺姓氏文化交流中心族譜館。

《江東興公族譜》（彰化員林），江東興公支譜編輯會編，江煌輝總編，1996年10月版，325頁，尺寸26×19cm，精裝本。尊平和千五郎（肇元）為1世祖，13世東興媽乾隆九年（1744年）攜五子移臺灣彰化員林，分五大房，世系至23代。臺灣江氏贈送，收藏於廈門閩臺姓氏文化交流中心族譜館。

《江氏家譜》（永定南溪水尾樓），江堅編，1997年5月臺北華文出版社，142頁，尺寸20.5×15cm，中英文對照精裝本。為永定南溪水尾樓福振公（21世）房家譜。

《江姓族譜》（臺灣），江光元編，1997年印刷，143頁，尺寸

25.5×19.5cm。內有臺灣江氏世序表，含上杭三代永定高頭三山分房派世系、平和千五郎派世系、詔安派世系。臺灣江氏贈送，收藏於廈門閩臺姓氏文化交流中心族譜館。

《江士香族譜》（桃園大溪），江士香管理委員會編，江衍升主編，2011年4月出版，尺寸26×19cm，精裝本。尊平和縣大溪鎮千五郎（肇元）為1世祖，14世江士香遷臺灣桃園大溪，世序至23代。臺灣江氏贈送，收藏於廈門閩臺姓氏文化交流中心族譜館。

《江氏族譜》（桃園新屋），2003年8月出版，256頁，尺寸30×21cm，精裝本，江福卿主編。祖源地龍岩市永定縣高頭鄉高北村石圳下，尊由寧化石壁下移居上杭的元仲113世八郎公江曄為始祖，屬永定高頭北山鯉公房，4世祖百八郎公移居永定高頭，9世祖添洧公分衍北山村，19世祖鑒周公乾隆年間遷徙臺灣，為開臺始祖，祖塔地在桃園縣新屋鄉下田村三鄰，已傳至30世。臺灣江氏贈送，收藏於廈門閩臺姓氏文化交流中心族譜館。

《江氏祖譜》（臺灣‧臺南‧楠西），江晉清修，2009年10月彩印版，尺寸29.7×21cm，電腦影印本。1947年首修，1953年江萬金二修，1997年江朝三修，本譜為四修本。平裝1冊，48頁。尊江三郎（謚啟昌，妣田八娘）為詔安霞葛開基始祖。載《鹿陶洋本殿重建緣起紀事》，首頁為江東峰畫像，第二頁為江萬里畫像。本譜以江三郎（即啟昌）為一世祖記代，康熙六十年（1721年），12世。如南從詔安井邊下割遷居楠西鹿陶洋，分二大房，共二十三代。臺灣江氏贈送，收藏於廈門閩臺姓氏文化交流中心族譜館。

《江洪俊公派下族譜》（彰化永靖鄉竹子村），江洪俊公派下族譜編輯委員會編，江信利編輯，1994年6月精裝本，101頁，尺寸26×19cm。尊八郎為1世祖，屬永定高頭北山鯉公房，20世洪俊遷居彰化縣永靖鄉竹子村，分三房，世系至28代。臺灣江氏贈送，收藏於廈門閩臺姓氏文化交流中心族譜館。

《江氏族譜》（臺灣嘉義大林鎮溝背里大埔角），大林鎮溝背里大埔角江氏編，電腦影印本，尺寸25.8×19.3cm，書名據封面題。平裝1冊，44頁。尊上杭八郎為1世祖，屬永定高頭南山房。約康熙末年，19世士浩移居嘉義縣大林鎮溝

背里大埔角。分7房，世系至28代。開基始祖江士浩生三子：招舍、進舍、楊舍。招捨生四子：庚懷、欽懷、貴懷、有懷。楊捨生七子：龍懷、敬懷、廷懷、杰懷、雅懷、俊懷、保懷。本譜奉招舍一脈為上大房。奉楊舍長子龍懷一脈為大房；楊舍次子敬懷一脈為二房、廷懷一脈為三房、杰懷一脈為四房、雅懷一脈為五房、俊懷一脈為六房、保懷一脈為七房。譜載清代由永定高頭、漳州平和、詔安、海澄縣（今龍海縣）、廣東饒平、海豐縣、陸豐縣江氏開基臺灣始祖名錄（第9、10頁）。臺灣江氏贈送，收藏於廈門閩臺姓氏文化交流中心族譜館。

《江氏族譜》（彰化縣永靖鄉福興村），2011年4月電腦影印本，33頁，尺寸29×20cm。尊八郎為1世祖，屬永定高頭東山寬山房，20世賓演往彰化縣永靖鄉，此為賓演裔孫25世系興元公派下家譜，分2房，世系至32代。臺灣江氏贈送，收藏於廈門閩臺姓氏文化交流中心族譜館。

《在蛟公家譜》（臺中大雅），手抄本，24頁，尺寸17.5×18.5cm。尊八郎為1世祖，屬永定高頭東山寬山房，19世在蛟乾隆年間往臺灣臺中市大雅。此本為20世涵演五子華麟之家譜，分7房，世系至27代。

《江謝族譜》（桃園觀音），1994年春三文印刷有限公司印刷，126頁，尺寸26×19cm，精裝本。屬永定高頭東山房，尊江八郎為1世，18世漢宣移臺灣板橋，子孫再遷桃園觀音崙坪，23世元順改為「江謝」複姓。臺灣江氏贈送，收藏於廈門閩臺姓氏文化交流中心族譜館。

《江氏族譜》（桃園中壢，四十六郎公派譜），江明勇編，2006年文化印刷有限公司印刷。214頁，尺寸30×21cm，精裝本。屬上杭八郎公派系，四世四六郎（萬四）移詔安縣秀篆，分三大房。12世奕靜、奕鏡來臺灣桃園縣中壢開基，分三大房，世系至21代。臺灣江明勇先生贈送，收藏於廈門閩臺姓氏文化交流中心族譜館。

《福建惠安霞里江氏家譜》，江顯正編，1988年印，尺寸25×18.5cm，36頁（無頁碼）。為惠安下坂江氏譜，始祖友杰，為長房5世祈光6兄弟家譜，世系至10世。臺灣江氏贈送，收藏於廈門閩臺姓氏文化交流中心族譜館。

《濟陽堂澤良江公派下族譜》（苗栗頭份），江舉仁主任，江信雄主辦，

2011年3月印刷出版，73頁，尺寸29.5×20cm。苗栗縣頭份東興里開臺祖14世江澤良，祖籍廣東海豐縣田睦接正東州坑，分上、下五大房，世系至25世。臺灣江氏贈送，收藏於廈門閩臺姓氏文化交流中心族譜館。

《淮陽江氏族譜》（臺灣臺中市山仔頂長竹巷），江德茂序，臺中市山仔頂長竹巷江氏宗親會編，電腦影印本，2002年3月版，尺寸26.5×19.3cm，書名據封面題。平裝1冊，21頁。1980年首次修譜，1987年二次修譜，本譜為三修譜。遷臺始祖江扶，妣張氏，名絹，諱純儉。江扶，祖籍福建漳州府平和縣南勝墟江西田。清乾隆初年遷臺灣臺中山仔頂長竹巷開基，為該支江氏入臺始祖。本譜以江扶為一世祖記代，分四大房，共十代。本譜附通訊名錄。館藏電子版。臺灣江氏贈送，收藏於廈門閩臺姓氏文化交流中心族譜館。

《濟陽堂江氏在里公派下第廿八世兄弟聯誼會章程》桃園縣龍潭鄉三水村江氏編。1998年11月印刷，尺寸29×20cm，無頁碼，共14頁。內有在里公（19世）派下世系，屬永定高頭東山房，世系至29代。

《重修濟陽江姓族譜》（嘉義縣大林鎮溝背），江寮馨增訂，2009年孟春電子版。屬高頭東山房，以八郎為1世祖，20世達選（在岸子）於清雍正年間（1730年）遷居臺灣住嘉義縣大林鎮溝背里，在臺世系至29代。

《濟陽江氏族譜》（彰化員林）江宏霖編，戊辰年仲冬手寫本。以平和千五郎為始祖。13世東興媽乾隆九年（1744年）攜五子移臺灣彰化員林，分五大房，世系至20代。內有道光十五年（1835年）江克綏續在臺世系，又有宣統元年（1909年）江洽源續譜。電子版。

《江氏敦厚公派下家譜》（彰化西上），2000年編。屬詔安下割派，上祖（祖名失記，注盧氏媽）移廣東潮陽縣貴山鄉。以潮陽縣盧氏媽為1世祖，10世敦厚渡臺灣彰化縣西上堡，世系至18代。裔孫在苗栗。電子版。

《江國光謚利賓公族譜》（彰化員林），江維勝編，江德基光緒廿一年再錄本。以江八郎為1世祖，屬永定高頭北山鯉公房，23世曾廣道光六年（1826年）移居彰化縣員林三塊厝，分3房，世系至28代。臺灣江氏贈送，收藏於廈門閩臺姓氏文化交流中心族譜館。

《江氏族譜》，1964年江輝泉編。內有江氏統譜、上杭八郎譜。此譜以永定高頭百八郎為主脈，下列移臺灣各支系，其中：平和千五郎派系有包公（13世）；北山派系有曾廣（23世）；東山派系有璞亭（漢瑜，18世）、在瑞（19世）、在美（19世）、任康（20世）；詔安啟昌派系有譜、永定百八郎譜、東山房渡臺北江蒼蕃詳譜、北山譜。

## 四、網路聯宗修譜構想

　　縱觀閩臺兩地江氏族譜，普遍存在一種現象：在福建江氏族譜中，經常看到第幾世某某人「去臺」或「遷臺」等字眼，有的表述較為詳細一些，例如於清光緒年間修撰的同安手抄本《江氏族譜》記載「三房孫邑庠生諱化龍名宗敦字希卓」之三子國治、四子國英「分基臺灣鹽水港」，而在臺灣江氏族譜中，常見從「來臺祖」或「開臺始祖」往下續延。來臺祖如果能接續大陸的世系，其世系不是從一世祖開始的；如果大陸先祖世系不明，則以來臺祖為一世祖往下順延。

　　能夠明確世系的臺灣族譜如果能找到對應的福建族譜就能實現真正的族譜對接。例如以永定高頭江氏為主的《永定江氏宗譜》（增訂本）第523頁記載：高頭北山房十八世奇瀾三子「鑒周諱曠懷」去臺。而在2003年由江福卿主編的臺灣桃園新屋《江氏族譜》中記載的是十九世祖鑒周公乾隆年間遷徙臺灣，為開臺始祖，真正實現了無縫對接。筆者赴臺訪親時就曾考察鑒周公在桃園縣新屋鄉下田村三鄰的祖塔地。將《永定江氏宗譜》和桃園新屋《江氏族譜》電子化以後，運用專有的數據庫技術「一鍵尋祖」，就能將鑒周公或其後人往上溯源，連接到直繫上輩，直至江氏得姓始祖元仲公。

　　「一鍵尋祖」是廈門譜盛網路工程有限公司研發十多年的專用軟體，是中國目前唯一獲族譜方面的國家電腦軟體著作權登記證書（編號：軟著登字第068907號，登記號：2007SR02912）。其採用先進數位化、網路化手段將傳統族譜數位化、網路化。實現在網上只要輸入姓名或點擊譜名、支系、房派或輸入

關鍵字就可查找到相關入譜人訊息和溯源訊息，讓閩臺兩地江氏族親在兩岸就可查詢「世系血脈圖」、「五服九族譜」、「世傳譜」、「三代溯源」、「一鍵尋祖」和「兩人共祖」查詢，如輸入臺灣某某人名號和輸入大陸某某人名號，點擊「兩人共祖」就可自動查找兩人之間第幾代祖宗相同，實現真正意義上祖源對接，使古老傳統的族譜實現現代化的電腦管理，得以永世保存。

根據閩臺江氏族譜的現狀，筆者的夢想是：以福建省姓氏源流研究會江氏委員會為核心，與臺灣六桂宗親總會和各地江氏宗親會聯合，在兩岸江氏主要中轉站——廈門，組建「閩臺江氏族譜研究院」，作為閩臺江氏聯譜基地，在閩臺兩地江姓或與江姓相關的各個宗親會和各個江氏文化研究社團設立分院或聯絡站，作為分支機構，協調開展修譜活動。

「閩臺江氏族譜研究院」的工作可按如下步驟展開：

1.建設網站：建設海峽兩岸江姓族人的網路平臺——「閩臺江氏源流網」（域名：mtjsyl.com），以作為閩臺江氏族譜研究院和各地分支機構的網路聯動渠道，在兩岸各地設立網站管理員，均可在所屬地直接進入網站進行管理維護。

2.收集族譜：透過各個分支機構，廣泛收集海峽兩岸的江姓族譜，如屬珍存的手抄本或孤本則進行掃描或翻拍，進行複製，使這些珍貴的江氏文化遺產得以延續保存。

目前已經收集的江姓族譜有福建譜15冊、臺灣譜17冊，有翻拍的舊譜18冊。有這些基礎材料前期即可以開展工作。

3.電子化處理

（1）將收集到的舊譜（主要是原版的手抄本、木刻本）進行掃描或翻拍，用Photoshop進行修整，既可合成PDF文件，隨時製作複製本，又可轉換為Flash格式，上傳到網站形成可翻頁的仿真電子書，讓閩臺兩地的江姓族人可像翻閱舊族譜原件一樣隨時在網上閱譜，以相互共享各地珍藏的老舊族譜，又避免了老族譜運送翻閱的磨損，有效地保護這些珍稀的江氏文化遺產。

目前在網上已經製作的仿真譜有《永定江氏宗譜》（舊譜）、《平和江寨江

氏族譜》（舊譜）、《江氏族譜初稿》（舊譜）、《廈門江氏元祥公衍派族譜》（舊譜）、《廣東東莞江氏族譜》（新譜）、《港尾石埔江氏家譜》（新譜）、《湖坂江氏二房派家譜》（新譜）、《江氏族譜》（新譜）等。

（2）將閩臺兩地所有的江姓族譜運用「一鍵尋祖」軟體全部錄入，建立閩臺江氏族譜數據庫，形成智慧化的「動態族譜」，可在網上直接形成「世系圖」、「五代譜」、「世傳譜」，可以「一鍵尋祖」、「三代溯源」，查看「我的一家」、「兩人共祖」等。

目前已經錄入編制和正在錄入的閩臺江姓智慧族譜有24681條記錄（一個入譜人為一條記錄）。即：《江氏遠祖總譜》、《江氏遠祖統宗全系》、《永定江氏宗譜》、《平和大溪江氏族譜》、《龍海港尾江氏家譜》、《同安嶺頭江氏族譜》、《翔安文崎江氏族譜》、《霞里江氏族譜》、《尤溪九都彭坑保江氏族譜》和《臺灣江氏漢瑾公衍派族譜》、《臺灣江氏鑒周公衍派族譜》、《臺灣江氏洪俊公衍派族譜》、《臺灣江氏錦章公衍派族譜》、《臺灣江氏士香公衍派族譜》、《臺灣江氏東興公衍派族譜》、《臺灣江氏國光公衍派族譜》、《臺灣江氏澤良公衍派族譜》、《臺灣江氏臺南鹿陶洋族譜》、《臺灣江氏大林溝背族譜》、《臺灣江氏彰化永靖族譜》、《臺灣江氏長竹巷族譜》、《臺灣桃園觀音江謝族譜》等。其中比較完整且入譜量最大是《永定江氏宗譜》，有19673條記錄，有的族譜尚在編輯中，大部分剛開始做個譜頭。因此，要將閩臺江氏族譜全部智慧化，還需要付出很大的工作量，還有待兩岸江姓族人共同努力。

4.閩臺對接聯譜：在基本完成智慧化電子族譜編制的基礎上，將福建譜各地去臺的江姓後裔進行歸納整理，理清入臺去向；再將臺灣譜各流派入臺始祖彙總，尋根探源，理清各個流派之間的關係，確定祖源銜接點，運用「KFA_一鍵尋祖」軟體，將各個銜接點進行動態鏈接，使臺灣譜的所有入譜人都可以直接點擊，由入臺祖鏈接到福建祖源，直至相應的開基祖或直達得姓始祖——元仲公。各族譜即相對獨立又相互鏈接，真正實現閩臺江氏大聯譜，構建中華民族大團結的紐帶，提高民族凝聚力。

5.常態化續譜：閩臺江姓族譜基本完成電子化以後，各分支機構設網站管理

員，並組織培訓，同時成為電子族譜修編人員，負責為閩臺各江氏族群不斷修譜、續譜。

修編族譜本來就是宗親會一項最基本的工作。運用譜盛公司KFA專用的族譜軟體，閩臺各地只要填寫《入譜調查表》，上報生老病死狀況，就可以由編譜人員實時錄入，形成動態化的電子族譜，也可以隨時編排影印或印刷為多種版本的紙質族譜，並可刻製成為便於攜帶的U盤譜、光碟族譜，使閩臺江氏族譜的修譜、續譜成為常態化的工作，得以可持續性的發展。

## 五、閩臺江氏聯譜的意義

閩臺江氏聯譜小而言之只是一個同姓宗族的事，但大而言之卻有著廣泛的社會意義。

首先，海峽兩岸因政治因素導致長期割裂對峙，臺灣島內甚至一度出現擺脫大陸的傾向。透過族譜這種非政治且最真實的血緣文化最能維繫兩岸這種割不斷的親情關係，展現兩岸同胞血濃於水的手足情誼。孫中山先生曾言：「先有家庭，再推到宗族，然後才是國家。」因此，家庭、宗族的一體就是國家統一的基礎，民族認同和文化認同就是臺灣同胞祖國認同的基本保證。

其次，族譜記載著的歷史訊息也是中華民族浩瀚歷史長河的一個重要組成部分，譜牒文化對社會的形成和發展都留下了最真實的記錄，是不可多得的百科全書，有助於弘揚中華優秀傳統文化。

再者，在一個宗族內部，完備的族譜就能實現長幼有序，昭穆（輩分）不亂，也能便於取名，減少重名，避免近親聯姻，促進人口的優化繁衍，有利於社會的健康和諧發展。

參考文獻：

1.江彥震：《閩臺江氏源流》，臺灣大學社會科學院客家中心。

2.江藝平：《六桂堂文化的形成與發展》，《第二屆海峽百姓論壇論文選》，2010年4月。

3.《臺閩六桂懇親大會特刊》（2005年度第33次），臺灣六桂宗親總會。

4.邱盛樑：《運用互聯網族譜數位化平臺推進閩臺兩地祖源對接》。

5.江林宣：《閩臺江氏族譜詞條》。

6.江林宣：《根在福建的臺灣江氏》。

7.林永安、許明鎮：《姓氏探源——臺灣百大姓源流》，臺灣大康出版社，2009年1月。

8.《第36屆臺灣六桂懇親大會特刊》，2011年12月。

9.《基隆市江姓宗親會第十五屆第三次會員大會・大會手冊》。

10.《2000年雞籠中元祭輪值主普基隆市江姓宗親會紀念專輯》。

11.《遊子心・故鄉情——霞東宮江府大人分靈臺灣六十週年紀念專輯》。

12.《桃園縣六桂宗親會第十屆第一次會員大會特刊》，2008年10月26日。

13.《桃園縣六桂宗親會大溪・復興分會第10屆會員特刊》。

14.《嘉義縣江姓宗親會第五屆第二次會員大會手冊》，2010年11月20日。

（作者係廈門市姓氏源流研究會常務副祕書長）

# 永春縣諸姓在康乾年間遷居臺灣述略

陳詩忠

目前，臺灣百家姓前十名是：陳、林、黃、張、李、王、吳、劉、蔡、楊，與泉州百家姓前十名的排序十分接近，臺胞如果尋根問祖，泉州是首選。目前，泉州人口820多萬，而祖籍泉州的華僑、華人超過800萬人，分布在110多個國家和地區。2007年和2009年，泉州海交館和泉州歷史博物館先後在馬來西亞和新加坡聯合舉辦「泉州百個家族移民東南亞族譜展」，深受歡迎。今年，福建中國閩臺緣博物館舉辦首屆海峽兩岸民間譜牒文化交流大會。

永春縣許多姓很早以前就有人遷居臺灣了。茲撰文敘述永春縣與臺灣省的血緣關係，求正於方家學者。

## 一、永春鳴琴陳氏遷居臺灣主要是為謀生，少數是進取功名

永春人在康熙年間形成去臺灣的高潮，後來移居者更多。《桃源鳴琴陳氏族譜》記載，鳴琴陳氏始祖是陳伯起。這一派是308年遷入福建的陳閏公的後裔，先輩在福州、莆田、仙遊傳衍，歷代名人輩出。元朝至正年間（1341—1367年）「亂兵蜂起無寧日」，陳伯起從仙遊大圳避亂入永春，先居高壟，後擇居天馬山南麓，即今五里街鎮吾東村龍頭自然村。該族分兩房傳衍，沒有多久就有族人外遷。什麼原因？族譜有多處記載，明朝永春屢遭變亂，「時局之繁劇」，主要指賦稅繁重、禦倭拓城和抽丁嚴酷，致使許多族人背井離鄉去臺灣。

最早去臺灣的是長房十三世陳文縣。他生於康熙甲子年（1684年）去臺

灣，卒葬在臺灣。此後，鳴琴陳氏爭先恐後地往臺灣謀生或求學，形成東渡臺灣的高潮。十四世陳維授生於康熙五十九年（1720年），往臺灣住諸羅笨港，在臺灣娶妻生子。陳維揖生於康熙五十九年（1720年），也往臺灣住南路南仔坑，娶妻生六個兒子，名字分別是應都、應為、應南、應吉、應囗、應田，從名字來猜測，應是想到臺灣謀些土地發展生產。陳維諒，字簡聖，號聞益，童年便通算法，能辦世務，父親極其鍾愛他，他長有大志，慷慨豪舉，與叔父等兩次起蓋華屋，心力經營，費出非易事。功成以後，又遠涉臺灣，身勞經紀，但是運途乖舛，抱病數年以歸，歸而勉查族中之戶屯糧產，悉為戶房、冊師瞞昧，年多賠納，用條縷計算清楚，登數以俟族之清冊，並加勘算法，令有志之子弟習而熟之。及於丈量、都役鹽口之例，無不瞭然難欺。他且善書敏捷，細密蠅頭字跡，皆舉筆無難。他生有應球、應琨、應班、應珉等四個兒子。至於陳維侯、陳維儼偕往臺灣而卒於臺灣。

陳維英則是到臺灣謀求發展，應試當官。陳維英，字碩芝，又字實之，號遷谷，居住淡水廳（治所在今新竹）。他在道光廿五年（1845年）當閩縣（今福州）教諭，咸豐元年（1851年）舉孝廉方正，到咸豐九年（1859年）終於考中舉人，捐內閣中書，分發部裡學習。歸臺灣後，先後掌教宜蘭仰山、艋舺（今臺北）學海兩書院，造就許多人才，對臺灣北部地區文教事業影響很大。

二房的去臺灣也很多。十四世陳英擇志於經營而去臺灣，念桑梓而回家，篤敬人也。陳英淋去臺灣，娶妻生子而居之。十五世陳應鈺去臺灣，卒葬臺灣北路淡水紗帽山。陳應泉去臺灣而居之，發展很好，去世後拾骸回家鄉，其子士諸是太學生。陳應禮去臺灣而在臺灣別世。陳應維、應祥兄弟也去臺灣居住。十六世陳士歡壯歲遊臺灣，卒葬莫考。陳士博去臺灣，而在道光庚戌年（1850年）卒於臺灣。陳士省去臺灣，居住臺灣新莊社，卒葬臺灣，年四十二。陳士必也在臺灣府別世。陳士占去臺灣，居住淡水而無歸。陳士埔去臺灣後別世。十七世陳晉嘉、陳晉樣、陳晉佳都去臺灣而居之，生卒皆莫詳。

以上是鳴琴陳氏長房、二房族人在清朝康乾時期去臺灣的記載，他們去臺灣的主要目的是謀生，少數人則是利用臺灣優惠條件應考進取，在臺灣當官謀功

名。

## 二、永春謝氏去臺灣主要是隨從鄭成功收復臺灣

不少永春人參加了鄭成功收復臺灣的偉大鬥爭。據2004年永春縣僑情普查的資料，永春現有臺胞5萬人，其中即有隨從鄭成功去臺灣的。永春縣坑仔口鎮魁鬥村謝氏則是隨鄭成功收復臺灣而定居那裡的。《魁鬥謝氏族譜》記載，其先祖來自仙遊大圳，幾經遷移而在第三世定居魁鬥村。第三世謝孟字天麒，元至正年間狀元及第，不仕而卒。在元朝並無遷居臺灣的記載。至明朝初，東南沿海倭寇、海盜為患，明太祖為了維護治安和抑制元代重商政策的影響，以恢復傳統的重農政策，實施了「片板不准下海」的「海禁」，永春謝氏當然無人東渡臺灣。但是，從明代後葉到清初一百多年間，戰亂和遷界導致大批的部隊和難民東渡臺灣，形成泉州第二次移民到臺灣的高潮。自明朝永曆十五年（1661年）鄭成功收復臺灣至清康熙廿二年（1683年）鄭克塽降清，臺灣人口增加12萬至15萬，其中大部分是泉州籍的鄭成功子弟兵和泉州沿海居民。據永春《魁鬥謝氏族譜》記載，謝維（1618—1682年）曾經拜見鄭成功，參加抗清復明和收復臺灣的鬥爭，1655年2月被委任為工官司務。1659年6月，鄭成功進攻江蘇鎮江、瓜洲重地，更親諭謝維細購軍資，配備各船火藥。1661年4月，他隨鄭成功收復臺灣，獻策和平解決南社（今南投縣倉背村）高山族騷亂事件有功，被提升為工官給事中，歷職至居守工官，輔助鄭成功和他的兒子鄭經開發臺灣，1682年病卒於臺灣。永春謝氏聚居魁鬥和黃坑，據調查有4人開基臺灣。

## 三、永春南朝派陳氏也有不少人移居臺灣謀生

南朝是陳氏歷史上的輝煌時期，可是由陳霸先建國到陳後主叔寶「因酒失

國」，前後僅傳三世五帝三十三年。589年叔寶之子易知（敬臺）、易任（威應侯）、易簡與皇叔率領家族、宮廷督軍從首都建康（今南京）南奔入閩之桃林場（後來之永春縣），後裔尊陳叔寶為入閩桃林場一世祖。此後傳衍生息，有的固守原鄉，有的外遷而復歸，有的外遷不歸。永春尾寮、俞山陳氏是叔寶派下的一支派，先祖外遷龍岩、漳平而後裔回歸永春，尊陳福聰為始祖。陳福聰生於明洪武十三年（1380年），卒於宣德三年（1428年），葬原籍漳州府龍岩州居仁里，即漳平縣黃畬頭根竹兜。他有三個兒子，長子祖敬遷居今永春縣湖洋鎮玉柱村尾寮，次子祖旺遷居今永春縣桃城鎮俞山村，三子祖興遷居今安溪縣。筆者1995年4月開始借得數本殘譜，多年來整理成冊，發現陳氏在康熙、乾隆年間有不少人遷居臺灣。

五世光兒分居尾寮的下墩角落，傳第九世良寬，生三子：長子叔聖，字鳳揆，與子妙俊（字登程）往臺灣居住；次子叔忠，字鳳口，往臺灣居住。這是最早去臺灣的族人，只留三子叔鶚守居尾寮。十三世義機，是朝官之子，往臺灣，立族兄及朱的三男禮水為嗣子。十二世獻省（字妙俗）和獻聯是登貴的兩個兒子，屬尾寮派下，兄弟俱往臺灣。因為族譜殘缺，又未詳載，故不知道他們何年到臺灣，居於何處，任何職業。

居住俞山的陳氏，文山派下十二世「獻」字輩移居臺灣的更多。獻簾，登事公之子，外出臺灣不知何方；獻珍，號裕軒，登科公次子，生於康熙五十九年（1720年）十二月十八日戌時，往臺灣，卒葬俱不知。獻瑛，字榮全，號裕華，登科四子，往臺灣；獻春、獻星、獻廉、獻鎮，是登評公的四個兒子，除三子獻廉之外，兄弟一、二、四俱往臺灣居住。獻願，登妙長子，生於乾隆三十三年（1768年）八月十一日未時，可知上述「獻」之輩數人，年紀相仿，應是在鄭成功收復臺灣後，投入東渡臺灣的熱潮中的。族譜未載關於他們顯貴的片言隻語，可推測他們僅僅是到臺灣謀生的一族。

## 四、永春官林李氏遷居臺灣是謀生與進取功名並重

根據永春縣達埔鎮《官林李氏七修族譜》記載，江王李元祥封於閩越後，其後裔部分遷居南安縣、尤溪縣、沙縣。到了元朝末年，沙縣李氏族人有一支遷往永春縣，定居永春縣官林，時在明太祖洪武初年，開基祖是李祖友。後裔主要居住永春縣達埔鎮的三個地方：一是獅峰村、漢口村；二是岩峰村的院前自然村；三是楚安村的後格自然村。全族人口約五千人，獅峰村的官林人口占其半，而且這裡是李氏的肇居地，所以世稱「官林李」。自開基永春六百多年來，遷居臺灣的甚多。1928年七修《官林李氏族譜》的前言說：「其遷徙異地者，唯有江西諸縣，以代遠年湮，未曾收修，在福鼎、光澤、臺灣等處，俱往收輯，載入譜中。」從清代雍正、乾隆年間開始，就有族人到臺灣定居，以二房子孫居多。最早遷居臺灣的是二房五實夫派下的十二世李汝鑄。他生於康熙五十二年（1713年），定居臺灣淡水，其胞兄生十三世奕埭、奕坫、奕喬等三子；奕埭之子十四世曾鍵，奕坫之子曾俊、曾錐、曾儷、曾佑都定居淡水。同時，還有曾杼、曾邇，十五世克便、克為也都定居臺灣。李汝鑄的堂兄汝纘的裔孫世勛是隨軍入臺的。他生於道光廿八年（1848年），「以才投入陸提幕，蒙提憲江賞給六品銜，同治十二年（1873年），隨提憲羅奉旨赴臺北撫番開山，辦公勤謹，著有勞績，蒙保五品銜，先換頂戴，請以縣丞補用」。他生四男一女，傳孫曾七人。據《清史稿地理志十八》載，這個臺北應是指臺北府，管轄淡水、新竹、宜蘭三縣和基隆廳，李世勛是個不小的臺灣官了。從乾隆四十九年（1784年）起，清政府開放臺灣鹿港與泉州蚶江港對渡以後，泉臺商貿更加活躍，形成泉州移民臺灣的高潮。官林李氏更多族人前往臺灣了。李克岩（1772—1848年）與弟克磋同往臺灣彰化謀生，族譜有贊文說他「自少負奇氣，樂善並好施。在臺建基業，膏腴千餘計」。他的兒子纘詩「才優質美，隨父往臺，幫助經營，算數尤精，書札斐靡。所守父業，有增無已，孜孜為善，貧乏困窮，孤寡無依，儘量賙濟」。李克岩兄弟父子勤儉經營，家道興旺，在臺灣彰化橋頭建一座瑞源堂，道光元年（1821年）在家鄉建一座餘慶堂，還捐資修祖宇，修築道路，因而「遠近皆慕義，聲名重閭里」。這是很有成就的遷臺一家，而且子孫分布閩臺、南洋。因為李克岩的長子纘詩的子孫都定居彰化，他生子三女二，孫曾42人，人丁興旺，長孫德裕還考取州武學第九名。所以族譜稱讚李克岩「後裔暢隆，孫曾鵲起。四

代一堂，百有餘指」。李克岩的次子纘讀則留居家鄉，也是家道有成。克磋晚年從臺灣回家鄉，落葉歸根。長子纘愷和伯父堂兄同在彰化經營，卒葬瑞源山。纘愷有三子，長子在家鄉，次子在臺灣，三子世力到南洋發展。這是向外開拓、立志建業的典型一家。與李克岩兄弟同輩人去臺灣居住的，還有：克祥生於乾隆四十七年，居住臺灣淡水；克蘭生於乾隆五十六年，居住淡水；克樓，生於乾隆五十八年，咸豐八年卒於臺灣；克宙、克據也都去臺灣而卒於臺灣。還原纘新、纘蘊、纘過、纘九、世森、世縣、世左、世下也東渡臺灣，其中纘蘊生於嘉慶二十四年，居住彰化北門外犁項莊，生子六人。道光年間（1821—1850年），李氏族人赴臺灣的更多，李克澤一支最為突出。李克澤生於道光十五年（1853年），卒於光緒二十七年（1901年），居住新竹州新竹街字北門206番地，有子七女二，子孫眾多。長子纘英在咸豐六年考取臺灣府學第一名；四子纘海在光緒十二年考取新竹縣武學，甲午科鄉試挑取備中。其孫輩也有幾個是讀書的，有的還留學東京。這些人是：世慶，從臺北師範畢業，在基隆醫院當醫生，後來在北街自己開業行醫；世延年，從臺北師範部畢業，在波羅汶公學任教務，後來轉新竹女子學校任教；世呈奇從臺北醫學校畢業，往東京留學；世書稼，從臺北商工學校畢業，在臺灣總督府植產局工作；世錫福，從臺北商工學校畢業，也往東京留學；世薯，從臺北師範部畢業，在後壟公學任教務，又轉新竹公學任教，後來辭職留學東京。除了上述幾個子孫讀師範、學工商、習醫學外，克澤一家還有幾個捐納虛銜的。克澤在同治庚午年（1870年）捐貢生；次子纘答在光緒丙午年（1906年）捐翰林院待詔職銜；四子纘海在進取新竹縣武學後，在光緒三十一年（1905年）報捐都閫府四品銜；五子纘田在光緒二十五年（1899年）報捐千總六品職銜。從教育子女和關切功名方面看，克澤一家可算是出類拔萃的。他有子七女二，孫曾34人，人丁興旺，人才輩出，在李氏移居臺灣的族人中是首屈一指的。

就地域而論，官林李氏族人遷居臺灣的，大多居住北部和西部，即臺北、淡水、新竹、彰化等地。遷居南部的只有十四世的曾沈，定居鳳山縣大德里旗後街。他生於嘉慶八年（1803年），卒於咸豐九年（1859年），有子三，即克陽、克延、克河，女一人配臺灣許家。還有一個孫男和孫女都定居臺灣。另有十

五世的克寅、十六世的纘走,也去臺灣,族譜未記居所,而記卒於臺灣,妣某氏臺灣人。

綜上所述,官林李氏族人從乾隆初年到同治末年,即18世紀中至1870年代,前後130年間有60多人(戶),大多是出自二房的,其中二房五寬福派最多,有46人;二房寬賜派11人;二房八寬瑞派3人;其他還有個別的只記載妻某氏臺灣人。至民國十七年(1928年)第七次修族譜時,遷居臺灣的有兩百多人。這是永春縣有明確記載遷居臺灣最多的一支族人。

## 五、永春辜氏移居臺灣人數很多,辜氏後裔進入臺灣最富行列

辜氏源流及辜振甫的祖籍無疑成為人們關注的事。辜氏的遠祖是比干,比干之子得姓林,下傳至林正,由唐太宗賜姓辜,「辜無別宗」,辜正就是辜姓一世祖。究其祖先,林祿為入閩始祖,追封晉安王,葬於今惠安塗嶺,其子孫遂居於惠安。傳至林正,被誣獲罪,唐太宗「知其為賢,且嘉其有辛苦之德,於是以上古下辛兩字合為一義,賜姓辜焉」。其後裔「復歸晉安,移居南安,立嘉德祠,以祀正公,終於蘆溪」。蘆溪在今南安,後裔先後分遷南安、莆田、同安白礁及外省如江西,至明朝散居江南各地。據1910年版《桃源儒林辜氏宗譜》載,明朝進士、儒學訓導辜有聲指出,「由蘆溪入永春者,始自光保公」,辜光保的後代傳衍永春後廟、棗嶺、埔頭,外遷泉州、惠安、廈門、臺灣及外省、海外者甚多。

族譜明確記載,永春辜氏在清道光庚子年(1840年)修族譜時,就有人移居泉州打錫巷,因貿易而家焉,還有居泉州西門而於康熙年間被「授中營隊長」的,人數甚眾。「族之人貧窮居多,富人恆少」,為了謀生,從第十二世族人紛紛往臺灣做生意或參加科舉,竟達20多人。這印證了連橫在《臺灣通史》裡所說的「當明之世,漳泉地狹,民去其鄉,以拓植南洋,而至臺灣者亦多」。

1994年9月15日，福建新聞採訪團赴臺灣採訪，拜會了辜振甫先生，他和夫人聯袂接待記者，他對自己的「老鄉」顏振育團長說，他的祖籍在福建永春，遷居臺灣已經五六代了。

辜振甫的先世是如何從永春遷入臺灣的呢？永春辜氏早在康熙年間，就有十二世昱讓（1683—?）、昱寬（1681—?）、昱接（1691—?）等人謀軍職而「移居泉州西門本宗祠堂」；到乾隆年間十四世的肇祖（1767—1832年）、十五世的允發（1805—?）移居泉州打錫巷，他們的後代可能由泉州遷入臺灣，特別是肇祖有「發、詩、贊、金、益、聘、隨、朝」等八個兒子，遷臺灣的可能性更大。從十二世的昱奎（1680—?）、昱昆（1681—?）、昱旻（1688—1720年）到十七世文苑（1798—1833年），有20多人往臺灣，其中十三世的祖德先居住泉州，後來遊臺灣，十四世的肇聰、肇琴都屬後廟二房，是奇軍的兩個兒子，都與父母一起「外往」臺灣。經考證，永春辜氏移居泉州，前往臺灣的如此之多，他們「由泉州打錫巷遷臺灣」「到現在正好五六代了」，正與辜振甫先生所說的情況相符合。辜顯榮是辜振甫的父親，辜琴應是辜振甫的高祖父，辜振甫生於1917年，從辜琴到辜振甫的孫曾輩恰好五六代，相隔約150年。

據考證，辜振甫應為辜正始祖的48代孫。辜正的前系林祿為林氏入閩始祖，家在莆田太平村永定里，古屬晉安郡，卒葬今惠安塗嶺，距今1300多年。辜正的五世孫辜桓，其次子居同安白樵，距今1200多年，說祖籍同安白樵而生於南洋的辜鴻銘是辜振甫的伯父是無稽之談。說辜振甫是惠安人，則是指遠祖是惠安人；說辜振甫是永春人，則是指近祖是永春人。辜琴先從永春移居泉州打錫巷，再從打錫巷東渡臺灣鹿港，這是順理成章的事，然後衍為盛族，成為臺灣赫赫有名的辜氏財團，辜汪會談又使辜振甫名聞天下。辜振甫在1991年7月18日托其弟辜寬敏到泉州尋根問祖，瞭解到祖籍在永春儒林後廟，欣然表示「適時將舉家回鄉拜祖」。接著，1993年5月25日，臺灣電視臺《八千里路雲和月》專欄攝製組根據辜振甫提供的線索前來拍攝儒林村的辜氏宗祠、族譜及村容村貌、人文景觀。辜振甫的夫人、清末思想家嚴復的孫女嚴倬雲看後，高興地說：「感謝《八千里路雲和月》攝製組為辜氏家族做了一件大好事。」當即臺灣已有專人收集整理辜氏族譜，以期和永春辜氏族譜相銜接。1993年8月27日，辜振甫來信告

慰鄉親：「尋根之心，人皆有之，能逢適當機緣，再卜買棹之舉。」兩岸同根，血濃於水的骨肉親情躍然紙上。1993年10月21日，辜振甫用大紅點金宣紙親筆題寫宗祠匾「嘉德祠」三字，左下角落款「世裔振甫書」並蓋印章，右上角小字書「癸酉年谷旦」。這是他為修建嘉德祠特地寫的。現在，他題寫的「嘉德祠」匾額高懸修繕一新的辜氏宗祠大廳正中。1994年9月15日，他再次對福建新聞採訪團團長顏振育說，他的祖籍在福建永春，遷往臺灣五六代了，他十九歲時到過福建一次，對記憶中的家鄉不如他夫人（嚴倬雲）清楚。臨別，辜振甫緊握顏振育的手說：「希望在福建見！」此後，他每逢過年都給後廟宗親會寄來賀卡。1998年8月2日，後廟辜氏宗親收到辜振甫的題詞二幅——「祖興祠」「桃源辜氏宗祠」，左下角落款都是「裔孫振甫辜」，右上角均書「一九九八年戊寅年秋月谷旦」。這兩幅字是辜先生專為新修建的外祖厝商住樓大廳與店堂題寫的。10月，他大陸行後，給辜氏宗親辜朝陽來信，表示這次大陸之行「只以行程所限未克省親為憾」。辜氏熱愛祖地的拳拳之心，多麼令人感動！

## 六、為何清末民初永春人未再遷居臺灣而是遷居南洋

隨著時勢的發展，從永春林俊、陳湖起義後，陳氏族人再也沒有去臺灣的記錄了。1853年，永春縣爆發聲勢浩大的反清農民起義，首領是主帥林俊、副帥陳湖和先鋒林雪。林俊是遏陵鄉（今五里街鎮埔頭村）武舉人，紅錢會首領；陳湖，永春縣志載為龍頭鄉（今五里街鎮吾東村龍頭自然村）人，黑錢會首領；林雪是藻嶺（今吾峰鎮棗嶺村）的年輕人。他們響應洪秀全反清起義，先後達十多年，失敗後，永春縣人民包括上述林氏、陳氏紛紛避居南洋。筆者的高祖父在林俊起義失敗後就避居南洋，後來衍為一個大家族，發展有成；筆者的曾祖母施氏、老姑丈顏氏、祖母鄭氏、母親鄭氏以及余、藤、林、盧等姓氏的親戚都是在林俊起義失敗後避居到南洋的。到了民國年間德化匪亂，騷擾永春，龍頭鳴琴陳氏不堪搶掠，再次紛紛避難到南洋，形成清末、民初兩次出國高潮，其後裔絕大多數已經聯繫上。他們外遷都是到南洋，而清朝康乾時期都是遷居臺灣。在家鄉

的鳴琴陳氏族人2010年9月七修族譜時只有九百餘人，1985年馬來西亞永春龍頭鳴琴陳氏家族會成立30週年時在冊族人則達四五千人。可見清末民初兩次南遷高潮，人口流失多麼嚴重。這裡舉鳴琴陳氏為例，可知其他各姓也都是大同小異。

清朝康乾時期，鳴琴陳氏也有許多人遷居大陸諸省。如陳起醜、陳起卿移居饒州府鄱陽縣。陳文眾移居江西。陳仲酉移居南洋而卒葬南洋。陳民愷移居福建之永福。陳文妙、陳文獻移居福州大橋頭。陳民藩、陳起鰲移居廣東省肇慶府廣寧縣。陳肇藹、陳肇松在康熙年間移居廣東瓊州府寧水縣。陳晉淼、陳晉呈、陳晉察、陳晉仁、陳晉心去南洋而卒於南洋。陳天賜、陳士桓、陳仲涉移居福建上府。陳晉爵、陳晉坑移居外邑。陳仲錐、陳仲厚去南洋。陳一椿、陳日廷、陳日照移居江西。陳日友、陳日都兄弟俱移居浙江開化縣廿八都。陳日能及子元振、元傳、元英，孫英探、英技、英總、英持、英拔、英扶、英操一派俱居住浙江衢州府開化縣廿八都。陳日楚與子天養移居江西。陳日旭移居浙江開化縣，生子元承。陳元榜移居浙江開化縣。陳光宣、陳光傳堂兄弟俱移居福建閩清縣十一都潘亭洋。陳聖元、陳廣謀、陳光唐一家三代移居閩清。陳聖貫與子陳廣川、陳廣裕、陳廣富移居閩清。陳一四與子陳日定、陳日安移居福清上定。

總而言之，清朝康乾時期，永春諸姓大量移民到臺灣，形成移民高潮。他們在謀生的過程中，把大陸先進的生產技術傳播到臺灣，也為收復臺灣獻出自己的力量。從清朝末年到民國初年，永春人兩次移民熱潮，移民目的地不是臺灣，而是南洋。

（作者係永春縣陳氏聯誼源流研究會會長）

# 彭姓入閩及遷臺初探

彭嘉慶

## 一、彭姓入閩

福建彭姓多由不同地域輾轉遷徙而來，支系繁多，各有不同宗祖，溯源可分為幾個不同世系。入閩最早的武夷山作邑彭氏、泉州虹山彭氏和閩東寧川彭氏等世系，都有自唐起的文字記載的一世祖作為佐證。

（一）遷公——彭氏入閩第一祖、武夷山作邑始祖

彭祖曾居住在武夷山，後裔綿延至今，成為崇安古老的望族。武夷山早就稱為彭姓的三大聖地之一。在《崇安縣志》卷四《氏族》中，彭姓列為第一，是開發武夷山之祖。

彭祖之後，彭氏入閩第一祖是彭遷公。遷公，字紫喬，潤州丹陽人，隋大業二年（606年）出生，唐貞觀初年（627—649年）曾輔佐李世民平治隋末之亂，初授官前八部都尉，擢升中郎將，拜襄武太守。在封為左遷牛衛上將軍、提節建州（今建甌市）諸軍事後，就由潤州丹陽舉家遷閩。年老辭官後偃武修文，隱居建平北鄉，因欽慕彭祖故廬，愛九曲山水，便雇募鄉民萬餘人，上括信州，下折建平，斬草鋤蒿，鑿湖築陂，引水溉田三千餘頃，創立九十餘村，聚族而居，取名「新豐鄉」。南周延載元年（694年）逝世，享年89歲，贈上柱國、河間郡公，葬武夷當源中乳，被尊為丹陽遷崇彭姓始祖。遷公次子彭漢，宇雲霄，唐永徽二年（651年）生於建州官舍，居住建州溫嶺。幼年博學力行，經監試部使推

薦,授為洪縣令,後擢升臺州判官。漢公在臺州任職二年後因母病離任回鄉,侍奉湯藥,並拓荒造田,從事桑梓開發事業。因德才兼備,深受民眾擁戴,後補判南劍軍(治署南平市)州廳事,頗具政績。武后垂拱三年(687年)繼父遺志,奏準將新豐鄉立為「溫嶺鎮」,北面立街,設官守土。唐開元四年(716年)病逝於建陽界墩,享年63歲,被尊為作邑彭氏初祖。漢公曾孫彭瑞,字武仲,生於唐貞元二十年(804年),自幼聰穎,精通經史,勇武過人。唐開成元年(836年)蔭襲建州兵馬殿中監兼攝郡政。當時溫嶺鎮已日趨繁榮,人丁興旺,賦稅充足,瑞公也在唐會昌五年(845年)奏請獲準將溫嶺鎮升為「崇安場」。崇安場遷立彭城街中,並設立官署。昭宗乾寧三年(896年)卒,享年94歲。北宋淳化五年(994年)崇安場晉升為崇安縣。

《崇安縣志》記載,因遷公、漢公和瑞公三代開疆闢土,建功作邑,崇安「先有彭,而後有崇」,故稱彭姓為作邑彭氏。崇安民眾於南唐時在營嶺縣署義門旁建造「作邑彭氏三丈祠」,又稱「崇德報功祠」,每年春秋兩次祭祀。現在五夫鎮尚存有「彭氏遷公宗祠」。遷公子孫蕃衍於嵐谷、五夫、大將、吳屯、溫嶺、崇嶺等處,成為崇安最古的望族。作邑彭氏出自三國彭羕。其先祖邁公,西晉永嘉元年(307年)南渡,首居京口丹陽。東晉元帝即位,被封為西都郡王,子孫散居江南一帶。邁公十數傳至遷公,入閩已1400多年。遷公後裔分天、地、乾、坤四房,人丁興盛,於今約有5000多人。

作邑彭氏歷代賢能輩出,累有建樹。自瑞公以下,繼苗公登唐昭宗天復辛酉年(901年)進士,官至大司馬、兵部尚書;繼嗣公登唐光化己未年(899年)進士,官至內殿承宣運使、兵部侍郎;保宴公登後唐明宗己丑年(929年)進士,官至兵部尚書左僕射;保廉公登後唐莊宗癸未年(923年)進士,官至京兆尹、吏部侍郎。至宋朝更為顯赫,北宋崇寧三年(1104年)特奏狀元路公,其孫奭公又舉南宋紹興二十四年(1154年)進士,官拜刑部侍郎、樞密副使兼理平章事,升左丞相。

(二)棖公——泉州虹山入閩一世祖

虹山彭氏一世祖棖公,原籍河南汝寧府光州固始縣(今為河南信陽市固始

縣），是宣公淮陽派下的後裔，但先祖的世次失傳。棖公在唐僖宗廣明元年（880年）黃巢起義戰事中隨軍過江，起初居住在泉州，後遷南安，又遷晉江中山，便在瑁峰山下定居。虹山彭氏以棖公為入閩一世祖，其子孫繁衍，人才躋接。2世相齡公，宋時任福州監倉曹；相榮公任廣州司戶曹。3世燁公任團練節度使，歷高州安撫使。4世延進公和5世謙公均任承務郎。6世朕公任南劍洲教授。7世鎮公任通議大夫、兵部侍郎。8世輕公任儒林郎。9世如高公任宣議大夫。10世漢湖公任遂昌教諭。11世卿月公任徽猷閣侍制。12世潛公任宣教郎。在明、清時期，也多有人才。32世秀村公授民國陸軍少將，任永德警備司令。自16世源有、濟有公起，虹山彭氏開始分為東、西兩大房。從此一脈遁下，形成虹山人口發展的鼎盛時期，從18世開始，啟行昭穆：「秉文子仕宜，恆喬於茂孫，為可仲叔季，永建乃嘉芳」，又續：「詩書綿世澤，忠孝紹先賢，余慶昌謨烈，發祥益壽年」。現在，虹山鄉下設虹山、松角山、蘇山、張坂、白鳳等五個村，全鄉彭姓約有12000多人，位居泉州洛江五大姓之列，是全省彭姓最大的集居地。虹山彭氏自一世祖棖公入閩，至今已1100多年。

（三）思邈公——閩東彭氏入閩始祖

閩東彭氏入閩始祖思邈公的先祖乃唐初裕公，字伯溫，生於隋開皇壬子年（592年），卒於唐龍朔壬戌年（662年），江南揚州府江都縣人，官唐兵部尚書。生二男：長令全，次令莊。唐高祖武德戊寅年（618年）從江西省新昌縣（今宜豐縣），遷浙江省溫州府平陽縣，創立鴻基。傳至11世思邈公，字有闕，生於唐太和丁未年（827年），卒於唐同光甲申年（924年），曾任開州司馬（今四川開縣）。唐僖宗廣明元年（880年），黃巢攻陷長安，思邈公隨王潮入閩，官至禮部尚書，乃閩東彭氏入閩始祖。生三男：長蘭胤，次蘭居，三蘭膺。

思邈公2世蘭胤公（854—924年），字永祚，號芳谷，官任閩省侯官令，與父喬居福州西湖。蘭胤公生二男：長寶勝，次寶振。蘭居公遷往建寧府，生一男亶遷居邵武。蘭膺公官任寧遠統軍使，生二男：長仲修，官武毅大夫，遷寧德為寧川始祖；次仲輔，遷莒洲十四都為始祖。

思邈公5世金公（908—975年），字品南，於後唐清泰二年（935年）因閩王審知之子互相爭鬥，與長子官公發兵入閩，先寓福州西湖。四年後，即後晉天福三年（939年），金公、官公父子因往寧德，路經古田縣杉洋，因愛其佳山秀水，就決心定居楓灣。金公被尊為古田杉洋始祖。長子官公肇基杉洋，次子安公遷居浯溪，三子宏公回平陽，四子密公遷寧德飛鸞渡頭，復遷石後室頭村。

思邈公6世官公（923—994年），字公信，有飽學之才、過人之志，官任行軍使，後晉天福四年（939年）在楓灣建造屋宇，成為杉洋開基祖。

思邈公7世潤公，乃官公三子，在遷張際居住數載後，復回杉洋菴前，披荊斬棘，擇地而居。傳至32世蘭老公（太封君，贈儒林郎）擇居登瀛，為登瀛開基祖。並選擇吉地，創建金公總祠。

思邈公8世泰公，乃沭公長子，遷居福源塘邊。8世壽公（968—1048年），乃沭公四子，字朝奉，號松亭，遷居玉湖（又名常熟洋彭家墩）。

思邈公9世稷公，壽公三子，其長孫季五公，歷4世至得英公，於南宋淳熙年間（1174—1189年）自熟洋彭家墩返回古田靈　彭洋，遂使彭氏得傳靈　。得英公為靈　開基祖。歷8世至河公從靈　遷到45都吉巷寮里。歷12世至真榮公，又遷居古田前坪村。真榮公為前坪開基祖。

閩東彭氏自思邈公入閩已有1100多年，早期遷平陽，隸常州，徙西湖，籍杉城，播分熟洋、長溪、張際、東洋等派，厥後肇基靈　，拓址寮里，創業前坪，使閩東彭氏逐步向寧德及周邊各縣擴展繁衍。思邈公後裔遍布寧德各市縣，古田近萬人，寧德六千多人，福安、周寧各有3000多人，屏南、福鼎、霞浦、柘榮也各有數百人。福州羅源縣碧里鄉還有700多人的分支。

（四）莆田彭氏入閩始祖

莆田彭氏入閩始祖主要有三支：一是汝礪公長孫宗伯（宇伯）公；二是宋孝行卓異的受公，俗稱孝子公到念五公；三是宋國子監祭酒椿年公（奭公10世孫）。因迄今一直未能尋覓到莆田彭氏族譜，考證較多困難。

第一支入閩先祖在港內世德祠手抄本記載中，莆田開基始祖為彭汝礪

（1041—1094年），春湖公。彭汝礪，鄱陽（今江西上饒陽縣）人，字器質，號春湖，官至監察御史、吏部尚書、資政殿大學士，贈少師，謚文政，被譽為宋朝一代直諫名臣。汝礪公系允顒公（亦名德顒公）長子文吉公五世孫。莆田港內彭氏世祖「宋文學宗伯（宇伯）公」，系汝勵公長孫，是莆田彭氏第一支入閩先祖。1世祖元承務郎慈利丞念一公，2世祖處士安仁公、安美公、安吉公，3世祖乃念三公（原譜缺，據林祖韓、彭元輝考證），由港內徙涵口。念三公曆7世至韶公。9世祖韶公，號鳳儀，字從吾，官至刑部尚書，贈太子少保，謚惠安，是明朝功垂千古的名臣。

第二支入閩先祖是世祖宋太學士，旌表孝行卓異，諱受公。經考證，受公為太學生，事父母至孝，親　，廬居於墓側。孝心感動天地，時有白鶴翔於墓旁，世稱白鶴孝子，朝廷在莆田城郡建「孝行卓並異坊」予以表彰。受公生應承公，應承公生澤公，澤公生啟伯公，啟伯公生念五公。念五公生直夫公，諱百福。百福公傳二子：長子足翁公，諱奉，由港內徙橫塘肇基，為橫塘始祖；次子以忠公，諱泗。泗公傳二子：長慶公，世居後彭；次積公，傳一子濟公徙居清江，為清江始祖。足翁公派下兆一、兆二、兆三、兆四為二世祖，分仁義禮智四房。10世孫彭鵬在順治十七年（1660年）中舉後，歷官廣西左參政、贈兵部左侍郎，官至廣東巡撫。因為官清廉，業績昭著，康熙帝褒獎其為「天下廉能第一」。

第三支入閩先祖是宋國子監祭酒椿年公。椿年公是侍郎彭思永玄孫，奭公之10世孫。椿年公乃宋紹興二十七年（1157年）丁丑科進士，歷國子監主簿、編修官。淳熙末年提舉福建（泉州）市舶司，遂卜居興化軍所城。後擢知處州、太常丞吏部郎中、國子監司業、江東轉運副使，終右文殿修撰。椿年公後裔中有一支遷往浙江天臺縣。

莆田彭氏先祖入閩已有950多年。另有幾支莆田彭氏世祖：一是崇安始祖彭遷公後裔、乾房思溫公同其弟思傅公在元至正年間（約1359年）遷莆的支派；二是南宋淳祐七年（1247年）特奏名進士第一人、官溫州府教授彭彝甫遷莆的支派；三是閩東始祖思邈公6世官公之四子渥公約在北宋太宗年間（976—997

年）遷莆的支派；四是虹山始祖棖公6世天祿公在南宋紹興年間（1131—1162年）移居莆田小橫塘的支派。以上支系因無譜牒查證，至今不明後裔何存，須進一步探尋。

（五）天祿公——同安彭氏入閩始祖

同安彭氏，又稱松山彭氏。遠祖天祿公，別號念五，乃廣東潮州府海陽縣西門內第三巷人。據臺灣彭炳進、彭國全考證，天祿公系廣東始祖延年公11世孫，為三房銳公後裔。延年公，字舜章，號震峰，廬陵人。精通六經子史，才華卓越，領鄉薦，登宋仁宗寶元戊寅科（1038年）進士，特授福州府推官，升任大理寺評事。持法堅正，又務原人情。後遷大理寺少卿。元豐七年（1084年）他致仕，隱居潮州揭陽浦口村。民眾歌頌道：「解結理絮，唯我彭公。復我生我，有我彭公。」這是對他一生的最好評價。

二世祖子安公，諱紹祖，生於元泰定二年（1325年），早年即喪父母，先隨任興化路宣差的其兄伯福公。兄嫂去世後，又跟隨在浯州（金門）鹽司任職的母舅馬氏生活。時值元末兵亂，子安公便不再回福建而長期客居在金門翔鳳里十七都。子安公成人後娶羅氏之女尾娘為妻，有三子：長子用乾公、次子用吉公（為妾室張氏所生）、三子用斌公。子安公為人言行篤實，識時務，卒於明洪武壬申年（1392年），與婆羅氏合葬浯州沙美鄉。1994年臺灣彭武雄等重修金門子安公墓動土時挖出紅磚墓誌（該墓誌現收藏於臺灣新竹南寮彭氏祖祠），是這段歷史的真實依據。

子安公後裔人丁興旺，自3世用乾公、用斌公起，分東、西兩派。而用吉公，則遷往詔安縣徑口鄉（今屬東山縣）。

東派：四世孔道公創業駿發後，就長居在彭厝，與其五子敬瓚公、敬源公、敬戀公、敬厚公、敬森公一同在1383年起興建祠堂，而後在祠堂背後種植百株松樹，因樹得名松山，俗稱「松山衍派」。孔道公成為彭厝開基祖。敬瓚公後分三房：長克誠公，二克敬公，三克恭公。敬源公後分二房：長克全公，二克文公。敬戀公後分為五房：長克讓公，二克思公，三克剛公，四克猷公，五克雍公。敬厚公後分為二房：長克明公，二克清公。敬森公後分為二房：長克和公，

二克靜公。

西派：3世用斌公由浯州遷居同安之西。生三子：長孔敬公，次孔仕公，三孔學公。孔敬公亦生三子：長敬宏公，先居竹甫，為竹甫開基祖。傳一房克堅公，後裔中有遷臺灣竹塹屬康壟莊，現是臺北的彭氏支派之一。次敬亮公傳一房克誅公，仍居同安後肖村。敬亮公為後肖開基祖。三敬肅公傳一房克裕公，遷居西溪四口圳，後又遷他處。有一支遷出擇居安溪縣依仁里觀山後宅（今龍門鎮觀山村）。孔仕公生一子敬明公和孔學公生一子敬初公，同為胡垵沙美開基祖。

同安彭氏先祖入閩已有七百多年。現有六千多人，其中彭厝有四千多人，沙美一千七百多人，後肖三百多人。

（六）福祥公——長汀彭氏入閩始祖

長汀彭氏始祖福祥公，原籍江西贛州府寧都州鐘鼓鄉白鷺樹下。後唐莊宗同光二年（924年）遷入福建汀州府寧化縣合同里龍湖寨（今寧化縣治平鄉）。福祥公往游時見蜈蚣土地肥沃，就在這裡築室定居，並將蜈蚣地名改為彭坊（又稱彭屋），於是綿綿衍衍，派繁支分，不斷擴展。據崇仁堂《彭氏通譜》考證，福祥公出自構雲公系，乃玕公七世孫。玕公生彥昭公，彥昭公生師俊公，師俊公生允鄜公，允鄜公生文輪公，文輪公生儒韶公，儒韶公生爵祿公，爵祿公生福祥公。福祥公與廣東延年公均系構雲公12世孫，同在宋時，福祥公南遷福建汀州，延年公因官落居廣東，兩系應是同宗共祖。

福祥公9世德誠公，曾於南宋淳熙年間（約1180年）復遷寧化縣曹坊鄉彭家莊。嘉熙年間（約1238年），德誠公與父進儀公攜子十郎公又遷到長汀縣南山鄉朱坊彭屋。福祥公10世，即德誠公第四子仕滿公，諱振範，是長汀縣童場鄉彭坊開基祖，歷七百多餘年，至二十八世，人口約四千多人。其子孫除主居本地外，也有遷往江西瑞金、廣東梅縣及寧化泉上、清流嵩口、汀州黃坑里等地。

長汀縣古城鎮的彭氏，奉新祖公為一世祖。師範公是彥昭公後裔，彥昭公妾孔氏生二子：師範公、師俊公。師範公17世孫新祖公在明永樂年間從江西寧都黃坑遷居福建汀州，被奉為一世祖。傳至6世孫日贊公，號森寧，生於明嘉靖辛卯年（1531年），又遷居古城鎮橫街。日贊公為古城開基祖。9世孫祖惠公創建

古城鎮彭氏祠堂，原名敦睦堂，後稱淮陽堂，浩劫中被毀，現修葺一新。

（七）福建彭氏中其他支系的入閩先祖

1.德化彭氏霞碧南箕系，肇基祖慶公，生於元至順二年（1331年），原住江西省撫州府臨川縣八十二都第九社，明洪武八年乙卯（1375年）調撥泉州府衛後千戶所百戶黃清總旗梁福下為小旗役，卒於洪武二十九年（1396年）。其次子閏公生於明洪武九年（1376年），父卒後補小旗役，永樂元年（1403年）撥屯種遷住德化縣惠民里霞碧村，開拓霞碧、蟠龍、碧潭、蘇洋等村，卒於明永樂十二年（1414年）。閏公為南箕系開基祖。

2.德化彭氏陶趣系開基祖史亥公，字文已。原自長洲（今蘇州）移江右（今江西），由江右遷泉州。洪武初年，奉命率泉州右衛所撥軍入駐德化潯中塗厝格。先居西門泮嶺，後遷北門外陶趣格。清乾隆二十九年（1764年）建陶趣堂為陶趣彭氏祖宇。

3.德化彭氏上圍系開基祖頂生公，原籍江西，因助洪武建國有功，洪武二十三年（1390年）以紅牌事例奉調率江西撥軍入駐泉州。後遷德化上圍村，曾建有建美堂祖宇。

4.德化彭氏鳳陽系開基祖源德公，原籍失考，據直系相傳，元末參加明軍，於洪武十八年（1385年）撥軍到德化潯中鳳陽定居。曾建劇坂堂，為鳳陽開基祠宇。

5.武平高埔彭氏開基祖榮公，生於明萬曆年間（約1574年），因明末戰亂，迫於生計，陟遷謀生。先經差干洋坑，後到大中打子石，最後輾轉到武平高埔村定居。而後將其高祖禎祥公骸骨也移遷到高埔下窩老地坪，建墳立碑，並尊禎祥公為高埔世系一世祖。榮公生二子，長廷才，次廷選。二世廷才公生一子錦，居雁嶺，建有「獅形」家祠；廷選公建「象形」家祠，與雁嶺「獅形」家祠並稱為「獅象把水口」。高埔彭氏傳至11世元富、元隆、元英、元華起分為四大房，長房已繁衍至21世，人口七百多人。

6.上杭彭氏開基祖五九郎。據《上杭縣志》載，入杭始祖五九郎，2世俊二

郎,開基縣南上都青潭鄉,至7世福聰分居縣東安鄉(今廬豐鄉上坊村)。又據《客家姓氏源流匯考》曹永英查考,上杭彭氏屬廬陵吉水分宜傳流世系,遷入青潭的始祖應是延年公第五子營公後裔。自4世起分兩大房繁衍:4世齡四郎系仍留祖居地青潭村,至14世分恩九、崇九兩大房,清乾隆年間該村建有「齡四郎公祠」一座,現已毀。4世德七郎系後裔文盛公,於清乾隆十三年(1748年)遷到長汀濯田、江西萬安等地。至16世又分玉章、衡章兩房。

另外,散居上杭蛟洋鄉梅子壩村的彭氏,是延年公第三子銳公的後裔,但其入杭始祖無法查考。

## 二、彭姓遷臺

福建彭姓族人對臺灣的開發很早。元末順帝(約1360年)在福建澎湖設巡檢司,就有彭姓族人的記載。同安彭姓開基祖子安公早在此時就已安家金門,繁衍生息,並終老安葬在沙美風水寶地。明朝鄭和下西洋期間(約1405年),也有彭姓族人隨遷入居馬六甲,後因捕魚避風而登陸臺灣居住。

臺灣彭姓,來自廣東、福建的居多。遷臺的幾個主要時期:一是明末清初鄭成功開墾臺灣期間,大量隨軍留居臺灣及沿海居民渡海來臺墾種的;二是抗戰勝利臺灣光復以及大陸政權轉移後,隨蔣氏當局和軍隊遷往臺灣的。從世繫上看,以廣東始祖延年公後裔占絕大多數,居住新竹、桃園、苗栗一帶。清朝康熙六十年(1721年),彭朝旺自廣東遷居臺灣屏東東港一帶;乾隆中葉(約1747年),延年公21世彭茂松攜眷帶子來臺,在桃園縣開基創業。爾後陸續來臺者逐年增加,從廣東惠州府陸豐縣遷臺的有漢用公派下36支、漢卿公派下8支、漢銘公派下13支,從廣東嘉應州受進公派下遷臺的3支,從潮州府子順公派下遷臺的4支及未明先祖世系的其他延年公嗣裔。從福建同安天祿公派下渡海遷臺的,居住在新竹、南寮、彰化一帶。而後也有湖南、湖北、河南、四川、貴州、山西等省彭姓子孫,相繼遷居臺灣,衍成今日臺灣超十萬彭姓族人,位列臺灣第35

大姓。

(一) 同安彭氏遷臺

福建彭氏遷移臺灣的，數同安最多。13世汝灝公，少樂詩書，長習戎備，清順治辛丑年（1661年）受鄭藩衛將，康熙甲辰年（1664年）以游擊歸清後，曾隨靖海將軍侯施琅進取澎湖臺灣。因軍功觀見康熙，誥封榮祿大夫，為統一祖國建功立業。汝灝公後居家臺灣。

同安彭氏因受汝灝公影響，自13世「汝」字輩起，陸續有許多後裔遷臺。東派後裔，生於康熙甲寅年（1674年）出居臺灣的汝齊、名桓官，生於康熙辛丑年（1721年）出居臺灣的榮達、名宣郎，生於雍正戊申年（1728年）、後遷臺灣的汝全及汝次、汝良、汝翼等。西派後裔：用斌公長孫、5世祖敬宏公開基竹甫，後又舉村遷出、渡海定居臺灣竹塹屬康壟莊。13世汝旦公於清乾隆35年（1770年）率眾族親，有汝登、汝銳、汝忠、汝珮、汝簾、汝束和東派汝淶等人，在金門沙美掃祭2世祖子安公墓後，甘冒海峽怒濤駭浪，分乘三艘船揚帆渡海遷往臺灣。當時兩艘船順風上陸竹塹港，便在竹塹屬康壟莊墾荒闢地，定居繁衍。其後裔大部分仍聚居於溪南一帶，興建南寮彭氏祖祠。另一艘船因強風南駛而在二林藩瓦上陸，後裔遷於漳化溪洲鄉松仔腳定居。而後又有同安彭氏陸續遷臺，如生於康熙甲寅年（1674年）的13世汝齊公也舉家遷往臺灣。

現將同安彭氏部分遷臺支派的血緣摘要於下：

1.東派彭13世汝次遷往臺灣

13世汝次公的支系血緣為：子安生用乾，用乾生孔道，孔道生敬懋，敬懋生剋讓，克讓生欽輔，欽輔生甫亮，甫亮生大慎，大慎生堯棟，堯棟生君弼，君弼生禹顓，禹顓生汝次。

2.西派胡坵沙美的13世彭汝登、彭汝銳兄弟遷去臺灣鳳邑放索社（潘氏）

13世汝登公的支系血緣為：子安生用斌，用斌生孔仕，孔仕生敬明，敬明生剋武，克武生欽鉞，欽鉞生甫焜，甫焜生大楚，大楚生堯輝，堯輝生君樂，君樂生禹齊，禹齊生汝登、汝銳。

3.西派胡垵沙美的13世彭汝忠遷往臺灣鳳邑放索社

13世汝忠公的支系血緣為：子安生用斌，用斌生孔仕，孔仕生敬明，敬明生剋武，克武生欽鋮，欽鋮生甫焜，甫焜生大楚，大楚生堯輝，堯輝生君樂，君樂生禹聘，禹聘生汝忠。

4.西派竹甫的14世彭菜遷去臺灣

14世菜公的支系血緣為：用斌生孔敬，孔敬生敬宏，敬宏生剋堅，克堅生欽浩，欽浩生甫橋，甫橋生大美，大美生堯伯，堯伯生君肅，君肅生禹達，禹達生汝鈕，汝鈕的三子為菜。

同安彭氏用吉公後裔遷往東山縣徑口村。在1949—1950年間，有彭響銀、彭水純等及銅陵鎮彭坤等十多人曾隨軍遷往臺灣。

同安彭氏遷臺後裔中俊偉繼起，頗多讚譽，如臺灣中央銀行總裁、著名金融家彭淮南，著名教授彭明敏，教育學法學雙博士、著名教授彭炳進，元智大學校長彭宗平，交通大學教務主任彭松村，臺灣青年論政聯盟總召集、新竹市議員（全臺灣最年輕議員）彭憲忠，新竹市商業總會理事長彭正雄，臺灣彭氏宗親總會副理事長、新竹市義勇消防總隊榮譽總隊長彭國全和新竹市彭氏宗親會理事長、寶興金銀珠寶公司董事長彭明基等。

（二）虹山彭氏遷臺

虹山彭氏自桹公入閩1100多年來，衍徙海內外的子孫繁多，有載可考的達300多人，其中遷移臺灣的30多人。最早遷移臺灣的是26世懋彬公，出生於清康熙三十八年（1699年），系桹公26世東二房長子。以後27世5人、28世5人、29世3人、30至35世也有16人相繼遷往臺灣。譜中記載著「往臺灣」、「攜眷往臺」、「往臺灣不歸、無回」、「娶白姓香娘臺灣人」、「娶臺灣林氏悅娘」及「　在臺灣」等內容，但卻未記錄遷臺的具體時間。從26世懋彬公遷臺，迄今已近280年，按虹山彭氏繁衍頻率推算，臺灣現有虹山系的人口應在千人戶以上。是否在遷臺後因遵循彭姓聚族而居的特點，而逐漸融入其他遷臺人口較集中的宗支，有待進一步考證。虹山彭氏遷住夷洋的有114人戶，僑居地分布在印度

尼西亞、馬來西亞、菲律賓和新加坡等地，後裔興旺。1923年在印尼錫江就已興建彭氏祠堂，墓園依故鄉名為「虹山亭」。在頗具數量的虹山彭氏僑民群體中，也湧現了不少海外精英。

從泉州虹山鄉遷來臺灣的根公後裔有：

1.懋彬，宗侑公四子，生於清康熙三十八年（1699年），系根公26世，東二房長派後裔。

2.孫千，維和公長子，生於清乾隆十八年（1753年），系根公27世，東長房三派後裔。

3.孫只，純超公四子，生於清乾隆十二年（1747年），系根公27世，東長房三派後裔。

4.孫極，純超公五子，生於清乾隆二十一年（1756年），系根公27世，東長房三派後裔。

5.孫思，順軒公嗣長子，生年不詳，其弟生於清康熙五十五年（1716年），系根公27世，東二房二派後裔。

6.孫通，質慎公長子，生年不詳，其弟生於清乾隆六年（1741年），系根公27世，東三房派下後裔。

7.豹，孫帝公三子，生年不詳，其弟生於清乾隆六年（1741年），系根公28世，東長房三派後裔。

8.贖，孫帝公五子，生年不詳，其弟生於清乾隆六年（1741年），系根公28世，東長房三派後裔。

9.存已，宗仁公長子，生於清乾隆二年（1737年），系根公28世，荃珠派後裔。

10.為棕，莊系公三子，生於清嘉慶二年（1797年），系根公28世，東長房三派後裔。

11.如須，諱乾，碩意公次子，生於清乾隆三十八年（1773年），系根公28

世，東二房長純奄派後裔。

12.克樓，諱塔，如陵公四子，生於清乾隆五年（1740年），系棖公29世，存義派後裔。

13.可濕，為鵝公長子，生於清嘉慶十一年（1806年），系棖公29世，東長房三派後裔。

14.可祿，質慎公子，生年不詳，系棖公29世，東二房長五派後裔。

15.可孝，寅詹公三子，生年不詳，其二兄生於清乾隆四十二年（1777年），系棖公29世，東二房二派後裔。

16.子傲，言山公三子，生於清嘉慶四年（1799年），系棖公29世，東二房二派後裔。

17.枹仲，懷孰公次子，生於清嘉慶二十四年（1819年），系棖公30世，東二房長派後裔。

18.忍居，添全公長子，生年不詳，系棖公31世，東二房長派後裔，當年攜家眷一同遷往臺灣。

19.素奄，字素美，昇輝公三子，生於清道光二十九年（1829年），系棖公31世，東二房二派後裔。

20.樹，西川公之子，即棖公32世，東二房長派後裔。

21.季柟，叔麥公之子，即棖公32世，東二房長派後裔。

22.綿遠，生於清同治二年（1862年），系棖公32世，東二房二派後裔，娶臺灣人白姓香娘為妻。

23.永準，生於清光緒七年（1881年），系棖公33世，東長房修齊派，娶尤氏春娘為妻，與其興、旺二子（即棖公34世）一同前去臺灣。

24.建坊，德成公長子，生於清同治十二年（1872年），即棖公34世，恪齊派後裔。

25.建塔，德成公次子，生於清光緒五年（1879年），即根公34世，恪齊派後裔。

26.乃牆，益美公次子，生於清同治十三年（1873年），系根公35世，恪齊派後裔。

27.金木，再養公長子，生於清宣統二年（1910年），即根公35世，恪齊派後裔，娶有黃氏草娘為妻（黃氏生於民國二年），後又娶臺灣林氏悅娘（林氏生於清宣統三年），養子名有德。

從泉州虹山鄉七修譜後遷來臺灣的根公後裔（部分）還有：

1.建淹，永惜公三子，生於民國六年（1917年），居臺灣淡水，系根公34世，東長房克勤派後裔。

2.文海，金溪公五子，生於民國十六年（1927年），娶黃氏，育二子一女，居臺北，系根公35世，東長房德齋派後裔。

3.首出，德貌公次子，生於民國六年（1917年），娶黃氏，育一子一女，居臺灣，系根公36世，東長房德齋派後裔。

4.乃等，建齊公長子，生於民國十二年（1923年），遷居臺灣，系根公35世，東長房恪齋派後裔。

5.團成，建再公長子，生於民國二年（1913年），遷居臺灣，系根公35世，東長房恪齋派後裔。

6.乃有，武公子，生於光緒二十八年（1902年），遷居臺灣，系根公35世，東長房恪齋派後裔。

7.倆姑（男），確公嗣子，生於宣統元年（1900年），遷居臺灣，系根公35世，東長房恪齋派後裔。

8.文超，錦繡公次子，曾任臺灣農田水利部祕書，生於民國十一年（1922年），娶黃氏、曾氏，子二女一，居臺北，系根公33世，東長房三派後裔。

9.發憤，錦瑟公長子，生於民國十年（1921年），娶張氏，子一女一，居臺

北，系根公33世，東長房三派後裔。

10.永喜，福田公長子，生於民國十七年（1928年），娶莊氏，子一女一，居臺北，系根公33世，東二長振先派後裔。

11.福厚，諱建健，益後公子，生於民國三十一年（1942年），娶黃氏、李氏，育子二女二，居基隆，系根公34世，東二房二中山派後裔。

12.建成，永套（常青）四子，生於民國二十一年（1932年），娶廖氏，育二子二女，居高雄永康，系根公34世，東二房二中山派後裔。

13.進均，諱丁平，季光公三子，生於民國十二年（1923年），1949年往臺灣，系根公33世，東二房二中山派派後裔。

（三）閩東彭氏遷臺

閩東彭氏遷移臺灣的傑出人物有清朝副將彭日光，生於明崇禎十六年（1643年），寧德城關海濱南隅筱場人。清康熙十八年（1679年）海寇群起侵擾我沿海，彭日光召集鄉勇與海寇浴血苦戰，屢戰屢勝，被巡撫吳興祚提為千總。康熙二十二年（1683年）升為副將，後隨同靖海將軍施琅自福州港出發，先克澎湖，繼入臺灣，收復政權，為臺灣回歸祖國創建奇勛，晉升為從一品，而後康熙帝採納施、彭奏議，在臺駐兵屯守，設立府、縣，彭日光因此居臺任職，並因家於臺，為祖國統一鞠躬盡瘁。隨後閩東彭氏也陸續有人遷移臺灣定居，因譜牒毀失而未能詳考。

（作者係福建省姓氏源流研究會副會長）

# 試探開漳姓氏族譜對陳元光研究的史料價值和意義——
## 以《潁川陳氏開漳族譜》和《白石丁氏古譜》為例

閻　銘

　　唐垂拱二年（686年），閩戍將陳元光向朝廷上表，建議在泉潮兩地間建州，以安穩局勢，鞏固唐王朝在當地的統治，此為漳州建州之始。由於陳元光對漳州有「啟土之功」、「保民之惠」，[1]他不僅被當做開發漳州這一歷史事件的中心人物，並且在民間信仰中由人成神，被尊奉為「開漳聖王」。研究陳元光，對漳州地方史和閩南民間信仰都相當重要。本文將嘗試從文本分析的角度，探討開漳姓氏族譜對於陳元光研究的史料價值和意義。

　　以1993年廈大出版社編輯的《陳元光國際學術討論會論文集》為例。在51篇會議論文中，[2]有27篇提及與開漳姓氏有關的族譜。這些論文或將族譜作為史料，以佐證論點，或指出族譜文獻的謬誤之處，以釐清爭議。而其中最常被引用的兩部族譜是《潁川陳氏開漳族譜》[3]和《白石丁氏古譜》。

## 一、檳城本《潁川陳氏開漳族譜》

　　檳城本《潁川陳氏開漳族譜》是陳氏裔孫禎祥根據光緒乙巳年（1905年）在馬來西亞檳城發現的陳氏族譜，結合永春、江州、廣東、廈門四地族譜，從宣統己酉到民國乙卯年間（1909—1915年）修訂而成，1916年在檳城石印。[4]

　　族譜收錄了自南宋到清代的歷代陳氏族譜序言，如南宋慶元年間（1195—

1200年）理學家真德秀撰寫的《陳氏世譜序》、明萬曆二十年（1592年）龍溪縣進士戴以讓為陳氏族譜所作的序等。有趣的是，族譜中宋代、明代這些年代較早的序言幾乎沒有提到陳政、陳元光父子的開漳功績。直到清代，康熙十四年（1675年）龍溪教諭陳鐘鬥[5]的《撰唐開漳龍湖公宗譜總序》和乾隆四十二年（1777年）南岐派裔孫陳文煥[6]的《唐列祖傳記》這兩篇序言才比較詳細地記載陳元光家族的開漳事跡。而族譜所收錄的《龍湖公全集》（即《龍湖集》）[7]和《唐高宗敕陳政入閩》則是陳文煥在乾隆四十二年抄錄的。陳鐘鬥在序言中寫道：

　　裔孫陳嗣鏘持龍公宗譜示余，謂漳郡遭於兵燹，淪於水潦，載籍蕩然，存者什一，求正諸余。余忻然受之……爰展閱字跡，奈不無魯魚亥豕之憂。由是訛者訂之，落者注之，尚有闕義，不能強解，姑俟之。參稽因得序其世云……[8]

從這段文字可以得知，明清更代時，漳州地區的典籍受到了極為嚴重的破壞，陳氏的《龍湖宗譜》大概也受到波及，因此裔孫陳嗣鏘請求陳鐘鬥幫忙修訂《龍湖宗譜》。陳鐘鬥認為宗譜在傳寫刊印中會產生文字上的錯誤，對宗譜做了文字上的修正和註釋。可見在清康熙初年，《龍湖宗譜》的保存情況應該尚可，所以陳鐘鬥只在文字上下工夫，而不是重新撰寫。由於入清後漳州是鄭成功、鄭經軍隊與清軍反覆爭奪的地區之一，直到清康熙十九年（1680年）鄭經才徹底退守臺灣，我們可以推測從明末到清康熙十四年這段時間，陳氏家族不太可能在政局混亂、屢有兵亂的情況下重修《龍湖宗譜》。那麼陳鐘鬥所翻閱的《龍湖宗譜》則應是至少成書於明末，他在序中對陳元光世序的簡介可以看做是對明代族譜中陳元光世序記載的總結。譜序中對陳氏世系的介紹與萬曆癸丑《漳州府志》不盡相同，卻自成體系。

　　《龍湖集》是研究者常用的研究資料之一，檳城本又是諸版本內現存年代最早的。因此總的來說，《潁川陳氏開漳族譜》中有關陳元光的文字資料是在承襲明代的《龍湖宗譜》的基礎上，在清乾隆四十二年（1777年）基本成形的。

　　在把《潁川陳氏開漳族譜》和歷代漳州府縣志進行文本上的對比時，可以發現府縣志的文字記載除了大量承襲前志外，也會採用一部分族譜中的內容。也就

是説，方志編寫者透過引用族譜資料的方式，將族譜中被認為比較可信的內容納入了官方對於陳元光開漳這一歷史事件的敘事當中。

正德《漳州府志》是現存版本最早的漳州府志，它的陳元光傳是在宋時漳州府志的基礎上編撰而成的，沒有直接的跡象證明它與陳氏族譜有關。但是在陳元光的兒子陳　的條目中，正德志引用了《陳昭素家譜》，[9]説明在修撰開漳陳氏人物的部分時，撰者中少把這本家譜當做可參考的地方資料。然而不知何故，該譜在後來的府志中均未再出現過，取而代之的是其他陳氏族譜。在萬曆癸酉《漳州府志》的修志引用書目中出現了《龍湖譜》，是31部參考書目中唯一的一部族譜。[10]不知此譜是否就是《潁川開漳陳氏族譜》的《撰唐開漳龍湖公宗譜總序》中陳嗣鏘出示給陳鐘鬥的《龍湖宗譜》。此外在《秩官志下‧唐名宦傳》中，志書還引用《元光家譜》來充實對陳元光的敘述。並且在按語中摘出了《元光家譜》所載的隨陳元光入閩的部將名錄，以及附上了從《許氏家譜》、《盧氏家譜》中取材的許天正和盧如金的傳記。[11]而有關陳　的記載也是出自《元光家譜》。[12]因此可知癸酉志至少取材了《龍湖譜》和《元光家譜》兩部陳氏族譜。透過對比兩本府志中陳元光、陳　父子的傳記，可以發現癸酉志中父子二人的形象要比正德志要更為形象、具體，在細節上也有一些不同。如正德志載陳元光為河東人，[13]萬曆癸酉志則認為陳元光「其先為河東人，後家於光州之固始，遂為固始人」。[14]稍晚的萬曆癸丑《漳州府志》有陳元光傳承襲了萬曆癸酉志的記述，也同樣引用了《元光家譜》的內容，同時還根據《許氏譜》，加入了陳元光的祖父陳克耕，祖母魏氏，兄長陳敷、陳敏等人物，進一步完整了陳氏家族的開漳過程和宗族世系。開漳陳氏的譜系和事跡至此基本定型。

入清後，康熙《漳州府志》除了增加陳政傳和指出前志根據《元光家譜》而犯的謚號上的錯誤外，與萬曆癸丑志的記載基本一致。[15]光緒《漳州府志》則比前志更為詳細，甚至增加了關於陳元光與術者關於陳政墓地風水的對話，卻不再明確標註是否引用陳氏族譜。[16]

從正德《漳州府志》到光緒《漳州府志》中對陳元光及其家族成員記載的變化中，我們可以發現開漳陳氏諸人物的形象是在歷代府志在傳承前代記載的同

時，不斷吸收明清時期的陳氏族譜而愈發飽滿的。另一方面，陳氏族譜中被方志參考、引用的內容，隨著時間的推移，也被同化為官方記載的一部分，無須再被標註它是出自族譜的記載了。《潁川陳氏開漳族譜》作為一部在清代中期定型的有關陳元光的文字資料，依然有相當的史料價值。

## 二、《白石丁氏古譜》

《白石丁氏古譜》，據說始修於宋代，續修於明嘉靖、崇禎時，至清乾隆、嘉慶時仍有增補。[17]因其年代久遠，保存較為完好，為明清以來修志、研究漳州地方史的重要參考資料。如明何喬遠的《閩書》中，「柳營江」詞條就引用了《白石丁氏古譜》的內容。[18]與《潁川陳氏開漳族譜》相比，《白石丁氏古譜》的年代就要早得多了。如提及丁儒「與陳鷹揚父子平蠻寇、開漳郡」之事的《江東丁氏世譜序》，落款署名為元釋褐狀元黃思永[19]。而族譜中其他歷代序言也多有提及丁儒隨曾鎮府戍閩，後來追隨陳政、陳元光父子開漳。可見在元代以前，丁氏宗族就已形成了完整而系統的，以丁儒入閩後輔助陳氏父子建漳、開漳為開端的家族歷史。由於族譜中記載的丁儒的事跡依附於陳氏父子開發漳州的歷史事件，而這些記錄理所當然地被當做開漳史料的重要組成部分。古譜中《始祖功德論》一文，便描述了明萬曆漳州知府閔夢得對古譜的重視：

萬曆某年，郡刺史閔公延諸薦紳大修漳乘，徧訪閭間故族，徐耀玉先生鑾得吾古譜，閱之乃知柳營江之所由名及陳之前有曾、有丁，喜而志之。據憑吾譜以為德色，並以為漳乘生色。[20]

這段話在萬曆癸丑《漳州府志》的「柳營」條中可得到印證：

按《白石丁氏古譜》，唐自高宗朝有曾鎮府者以將軍鎮閩。丁之先有丁儒者，曾贅婿也。及將軍陳政與曾鎮府更代……而陳政之前有曾鎮府，皆前此諸志所未嘗及。[21]

然而癸丑志雖然在「柳營」詞條上引用了《白石丁氏古譜》的內容，並指出古譜關於陳政之前有曾鎮府戍閩的說法是前方志沒有提到的。但是在陳政和陳元光的人物傳中，他並沒有採用古譜的內容，而是基本沿用萬曆癸酉志的記載，補以《漳浦縣志》的內容。事實上，比起正德志修撰者周瑛的對史料近似於嚴苛的篩選[22]，癸丑志的編撰者要寬容得多：

相傳從唐侯入閩者五十有八姓，今唯許氏、盧氏家有譜牒，前志採以立傳，其餘姓名出自陳譜。建邦啟土，咸有功力，與其過而泯之也，寧過而存之乎。唯引摭失實、稱謂無據者，間為是正文仍舊乘，事歸核實，匪資辨圍，庶幾傳信云爾。[23]

基於「寧過而存之」的態度，癸丑志和癸酉志一樣都採用了《許氏家譜》和《盧氏家譜》的內容。從這段話不難看出，丁氏並不是傳統所認為的開漳五十八姓。以至於雖然五十八姓中只有許氏和盧氏存有完整的族譜，官方卻不把保存完整的《白石丁氏古譜》正式納入開漳歷史的敘述體系中。不管是出於「前志所未嘗及」，還是別的原因，閔夢得大概對古譜仍是抱著較為審慎的態度，沒有直接用它來填補開漳歷史的空白。

修於清康熙四十七年（1708年）的《漳浦縣志》在《名宦傳》中將丁儒列為唐代的名宦，[24]比它稍晚幾年的康熙五十四年（1715年）《漳州府志》由於對丁儒的官職存疑，兼之「他無可考，則寧從闕之」。[25]直到光緒《漳州府志》，才採納了《丁氏家譜》，在府志中將丁儒同許天正、盧如金共列於參軍一類，[26]標誌著漳州府正式將丁儒納入開漳歷史的敘事之中。由於明代的《漳浦縣志》已失傳，乾隆《漳州府志》因故未刊，我們不得而知這兩本志書是否已將丁儒收錄其中，但以《白石丁氏古譜》為基礎的關於丁儒的記載從明末至清，逐漸為官方修纂者所接受的過程卻是相當清晰的。

直至當代，《白石丁氏古譜》被視作「譜記開漳事特詳」，[27]為研究開漳事跡者所好，用於佐證開漳前後的漳地面貌、陳氏父子平叛蠻獠之亂的戰爭過程、開漳安民的方法和策略等史事。如葉國慶先生的《論陳元光「畿荒一德」的政策——唐「貞觀之治」與陳元光的戰略》一文中，即引用古譜中的記載，以說明陳

政綏撫閩地越人的方法。[28]鄭鏞先生的《漳州的建置在江南開發史上的地位》則用古譜來描述陳氏父子平亂時的局勢和地理環境，及攻取「蠻獠」的方法。[29]然而也有學者對古譜提出異議。傅宗文先生的《丁儒龍溪詩篇的年代、作者及歷史價值》一文，就透過對植物名實和史地背景的分析，得出古譜所載的兩篇五言長詩並非丁儒原作，恐為宋初丁氏後人丁祖所作的結論。[30]

雖然《白石丁氏古譜》至少到了清代才開始被官方修志者視作可採信的族譜之一，其所載的丁儒詩歌也可能是後人偽托，但它仍然是一份相當珍貴的歷史資料。由於漳州一直到宋淳熙年間才始修府志，從唐垂拱二年到宋淳熙這四百多年間，沒有系統連貫的文獻記載，「以故漳文獻闕而無考」。[31]這時，始修於宋代的《白石丁氏古譜》無疑可以很好地彌補唐代至宋代這段時間內漳州歷史的空白。

## 三、結論

從上文對《潁川陳氏開漳族譜》和《白石丁氏古譜》的探討中，我們可以得出這樣的結論。在明清時期，尤其是明末清初這段時間裡，漳州府縣志的修撰者逐步將與開漳姓氏族譜中他們認為較為可信的部分納入官方對於陳元光開漳的歷史敘事之中，並因此形成了一段完整的以陳元光為中心人物的陳氏家族及其部將開發漳州的開漳歷史。

儘管這段開漳歷史，有不少細節難以考究，與其說是唐代建州開漳的歷史，更像是陳元光開漳這一史實被後人不斷修飾後形成的結果。而在具體的研究中，有關陳元光的身世、平蠻過程、如何開發漳州等諸多問題上仍有許多爭議。如陳元光的籍貫，便有河東說、揭陽說、固始說等不同觀點。然而儘管諸說紛然，但是開漳歷史中關鍵的時間節點、開漳建州的過程和主要的開漳人物卻是基本一致的。因而我們仍然可以把握關於陳元光開漳的大致過程，並以此為基礎，探索早期漳州社會、政治、文化、經濟等諸方面的狀況。

以《潁川陳氏開漳族譜》和《白石丁氏古譜》為代表的開漳姓氏族譜,除了具有補充開漳史料的作用,也可以看做自唐以來,民間對陳元光開漳這一歷史事件的看法和認識。它們既與官方的敘事有所區別,又與府縣志相互作用。這正與古時陳元光的祭祀被區分為官方祀典和民間信仰相呼應。[32]這些族譜保存了大量的明清時期,甚至更早以前的漳州地方歷史資料,具有相當的研究價值。我們可以透過採用多種甄別史料的方法,透過與正史、方志、碑文的相互對比、印證,謹慎使用,使它發揮應有的價值。

註釋:

1. 正德《漳州府志》卷十四《職官傳》。

2. 該論文集實際共收入了57篇論文,但有6篇與陳元光完全無關。

3. 關於三種版本的《潁川陳氏開漳族譜》的討論本,參見《福建史志》1995年第1期的楊際平《從〈潁川陳氏開漳族譜〉看陳元光的籍貫家世——兼談如何利用族譜研究地方史》一文,因館藏文獻所限,本文使用檳城本。

4. 檳城本《潁川陳氏開漳族譜》第12頁。

5. 該序落款為「歲在乙卯蒲月谷旦署龍溪學事教諭舉人沈水同譜鐘鬥陟望氏盥手謹識於丹霞山平堂」。陳鐘鬥,清康熙二年(1663年)癸卯科李達可榜進士,十年(1671年)任龍溪教諭,見民國《大田縣志》卷五《選舉志》和光緒《漳州府志》卷十三《秩官五》。根據陳鐘鬥在漳任職時間,可知落款中的乙卯,即康熙十四年。至於容易引起誤會的「沈水」應是指大田縣均溪鎮玉田村,舊稱大田沈水。「同譜」則與序文中「余忻然受之,曰古無二姓,是即吾宗譜也」一語相應,指陳鐘鬥自認為同是陳姓後裔,《龍湖公宗譜》也是他的宗譜。

6. 南岐派,即太傅派系陳德秀支脈。太傅派系和開漳聖王派系是漳州陳姓的兩大派系,不知族譜何故同時收錄陳元光與陳太傅二位不同派系的陳氏開漳祖。

7. 作為常被用來論證陳元光在漳活動的重要資料,《龍湖集》在真偽問題上向來爭議頗多,具體學者間的討論可參見謝重光的《〈龍湖集〉真偽與陳元光的家世和生平》和湯漳平、劉重一的《初唐詩風與嶺南詩人——兼論〈龍湖集〉的

真偽問題》等文。

8.檳城本《潁川陳氏開漳族譜》第43頁。

9.正德《漳州府志》卷十五《科目》。

10.萬曆癸酉《漳州府志》卷首。

11.萬曆癸酉《漳州府志》卷四《秩官志下》。

12.萬曆癸酉《漳州府志》卷十六《龍溪縣人物志中》。

13.正德《漳州府志》卷十四《職官傳》。

14.與註釋8同。

15.康熙《漳州府志》卷十九《宦績志上》。

16.光緒《漳州府志》卷二十四《宦績一》，雖然光緒志在按語中有提及《元光家譜》，但因為這是因襲前志的記載，故《元光家譜》並不一定是光緒志的參考族譜。

17.《白石丁氏古譜》第5頁。

18.明何喬遠《閩書》卷二十八《方域志》。

19.黃思永：萬曆癸酉《漳州府志》卷十五《龍溪縣人物志‧元科目》，萬曆癸丑《漳州府志》卷十六《人物志‧選舉》。釋褐狀元：宋熙寧間實行三舍法後，太學上捨生積分和舍試皆列優等，在化原堂釋褐，賜給袍、笏，稱「兩優釋褐」，分數最高者號稱「釋褐狀元」，參見上海辭書出版社2000年版《中國歷史大辭典》下卷第2934頁「釋褐」詞條。

20.《白石丁氏古譜》第64頁。

21.萬曆癸丑《漳州府志》卷三十一《古蹟志下‧營寨》。

22.周瑛在陳元光傳的評論中寫道：舊志載其威靈赫奕大著應驗，亦以人心趨附之故也，子不語怪力亂神，故於此皆不收附。表明他是以理學的標準來對待史料。主持修志的知府羅青霄也在後序中稱讚周瑛，「若夫荒唐怪誕，與吾儒論

異者,皆不在所錄」。可想而知經周瑛刪裁之後,陳元光的記載必然只剩下正統理學觀念的記載。而正德志中的陳元光傳也是漳州府縣歷代方志中最為簡練的。

23.萬曆癸丑《漳州府志》卷十二《秩官志三》。

24.福建省漳浦縣政協文史資料徵集研究委員會編:清康熙志‧光緒再續志《漳浦縣志》(點校本)第413頁,2004年印。

25.清康熙《漳州府志》卷十九《宦績》。

26.(清)沈定均修、吳聯熏增纂,陳正統整理:清光緒《漳州府志》卷二十四《宦績一》,中華書局,2011年版。

27.《白石丁氏古譜》第1頁,詳細的史料價值上的論述參見漳州市地方志編纂委員會1986年為古譜所作引言。

28.葉國慶《論陳元光「畿荒一德」的政策——唐「貞觀之治」與陳元光的戰略》,《陳元光國際學術討論會論文集》第120—124頁,廈門大學出版社1993年版。

29.鄭鏞:《漳州的建置在江南開發史上的地位》,《陳元光國際學術討論會論文集》第84—93頁,廈門大學出版社1993年版。

30.傅宗文:《丁儒龍溪詩篇的年代、作者及歷史價值》,《陳元光國際學術討論會論文集》第257—266頁,廈門大學出版社1993年版。

31.正德《漳州府志》卷首《漳州府志序》。

32.古代知識分子對這兩種祭祀的看法可以參考陳淳的《上趙寺丞論淫祀》,見正德《漳州府志》卷二十《公移》。

(作者係漳州市政協海峽文史資料館館員)

# 臺灣簡姓宗親根在福建永定洪源

張開龍　簡曉春

　　位於福建省西部的龍岩市，通稱閩西，是世界客家人公認的客家祖地，在客家史上有著舉足輕重的地位，起著十分重要的作用，是客家文化的「根基」，是臺灣客家人的重要祖籍地之一，臺灣客家人與閩西根脈相連，閩臺客家文化一脈相承。由於篇幅所限，本文以臺灣簡姓同胞根在福建永定培豐鎮洪源村為題，闡述兩岸簡姓客家的淵源關係。

　　簡姓，是臺灣客家族群的一部分。對簡姓淵源最熟悉者大概都認為：福建梅林山「張簡」，即臺灣簡氏的去臺祖是南靖縣德潤公的後裔。其實，德潤公是從永定培豐鎮洪源村遷去的，對德潤公之前的事，可能僅略知一二。為此，本文欲對此細說一番，讓臺灣和海外的簡氏鄉親瞭解簡家的來龍去脈。

## 一、簡氏先祖雍公

明朝錢塘（今杭州市）人張綱孫在題「涿州城」時有一首五言古詩：

曉霜不在地，微白生牛背。

遙望涿鹿城，隆然沙磧白。

控堞走其下，壁立皆土塊。

此地古范陽，甲兵天下最。

側語聞啼饑，傷心自我輩。

……

這首五言古詩描寫了被稱為「天下第一州」的涿州地方，風沙侵襲、水土流失、戰亂頻仍、人民啼饑的蒼涼悲慘情景。涿州古時稱范陽，又稱涿郡和涿縣（今為涿州市），距首都北京六十公里，北京是遼朝的陪都，是金、元、明、清四朝的帝都，東扼遼東，西控山西，南倚魯豫，自古是兵家必爭之地，而涿州是它的輔翼，因而也兵災不斷。就在這樣的環境中，孕育出劉備、張飛、簡雍三位在三國中赫赫有名的英雄人物。

簡雍與劉備同年，出生於公元161年。晉朝陳壽所撰的《三國志》中有「簡雍傳」記載，簡雍字憲和，涿郡人，年輕時與先主劉備轉戰四方，劉備在荊州時，簡雍和糜竹、孫乾一同任從事郎中，經常以説客身分出使各地，劉備進入益州，劉璋見到簡雍時非常喜歡他，以後劉備圍攻成都，少壯派簡雍去勸劉璋投降，劉璋就和簡雍同乘一輛車出降，劉備封簡雍為昭德將軍。簡雍悠閒自得，還是兩腿向前叉開，斜倚著坐椅，沒有一點嚴肅的樣子，自己隨意放縱，在諸葛亮以下的官員面前，簡雍就自己占一座榻，枕著枕頭躺下來談話，沒有人能辯論過他。由此可見簡雍在年輕時就是劉備的好友和高級幕僚，在征戰各地和建立蜀漢政權中，功勛卓著，名留千古。故此，至今在成都諸葛武侯祠的文臣座中立有簡雍的塑像，供人瞻仰。在簡陽縣南關外、成渝鐵路旁、沱江之畔有「蜀漢簡雍墓」，供人憑弔。

中國簡姓是黃帝子孫，姬族後裔，始祖見之於《左傳》，為周大夫簡師傅（僖公二十四年），一說為狐鞠居（續簡伯）。按《左傳》原文編年，僖公之後為文公，但俱文證較少。近祖為簡雍，是有較多文獻可證的簡氏先祖。

## 二、簡氏入閩始祖會益公及其後裔

簡雍在蜀漢建國之後，沒有回到北方涿郡，而是在距成都市只十九公里的牛

鞞縣（今簡陽縣）定居，傳到20代簡慶遠公，唐朝進士，被派出川任江西袁州（今宜春市）助教，生三子。長子簡韶一支，由江西高安遷居新喻縣（今余新縣），後子孫又遷居清江縣（又名樟樹，今清江市），傳至31代簡魯仲公居清江喻北桐村，生二子，孟一、孟二。孟一即福建開基始祖簡會益公。南宋時期，金人入侵，繼之元兵南犯，清江為中原通往廣東要道，為進兵必經之地，簡氏遂舉家避亂，長途跋涉，遷移至相對安定的閩贛邊山區福建省寧化縣石壁村居住。會益公生於宋徽宗政和五年（公元1115年），中式解元。曾任南劍州（今福建南平市）教諭。52歲時被派至上杭監督築城，於乾道二年率鄧孺人、長子驅公、次子驥公、三子驟公遷居上杭城郊藍路口，驥、驟二公遷去廣東，迄無從考。驅公生於宋紹興六年（公元1136年），系會益公21歲時所生，卒於宋寧宗嘉定三年（公元1210年），享年74歲。驅公生一子致德公，於宋理宗端平二年（公元1235年）45歲時偕李孺人，攜子永同公遷居至距離上杭城170多里的太平里洪源村，住在今蔡屋對面坪隔口山坡上，此時已屆會益公逝世49年、驅公逝世25年之後。致德公初遷來時，洪源村大部分是荒坡草地，夫婦開荒種植、艱苦創業，至宋理宗景定四年（公元1263年）逝世。享年70歲，子永同公傳子宣公，宣公傳子宇遠公（溢一、號評上），宇遠公傳子長源公，長源公傳子開華公，五代單丁相傳，至八世開華公才生了六個兒子，名次是長公甫、次德甫、三致甫、四德潤、五明甫、六仁甫。是時人口增加、耕地不足、住房缺少，家庭艱困可想而知，但開華公與陳孺人還是含辛茹苦，把六個兒子撫育成人，為尋求生活的發展，三子致甫遷至龍潭背頭坪寨頂稱簡屋塘，因該處缺水，改遷距洪源26多里的田地石砌塘開基，四子德潤入私塾讀四書五經，壯遊泮水，去距洪源150多華里的南靖長窖（今長教）附近的梅林村設館教書，德才風範為當地張進興公所賞識，被招贅與其第三個女兒結婚，遂在長教開基，並將宇遠公遺骸帶去葬於梅林馬踏鞍穴，德潤公遂為南靖簡氏一世祖，六子仁甫遷悠灣（原屬永定，今屬新羅區）。至於長子公甫、次子德甫、五子明甫，則仍在洪源定居，自後會益公的後裔因外出經商貿易，或外出做工餬口，或渡海去臺拓荒種植，繁衍於華中、華南、西南、臺灣各市（自治區）達數十萬人，其中遷南靖長教德潤公一支繁衍稱盛，德潤公妣張、劉、盧孺人生了八個兒子，除長子貴甫無嗣，三子貴禎

遷往廣東潮安楓溪外，其餘六子均在長教、書洋一帶創業，至今南靖有11000人左右。在明末清初跟隨鄭成功去臺灣或以後前往臺灣墾殖的近千人，目前臺灣全省有簡姓子孫近20萬人，永定培豐洪源祖地有簡姓3000多人，永定大排有3000餘人，田地、城關、黃仕坑、上杭城郊、長汀城關、龍岩新羅悠遠等地共有簡姓1000餘人，遷往永泰、福鼎、霞浦及浙江省平陽、蒼南等縣的，現有簡姓2000餘人。其餘屬簡會益公傳下而遷至省外和印尼、緬甸、荷蘭等地的尚無法統計。

## 三、永定縣培豐鎮洪源簡會益公大宗祠

永定縣培豐鎮洪源村簡會益公大宗祠（又稱惠宗祠）建於明朝天啟二年（公元1622年）。崇禎九年（公元1636年）焚燬。清朝康熙二年（公元1663年）復建，同治四年（公元1865年）為太平軍焚燬，同治五年（公元1866年）再建。祠堂大門兩旁書寫著一副楹聯：

涿水源流遠，

范陽世澤長。

在大廳兩旁還掛著另一副木雕楹聯：

基開南宋八百載箕裘似續，

派衍西江三十傳俎豆馨香。

這兩副楹聯引發了人們對探討和研究簡會益譜史和家族文化的興趣。

大門一聯昭示簡姓的根，在古范陽郡涿水邊的涿州，這是簡姓近祖簡雍出生的地方。

大廳一聯記述了簡會益遷移的時間、地點和世代，也是研究簡會益家族的導引。

在大宗祠的大廳裡，還掛著「綸音疊錫」、「中憲大夫」、「朝議大夫」、

「奉直大夫」、「進士」、「文魁」、「武魁」、「榮封三代」等金匾，這是簡氏文化的重要部分。據族譜記載，在同治十六年洪源有千餘丁，有功名者60餘人，南靖縣亦多。可見文風之盛。

## 四、簡氏家風精神

1.在洪源簡氏大宗祠內，還豎有四塊石碑，分別是「改安八世於覆鐘形碑」、「更修始祖墳塋現改二三世合附碑引」、「大宗祠儒資田片碑」、「大宗祠儒資捐銀碑」。其記載所及，有永定縣城、田地、南靖長教、臺灣、洪源等地各分支子孫記名，是研究簡會益族史重要資料的一部分。

2.在歷史長河中，福建、臺灣和大陸各省市眾多的簡會益子孫，為推動社會進步和歷史向前發展，做出了許多有益的貢獻。如遷南靖後移居臺灣的後裔，近代抗日民族英雄簡大獅，他的英雄事蹟，引起了許多國內外人士的讚歎，如江蘇武進名士錢振煌寫下了：

痛絕英雄灑血時，海潮山擁泣蛟螭，

他年國史傳忠義，莫忘臺灣簡大獅。

而今漳州市人民政府已把漳州城內當年簡大獅被捕處「簡氏僑館」，列為市文物保護單位並豎立石碑。因此，深入研究和宣揚簡大獅和其他臺灣抗日英雄簡成功、簡精華、簡添益、簡吉等的事蹟，以及眾多近代和現代的對國家社會卓有貢獻的簡會益後裔如簡祥明等事蹟，以激勵愛國主義精神，振興中華，是簡氏譜牒研究者的責任。

3.密切兩岸經濟文化交流，渴望探祖尋源，歡迎宗親歸來，已是閩臺兩岸簡會益子孫的強烈願望。因此，開展深入研究南靖、洪源、田地等簡會益子孫渡海遷去臺灣的移民史、開拓史、經濟史和人文史以及大宗親發展史等等，也是一項刻不容緩的任務。

4.自簡會益三世孫簡致德於宋朝端平二年（公元1235年）遷居永定洪源後，經歷了宋、元、明、清四個時代，計773年，其間，在明、清中國農村資本主義經濟萌芽時期，洪源於明萬曆年間從閩南引進了煙葉（晒煙）栽培種植，然後發展了用煙葉製成條絲煙的加工工業，成為農村商品經濟的主要支柱，當時不但洪源條絲煙加工作坊林立，而且為了把條絲煙推向全國市場，簡會益子孫紛紛外出開店設行，足跡遍及粵、桂、雲、川、鄂、豫、蘇、皖、上海、天津等省市。由於經營有方，獲利豐厚，又紛紛回鄉買田建屋，至今仍有許多土牆大樓，還是當年祖先在外經營條絲煙獲得歸來建造的，一方面又購運土特產，如藥材、絲綢、夏布、棉布等回鄉銷售，促進了農村商品的交流和市場經濟的繁榮，另一方面又引進吸收了各省風俗文化中的有益部分，傳進了時代氣息，形成了洪源簡姓客家風俗文化的一部分。

簡會益一族自南宋遷入福建，至今已八百餘年，其經濟發展與文化，實源遠流長，宜博採尋微，可古為今用，為兩岸和平發展服務。

（作者係龍岩市人大常委會委員）

# 館藏《桂東貝溪郭氏族譜》論析

郭銳

中國客家博物館收藏有民國十二年（1923年）郭上珍、郭同霖、郭錦棠等編修的（湖南郴州）《桂東貝溪郭氏族譜》一套，該族譜不分卷，存十五冊，書衣題籤《貝溪郭氏族譜》，整體內容包括福像（郭子儀）、排行、祠圖（顏祖祠）、祠記、譜序、凡例、條規、族戒、舊序、翰墨（紀傳、謝表、贊、墓誌、祠堂記、房約、誥命、行實、壽文、詩文）、祭田、淵源世系、祖派世錄等。卷首所記排行為：同人大有，履謙中孚，克紹遠圖，乃曰鴻儒，家敦禮讓，代起賢良，則篤其慶，載錫之光。

據族譜所記，貝溪郭氏先祖郭瞿，字元明，唐僖宗時（874—888年）避黃巢亂，由金陵烏衣巷（在今南京市東南）徙吉之龍泉鄉（今江西泰和縣）十善鎮隱居。始祖郭斌甫，字憲亭，宋京太學生，理宗時（1225—1264年）與太學生黃愷伯等共論史嵩之（1189—1257年）不宜起復，詔削籍歸家。由符竹（今江西萬安縣高陂鎮符竹村）徙居悠富（江西遂川縣草林鎮悠富村）。其世係為：斌甫—堯可（徙居湖南郴州桂東之君輔）—傳道—顏叟（創居貝溪）。

關於世系實錄，該族譜分宗順、宗達、宗婁三大祖派進行編修：

宗順祖派世錄：斌甫—堯可—傳道—顏叟—和仲—宗順；

宗達祖派世錄：斌甫—堯可—傳道—顏叟—南仲—宗達；

宗婁祖派世錄：斌甫—堯可—傳道—洲叟—啟鳳—宗婁。

族譜所記世系排行：宗—賦—維—崇—榮—孟—仲—泰—永—選—志—世—化—佑—隆—興—同—人—大—有—履—謙，傳27世。

宗婁房世系排行略有不同：宗一賦一孔一道一養（文）一友一是一昇一榮一華一常（朝）一楚（廷）一登（用）一時（瑞）一一（萬）一勝（應）一崇（同）一人一大一有（德）一貽（履）一謀（謙）一中一孚，傳29世。

研讀譜序可以推知，有清以來，桂東郭氏修譜次序為：康熙十六年（1677年）、雍正十一年（1733年）、嘉慶十四年（1809年）、咸豐二年（1852年）、光緒十二年（1886年）、民國十二年（1923年），共6次。

## 一、對郭泰遵支系的考察

桂東貝溪郭氏可謂耕讀傳家，詩書繼世，代有賢人，這在宗順祖派　祖房郭泰遵支系表現較為明顯。據族譜記載：

十三世郭泰遵字凌崖，恩榮八品，創業垂統，燕翼貽謀。

十四世郭應祥，郭泰遵長子，本諱永孔，字宗魯，廩生，敏而好學，富而好禮。

十五世郭瓊選，郭應祥次子，字瑤仙，號潔思，歲貢，騷壇祭酒，翰苑名儒，有傳文。天啟辛酉年（1621年）生，康熙戊午年（1678年）　。

十六世郭志旦，郭瓊選次子，字仍叔，雲林雅緻，靖節高風。康熙乙巳年（1665年）生。

十七世郭世馮，郭志旦長子，字辰周，號甘棠，邑增生，志載孝友。康熙丙寅年（1686年）生，乾隆戊辰年（1748年）　。

十七世郭斯舉，郭志旦次子，本諱世翼，字展翎，號翥亭，恩榮八品。

十七世郭軾，郭志旦三子，字又蘇，本諱世孝。

十七世郭濬，郭志旦四字，字毓川，本諱世德。

從「創業垂統，燕翼貽謀」、「敏而好學，富而好禮」發展到「騷壇祭酒，

291

翰苑名儒」，經過三代的發展積累，到郭志旦時，郭泰遵支系在貝溪已經頗具儒雅風範，很有名望。

郭志旦自號瞻園主人，平時不樂仕進，然而時常在瞻園與諸好友詩酒唱和。族譜載有其所賦《事大如天醉亦休》詩四首，此僅錄兩首一窺其生平志趣所在：

事大如天醉亦休，杜家千古酒風流。

如何不解聯知己，趨附藝藝若鷺鷗。

酒杯無處不風流，事大如天醉亦休。

逐逐風塵名利客，孰為鷺鳳孰為鷗。

康熙六十一年（1722年）三月，桂東知縣賈倫到瞻園拜訪郭志旦而不遇，遊覽瞻園後，稱讚其所居「別開生面，灑落多姿」的同時，盛讚其「好讀書無名心，亦治生無利心」，可謂評價頗高。

郭志旦四子亦能詩善文，族譜載有郭世馮《夢母鐘孺人》、《瞻園禁約》兩篇，為文情真意切。郭斯舉、郭軾亦以《瞻園十景》為題，從北嶺嵐光、蒲塘月色、松林鶯囀、古徑樵歌、鴉歸泰峰、西山紅葉、春田蛙鼓、堤柳節風、拳山聳翠、曉炊煙接等十個方面吟詠瞻園，頗具雅趣。

## 二、對賢者達人的記載

郭錦棠在族譜序中稱：「迨傳至我斌甫公，實子暖公之嫡派也，世居贛省龍泉，即今之遂川。由龍泉徙湘漚東君輔，三傳至顏叟公，又由君輔徙貝溪，子孫繁衍，振振蟄蟄。由唐室歷前清，或擢解，或奪魁，或稱名宦，或號鄉賢，以及忠孝節烈，散見於家乘者，星羅棋布。」對桂東貝溪郭氏的遷徙歷程記載詳細，同時也提到了家族人才輩出的顯赫歷史。筆者翻檢族譜，時時可以看到鄉賢達人的記載，在此摘錄四例：

达公房十八世郭學海（1714—1780年），字樣深，號百川，廩貢出身，鄉飲大賓，孝行達部，題準品重儒林，性成肫篤，旌表建坊街尾，入祀忠孝祠宇。

达公房二十一世郭維翰（1800—1869年），字黻榮，號介亭，候銓巡政廳加布政司理問。奉札保舉五品銜，經理五都總局。咸豐三年（1853年），奉憲總辦桂邑軍需。不惜錢谷，捐百餘擔，使桂邑危而復安。苗邑侯贈匾「急公可風」。

达公房二十二世郭樹屏（1800—1884年），行名同繡，字錦華，號藝圃。冠軍游泮，食餼明經，每試超等，屢薦鄉闈。陳、梁二大宗師按試，以學品超群，廉隅自飭，疊舉優行。咸豐壬子科（1852年）恩進士，國子監學正銜，即選知縣，兩任嘉禾縣教諭，親加同知升用。生平排難解紛，去莠植禾，拯溺救焚，成梁除道，籌保桑梓，振興學校，悉綽綽其有餘。

达公房二十二世郭正榮（1843—1912年），原名同楷，字善模，號仙梯，誥封國子監典薄，由軍功保奏四品銜藍翎頂戴，署理湖南鎮簟鎮協統，後任永守沅州府游擊。

所謂「學而優則仕」，貝溪郭氏詩書繼世，代有賢人。其族人或以孝行顯，或以政聲聞，文治武功，瓜瓞綿綿。

## 三、聯省自治對族譜編修的影響

1920年代，湖南、四川、雲南、貴州、廣東、廣西、浙江和奉天等省地方軍閥紛紛發表聲明，要求推行「省自治」和「聯省自治」，建立全國性的聯省自治政府。其中趙恆惕主持的湖南自治運動，成為當時影響最大的最具典型性的地方自治運動。

趙恆惕（1880—1971年），字炎午，湖南衡陽衡山縣人。日本士官學校炮科畢業，同盟會會員。參加過辛亥革命和二次革命，後任湘軍師長、總司令。

1922年元旦，頒布《湖南省憲法》，經議員選舉出任湖南省省長。趙恆惕擔任省長期間，堅守省憲，興學修路，公選縣長，發展教育，勵精圖治，推動了湖南現代化的實質性進展。毛澤東早年更是稱譽他為「驅張將士，勞苦功高，鄉邦英俊」。

（湖南郴州）《桂東貝溪郭氏族譜》中記載有湖南省長趙恆惕於民國十二年（1923年）一月二十四日所寫序文一篇。文中趙恆惕對「聯省自治」多有論述，深入闡述了族治、鄉治、國治的關係：

吾國幅員廣袤，制治不易，雖以堯舜之隆，但稱垂拱，而稽其治之之序，亦不過親睦九族，平章百姓。其由族治以進於國治也甚明。今之言政者，莫不曰民族自決自治矣。民族何肇？肇於種姓。種姓大者遍一洲，其次遍一國，其次遍一都。從而條析之，則氏族之聚居於一鄉一村者，莫不皆是。是故族治則鄉治，鄉治則國治。

余比年以來，方日以聯省自治與海內賢者商榷，思夫治道之所由來，顧推而言之，將見郭氏斯舉以支派之分屬，氏族之聯繫，於以飭倫紀、厚風俗、孝友睦、姻任恤，修明有章，由族自治以近於鄉自治縣自治，比積而省而國，則恆惕之殷望也。

郭氏族人郭亞藩在此次「聯省自治」中被選為湖南省憲第一屆省議員，其在序文中也極力宣揚「高擎聯省之旗，廣開制憲之幕」，把編修族譜的盛舉視為「湘省自治之機樞，聯省自治之權輿」，更把族譜放在「一族之自治根本法」的位置上，可見「聯省自治」運動對三湘大地影響至深。

## 四、郭嵩燾遺文的補輯

郭嵩燾（1818—1891年），字伯琛，號筠仙、筠軒，原名先杞，後改名嵩燾，湖南湘陰城西人。道光二十七年（1847年）進士。曾任蘇松糧儲道、兩淮鹽運使、廣東巡撫、首任駐英公使、駐法使臣等職。郭嵩燾善為文，王先謙曾

稱：「先生之文，暢敷義理，冥合矩度。其雄直之氣，追配司馬遷、韓愈，殆無愧色。」其所著有《養知書屋詩文集》等。

除此之外，郭氏還於咸豐七年（1857年）主修《湘陰郭氏家譜》十卷。郭嵩燾在「自敘」中稱：「汾陽五傳至在徽，仕南唐，官鴻臚右卿，始居吉州之望雲門。又一傳至廣國公暉，今吉安郭氏皆廣國府君之裔也。」或許是先祖都有聚居江西的淵源，加之道光二十九年（1849年），郭嵩燾曾親至桂東貝溪省親；故此，貝溪郭氏於咸豐二年（1852年）編修族譜時，邀請時任廣東巡撫的郭嵩燾撰寫序文一篇。

此外，《貝溪郭氏族譜‧翰墨》部分還收錄有郭嵩燾壽文、墓誌、傳文五篇。即《例封修職郎永亭宗丈大人暨德配例封孺人宗母黃老孺人九袠開一雙壽序》、《誥封登仕郎冠湘公墓誌》、《韻琴太封翁傳》、《大文元錦華宗先生暨德配黃孺人五旬雙壽序》、《例封孺人宗母羅大孺人八秩開一暨例封孺人宗母何大孺人七袠開一榮壽序》。筆者翻檢文海出版社影印本《養知書屋詩文集》，發現該書沒有收錄這六篇文章。故此摘錄全文，或許可以補郭氏遺文之不足。（詳見附錄）

## 總結

桂東郭氏淵源有自，傳承近30世，向來重視族譜的編修。族譜中保留了大量賢者達人的記載。對郭泰遵支系五世發展情況的分析，更能看出貝溪郭氏耕讀傳家，詩書繼世，在桂東社會有重要地位。

民國初期，在「聯省自治」的節點上編修的《桂東貝溪郭氏族譜》，在「飭倫紀、厚風俗、孝友睦、姻任恤」的基礎上，不可避免地透露出透過宗族自治達到鄉治、縣治乃至國治的理政思路。

此外，因為同宗關係，出生於湘陰的郭嵩燾曾於道光二十九年（1849年）到桂東省親，並建立了良好的宗親感情，隨後多次為桂東貝溪郭氏族人撰寫譜

序、壽文、傳記等，這為族譜增色不少。從另一方面也保留了郭氏遺文，為郭嵩燾文集的文獻整理提供了寶貴線索。

參考文獻：

1.郭上珍、郭同霖、郭錦棠等編修：（湖南郴州）《桂東貝溪郭氏族譜》，民國十二年（1923年），中國客家博物館藏。

2.謝從高著：《聯省自治思潮研究》，中國社會科學出版社2009年第一版。

3.胡春惠著：《民初的地方主義與聯省自治》，中國社會科學出版社2011年第一版。

4.馬勇：《20世紀20年代「聯省自治」的理論與實踐》，近代中國研究網站，http://jds.cass.cn/Item/3969.aspx。

5.郭嵩燾著：《養知書屋文集二十八卷》，沈雲龍主編：《近代中國史料叢刊》（第十六輯），文海出版社印行。

附錄：

咸豐壬子年貝溪重修族譜序

吾家由吳來楚，星羅棋布，雲礽幾遍湖湘，而生齒之庶繁，席履之豐厚，文物衣冠之聯翩濟美，唯漚東稱最盛焉。熹垂髫時披覽邑志，紀（記）載鳳嶺呈祥，獅山絢采，筆鋒叢秀，珠石匯靈。竊嘆扶輿之磅　既極其隆，重以濂溪周子之流風餘韻宜其產茲土者，代多聞人也。亟思一至先世發祥之地，以攬其勝而探其奇，於心始快。頃因北轍南轅，片無暇晷，耿耿於懷者久之。

歲己酉，蒙聖恩給假，乃得親來斯境，初至貝溪謁祠。是日也，群賢畢至，少長咸集。晉接間，見有鶴髮童顏者，居然道骨仙風者焉；有沖懷雅度，宛若春雲秋月者焉；有名論情譚，不減絲彈竹奏者焉。心焉數之，如遊玉海金山，應給不暇。既而往復流連，旬有餘日，因獲睹大雅之著作，喜其卓然成一家言。益羨鄉先輩之衣鉢在茲，而數百年積累之隆從，可想其大略矣。

維時，適合族謀修譜系，屬序於熹。竊念斯舉也，尊尊也，親親也，敬宗而

收族也，前繼統緒而後裕詒謀也。《詩》云：「昭茲來許，繩其祖武」，其謂是乎？爰為續其排行曰：家敦禮讓，代起賢良，則篤其慶，載錫之光。唯願族中雍睦以召嘉祥，懋修以承世德，積慶以振家聲。敬祖也，而實能耀祖睦族也，而允堪光祖。誰謂床笏之隆，徽金臺之雅望，僅獲端美於前也哉！

賜進士出身翰林院編修國史館協修榮祿大夫兵部左侍郎廣東福建巡撫部院

裔孫嵩燾薰沐敬撰

## 例封修職郎永亭宗丈大人暨德配例封孺人宗母黃老孺人九袠開一雙壽序

吾宗自江西吉安徙籍湖南者幾數家，而皆導始於桂東，故桂東郭氏在楚為最盛，髦俊英英，有名閭里者比肩相望。予以己酉之春，訪宗人於桂東，又知吾宗永亭先生年壽之隆，與其所以造家致富之由為難及也。

先生少而才俊，能慮事，推度反覆，必周必詳。家故不甚饒，先後持家政數十年，遂以大富。治宅第數十，楹門以外，田交壤錯，露積雲屯，皆其手植。既乃入貲為例貢生。嗣君之登（登）黌序，列名太學，左右環立，皆籍籍有聲，族黨間孫曾蔚興，既昌以庶。

德配黃老孺人，並心一德，以勤以儉，克相其家。既躬其利，又康和安豫，同享髦期。天之所以與之者，益綦厚矣。

嘗竊唯詩人頌禱之義多以眉壽為言，而《閟宮》之詩反覆（復）致其詞曰：俾爾富而康，俾爾壽而臧。夫富者口適食而體適衣，然非身之康者，不能享之泰然。壽者齒高望隆，萬目睒睒以相瞻屬，非臧其身，則令名終閟（閟）。詩人之言，亦何深婉微至如此也。今先生齊眉合德，並以康強之身享福壽之隆，其於詩人所誦實躬備焉，斯可為難矣。

今歲三月，會先生暨黃老孺人同壽八十。予聞而樂，值其盛而猶以未與稱觴為歉，乃推而序之，以明夫人生富壽之隆所以取重於《詩》者。如是以為吾宗之人異時升堂介嘏之資，又以見吾族一時之盛。非特為宗人光寵，益見耆耉之徵於一鄉一邑者，莫非國家之慶。而吾族乃適遭際其隆，篤慶垂洪，蒸蒸燾燾，所以集祐而延釐者，益光且大也。謹序。

赐進士出身敕授儒林郎翰林院庶吉士國史館協修兼武英殿纂修銜加一級

宗愚晚嵩燾頓首拜撰並書

誥封登仕郎冠湘公墓誌

汾陽郡彥邦昆弟文武均列前茅，漚邑中佳士，亦予族中佳子弟也。親生盡養，死盡哀，今葬矣，恨無吉壤為之謀窀穸者期年，若遠若近，或成或廢，不惜重金，茲得佳城而納宅之辭猶未備。聞予來省公務，託（托）其姻方君忠仁乞予一言以銘碑。予聞未及詳，不禁恍然曰：「彥之父非貢生永亭公之第四子，住邑二都獅形灣者耶？非庠生殿揚君之令兄諱聯級字冠湘者耶？」噫！異矣，此一鄉之善士也，天何奪若斯之速耶！

憶予自宴瓊林後為守制，於庚戌來桂東省視家庭，常代永翁祝壽，惜其文不雅馴。維時冠軍年近半百，居然有長者風。見其不事詩書，粗通禮義，孝友本乎性生，戀恭率其天質。訓子誨姪皆以義，方睦族和宗，從無遽色。親戚被其惠，鄰里服其誠。且得黃孺人賢助，能相君以成家。一切橋路、梵宇修建，無所悋（吝）及。邑有大故，輒慷慨樂捐，以勷（襄）美舉。至功名不肯大就，所食不過脫粟，所居不過容膝，聞人有緩急，解囊以賙。予先在其家，問之悉，故言之詳。謂天之報施善人，不在其身，必在其子孫，將來後福正未有艾也。孰意即以此而贈封君墓銘哉。銘曰：

崔崔者山，鬱鬱者木。中有善人，藏此丘壑。其容溫溫，其質噩噩。素行無虧，知止不辱。馬鬣可封，牛眠是卜。天寶物華，鐘靈秀毓。於萬斯年，永綏後祿。

賜進士出身欽點翰林院庶吉士協修兼武英殿纂修銜加二級

宗愚弟嵩燾頓首拜撰

琴韻太封翁傳

夫子申贊《乾·初爻》辭：樂則行，憂則違，確乎其不可拔。蓋言潛見因時，唯德裕於己，斯可見可潛，無入而不自得也。燾自束髮學《易》，竊持此意以鑒別人倫，每企想其詣於心目間，今於封翁獲蔚所願焉。

封翁諱名標，字韻琴，號中和，世居漚東貝溪。尊人建元公抱道自重，年享期頤，發配偕老，康強逢吉，都人士僉稱為熙朝人瑞雲。封翁繼起，世德相承，當其鍵戶潛修也，寢經饋史，孜孜罔斁，為文玉潤珠圓，片晷立就。州縣試輒壓曹，數奇未遇，劉蕡下第，獲雋者未免懷慚。

　　封翁淡然也，潛居里門，出所心得，啟迪後學，口講手指，反覆周詳。雖祁寒溽暑，不稍輟遊其門者，如撥雲霧，如睹青天，桑梓間文風因之日振。此可見獨善兼善，其量雖殊，其義一也。晚年寓意詩酒，陶然自適，傳家唯以耕讀為遠謀，以淳謹為正軌，以敦倫飭紀為良規，人世紛華，毫不介意。

　　然蓄之深斯達之靁（亹），積之厚其流自光。封翁偕德配方大孺人恭承天寵，並荷貤封冢君瑩、仲君錦華，食餼明經而握瑾懷珍，行見掇巍科而膺顯秩，孫枝蔚起，悉屬瑤環。長者已列成均，餘者懷抱利器。將來振翮騰霄，重邀紫誥，食報靡涯，彼蒼眷德，豈嗇於前而豐於後耶！潛德之光，彌幽彌顯，理固然耳。

　　燾至嚴溪訪軼事，芳型宛在，口碑載途，心焉慕之，方思有以表揚潛德也。適值重修族譜，遂樂為之紀其實，以光家乘雲。

欽點翰林院庶吉士國史館協修
宗晚嵩燾敬撰

大文元錦華宗先生暨德配黃孺人五旬雙壽序

　　寶珠石畔每產文人，鳳閣峰前恆多奇士。溯先世發祥之地，桑梓維恭；緬名流崛起之區，山川亦媚。極磅　鬱積之已久，乃清華靈秀之特鐘。生斯地者大有人焉，其唯我宗仁兄錦華先生歟！

　　先生一代君才，三生慧業。澼（浣）到西江之水，腸胃皆清；餐來蒲樹之花，齒牙亦馥。擅雕龍於綺歲，勇可冠軍；誇（誇）吐鳳於英年，才能華國。既熏香而摘艷，亦茹古而涵今。宿羨羅胸，花真在筆，固宜臨文掃陣，吐氣凌霄；弱水無憂，駕輕舟而直渡；強臺可上，舒捷足以先登。而乃曲曲桃源洞，已引夫漁夫飄飄羽轂路。又隔夫蓬山，嘆猿臂之難封，悵蛾眉之不嫁，良足嘅（慨）

矣。

　　然而松柏因後彫（凋）而始見者，天心之所以淬勵其材也。玉石因追琢而始成者，良工之所以磨礱其器也。是故風之積者厚，乃能為萬里之飛；光之蓄者深，乃能為重淵之照。豐城劍氣終達乎鬥牛，漢水珠光自輝乎川岳。將見文章尊夫臺閣，聲價溢於寰區。於斯時也，有不羨富貴逼人，英雄得志也哉！

　　況乎先生前代以來更多盛德，作人倫之圭臬，為後進之楷模。　武子遺德在人，東平王為善最樂。谷貽有自，槐蔭長新。人以為論家學於眉山，淵源不少；吾以為溯門風於伯起，積累居多也。且夫音以同聲而益韻，繭以同功而得成。樂羊之奮發有終者，斷機之　（勖）也；仲卿之激昂自勉者，牛衣之諫也。

　　先生德配黃孺人，井臼宜家，珩璜應節。雞鳴而戒旦，夢不同甘；椎髻以持門，眉恆懶畫。遂使交（高）文通不知漂麥，王浚仲無事特籌，孺人之力為多也。哲嗣有三長，已列夫成均。余暫羈夫駿足，薛氏之弟兄並鳳桓家之少長皆龍，他日黼黻天家，輝煌仕版，詎可料乎？

　　今者大夫當服政之年，參軍正應召之日。粲粲門子外事付與袞師，祁祁碩人內事□□賢夫。德曜得天倫之樂，極人事之歡，敢　（勖）片言以當三祝。良貴君所自□，有鄉輩之衣鉢在茲；祖武汝其式繩，尊大父之寶田依舊。好音不遠，試傾耳於萸酒之前；嘉會可期，待攜手於鳳池之上。

賜進士出身欽點翰林院庶吉士

宗愚弟筠仙嵩燾拜撰

例封孺人宗母羅大孺人八秩開一暨例封孺人宗母何大孺人七袠開一榮壽序

　　昔夫子《系易》至《坤》之四曰：陰雖有美，含之以從事。蓋婦人相夫為政，生而同其勞，　而成其志而已無事焉。此所謂地道無成，而代有終也。若吾宗母羅大孺人暨何大孺人之賢，其猶知道者乎？以予聞故例贈修職郎譽揚先生之為人，宏道精敏，能以事自任，自其少時，施為建樹，已舉舉可紀。至老而無有（倦）。

　　郭氏之分居貝溪者，數十百口，距君輔宗祠相隔十有餘里，每時

□□□□□□諸室牲牢尊俎，頗費周章□□□□□□□營宮室宗廟為先。乃度所居室之東，闢地數十畝，拓基廣宇為支祠，營置祭田以奉時祀。又捐田若干頃為義塾，歲以所入延致名師，以課宗屬子弟之俊者，於是宗之人翕然和之。翼乎其有容，秩乎其有序，蓋所以重本圖而基鴻業者如此。其他建橋樑，構神宇，扶顛賑乏，通財廣利，靡義弗舉，靡勞弗躬。嘗以興寧桂陽四交之區，山路峭厲，久病行旅，乃循求夷軌，疏山通道，更開地數十里，會事未竟而卒，人咸惜之。

夫古人為善必獲內助以佐成其志，考之史冊，常相半焉。蓋坤之道為吝嗇，而室家婦子之間其所咨度者，常詳於外。耽逸樂於身，策緩急於孫，子其言皆順而易入，以是沮撓其善心者常多也。而一二樹名義喜推與者，必獨處人倫之順，同德而比義，以贊成其所欲為。以先生生平所費且鉅（巨）萬計，而無悋（吝）於其心，亦無告匱於其家，謂非兩大孺人贊畫周旋之力而誰之力也？

予聞羅太孺人端懿（壹）醇謹，治家以勤，其處事也，尤詳以慎。羅太孺人亦如是，無缺禮焉。義培、會文之事其母以及大母者，亦欣欣焉無少問。安愉悅懌，休和翔洽，子孫蔚興，代有賢譽。於是又知兩大孺人之德，薰（熏）陶漬染，以貽子孫庥者，為尤難也。

己酉春，予至桂東，適羅大孺人以是歲仲冬晉八旬開一之觴，何大孺人亦以是月壽七旬開一。予既聞何大孺人左右將事同其好惡，均其勞逸，蓋相聚數十年而未嘗有忤容。《詩》曰：何有何無，　勉求之。彼夫婦之間周旋款曲，斯已難矣。而如兩太孺人之溫惠淑慎以和其家者，蓋尤古人之所尚也。

今義培兄弟既皆能讀書繼志以致成立，而禮培之事羅大孺人左右，有甘旨必供，有事必咨而後行，其於譽揚先生為人而高其義。乃追述其行事，而考引兩大孺人之德之盛，以為吾宗榮。又以著其世澤之綿長，業行之廣懋，累慶儲祐，敦龐碩大，所以介嘏而延庥者，且永無疆也。謹序。

又贈聯：芝瑞臚歡疊膺雲誥，萱暉駐景雙晉霞觴。

欽點翰林院庶吉士國史館協修
宗晚嵩熹拜撰
（作者係中國客家博物館文博館員）

# 薛氏入閩入泉及與臺金淵源

薛祖瑞

一

薛氏主要出自任姓，相傳黃帝孫顓頊的少子陽（或雲黃帝少子禺號）封於任（今山東濟寧），得任姓。十五世奚仲，夏禹時任車正（官名），封於薛地（今山東滕縣南），奚仲為薛氏得姓始祖。薛國歷夏、商、週三代凡六十四世，公元前298年亡於齊，其裔薛登仕楚，以國為姓，稱薛公，後子孫分布四方。薛登後裔至三國時有薛永，隨劉備入蜀，與子薛齊任巴、蜀兩郡太守，蜀亡，薛齊率五千戶降魏，遷居河東汾陰（今山西萬榮縣），漸成河東望族。河東二世薛懿生子三：恢、雕、興，分為北、南、西三祖。

薛氏還有一支出自媯姓，齊封孟嘗君之父田嬰於薛地，秦滅六國，子孫以國為姓。此外，尚有鮮卑、朝鮮等民族改為薛姓。

薛氏入閩最早為長溪（今福安）高岑薛氏。據《廉村薛氏宗譜》載：南北朝梁天監二年（503年）薛推六世孫薛賀南遷入閩，輾轉定居於長溪縣西北鄉石磯津村。薛賀六世孫薛令之唐神龍二年（706年）高中進士，為福建省第一位進士，官至左補闕兼東宮侍講。薛賀子孫後漸衍福建各地。長溪薛氏入閩極早，又世代袍笏，顯顯翼翼，世系井然，明、清之時，福建薛姓上掛依附甚多。

唐初，隨陳政父子入閩的有薛使，據福建漳浦《薛氏起源記》：「一千三百餘年，以薛使公為始祖，來自皇唐河南光州，固始人也。同將軍陳政入閩……一世、二世住潮州，三世住漳浦東山，四世住紹基，五世住漳浦東山、長泰山重。」長泰山重村薛氏自稱系孟嘗君後代。（其中「皇唐」引自薛振江編《黃帝世家薛氏家族表》P14）

唐末，隨三王入閩的有薛克甫，據福清市三山鎮《前薛村（岐陽）薛氏族譜》：「遠祖薛克甫本河南光州固始縣人，從唐王審知入閩，遷於福清城……（又）遷玉融、建寧、永泰。」後有十二世文質公入居惠安縣。

據福清《上薛村志》：「宋末，尚舍公隨益王入閩，居於福州，不久殉於國難，只遺一子節翁公，宋衛士，不願仕元，隱於福清文峰山下定居，（今）上薛主村已有萬人之眾」號「文峰薛」。後文峰五世乾福（字天與）因來泉貿易，入居泉州。

大概，入閩薛氏最早於南北朝時從北入居閩東，唐初隨陳政、唐末隨三王從南入居閩南，宋末則因元軍南侵，隨南宋朝廷退入福建留居。

## 二

泉州早在唐代已有薛姓。河東薛氏在唐代最為輝煌，故唐朝任清源太守者中，不乏薛姓。據府志載：武德年間（618—626年）有薛士通，天寶年間（742—755年）有薛昱，建中年間（780—783年）有薛播，寶歷年間（825—826年）有薛戎，大中年間（847—859年）有薛凝。其中薛昱以清德著稱，薛播厚待客泉名士秦系。泉州薛姓郡守聲望均佳，唯不見有留居泉州之記載。另據舊志援引《閩大記》：「歐陽詹少與里人王式、吳播、薛濤、鄭簡、康日韋、王雲卿相善……特與諸公會此。」既曰「里人」，可知唐時居住在龍首山一帶有薛氏族人。今龍首山居民為蔡、王、陳、康、林、謝諸姓，薛、吳、鄭俱已外遷乎？不見記載，尚待考究。

今居住泉州之薛姓，遍布南安、惠安、永春、洛江、豐澤、鯉城，有二十多分支。現在基本查明，主要有四大支派：

其一為南塘薛氏。入泉始祖諱乾福，字天與，福唐文峰（今福清上薛村）人，薛節翁五世孫，元代航海家、大商人，自擁海船航行東南亞、粵、閩諸地，在車橋頭設立貨棧商行，卒葬泉州東門外七里庵山。在泉州海交史中，我們只注意到許多阿拉伯、波斯、占城海商的作用，忽略了本國海商的存在，中國人從來就不是一個只能面向黃土背朝天的民族，薛天與就是個很好的例子。薛天與梯航萬里，子孫繁多。原在文峰娶周氏，生子元亨、元杰、元茂；又在仙遊楓亭娶陳

氏（或曰劉氏），生子元寶、元實；聞在廣東番禺亦有妻、子。已查明後裔2萬多人。天與公在泉州娶王氏，居於南塘市（今晉江塘市社區），生一子元美，元美生子六，次子諱士掌，字克銘，永樂乙酉（1405年）京闈亞魁，任杭州府通判，徙居郡城之西，衍肅清、仕曹房；五子士攀徙居南安潘山溪頭村（今屬豐澤區）；長子士長徙居福州，三子士益先留居塘市，後經倭亂他徙；四子士訓徙居南安下莊，後又他遷；六子士尾相傳徙居金門。南塘薛氏名行：士世尚德，天應必昌，允迪彝訓，奎璧聯章，祖宗文學，垂裕遠長。

其二為桃源薛氏，據入永始祖二吾公指示：先祖天福公，唐季從王潮入閩，本居嘉禾（今廈門），始居塘市，厥後垂裕公居車橋。至宋，純儒公登第，入居郡城新路。明初則有嫡裔永興公，字純仁，尊為郡城一世祖。七世祖思道公，字以毅，號二吾，萬曆戊寅（1578年）徙居永春上場城。清朝及其後又有部分族人返居郡城。

其三為風吹鼓薛氏。祖居地南安水頭風吹鼓村，源流尚未查明。今部分族人留居水頭，部分徙居廈門，部分於清朝徙居郡城。入城始祖佚名，墓在南安後田，生子五，傳四房，已衍200多人，有名行八字：克明俊德，啟壽聯章。

其四為惠安螺城薛氏，原居福清孝義鄉化南里岐陽半島東山，十二世文質公，字於先，號彬亭，於順治十二年（1655年）間徙居惠安縣螺城慶泉鋪，生子七。康熙年間，臺灣告平，文質公攜長、三、六子回歸祖籍，二、四、五子留居惠安。螺城薛氏尊文質公為一世祖，二世起分為孝（後湖）、義（石馬）、禮（尖山）三房，已繁衍十四世。

三

據臺灣高雄縣茄萣鄉《薛氏族譜》敘及薛氏在臺籍別及渡臺先後年代稱：

順治十一年，長泰縣山重村薛玉進入墾臺南市安平區，後其子藏家移墾高雄縣茄萣鄉，薛玉進系前述入閩始祖薛使公之裔，開薛姓入臺之先，至今子孫繁盛。順治十五年，長泰薛姓入墾臺南；康熙年中，海澄薛珍元與子薛蒲黨開墾嘉義大林，雲林斗六之間；道光年間，薛禹入墾嘉義；嘉慶年間，漳浦薛純益入墾宜蘭三星；雍正年間，福清薛迪奏入墾東港；嘉慶年間，薛老入墾高雄左營。金

門珠山薛氏嘉慶年間先後多位族人入墾澎湖、嘉義、雲林、彰化等。

有關泉州市記有：「晉江縣，道光年間，薛添祿徙居屏東縣東港。」

此外，尚有廣東各地薛姓入墾臺灣彰化田尾，斗六，桃園龜山、八德，臺中東勢，不贅。

四

泉州薛姓，「南塘」、「桃源」兩支有族譜傳世。

桃源薛姓雖唐末即入居泉州，但舊譜遭遇火災而無存，至康熙丁酉（1727年）始重新修譜。

南塘族譜始修於明隆慶戊辰（1568年），末修於民國己卯（1939年），共十六卷，木刻印刷本，經「文革」浩劫，今僅存四殘本於泉州圖書館。該族譜始修時僅收南塘郡西房士掌公一族，嘉慶續修時加收塘市房士益公一族，其餘四房均未收錄。今殘本更僅剩肅清長、三、四房（肅清共九房），仕曹長房（仕曹共二房）四部分較完整。即以今存殘譜，莊為璣、王連茂兩先生合著的《閩臺關係族譜資料選編》仍列出遷臺南塘薛氏九人。遷臺族親，因當時兩岸交通不便，音信隔絕，修譜時記載極為簡略，往往不知在臺灣定居何地，所娶何人，子嗣如何，一代之後，不見下文，令人悵然。今細勘舊譜，上下求索，分述如下：

十二世迪三公。譜載：「迪三公名士三，允乞公三子，娶吳氏，葬石門院祖山，又在臺娶口氏。子四：彝泰、彝添、彝寅、彝全。」迪三生、卒失考，但既知其為允乞公三子，查其兄迪文生於康熙己巳年（1689年），其弟迪智生於康熙辛巳年（1699年），可知迪三生於1690—1698年間，即康熙三十四年左右。元配吳氏葬泉州祖山，長子彝泰葬德化縣，有一子訓遷。可知元配、長子一脈，均未往臺，終老泉州。其餘三子皆僅知其名，後述無繼，推測彝添、彝寅、彝全三子定居臺灣，從此失去聯繫。

十三世彝群公。譜中僅載「彝群，迪祖公三子，往臺娶婦」寥寥數字。查其父迪祖諱士成，允乞公長子，則知前述往臺迪三系彝群三叔父，彝群乃往臺尋叔，或與其叔、堂弟聚族而居，同在臺灣某地。

十四世訓剛公。譜僅載：「訓剛名志光，彝來公長子，在臺娶婦。」查其父彝來系迪文公次子，而迪文乃首往臺迪三之兄，如此，迪三是訓剛的三叔公。簡而言之，這是一個常見的家族式的移民，郡西仕曹（今會通巷）房允乞公派下，三子士三（迪三）在康熙年間肇始遷臺，後其侄彝群、侄孫訓剛相繼往臺，加上其子彝添、彝寅、彝全，聚族而居，可惜不知所居何方，至今與大陸宗親失去聯繫已有300年。

十五世奎麟公。舊譜僅載：「奎麟名口口，訓章公長子，子未詳。」奎麟系譜名，原名缺失，本人譜中亦未註明往臺。查其父訓章，才知悉：其父訓章號厚齋，乾隆庚申年（1740年）生，乾隆戊申年（1789年）卒，娶黏氏謚懿勤，乾隆庚申生，乾隆戊戌年（1779年）卒，俱拾骸往臺葬。子一，奎麟，往臺。奎麟於乾隆末（1780年後）往臺，嘉慶間回泉拾父母之骸往葬臺灣。推想他在臺已成家立業，決心定居，可惜亦從此與祖地失去聯繫。

十五世奎地公。奎地諱捷高，號義齋，肅清三房（舊居新街）訓繼公長子，乾隆丁未年（1787年）卒，葬臺灣。娶陳氏名聘官，謚純德，與弟婦顏氏合葬象加山。子一：璧獅。其元配陳氏葬泉州東門外祖山，則必終老泉州。其子璧獅，族譜未再續及，可能居臺，父子後未再與大陸聯繫。

十七世聯祿公。聯祿公屬肅清四房井亭分支，是筆者本支叔公，一九三九年末次修譜主持人薛文波是其親侄，故聯祿公譜中資料較全，其家族往臺人眾，故高雄茄萣鄉《薛氏族譜》曾敘及。據族譜：聯祿公，諱添祿，字欽若，號福塘，璧亨公四子，原居鯉城會通巷，開族在臺灣東港街。添祿有子五：長子章慶名海，生子二：金鐘、金盤；次子章祥，生子二：戊金、安然；三子章本，生子二：湘潭、銘煌；四子章霖，生子六：祖榮、祖華、鎮江、鐵泉、金谷、金豐；五子章色名老色，生子二：仁川、義川。譜中所載子孫共19人，均留居臺灣。添祿公本人卒於民國辛酉年（1921年），歸葬泉州五鬥祖山。可知其子孫1921年後才漸與大陸宗親失去聯繫。

因譜中僅載其居地「臺灣東港街」太簡略，筆者長時間未明白「東港街」所指何地。前日至鯉城區方志委，得工作人員幫助，上網查詢，才得知：東港鎮位

於屏東縣的西端，隔著臺灣海峽與琉球鄉遙遙相對。公元1920年臺灣地方改制，在此設置「東港街」，劃歸高雄州東港郡管轄，到戰後初期劃設高雄縣東港鎮，1950年改隸屏東縣至今。既知宗親所在，則思往尋親，但不知迄今已90多年，宗親們尚留居東港舊地，抑或星散而居？請知情人通知作者為感。

五

本文前提及：泉州南塘薛氏二世祖元美公有子六人，「洪武之初，征丁充役，兄弟更名分居四方」。其中六子士尾公相傳徙居金門。但現存族譜殘卷，有關三世六祖生平，除入居郡城次子士掌公（字克銘）外，餘皆失佚，無從考證。南塘十世昌坤公康熙修譜作序云：「譜中自一世至五世，俱有傳有志，下此則或有志無傳，有傳無志，均不敢妄為附會。」倘舊譜傳志部分復出，則士尾公之源流可一覽立明，惜乎！

由於上述緣由，泉州薛姓十分關注金門珠山薛氏。金門薛氏自明倭患之始疊經戰亂，遷居澎湖和臺灣本島者眾，涉洋至菲、新東南亞亦多，且人才濟濟，瓜瓞綿綿。

珠山薛氏族譜有兩序，其一為《薛氏族譜沿革》，全篇錄載我泉八世薛應鐘明隆慶戊辰所撰《紀姓》一文，唯金門序文中入泉一世祖「天與公」寫為「天輿公」。珠山薛氏族譜初修於清乾隆年間，斯時我泉薛氏族譜尚為手抄本，保存於祠堂木匣中，不輕易示人。珠山修譜諸族賢必定抵泉城與我族長相晤，謁祠登堂，披閱抄錄之，且《紀姓》一文專為上溯一世祖天與公之源流，金、泉兩薛淵源之深，不言而喻。金門族譜中另一序為乾隆五十七年珠山十七世明璣字立衡所撰。序中曰：「我祖自舜俞公傳至開基始祖貞固公，世居銀同西市……貞固公行二，娶祖妣劉氏，生一子名曰成濟公。當元至正五年（1345年）元順宗年，始避亂來浯（金門）太文之南、龜山之西……。」查薛舜俞系南宋紹熙庚戌（1190年）推恩榜進士，屬長溪薛賀一枝。薛成濟入浯為元季公元1345年，士尾公如遷浯當在明初公元1370年後，有一代之差距。泉州薛氏秉持「薛姓一家」之主旨，積極發展與金門珠山族親的聯繫。經前任珠山薛氏宗親會理事長薛芳千的牽線聯繫，2010年冬至，以薛建設、薛祖瑞為首的泉州宗親代表十六

人，應邀到金門珠山村參加每年一度的祠堂祭祖儀式。泉州薛氏代表受到珠山宗親會薛承琛理事長及眾宗親的熱情款待，時任臺灣行政院「政務委員」、「福建省」（轄金門、馬祖兩縣）主席薛承泰特地從臺北趕來，會見泉州宗親，並互贈禮物，合影留念。泉、金薛氏之親情期望與時俱深。

泉州南塘薛氏尚有蚶江薛章玉一枝，早年往臺經商，定居臺灣員林，章玉子孫與祖地蚶江薛氏宗親互有往來，2010年蚶江薛氏祖厝重修落成，八十多歲的薛東培宗長親臨祝賀。

「三春化日舒清景，一域暄風聚太和。」薛氏本黃帝之裔，是締造中華古代文明的部族之一。幾經歷史風雲，分布於海峽兩岸的薛氏族人各自生生不息，奮鬥不懈。當此中華民族崛起之時，兩岸人民來往日益深入。欣逢盛世，泉州薛氏正在編修族譜，我們期望與多年失散的臺灣宗親早日取得聯繫，共同續好族譜，無憾於子孫後代。

（作者單位：泉州市區地方志學會）

# 白水姜氏世系考

王俊海

　　舊傳白水姜氏出自天水郡敬勝堂，由閩長樂而涉。宋元兵燹譜牒無存，維留先世遺紙一幅，得其行第而失其詳傳。

　　今查臺北圖書館館藏姜氏譜摘錄，唐相姜公輔貶為泉州別駕，五世孫姜譽，唐末永嘉尉，後隱居不仕，兄姜熹入瓊；海南姜氏譜記，姜天賜為長樂府古田釣國村人，拔貢生，授南昌縣正堂，配江西蔡氏，生四子，長元熹避唐末高平戰亂自閩入瓊，次元勳隱居，志行高潔，有燕翼貽謀之功；永嘉潮川姜氏譜記，唐時始祖從西京遷泉州，五世孫姜𦰌（疑為「譽」字）為溫州教授，因居焉，傳二世，其次子西行幾十里擇潮川而居；平陽姜垟譜記，始祖入閩越二世後，周顯德元年宦遊閩中，置業於萬全姜垟，等等。祖先事略散見於各地譜牒，皆班班可考。

　　唐末五季時閩長樂府古田人姜譽為永嘉尉，後隱居不仕。疑隱羅山之東白水姜家坦。此地有姜氏古墓二座，今得墓磚一塊，經科學測定為北宋初期由山腳海蝕泥製造。

　　北宋時白水姜氏叨承祖庇，瓜瓞綿延，人文鵲起，蔚為邑之望族。姜譽三傳姜頊官任蘇州知府；六傳姜禧初任大理寺，升學士，拜平昌伯。聯姻於吳、陳、胡等當時名門豪族。元祐四年姜氏全家和僧善輝共造姜合橋，今古橋尚存。初建大宗祠於白水橫山之陰橫川之陽，坐北朝南。

　　南宋乾道二年溫郡海溢，人亡地荒，宗族星散。瑞安馬嶼姜家匯、瑞安麗白門、永強永中北山下、平陽萬全姜垟、平陽鳳巢溪頭等地譜記，蘇州知府姜頊六傳禮二公始遷閩長溪赤岸，宋紹定六年癸巳，閩中盜起，其孫兄弟三人返溫，

長居瑞邑孫橋（後轉滄河），次居瑞邑麗　白門，三居平陽泗溪（後居宋　）。姜頊八傳智二公後分三房居平陽姜垟、溫州龍首橋、梅頭東　；智三公宋端平乙未歲遷瑞邑十四都南社，後裔居瑞邑姜家匯等地；民國瑞安縣志稿記，七都仙潭鄉漁潭姜氏，始祖姜文宋時遷此，大宗祠在永強；而智一公攜子隱居羅山之東白水姜家坦下　底高地，有生於宋咸淳癸酉卒於元至正癸未的女孫嫁吳新翁（見《永強吳氏家譜》）；有生於元皇慶癸丑卒於明洪武壬子名諱姜貞的曾女孫嫁鄭祥（見《永強橫山鄭氏譜》）。智一公之孫恭一，諱樹統，字兆倫，號建源，配江邊楊氏，生四子，長成一衍白水高地姜氏一脈，次慕源、三思源、四奉源後裔皆遷永中西姜（見《西姜姜氏譜》）；成一公數傳至廷秀，幼年隨母帶瑞邑至蒼南，由仁甫蔣氏撫養成人，居蒼南麟頭（見《麟頭姜氏譜》）。明清之時白水姜氏薪火相傳，志奮鵬程，薄積而豐。後發軔於今朝，再煥精彩。

　　然年代久遠對此譜牒考證持疑者眾。據現代生命科技，驗家族之基因，便可知其真偽。基因中之男性染色體者，女性所無，故得父系代代相傳，可謂家族之信標。天下男性染色體型號繁多，凡略粗分有千餘型，而白水姜氏之族，失散近八百年而流諸溫郡各處，不知彼此久矣。今驗其基因，則有多族之男性染色體共為一型，再細分後且親疏明瞭。先麟頭，次西姜，次姜家匯，次滄河，次白門，再北山下、東　、姜垟等等，與諸地譜牒記載一致，實為同宗共祖一家人矣。

（作者係中華百家姓譜牒收藏館（溫州）基因科技工作者）

# 《普度民謠》見證閩臺緣——以晉江市安海鎮與彰化市鹿港鎮為例

柯朝碩

閩臺兩地因移民的關係形成語言、民風、民俗、民謠等風土習俗的相同。這種地方民俗文化的認同即為「閩臺緣」。晉江市的安海鎮與彰化市的鹿港鎮一衣帶水,從兩地流傳的《普度民謠》中可以看出兩地有著千絲萬縷的關聯。現錄廈門大學石奕龍教授《閩南鄉土民俗》刊述的鹿港《普度民謠》及安海鎮顏呈禮先生收集整理的安海《普度民謠》。供大家參考對照,筆者意在保留民俗文化,見證「閩臺緣」。

鹿港《普度民謠》

初一放水燈,初二普王宮,初三米市街,初四文武廟,初五城隍廟,初六普土城,初七七娘媽生,初八新宮邊,初九興化媽祖宮口,初十普港底,十一普菜園,十二龍山寺,十三普衙門,十四餓鬼埕,十五普舊宮,十六普東石,十七普郭厝,十八營盤地,十九杉行街,二十後寮仔,廿一後車路,廿二船仔頭,廿三普街尾,廿四普宮後,廿五許厝埔,廿六牛墟頭,廿七安平鎮,廿八濠仔寮,廿九泉州街,月尾通港普(龜粿店),1(八月)初一米粉寮,初二乞食寮,初三乞食是食無肴。

古版:安海《普度民謠》

初一起路燈,初二明義境,初三西宮,初四仁福宮,初五咸德境,初六興勝境,初七七娘生,初八橋㩮(黃墩),初十西安,十一鰲頭境,十二西河境,十三龜湖,十四無人普,十五做節,十六倒了鑢(無人普),十七玄壇宮,十八坑

岬,十九型厝,二十上帝宮,廿一聖殿,廿二史厝圍,廿三三公境(大仕宮),廿四關帝宮,廿五新街(厚底街),廿六後庫(媽祖宮),廿七永高山,廿八觀音殿,廿九大埕頭(王厝),(八月)初一小宗埔,初二囝仔普2,初三乞食營。

新版安海《普度民謠》

現在流傳的安海《普度民謠》與古版安海《普度民謠》大同小異,略有增減。因地域的擴大而增加「十三普東鯉」、3「十六普安平」、4「月尾報恩寺」5,因地名減少而刪去「(八月)初三乞食營」。

## 一、對照閩臺二首《普度民謠》從中發現諸多相同之處

1.普度時間的相同,均從每年農曆七月初一開始至農曆八月初三結束。

2.民謠的內涵相同:安海的「初一起路燈」與鹿港「初一放水燈」。同為向冥界發出許可各路無主孤魂及「好兄弟」入境享用祭品的信號。安海的「囝仔普」與鹿港的「通港普」,都是在向冥界告知月尾要關鬼門,當日全鎮各家各戶備五味菜,一謝燈腳,二送各路鬼魂出境歸入地府。

3.二首《普度民謠》都羅列全鎮所有舖境在三十餘日內輪流普度,這種現像在大陸及臺灣同屬較特殊個例。

4.二首《普度民謠》字句均以五字為主,押韻部分均以ing韻為主。

5.二首《普度民謠》的地名有諸多相同之處:如:鹿港的「安平」及「東石」,安海古稱安平,而東石則是安海同一水系的鄰鎮;二首民謠同有「龍山寺」、「媽祖宮」、「城隍廟」,鹿港《普度民謠》中的「許厝埔」、「杉行街」、「牛墟頭」、「米粉寮」、「文武廟」、「乞食營」等在安海均能找到相應的地名。

綜上所述二首民謠有諸多相同之處,而形成這種相同之處的歷史淵源,有必

要作一番探究。

## 二、安海《普度民謠》產生於清初復界以後

《安海志・風俗》將七月普度視為「盂蘭會」記載，而「盂蘭會」是宗教設醮「做事」從而拯救鬼魂早日脫離地獄苦海，上升天堂或輪迴轉世超生的一種法事活動。然而「普度」民間風俗是否從佛教的「普度眾生」教義演變、脫化而來，還須進一步尋找佐證。因受《唐王李世民遊地府》傳說的影響，可能早在唐宋時期就有民間設醮普度的習俗。經「好事者造端」及迷信從業人員鼓吹，變為輪流普度，從而產生《普度民謠》。

雖然安海《普度民謠》形成的時間志書無從稽查，但從明末清初安海地名變更的歷史沿革推論則可得到答案。明時安海稱安平鎮，當時有「東山埔」、「鯉魚尾」及「報恩寺」的地名。清初遷界遭焚燬，復界後因這三地涉及鄭成功與清廷談判地，而沒人敢於重建居住而成為荒埔、廢墟及墓地。古版安海《普度民謠》沒有這三個地方，所以說安海《普度民謠》的形成是在清初復界以後。

## 三、形成安海《普度民謠》的社會基礎及經濟基礎

農曆七月，按道教說法為鬼月，鬼門關整月開放，那些在戰爭、瘟疫中罹難的平民百姓及歷代陣亡的將士等無主孤魂野鬼將在農曆七月四處求食。故閩南一帶農曆七月有輪流普度的習俗。一般以村、鄉、鎮為序輪流普度，而安海鎮比較特殊，羅列全鎮鋪境序日而供，以便那些無主孤魂野鬼日日有食而不在地方作祟。這種以鎮為單位各鋪境輪流普度的形式，需要當地巨大的民間財力的支撐。故《晉江縣志・風俗》有「普度拈香……醵錢華弗，付之一空」的記載，可見普度耗費民間巨大財力。所以在大陸閩南也只有商貿繁榮的安海鎮才有能力承受這

種以鋪境輪流普度的巨大經濟壓力。那安海鎮當時的經濟實力如何？

安海鎮在唐宋以來就是一個繁華的商貿集散地。《安海志‧卷一沿革》記載：「安海市。其港通天下商船，賈胡與居民互市。宋元祐二年丁卯（1087年），泉州府設市舶局。客舟自海到者，州遣吏榷稅於此，號曰石井津。南宋建炎四年庚戌（1130年），因東西兩市競利相戕，榷稅吏不能制，州請於朝，乃創石井鎮。朱熹之父朱松為鎮官，此乃安海建制之始。」明朝以降安海港及安海商埠進入繁華的全盛時期。出現「安平之俗好行賈……浮大海趨利，十家而九」「舟車輻輳，郊行林立，山海百貨，胡賈互市」之局面。明末清初安海鎮遭受清廷的「丙申焚燬（1656年）辛丑遷界（1661年）」「安海之官室、寺觀、宮廟、民居，掃數毀平」，安海鎮遂成荒埔曠野，杳無人煙。那安海鎮在什麼時候，由什麼人主持廢鎮重建？

《溫陵潯海施氏大宗族譜》記載：靖海侯施琅靖臺後於康熙二十三年（1684年）安海復界。施將軍委派其族弟施秉進駐廢鎮安海。施秉字國侯，號鹿門，曾隨施琅平臺有功，初授把總，駐鎮古陵館，後授左都督，再授提督軍門，誥封明威將軍。

「施秉受命移防安海主持廢鎮重建，時安海已廢達28年」，6「東西埭崩決，葦荻叢生，荊棘遍野，狐兔出沒」，「施秉移駐安海後，督率兵士披荊斬棘，搭蓋簡易民房500多間，作為招撫流離異鄉歸來的遷民棲息之所」，「又按三里長街的格局搭建店鋪800多間，租給遷民」互市，「收四季稅」。幾年後施秉成為擁有千餘間店、屋的大房地產業主，於此同時在安海歷來認為是風水寶地的永高山前至石獅巷一帶為其子孫營建六座「五間張三進」以上的豪華大厝，因此引起安海五大姓憤慨。為平息民怨，施琅於康熙三十二年（1693年）將施秉調任臺灣鳳山軍門提督。施秉長子施世榜隨父入居臺灣鳳山，康熙三十六（1697年）考選為貢生，授閩北壽寧縣教諭，施世榜無意仕途，當年乞假回安海繼續經營房產業。在這段時間施世榜繼父志再建大厝三座，合稱「九房施」，施氏成為當時安海望族。施秉離開安海後施琅委任原部將提督藍理駐鎮安海。在這段時間返回安海的民眾及原有五大姓，紛紛聚族圈建房屋而居。繼而出現「九

囲」、「十八埔」及「林厝」、「李厝」、「陳厝」、「余厝」、「柯厝坊」等新的地方。然繼任安海駐鎮的提督軍門蘭理，對施氏占地建房屋、店鋪成為一方富豪非常羨慕。在施琅及施秉逝世後的康熙四十六年（1707年）於安海安平橋水心亭雙邊（中亭）搭蓋店鋪100餘間。因經營效果不佳又於康熙四十九年（1710年）拆除安平橋從「望高樓」至「超然亭」一帶的橋板後（斷橋於蘭理罷官後，回填雜土，鋪碎石復通），另築土路從「望高樓」經「山門門」至「西宮」。然後強行占地從「西宮」經「上帝宮」轉「新街」至「石井書院口」（朱祠口）搭建店鋪650餘座出租商人互市。此舉造成極大的民憤，民眾紛紛依據舊契聯名上訴要求贖回祖業。綜上所述，安海復界後二次興建街市的大型運動，雖有憑藉官府權勢巧取豪奪民眾財產之嫌，但對復界後的安海經貿市場的復興起了積極作用。這種「前者巧取」「後者豪奪」的行為，是施秉調任臺灣及蘭理在康熙五十年（1711年）罷官的原因之一。總而言之，施秉、施世榜父子在安海鎮從廢墟中重建復興的過程中有重大建樹。

　　清初復界後的安海商埠在短短的二十六年間建有新舊街道數十條，店鋪近一千五百間。可見當時安海商埠的規模宏大，經濟非常繁榮。這種繁榮除得益於安海商埠幾百年的厚積薄發及「安平商人」的儒商經營理念外，特別得益於清政府開放兩岸貿易，使天然良港安海港能夠發揮巨大的海運吞吐作用。清廷在施琅收復臺灣後，於康熙二十四（1685年）年在廈門設立「海關」，安海港的貨物及渡臺人員經廈門港轉口到臺灣、臺南的安平港。廈門港需轉內陸的客貨也從安海港轉口輸入內地。由於安海港口、商埠的繁榮，清雍正七年（1729年）設立戶部稅館，曰「鴻江澳」。正如《安海志》所載，「安海港成為廈門客貨轉口之要港」，特別是清乾隆四十九年（1784年）開放臺灣鹿港與大陸蚶江對渡以來，安海對臺貿易盡得「天時、地利及人和」，港口的吞吐量及商埠集散功能空前發達。正如《安海志》所載，「來自各地商販，騾馱車載，肩挑背負，更是熙熙攘攘，絡繹不絕於途」，使安海成為福建三大名鎮（晉江縣的安海，莆田的涵江，漳州的石碼）之首。

　　由於安海商埠的繁榮不是靠資源、礦產或工業，而是依賴具有巨大風險的海上運輸來維繫，因而形成聽天由命、靠天吃飯的宿命思想。再者，安海系從廢墟

中重建,明末清初又是清廷與鄭成功之間的主要戰場之一,而生靈塗炭,哀鴻遍地。從迷信的角度看,當地有大量的孤魂野鬼需要賑祭及普度超生。在當時社會科學技術欠發達的情況下,難免滋生封建迷信的思想。這些商人大都昨日還在流離失所,一夜之間暴富如有天助,所以他們熱衷於求神托佛,大修宮廟等封建迷信活動,在這種情況下形成帶有迷信色彩的普度民俗,也沒有什麼奇怪,《普度民謠》就在這種時代背景下產生。

## 四、《普度民謠》藉助大陸蚶江與臺灣鹿港對渡的橋樑,大量的泉南移民將閩南的宗教信仰及地方民俗帶到臺灣而相沿成俗

依據《溫陵潯海施氏大宗族譜》記載:潯海施氏十六世施秉又名施啟秉,於康熙三十二年(1693年)施琅將其調任臺灣鳳山縣軍門提督。施秉有三個兒子從安海隨同前往臺灣侍親。其長子施世榜為鳳山貢生,授壽寧教諭後回安海經營房產;次子施世魁為鳳山武生;四子施世黻為諸羅武生,生二子,均留臺灣拓展。後裔衍成臺灣望族。

施世榜回安海又於康熙四十年(1701年)往臺奔父喪並襲父職,為臺灣鳳山兵馬使司副指揮而入臺定居。康熙四十四年(1705年),施世榜化名施長齡,以安海商人的名義向官府申請墾殖彰化濁水溪流域(半線番社、東螺平原、鹿港溪北岸一帶)。接著到大陸招收移民渡臺種植而收取租米。從事墾殖關鍵是「水利」,施世榜正急於籌集資金興修水利時,適逢蘭理提督斷橋建安海新街市場,嚴重干擾安海舊街經營,施世榜主動低價出讓安海的店鋪,集中資金築建彰化「八堡圳」水利設施。因水圳可供水灌溉彰化縣十三堡半的其中八個堡(103村),土地受益面積21萬畝,故曰「八堡圳」,為紀念安海商人施長齡(施世榜)建圳之功德又名「施厝圳」。以上只是安海移民,彰化鹿港的前奏。

清乾隆四十九年(1784年)清廷開放臺灣鹿港與晉江蚶江對渡以來,大量

安海及安海周邊的民眾移民臺灣從事墾殖及到鹿港經商。如做泉郊生意的安海林氏，做京果、京味生意的安海「許厝埔」許氏，安海蘭氏的打鐵作坊，安海五鄉水頭的蔡氏、姚氏、黃氏的「米粉寮」，安海洪氏開染房，安海鄰村的井林許氏建鹽埕等等。還有大量從事墾殖活動的村民如：安海及安海周邊的「青陽蔡氏稔六致政」派下六個自然村，這次有一個半村依據族譜登記整理《青陽蔡氏錢湖瑤里裔孫涉臺芳名錄》從該文中看出：這一個半自然村當時人口不上2000人，在清乾隆年間到臺灣從事墾殖的就有250多人，他們大部分居住臺中市的彰化縣一帶。

在鹿港與蚶江對渡前，鹿港只是一個小漁村，透過對渡的閩臺商貿活動及大量的移民墾殖開發，鹿港躍居臺灣第二大經濟文化重鎮。俗語「一府（臺南）二鹿（鹿港）三艋舺（臺北）」就是在謳歌鹿港的繁榮。所以從清康熙二十二年（1683年）到清道光年間（1820—1850年）被臺灣史學界稱為臺灣經濟、文化發展的「鹿港期」。「鹿港期」也是鹿港的黃金期，當時鹿港人口達十多萬人，擁有八大行郊：「泉郊金長順」、「廈郊金振順」、「南郊金進順」、「布郊金振萬」、「敢郊金洪福」（雜貨行）、「油郊金長興」、「染郊金合順」、「糖郊金永興」等。八郊中以泉郊為最盛，泉郊中又以林品的「日茂行」為最盛。傳說《嘉慶君遊臺灣》的故事就發生在「九曲巷」林品豪華的住宅中。清嘉慶皇帝欽賜「大觀」及「太子樓」匾額給林品，也從側面佐證鹿港經濟的繁榮。

臺灣鹿港與晉江安海的經濟文化繁榮及發展有著同樣的時代背景，鹿港的繁華是靠大陸閩南籍移民的開發，所以鹿港民眾膜拜的神祇大部分從閩南分靈香火而來。其中神格最高的佛祖「觀世音菩薩」系從安海「龍山寺」分香到鹿港「龍山寺」。臺灣鹿港幾乎全盤承接閩南的宗教信仰及閩南民俗文化，所以說鹿港《普度民謠》是從安海《普度民謠》移植來臺。

民俗文化是中華文化的一部分，民俗的形成是有一定的時代背景的。《晉江縣志‧風俗》云：「風俗之本，在民心；風俗之轉，在教化。」如今政通人和、科學進步、社會和諧，在政府有關部門大力宣傳移風易俗活動的感召下，人們自覺地改變原有普度那種輪流請客的劣俗。《普度民謠》即將失傳的情況下，筆者

本次引用並無意宣傳迷信，而是用來引證一段「唐山過臺灣」的「閩臺緣」。

註釋：

1.2．「月尾囝仔普」即為「通街普」及「通港普」。七月如沒三十日，則普廿九，或普八月初一。

3.明末清初安海原稱「安平鎮」，當時有「東山埔」及「鯉魚尾」的境名。因該地有座「東山書院」，鄭成功曾在此與清廷談判，清時遭到焚燬而無人敢興建業產，成為廢埔及墓地。1980年安海鎮政府將「東山埔」及「鯉魚尾」開發成東鯉社區。

4.安平開發區系1991年外商黃加種先生在安海鎮西南部，利用埭田、鹽埕、灘塗開發成新區。

5.「報恩寺」始建時間未考，南明隆武二年（1646年）四月，鄭芝龍重建「報恩寺」。隆武帝親賜「敕建報恩寺」匾額。鄭成功在此與清廷談判。清時其址遭到焚燬而無人敢於重建。改革開放初期安海鎮西安村顏氏華僑移址重建。

6.清時主持重建安海鎮的是提督施秉。原《安海志》手抄本為「施提督」，但出版《安海志》時誤為施琅。清初遷界至復界計23年，但安海提前5年，即「丙申」焚燬開始，計28年。

參考文獻：

1.石奕龍：《閩南鄉土民俗》，香港‧閩南人民出版有限公司出版。

2.顏呈禮：《愛安海》網。

3.《溫陵潯海施氏大宗族譜》。

4.鄭夢星：《晉江譜牒研究‧四期》。

5.許在全主編：《泉州文史研究》，吳金鵬先生的文章。

6. 隆版《晉江縣志‧風俗》。

7.中國文聯出版社：《安海志》《安平志》。

8.《晉江與臺灣·文化民俗信仰》。

（作者係福建省濟陽柯蔡委員會安海片區分會祕書長）

# 以「肖」代「蕭」謬誤考訂

蕭祖繩

## 一、蕭姓考

蕭氏立姓,已有四千餘年。蕭氏族源有四:

1.伯益後裔。《姓氏考略》云:「伯翳之後,作土於蕭,是為蕭猛虧。」蕭猛虧即中國第一個蕭姓人物。伯翳即伯益,為舜帝臣僚,佐大禹治水有功,其後在蕭邑(安徽蕭縣西北)開荒定居。《左傳》稱殷民六氏,蕭為六氏之一。

《尚書‧禹質》有載,古代冀州的部落曰「鳥夷皮服」。鳥夷族有三個著名首領:伯益、少皞金天氏、皋陶。據傳伯益通曉鳥語,部落以鳳凰作為圖騰標誌。鳳凰為百禽之首,伯益正是鳥夷族首領。

2.出自子姓。春秋之初,商紂王庶兄微子啟十一世孫宋國大夫樂大心,人稱樂叔,因平定南宮萬之亂有功,宋桓公以蕭邑(江蘇蕭縣)封之為蕭國。樂大心遂改為蕭大心,人改稱蕭叔。蕭叔之後,以國為姓。

3.少數民族改姓,或被賜姓。據《續通志‧氏族略》、《姓氏詞典》、《古今姓氏書辯證》等所載,漢時巴哩、伊蘇濟勒、舒嚕三族被賜蕭姓。據《遼史‧列傳‧后妃》載:「太祖慕漢高祖皇帝,故耶律兼稱劉氏,以乙室拔里比蕭相國,遂為蕭氏。」契丹唐時分為八部,五代後樑耶律阿保機並七部,占東三省、熱河、察哈爾、綏遠及直隸北部並內外蒙古之地,形成對俄羅斯的威脅,俄羅斯

稱其「KuTa」(「騎答夷」契丹的音譯)，即中國，並延稱至今。一個民族代表一個國家，足見契丹鼎盛時期的輝煌。據《續資治通鑒》記載，有遼一朝「姓氏止分之二，耶律與蕭而已」。遼後族附會為蕭何後裔，以蘭陵為郡望。契丹各族蕭姓群體的規模相當龐大，佼佼者眾多，有：蕭敵魯、蕭匹敵（遼封蘭陵郡王）、蕭思溫、蕭撻凜、蕭排押、蕭圖玉、蕭孝穆、蕭奉先……遼聖宗統和年間，蕭太后（名綽）與宋真宗訂「澶淵之盟」。

4.外姓改入。金、元時期，在中國北方流播的「太一教」，因創辦人姓蕭，許多信徒紛紛改為蕭姓。另，據傳宋朝戰將鐘達有七個兒子，其中三個避禍改姓蕭。

蕭姓作為一個悠久的姓氏在中國歷史上曾幾度輝煌。

蕭史，周宣王以為史官，時人遂以史名之，善吹簫，秦穆公以女弄玉妻之，有鳳來止，公為築鳳臺。弄玉向蕭史學吹簫，夫唱妻隨，琴瑟和鳴，蕭史乘龍，弄玉乘鳳，直上九霄，成為千古美談。

西漢初，開國元勳宰相蕭何被後世蕭氏子孫尊為一世祖。蕭何輔助漢高祖劉邦封為鄼侯。西漢「一代儒宗」蕭望之為帝師，剛正不阿，寧死不屈，被後人奉為神明，建廟敬祀。泉、臺兩地太傅香火十分旺盛。

《漢書·蕭育傳》：「（育）少與陳咸、朱博為友，蕭聞當世。往者有王陽、貢公，故長安語曰『蕭朱結綬，王貢彈冠』，言其相薦達也。」世稱「蕭朱」。

南齊蕭道成、梁蕭衍先後登上九五之尊，蕭姓共出過18位帝王。齊、梁兩房子孫封王、公、侯、伯、子、男及刺史百人以上，出將入相不計其數。

南齊，蕭子良（460—494年），字雲英，編成《四部要略》千卷，著《內外文筆》四十卷。

蕭統（501—531年），字德施，梁武帝天監六年（507年）立為太子，事母至孝，英年早逝，史稱「昭明太子」，乃集總之祖，天下奇才。文著六朝。存世有《昭明太子文集》三十卷。

梁，蕭子雲，字景喬，風神閒曠，不樂仕進，留心撰著。撰有《晉書》、《東宮新記》等。善草、隸，為時楷法，嘗飛白大書「蕭」字。國史補：「梁武帝造寺。命蕭子雲飛白大書一蕭字。後寺毀，唯此一字獨存。李約見之買歸東洛，建一室以玩之，曰蕭齋。」後世稱之為「蕭寺」、「蕭齋」，典故乃出於此。

蕭子顯（489—537年），字景陽，為梁史學家，曾據不同版本《後漢書》考證異同，編成《後漢書》新版百卷，後又撰《南齊書》六十卷。

入唐之後蕭氏先後有八人入閣為相，接踵端揆，世稱「八葉傳芳」。

蕭穎士，唐穎川人。年十九舉開元進士對策第一，高才博學，博愛仁厚，有蕭夫子之稱，與李華均為中唐古文運動先驅，時稱「蕭李」。

蕭德言，唐地理學家，字文行，貞觀中（627—649年）完成中國地理學上的里程碑《括地志》（正文50卷，又序略5卷）。

南宋漳州蕭國梁擢進士第一，大魁天下。

在反侵略、反封建及大革命洪流中蕭氏宗親也有許多傑出人物。

蕭三友，晚清人，官至守備，甲午戰爭爆發，赴臺督軍協力反攻盤踞彰化的日軍，在指揮諸軍與再犯雲林的日軍鏖戰中陣亡。

蕭佛成（1862—1939年），祖籍福建南靖。生於暹羅曼谷，為同盟會暹羅分會會長，創辦《華暹日報》宣傳革命，募捐革命經費，是兩廣集團的重要成員。

蕭友梅（1884—1940年），現代音樂教育家。早年留學日本、德國，譜有《問》、《國恥歌》等十首鋼琴曲，創辦中國第一所音樂學院。

蕭楚女（1896—1927年），原名蕭秋。中國共產黨早期青年運動領導者，1926年任黃埔軍校政治教官，並在廣州農民運動講習所任教，1927年主編《中國青年》宣傳革命，當年犧牲。

當代還有：中國人民解放軍蕭勁光大將，蕭華、蕭克兩位上將，蕭望東、蕭

向榮、蕭新槐三位中將，另外在1955—1965年間還有21位蕭姓宗親被授少將軍銜（蕭前、蕭元禮、蕭文九、蕭永正、蕭永銀、蕭全夫、蕭遠久、蕭應棠、蕭學林、蕭思明、蕭新春、蕭平、蕭森、蕭鋒、蕭大荃、蕭友明、蕭志賢、蕭榮昌、蕭選進、蕭建飛、蕭德明）。臺灣前行政院長、當今副領導人蕭萬長。臺灣法務部前部長蕭天贊。國民黨上將蕭毅肅。國民黨中將11名。國民黨少將55名……

文武兩蕭前：

蕭前，原名錫堯。江西萬安人。1931年加入中國共產黨。第十五兵團軍政治部副主任。參加了遼寧、平建、廣東等戰役。建國後，任軍政治部主任，軍區空軍幹部部長，軍區空軍副政委、政委。是中共九至十一大代表。1955年被授予少將軍銜。

蕭前，原名蕭前棻，中國著名哲學家、哲學教育家。曾是著名哲學家艾思奇的得力助手。著有《蕭前文集》（政協主席李瑞環親筆題名），生前為國務院學位委員會哲學學科評議組成員、召集人、特邀代表，中國辯證唯物主義研究會會長、名譽會長，中國人民大學五名資深教授之一、中國人民大學首批榮譽教授。現為中國人民大學哲學系教授，博士生導師，國務院學位委員會、哲學學科評議組特邀成員，中國辯證唯物主義研究會名譽會長，享受政府特殊津貼的專家。主要著作：《哲學論稿》、《辯證唯物主義原理》、《歷史唯物主義原理》、《馬克思哲學原理》、《實踐唯物主義研究》、《馬克思主義認識論研究與中國社會主義現代化建設》、《關於中國社會主義現代化的哲學反思》、《新大眾哲學》等。作為當代中國有代表性的馬克思主義哲學家，中國人民大學馬克思主義哲學原理教科書體系的主要創始人，最為突出的是對馬克思主義的實踐觀點和生產力觀點富有創新意義的闡發。作者關於「馬克思主義哲學是實踐唯物主義」、「歷史唯物主義是唯生產論」等論斷，在學術界和社會上影響深遠。

蕭揚，最高法院院長，1938年出生，廣東省河源人，1968年5月加入中國共產黨，畢業於中國人民大學法律系本科，是中國首席大法官，1993年至1998年任司法部部長，黨組書記。1998年任最高人民法院院長，黨組書記，審判委員會委員。2005年香港城市大學第19屆學位頒授典禮，向最高人民法院院長蕭揚

等傑出人士頒授榮譽博士學位。

蕭秧（1929—1998年），又名蕭元禮，四川省閬中市五臺鎮人，祖籍廣東興寧，曾任四川省委副書記、省長。當選為第六、七屆全國人大代表和中國共產黨第十四大代表，十四屆中央候補委員。1993年4月兼任國務院三峽經濟聯合發展委員會主任委員，1998年10月9日在成都逝世，享年70歲。

蕭寒，河北省館陶縣人，70年代至90年代曾任國家經委副主任，煤炭工業部部長，全國能源基地主任，中國神華集團公司董事長等。

蕭姓後裔在科技、醫學、文藝等領域也各領風騷。

蕭龍友（1870—1960年），中醫學家，中國科學院學部委員。1930年與孔伯華大夫創辦華北醫學院，為北京四大名醫之一。

蕭長華（1899—1967年），戲劇家。長期與著名京劇演員梅蘭芳同臺演出，京劇名丑。建國後任中國戲劇學校校長。

蕭乾，原名蕭秉乾，現代作家、文學翻譯家、著名記者，是第二次世界大戰歐洲戰場唯一的中國戰地記者，曾任《大公報》文藝副刊兼旅行記者。1949年任英文《人民中國》副總編輯。1956年任《文藝報》副總編。

蕭倫（1911—），放射化學家，中國科學院學部委員。

蕭健（1920—1984年），宇宙線高能物理學家，中國科學院學部委員。

蕭紀美（1920—），金屬學家，中國科學院技術科學部委員。

蕭泉生，泉州人，人防工程供水給水設計專家，消防滅火專家。2005年中國建築設計院（集團）授予其「功勳員工」稱號及金質獎章。

蕭氏是一個古老的姓氏，一個聲名顯赫的家族，作為炎黃子孫歷朝歷代都與整個中華民族血肉相連，息息相關，有著不可磨滅的貢獻；作為一個獨立的群體在漫長的歷史長河中有著不可替代的位置。

2000年全國第五次人口普查蕭姓人口約767萬人（不包括港澳臺），是全國100大姓之一，人口列第30位。

## 二、「肖」姓考

二十世紀初之前中國文字沒有拼音。字典、辭源、辭海所有的字的發音全用韻切。「肖」，據字而言有四個讀音。

（一）「肖」，《辭源》（民國時期王雲五編纂，由商務印書館發行）載：「細腰切，音宵。」《康熙字典·正韻》載：「『先彫切叢，音宵。』衰微也。」

1.《史記·太史公自序》載：「申呂肖也。」申呂是舜帝后裔。舜帝后裔本姓姜，後又分一支姓申。到了申呂時，沒有發展，衰微了。2.《莊子·列禦寇》載：「『達於知者肖。』註：肖，失散也。」3.人名，《戰國策》載：「周肖，魏臣。」衰微、失散、人名三個釋義明確讀音「xiāo」。這是「肖」的第一個讀音。因此，筆者考證「肖」（xiāo）並不是姓的發音。

（二）「肖」，《康熙字典·集韻》載：「或作俏，亦作宵。」明確註明「肖」有qiāo的發音。現代人讀十二生肖（xiāo），古時讀音為十二生肖（qiāo）。這是「肖」的第二個讀音。

（三）「肖」，《辭源》又載：「『細要切，音笑，嘯韻。』似也。」《康熙字典·集韻》載：「『仙妙切叢，音笑。』《說文》：骨肉相似也，從肉，小意，兼聲。」《康熙字典·楊子方言》又載：「趙肖，小也。」這個註釋直接點明「趙」與「肖」的關係，並說明是「小（少）也」。這也證明「肖」作為姓，後來已讀「xiào」音。這是「肖」的第三個讀音。香港壁聯姓有「肖·司徒」，直接注音「肖」為「xiào」音。

（四）漢代的大學者許慎在《說文解字》一書中，是這樣解釋「趙」字的：「趨，趙也，從走，肖聲。」從而證明「肖」最早發音（zhào），「趙」的發音是從「肖」（zhào）緣起的。「肖」（zhào），這就是「肖」的第四個讀音。

據筆者考證「肖」姓其源不一，有漢族，有少數民族，有冒姓，也有改姓。

325

不但古有此姓，今亦有之。據筆者考證《元史》肖乃臺、肖撒八為冒姓，少數民族羨慕中原文化，歷代冒姓不乏其人，有冒姓劉、蕭、李……肖乃臺、肖撒八慕「趙」宋，棄「走」留「肖」作為姓。清，肖雅奇為其族後裔。

由語文出版社出版，呂叔湘任首席顧問、李行健主編的《現代漢語規範字典》獨樹一幟，它把「肖」注成只讀xiāo的單音字，字頭下的第二個義項，就是「姓」。這樣處理，「肖」與「蕭」就完全脫鉤，「肖」已成為獨立於「蕭」姓之外的另一個姓。這樣，它的讀音變成了去聲xiào，從而成了另外的姓氏。該書榮獲國家圖書獎和國家辭書一等獎。

「蕭」與「肖」歷史上是截然不同的兩個姓氏。肖姓在中國古代漢族中極為罕見。《姓氏考略》載：「漢有肖安國、肖紹。」明萬曆凌迪知撰《古今萬姓通譜》載：「漢代有肖安國、肖紹；明時有肖靖（明宣德中解元）。」《元史》載有兩個少數民族肖姓人物，即肖乃臺、肖撒八，都是蒙古人。《滿清通志‧氏族略九》載，除《元史》所載肖乃臺、肖撒八外，增加肖雅奇。肖雅奇，鑲黃旗漢軍人，任三等護衛。

1921年由商務印書館出版的《中國人名大辭典》載：「肖望、肖乃臺。肖乃臺，元初蒙古人，原姓禿伯性烈氏。以忠勇侍太祖。從木華黎為先鋒。金亡。肖乃臺功為多。以老病卒。」

陳文宮編撰《中華千家姓》載：「明有蕭邦用，任文縣教喻。」該書還記述：「當然蕭姓比肖姓在歷史上早出現400年，兩者關係如何，待論證。第三次人口普查居第75位。」

1950年臺灣人口普查中全島共有28804戶，其中蕭姓為2161戶，肖姓僅有2戶。在1976年臺灣人口普查中全島人口總數為16951904人，其中蕭姓人口128350人，肖姓為26人。那麼在大陸茫茫人海之中肖姓人口應有一定數量。肖姓作為一個獨立的姓氏確實存在。《南齊書》蕭子響（468—490年），字雲音，齊武帝蕭賾第四子，永明初，為南彭城、臨淮二郡太守，六年（488年）封巴東郡王，七年出為江州刺史，旋改荊州。蕭子響，性好武，勇力絕人，後得罪貶爵為魚復侯，永明八年因叛亂被殺，「賜為蛸氏」。齊武帝認為，子奪父位乃

豬狗不如，只堪與蟲類為伍，「賜為蛸氏」（蛸即蜘蛛的一種）。有人推測肖姓來源與此事件有關，其實不然，蕭子響死時只20歲。南齊政權在蕭子響被誅之後只維持12年。距蕭衍建立梁王朝至梁亡也只有67年，這段令人不齒的歷史不可能有改姓肖的可能。如果改姓，梁時或梁之後，市朝已變，其後也一定把姓改過來。

## 三、「肖」姓與「趙」（今作「赵」）姓歷史上曾經相通

　　肖姓作為一個獨立的姓氏存在倒是與「趙」姓有關。少皞金天氏的後代姓「趙」，少皞氏與伯益有血緣關係，少皞氏的部族以燕作為圖騰標誌。這是上古時期的事，而後來的「趙」姓受姓又與周穆王西遊有關。古代的君王都會定期到全國各地「巡狩」視察，西周時期周穆王也曾周遊天下。穆王，姓姬名滿，即位於公元前976年，去世於公元前922年，在位55年，享年105歲。公元前964年，即周穆王在位十三年，他率領七萃之士，乘八駿之駕，以柏夭開路，造父御車馬，浩浩蕩蕩沿著渭水向東前進，到了盟津，渡過黃河，然後，沿太行山西麓向北挺進，直達陰山腳下，轉而長途西行，到了崑崙山又向西走了幾千里，到達一個「天方夜譚」式的國度，即「西王母之國」。周穆王行程一萬兩千一百里，一路上看到許多稀奇古怪的人物，經歷了許多妙趣橫生的事情。西王母梳著蓬鬆的髮型，穿著小垂的豹尾式的服裝，在瑤池盛宴款待穆王。此事頗具傳奇色彩，亦幻亦真。司馬遷《史記‧周本紀》隻字不提周穆王西巡之事。他可能認為僅僅是傳聞。但司馬遷在《史記‧趙世家》載，周穆王時，「趙」姓的受姓始祖造父因功受賜「趙」城（今山西洪洞縣），由此而得姓為「趙」。

　　《晉書‧武帝紀》記載，咸寧五年（270年），汲縣人不準（人名）盜發魏襄王冢，得竹簡小篆古書十餘萬言，藏於祕府。晉武帝立即選派幾位飽學之士，前往整理，一共成書16種25卷。《穆天子傳》是其中之一。《穆天子傳》所記的時間、地點、事件都歷歷可數，如同日記一般。《隋書‧經籍志》、《新唐書

‧藝文志》把它列入「別史」，明朝《崇文總目》則把它歸於傳記，《左傳》在昭公十二年中也載：「昔穆王欲肆其心，周行天下，將皆必有車轍之跡焉。」以至於他的大臣祭公謀父作《祈招》之詩，「以止王心」，從此周穆王的遠遊才停下來。

根據史料記載：周穆王自鎬京至「西王母之國」行程一萬二千一百里，過去學者按所說里程，認為「西王母之國」應在西亞或歐洲。但在1992年中日兩國關於《穆天子傳》的學術研究會上，學者提出，中國秦以前的「里」指的是短里，只有77米長。因此「西王母之國」應在甘肅、新疆一帶，中心位置在敦煌、酒泉一帶。這和班固在《漢書》西域傳中長安至錫爾河流域的康居有一萬兩千三百里的記述是一致的。後人根據酈道元的《水經注》註解的山川、河流，都和《穆天子傳》記載的毫釐不差。西王母蓬鬆的髮型、豹尾式的服裝，也在出土的文物中得到印證。在中國西北部考古出土一件舞蹈彩盤，盒內有三組跳舞的場面，每組五人，頭上都梳著蓬鬆的髮型，舞衣從背後下垂像豹尾一樣。

「趙」姓始祖造父，作為周穆王御夫，侍從穆王西遊一路辛勞，勞苦功高，被受封趙邑，其後以此為姓。

「趙」在金文中是典型的象形文字。「走」在古文中是跑的含義，而現代人的「走」在古文中即為衣食住行的「行」。漢代的大學者許慎在《說文解字》一書中，是這樣解釋「趙」字的：「趨，趙（趙）也，從走，肖聲。」又說：「走，趨也，從夭止，夭止者屈也，凡走之屬，皆從走。」又說，「肖，骨肉相似也，從肉小聲」。「走」與「肖」二字結合為「趙」字，「趙」的含義就是親近的隨從僕人。「趙」姓的受姓始祖造父正是周穆王的親近車御。在奴隸社會中，駕車的馬伕地位是低下的。在西藏農奴制時期就是這種情況。「走」在甲骨文和金文小篆中就被書成雙膝跪地。「肖」，下面的月字，過去字典偏旁部首稱為「肉肢部」，現在字典稱為「月」部，代表身體，凡與身體有關器官皆帶有「月」字，如：肝、腰、背、肺……「肖」字，在「月」字上加「小」即汗流浹背。周穆王賜造父為「趙」姓可謂頗費苦心，甚有講究，把造父忠於職守，肝腦塗地，一路辛勞形容得淋漓盡致，唯妙唯肖。「肖」（xiāo），在字典的解釋

為像似也。所以成語中有唯妙唯肖這個詞。

造父六世孫奄父，名公仲，為周宣王近御，助「宣王中興」。周宣王三十八年（公元前789年）伐姜戎，王師大敗，周宣王聖駕被姜戎軍士掀翻，宣王滾於地下，眼看就要成為俘虜。在這千鈞一髮之際，奄父之子帶叔將宣王救起沖出重圍。周宣王感恩，授帶叔執政，故《史記·趙世家》載：「自帶叔以下，趙宗益興。」

在中國戲劇傳統劇目中有《趙氏孤兒》，寫的是春秋時趙氏孤兒被義士所救的動人故事。「趙氏孤兒」名叫趙武，是造父的後裔。趙武生趙成，趙成生趙鞅。趙鞅即是中國歷史上有名的趙簡子、趙孟，都是同一個人。

1965年12月中旬，為配合山西侯馬電廠的工地建設，考古人員在工地作搶救文物發掘。曲沃縣農業中學一名學生在勤工儉學參加勞動的過程中，揀到了用硃砂寫的密密麻麻的不認得的字的石片。山西省考古所的陶正剛先生趕忙和其他考古人員將這些石片保護起來。後來，先後在侯馬出土5000多件玉石片，這些玉石片磨琢精緻，用毛筆書寫，字跡與春秋晚期的銅器小篆銘文相似，大部分是用硃砂寫成的朱紅色文字，也有小部分是黑色的文字，玉片大小不一，字數也有多有少，多的達200左右字，少的只有10餘字。這就是後來考古界所稱的「侯馬盟書」。在春秋末，整個社會禮崩樂壞，動盪不安，誠信缺失，正是由於道德淪喪，出現大量背信棄義的言行，才需要盟誓旦旦來約束結盟之人。

「侯馬盟書」是春秋晚期晉國正卿大夫趙鞅與卿大夫訂立的文字條約，要求參加盟誓的人都效忠盟主，一致誅討驅逐在外的敵對勢力，不再擴充奴隸、土地、財產，不與敵人來往。趙鞅作為晉國的新興勢力之一，是一代梟雄，他為趙氏崛起，擴張宗族勢力，廣事結納，聯絡本宗，招降納叛。召集同宗與投靠他的異姓，反覆「尋盟」。在暴力高壓下，參盟者一個個膽顫心驚，向神明誓，以包括本人在內的身家性命為擔保，對趙鞅表示忠心，倘有違反盟誓者，就要全族誅滅。據統計參盟人有152人之多。「侯馬盟書」是社會的大裂變、大動盪、大變革的反映。

1995年「侯馬盟書」被評為新中國成立以來十大考古發現之一。在這5000

# 從兩岸譜牒（族譜）文化看歷史的演進

多件玉石片中，趙鞅（即趙孟、趙簡子）的「趙」字，有寫成「趙」字，也有去掉走字底寫成「肖」，趙鞅作為盟主，當然再也不願意給人當跑腿，這也顯露趙鞅的不臣之心。以此可證在春秋末，「趙」與「肖」相通，並且讀音與趙同，「肖」作為姓，讀zhào音。

晉定公十八年（公元前494年）趙鞅逝世，其子趙毋恤（即趙襄子）繼承爵位。趙襄子與魏大夫、韓大夫主宰了晉國朝政。後來形成了三家分晉的政治格局，戰國就是以「三家分晉」的歷史事件掀起戰國的七雄之爭的序幕，趙鞅玄孫趙籍於周威烈王二十三年（公元前403年）正式建立趙國。

公元前221年，秦始皇橫掃六合，統一中國，統一文字，統一貨幣，統一度量衡。趙國的江山不復存在了。以「肖」代替「趙」姓的歷史也結束了。但小部分的「肖」姓仍舊有所保留。

無獨有偶，公元前344年，周顯王姬扁二十五年（魏惠王在位二十七年）因遷都汴梁，故七雄之一「魏」曾改稱「梁」。魏惠王改稱梁惠王。這是個大事件。梁惠王下令鑄大梁司寇鼎，鼎銘刻20字：「梁廿又七年，大梁司寇肖亡（無）智金寸（鑄），為量容半，下官司。」肖亡智即趙亡智。這次事件在《侯馬盟書》之後，且已進入戰國時期，「肖」作為「趙」姓已普遍使用，從大梁司寇鼎以「肖」代「趙」我們再次印證了事實。陳劍2000年10月發表於《中國教育報》論文《戰國金文兩篇》，其論述也考證「肖亡智」乃「趙亡智」。

鄭思肖，南宋人（1241—1318年），字億翁，號所南。福建連江人。曾以太學上捨生應博弘詞科，授官和靖書院山長。鄭思肖書室稱「木穴世界」，寓「大宋天下」。他不但是位造詣很深的藝術家、詩人、文學家，還是一位政治家、思想家。他學習百家，皆造奧極。元代畫家王冕稱其「文章學問有古人風度」。日本大阪市國立美術館藏有其《墨蘭圖》。美國耶魯大學藝術陳列館也有其一幅作品。鄭思肖好畫蘭花，表明心跡，他畫的蘭花露根，不寫坡地，被稱為「露根蘭」。人問其故，鄭說：「地為番人奪去，汝猶不知耶？」鄭思肖名、字、號、書室皆元朝入主中原後所改，自稱三代野人，坐必南向。鄭思肖作品有《一百二十圖詩集》、《所南文集》、《心史》。他把《心史》用鐵函封緘，沉

入水井中，明崇禎時，於吳中承天寺井中出之，世稱《鐵函心史》。鄭思肖臨終囑其友唐東嶼曰：「思肖死矣，煩為書一牌位，當云大宋不忠不孝鄭思肖。」思肖，即思趙，懷念故主之含義也。鄭思肖，作為博覽群書的一代學者，他是知道古代「趙」與「肖」通，趙從肖聲的典故的。他不明說，別人也怕招禍。現代人對「肖」作為姓讀「zhāo」已知之甚少矣。筆者考證「肖」（zhāo），這是「肖」的最早讀音。

## 四、「肖」姓不可替代「蕭」姓

綜上所述，我們清楚知道「肖」與蕭姓是兩個獨立的姓氏；「肖」與「蕭」既非異體字，又非繁簡關係。春秋、戰國時，「肖」姓與「趙」姓通用，說明當時「肖」是「趙」的異體字。

大陸「肖」與蕭的混用，主要受1956年公布《漢字改革方案》的影響，特別是1977年12月20日，國家語言學會公布了《第二次漢字簡化方案（草案）》一度以「肖」代「蕭」，蕭氏族人，各界人士在媒體、字典、工具書的推波助瀾下，深受其影響。在1986年6月24日國家語言工作委員會發布《關於廢止〈第二次漢字簡化方案（草案）〉和糾正社會用字混亂現象的請示》的通知，在各大媒體上重新發表《簡化字總表》中以「肖」代「蕭」已經糾正。但這並沒有扭轉混亂的局面。筆者本人家裡有一本由商務印書館出版，中國社會科學院學院語言研究所詞典編輯室編《現代漢語詞典》（1978年12月第1版，1983年1月第2版，1996年7月修訂第3版，2000年3月北京第260次印刷），此書仍舊沿用以「肖」代蕭。筆者最近查看了《中國人民解放軍將軍譜》一套三本，第一本是編匯元帥、大將、上將、中將集，此書由文物出版社出版（一九八七年十月第一版第二次印刷），責任編輯華家琤。這一集把大將蕭勁光、上將蕭克、蕭華，中將蕭向榮、蕭望東、蕭新槐的「蕭」姓全改為「肖」姓。第二、三本（上、下冊），全是收錄少將軍銜的將軍，也是由文物出版社出版（1987年12月第一版，1987年

12月第一次印刷）責任編輯仍舊是華家琤，但裡面21位授予少將軍銜的蕭氏宗親，都冠以蕭姓。可見，「肖」與「蕭」姓混用到了何等荒唐的地步。一錯再錯，欲罷不能。蕭氏族人翹首以望能有還其歷史本來面目的一天。

中國社會科學院語言文字應用研究所漢字整理研究室和山西大學計算機科學系合作，語文出版社1991年出版的《姓氏人名用字分析統計》一書，利用1982年全國人口普查資料，用電腦對北京、上海、遼寧、陝西、四川、廣東和福建7個省市174900個人進行的抽樣綜合統計顯示，蕭姓人口僅有72人，姓氏排列第198位。

令人遺憾，公安部在全國發放第一代居民身分證時，居然還在全國範圍內使用以「肖」代「蕭」身分證及其他證件、護照等。在發放第二代身分證時，筆者本人小女滿十八歲，在為其辦理身分證時，由於戶口本登記時誤用「肖」姓原因，不能改姓「蕭」。古人云大丈夫坐不更姓，行不更名，我們只能自嘆不如。今年4月24日新華社北京電：「公安部管理局最近對全國戶籍人口統計分析顯示：王姓成為中國第一大姓……」我們蕭姓在百家姓中的位置被擠掉了，取而代之為「肖」。以少數人的肖姓替代近千萬人的蕭姓豈不怪哉！5月11日《每週文摘》指出公安部治安管理局的統計資料不準確，沒有把港澳臺的人口加入是錯誤的，不能以「肖」代「蕭」，應加入被擠出百位的蕭姓。

筆者手上有三份泉州市部分縣區姓氏排列分布情況表。第一份，截至2000年11月1日零時之前《安溪百家姓排列新序及其分布》蕭氏全縣姓氏排列為18位，人口12464人。第二份沒有註明具體統計時間，《南安市姓氏排列》肖氏全縣姓氏排行為43位，人口2761名，南安縣人口統計直接以「肖」代「蕭」。第三份，2003年5月統計《鯉城區各街道辦事處姓氏排列順序及其分布》肖氏排列41位，人口955人，而清朝時號稱蕭半城的蕭氏排列130位，人口只有50人。這顯然是以「肖」代「蕭」造成混亂而貽笑大方的鬧劇。據筆者考證，泉州沒有「肖」姓，所謂的「肖」姓其實都是蕭姓族人。

姓氏是文明的曙光，血緣的標誌，婚姻的紐帶，部族的開端，國家的根基，跨越地域、國界，並滲透著宗族的血緣。人之有祖，猶木之有本，水之有源也，

然而繼繼繩繩不窮其本，我們不應該把姓氏僅僅看成是個符號，它包含著國家與民族許多遠古時代的訊息。任意更改姓氏是對其整個宗族的不尊重！不僅我們「蕭」被改為「肖」，還如「戴」被改為「代」、「傅」被改為「付」等等，不一而足！國家要統一，民族要團結。海內外蕭氏本是同姓、同根、同源，不要人為地造成混亂。我們祈望政府尊重史實，發一個正式文件，撥亂反正，正本清源，具體落實「肖」姓替代「蕭」姓的更正工作，恢復我蕭姓的原來面目，不應把「肖」代「蕭」的混亂局面留給後代，以免張冠李戴，謬誤流傳，造成千古遺憾！

（作者係泉郡蕭衙本房二十世）

# 從徐向前家譜體例的改變看中國家譜體例改革的方向

閻晉修

中國十大元帥之一徐向前，譜名象謙，字子敬，投身中國革命後改名向前。祖籍山西省五臺縣建安鄉，系三股19世孫。清康熙初年，其10世祖士遇公遷居石村，11世祖孔公移居永安村定居。

山西五臺徐氏始祖才甫公於明洪武年間，從馬邑（今山西朔州）遷居五臺縣河池都二甲籍居縣西南35里建安村。才甫公子孫興旺，至今10股（大房）子孫已繁衍30世，人口達2萬多人，徐向前所屬的3股這一房人，現已有9200多人。

## 一、《徐氏宗譜》體例的過去與現在

《徐氏宗譜》自二股11世繹孔公於康熙三十五年（1696年）創修以來，至2013年12修本出版已續修了11次，共經歷了317年。在317年中連創修的版本在內，已有12個版次了。這12個版次的《徐氏宗譜》用的是什麼體例呢？要說清楚12個版次體例的問題，需知道《徐氏宗譜》體例發展的四個階段：

第一階段：採用「體例不明確」時期：從歷次修譜的序言中可知，從1696年創修本起，到乾隆三十五年（1770年）的4修本，共計74年中，修了4次，但都未留傳下來，所以用的是什麼體例已無法確定。

第二階段：採用「歐氏體例」時期：從乾隆三十五年（1770年）到民國二十三年（1934年）的164年中，修了五次，從5修本主修人天敘公寫的序中可

知，自5修本起開始採用歐氏體例，因此5修、6修、7修、8修、9修本已採用五橫欄式歐氏體例，其中5修、6修、7修本未留傳下來。

第三階段：採用「七橫欄歐氏體例」時期：從1934年至2011年止的77年中，修了兩次，可能因為五欄式歐氏體例比較費紙張，所以10修本、11修本改為了每頁七欄，但仍然是歐氏體例。

第四階段：採用「新體例橫排本」時期：自2013年4月的12修本起，經宗祠管委會審查批准，同意由閻晉修任《徐氏宗譜》12修本主編，負責將《徐氏宗譜》11修本的歐氏體例，改成為他創新的新體例，將豎排繁體字格式改成橫排簡體字。

為什麼《徐氏宗譜》12修本的主編要由閻晉修擔任？

雖然閻晉修不姓徐，但他仍然是徐氏家族的成員，因為他是三股20世外孫。閻晉修從事家譜研究20多年，是祖宗牌新體例家譜的發明人，理應主動積極地為母親的徐氏家族修譜盡到一份孝心，盡到一份責任。

## 二、「歐氏體例」《徐氏宗譜》11修本的落後之處

歐氏體例是北宋歐陽修編《歐氏家譜》時創立的家譜體例，在中國家譜史上有不可磨滅的重大功績，近千年來一直被廣大民眾沿用至今。其體直序，世系橫推，以圖的形式列出祖先世系，每5世一圖，第二圖自5世至9世，第三圖自9世至13世，以下類推。

雖很多人在沿襲使用歐氏體例續修家譜和翻查家譜時，已經感覺到翻查費時，不方便，紙張浪費大等弊病，但該體例仍然被沿用著。這是因為在沒有出現可以取代歐氏體例的新體例之前，人們沒有更多的選擇，然而新體例《徐氏宗譜》12修本的問世，給人們帶來了選擇借鑑的絕好機會。

1.歐氏體例的落後之處主要有以下方面

（1）受自身格式的侷限，篇幅大，紙張浪費大

由於受歐氏體例自身格式的侷限，加之字體較大，每一頁只排5代，所以每頁紙排印的人數較少，以致不少頁面只有幾個人，甚至只有一兩個人。因此，一些人數上萬或幾萬人、十餘萬人的大家族的家譜有幾十冊，甚至上百冊也不足為奇。

顯而易見的是，在當今印刷條件、版面格式早已今非昔比的情況下，仍然繼續採用千年以前的老版式來印製家譜這條路的確再也不能走下去了。

（2）翻查費時、難查

很多人查歐氏家譜時都有一個共同的感受，就是費時、難查。當然查某個人及其子孫肯定能查到，但是對全套譜冊有幾十冊以上的大家族來說，要查一個人，要查若干人，往往很費時間。

2.難查的主要原因在哪裡

主要原因在於從5世到9世、9世到13世……所在頁面的頭一行只標明了父××，而未標明其父在哪一頁，而頁面的末一行只標明了子××、××……但未標明其子××……應該往後查哪一頁。因此，如果需要連續往上或往下連續查很多代人，則需在多冊譜本的若干頁中逐代往前（或往後）查很長時間才能完成。

因此，要在大家族的幾十冊、上百冊的家譜中尋根問祖是很費時的。如果說只知道某人的名字和代數，但不知道他是哪一房的人，那就更難查、更費時了。

3.為什麼人們還要繼續沿襲歐氏體例

雖然人們對查譜難這一點早就認識到了，但是對每一位主持修譜的人來說，他辦的事是一件在自己的一生中，從來也未辦過的事，他沒有經驗，也不瞭解有什麼更好的家譜格式來供他比較，供他選擇。所以，一代又一代的修譜人對老祖宗使用過的老格式，只能照搬沿襲，而不敢改弦更張，不敢越雷池一步。這也是中國家譜多年來為什麼一直落後得不到改進，得不到創新的根本原因之一吧！

## 三、新體例12修本有哪些先進之處

《徐氏宗譜》改用的新體例是閻晉修創新發明的，其先進之處主要有以下幾個方面：

1.先進、方便、適用、查譜快捷準確

新體例之所以先進、方便、適用，是因為世系圖的表現形式有所創新，採用了新的圖示形式：（1）按男左女右排列。（2）每頁排10代人。（3）通常情況下按雙聯頁排版。（4）本姓男或女用較大字體排印，夫人及女婿、外孫等用較小字體排印。（5）每頁首行或末行都註明了往前查××頁，往後查××頁等等。（6）世系圖還可以手工補充填寫等。（7）每頁邊框外加了提示語，使查譜更方便了。

所以採用閻晉修創新發明的新體例來續修家譜，會讓使用人感覺到先進方便適用，查譜快速準確等優點。

2.節省篇幅、節省資金

由於對新體例家譜的頁面進行了科學設計，頁面清爽醒目，與原來的11修本頁面完全不同了，因此，大大節約了篇幅，11修本原有2044頁，還有附本28頁，總共計2072頁。而12修本連24頁彩頁在內每本只有984頁，比11修本少用紙1088頁，節約了52.5%的篇幅。因此原來的8卷本改成了一冊精裝本，不但節約50%多的資金，而且好查好用了。

3.新增補充填寫頁，對家譜續修與傳承具有積極作用

在新體例12修本中，特地增加了「世系圖補充填寫頁」和「新增家族成員入譜登記表」，具有積極而重要的作用。

每個家族都希望家譜能夠世世代代傳承下去，但是應當怎樣修才能傳下去？可以説在海內外的絕大多數中國人的家譜中並未有什麼具體的方法和實施方案。而在《徐氏宗譜》12修本中，卻公布了續修的具體方法和措施，讓後代子孫明

白應當做好哪些工作,為家譜的續修與傳承做準備。因此,按照有關具體規定按時填報「世系圖補充填寫頁」和「新增家族成員入譜登記表」是非常重要的措施。

## 四、新體例12修本制定了續修規劃,在中國家譜發展史上是一項具有深遠影響的舉措

新體例12修譜本制定公布的「續修規劃」和「具體實施步驟」,可以說在各家各姓已經修好的家譜中從來都沒有採用過。因此,這一做法是中國家譜發展史上令人耳目一新的重大創新,是一項具有深遠影響的舉措。

12修本對今後如何續修作了放眼於「萬長久遠」的規劃性安排部署,為徐氏子孫永續不斷地續修下去做了前瞻性安排,從而為後代子孫遵照祖輩的設想把家譜傳承這件大事辦妥、辦理想提供了方法,從具體的措施上保證了《徐氏宗譜》作為傳家之寶永續不斷地傳承下去。

1.為什麼家譜續修應制定規劃

大家可以設想續修家譜這件大事,如果祖輩不提前設計規劃好,在若干年之後誰來自告奮勇、主動承擔這個重任呢?現今時代人口流動遷徙已經很頻繁了,若干年後還能有多少子孫能保證與故土、與宗祠聯繫不會中斷呢?如果很多子孫不參與宗祠的活動,從情感上不重視家譜的續修與傳承,那不是家譜中的血緣傳承關係就會越來越窄了嗎?那不是很多徐氏子孫的名字就不會再出現在家譜中了嗎?這種很多人並不願意看到的現象,在11修本中,在12修本中都已出現了,的確有很多小分支接不下去了,有很多在外地的宗親與宗祠已失去聯繫了。

因此,我們應當以12修本已制定出的續修規劃為契機,廣泛宣傳,作出決定,作出安排部署,讓後代子孫「有章可循」。全體族人應當把宗祠管委會作出的決定,當成祖宗的訓示認真遵守,切實履行。因此,我們應當用長遠的眼光規

劃部署續譜這件大事，根據有關要求和具體的操作步驟，讓兒孫們懂得並明確這件大事為什麼應當辦，以及應當如何辦。

2.兩次續修間隔多少年為宜

起始年限的確定，應當符合人們的一般認識為好，建議50年續修一次，也就是兩代人修一次比較合適。年份的末兩位數為50和00的年份，就是應當續修的年份。也就是說規劃中的續修年份是2050年、2100年、2150年、2200年……比較合適。也就是說2050年第13次續修，2100年第14次續修……

3.每次續修的準備工作和實施步驟

既然已將續修家譜的年份確定了，那麼要提前做好哪些準備工作呢？

（1）宣傳續修家譜規劃的要求、意義和作用。結合12修本的頒譜，向全體徐氏家族成員廣泛宣傳續修家譜的規劃，續修家譜的意義和作用，讓大家提高認識、增強意識、積極參與。

（2）為了有利於族人增強對續修家譜的認識，要廣泛宣傳對族人的要求。要求每逢末尾數為9（也就是從09、19、29、39、49 或 59、69、79、89、99）的年份，各大家庭都要將本房本支系新增成員填入「新增家族成員入譜登記表」，上報宗祠管委會。

為什麼每10年就要上報一次？因為這樣做有助於增強家族成員對續譜意義的認識，提醒大家不要忘記加強與宗祠的聯繫。如果長時間都不與宗祠保持聯繫，就會削弱、淡化人們與宗祠應當經常保持聯繫的認識。要讓徐氏兒孫都知道，自己這支人如果不與宗祠保持聯繫，那麼新續修出來的家譜中就不可能刊印自己這支人的名字，那麼他們這支人在家譜上就中斷了，失傳了。如果不是每10年就上報一次，而就在xx48年，或xx98年集中一次性上報不是更簡單一些嗎？否！這樣做也不可取。因為直到2048年才著手上報材料，才來著手準備續修，那就是說還要在35年之後才來要求大家進行入譜登記，到那時可能有相當多數的族人已經聯繫不上了。哪怕現在還在五臺縣周邊居住的家族成員，30多年後說不定不知遷哪裡去了。

## 五、修家譜採用新體例是中國家譜體例改革的方向

從《徐氏宗譜》12修本採用新體例來編輯設計的總體效果來看，今後各家各姓續修或新修家譜完全可以借鑑、推廣。今後各姓的家譜不宜再繼續走「歐氏體例」或「蘇氏體例」等舊式體例之路來續修。現代人修譜不宜再繼續走千年的老路，修家譜也應當「與時俱進」，跟上時代的步伐。希望每一個家族修出來的家譜都是一部譜冊體例科學，版面格式先進，查譜快速準確，好查好用，節省紙張，省時，方便續修傳承，能讓當代人滿意、子孫後代認可的家譜。

各家各姓除了借鑑推廣《徐氏宗譜》採用的新體例之外，還有三個方面應該借鑑，其一：為今後續修制定出規劃和具體措施，從而有利於各個姓氏的家族把自己的家譜修得更理想、更科學適用、更方便、更有利於子孫的傳承。其二：在家譜中增加可補充填寫的頁面，供子孫後代填寫記錄並作為上報之用，從而透過續修家譜來增強子孫後代血緣關係的凝聚力。其三：積極、按時向祠堂（或族長，或指定的家譜撰修人）報送登記資料，讓祖輩和兒孫的名字永載譜冊。不要因為你和兒孫的疏忽或不重視，未按時上報自己一家人的資料，造成續修的譜冊中沒有你這一大家人的名字，致使自己的血脈在家譜中斷代失傳。

願中國廣大百姓都採用簡明易懂的新式體例，簡便省時地修好自己家的家譜，將新體例家譜作為自己家的傳家之寶，世世代代地傳承下去。

希望廣大百姓人家都能輕鬆擁有自己家的家譜。

（作者係成都譜牒文化有限公司總經理）

# 族譜數位化網路化促進閩臺兩岸祖源對接

邱盛樑

## 一、海峽兩岸習俗相近,血緣相親,祖源相同

自宋朝在臺灣設立行政機構到清朝光緒十一年(1885年)臺灣單獨建省之前,臺灣歸福建管轄。在1684年至1728年的44年間,臺灣與廈門同屬設在廈門的「福建分巡臺灣廈門道」管轄;從清初始,所有有關臺灣府的往來公文,都經由廈門傳遞。在很長一段時間裡,福建缺糧,需要臺灣接濟,而臺灣的餉銀則要由福建提供。最早把大陸的政治、軍事連同經濟、社會等方面的制度移植到臺灣的,是民族英雄鄭成功。

宋元即有閩人移居澎湖,明清兩代,閩人多次大批移臺拓荒墾殖、建村定居、繁衍生息。各個時期前往臺灣經商的閩籍商界人士也為數眾多。閩籍先民渡臺時,為渡臺海上安全、墾臺拓荒順利、經商贏利、定居平安繁衍,紛紛把家鄉崇拜的神明、佛祖、祖佛(神化的先祖)請往臺灣,立廟奉祀,以求保佑。臺灣的民俗民風與閩南風情一脈相承。

福建與臺灣之間具有獨特的地緣相近、血緣相親、文緣相承、商緣相連、法緣相循的「五緣」優勢,是連接寶島與大陸的橋樑和紐帶。

## 二、閩臺祖源對接是兩岸同胞的共同訴求

國家編正史、州縣纂方志、家族修譜牒，構成中華民族歷史文化的三大支柱。史與志涉及面廣，族譜則侷限於本族本宗。族譜是以血緣世係為脈絡，從始祖先祖起，經過幾代、幾十代乃至上百代的繁衍、遷徙，連續不斷的歷史記錄，具有血緣關係濃、文化積澱厚、時間跨度大、地域範圍廣等特點。尊祖敬宗，盛世修譜，改革開放以來，全國各地民間掀起一股編修新家譜的熱潮，特別是海峽兩岸，更是走在全國的前面。這對於繼承中華民族愛國主義精神、增強民族凝聚力、弘揚傳統美德，十分有益。

參天之木，必有其根；懷山之水，必有其源；世間之人，必有其祖。自甲午戰爭以來，日本侵占寶島臺灣達50年之久，而國民黨當局移居臺灣後，兩岸又是半個多世紀的對峙。人為的阻隔並不能阻擋在臺灣的閩籍後裔尋根謁祖的堅強信念和決心，他們想方設法與祖籍地聯絡，透過各種途徑尋找自己的「根」。有回祖籍地修祖祠續族譜的，有探親訪友的，還有建宮廟的、投資辦公益事業的等等，體現他們對祖籍地和同宗族人的血緣親情。改革開放兩岸關係緩和，特別是直航的開通，使閩臺的雙向交流越來越頻繁。閩臺祖源對接已成為兩岸同胞共同的渴望。

## 三、族譜的由來和閩臺兩地族譜現狀

家譜是中華民族悠久歷史文化的重要組成部分，是記載本宗族世系和事跡的歷史圖籍，被譽為「傳家寶」、「命根子」、「傳世寶典」，與祖墳、祠堂共稱為家族的三大寶，成為家族繁衍發展的靈魂與皈依，在社會文明發展中具有極其重要的作用，對於歷史學、民俗學、人口學、社會學和經濟學的深入研究，均有其不可替代的獨特功能。

1.修譜技術發展簡史

（1）第一代修譜技術時代（周代至宋代）。縱觀中華民族歷史，人類從最早用文字記述的族譜甲骨譜，周朝開始出現的青銅譜、竹簡譜、帛譜，以及後來

隨著造紙術誕生直至活字印刷術出現的紙質族譜，都是應用手工工具的第一代修譜技術的產物。刀刻手抄是這一時代主要的手段，所以效率低下。故這一時期的族譜普遍無法得到較廣流傳，至今殘存甚少。

（2）第二代修譜技術時代（宋代至今）。隨著活字印刷術的誕生和廣泛應用，第二代修譜技術時代隨之開啟。修譜技術進入了以應用機械工具為特點的新時期。在這一時代的前期，活字印刷術的發明，大大降低了修譜成本；同時，族譜世系圖的一些體例（如傳統的歐／蘇體例）逐漸產生，並得到廣泛採用和不斷發展，一定程度上提高了修譜效率。修譜進入了機械工具時代，「印刷」（包括拓印、活字印刷術和現代印刷術，如數位印刷術等）迅速成為生產過程中的主要複製方式，族譜得以廣泛流傳。直到今天，我們仍主要停留在第二代修譜技術時代。

（3）第三代修譜技術時代（上一世紀末至今）。隨著電腦尤其是電腦軟體技術、互聯網技術等一系列IT技術的廣泛應用和普及，一場全新的修譜技術革命正撲面而來，這便是「數位化修譜技術」。網路化、數位化的電子版族譜是編修族譜的一次偉大革新，是對傳統族譜文化遺產的有效保護和昇華，它應用了現代先進的電腦訊息網路技術，使傳統族譜實現了從印刷版本到電子版本的質的飛躍。

2.閩臺兩地族譜現狀

（1）民間收藏族譜分散，保管困難。由於歷代戰亂，特別是「文革」浩劫，在荒唐的「破四舊」運動中，大量的族譜被燒燬，現倖免於難的族譜已十分稀少。這些族譜多由民間收藏，由於保管條件等因素，許多族譜遭受蟲蛀、腐蝕等侵害，有的收藏者年事已高，後輩無意傳承。再者因分散收藏，資源難以共享，族譜的應有功效也不能發揮，臺灣同胞回來尋親問祖只能透過民間渠道，靠一些熱心人士的幫助。如廈門黃千忠老先生自1989年開始收集和整理族譜，其家50多平方米的客廳擺滿了30多個姓氏族譜共2000多本。熱心為各地想要尋根問祖的人們牽線搭橋，每天收到許多求助信件，很多都是從臺灣寄來的，僅去年就接待200多人次。

（2）祖源查詢技術手段落後，難以滿足臺胞尋根問祖的迫切要求。傳統的族譜多為手抄本，數量少，查閱困難，即使後期修譜也有大量的印刷本，但要從磚一樣的大塊頭族譜中尋找自己的「根」，並不是非專業人士所能為之。許多臺灣同胞來大陸尋祖，也只能在浩大的書海中翻閱查詢，有時要花費幾天時間才只能找到一點線索，費時費力，這種情況給迫切尋根問祖的臺灣同胞造成很大的困擾。

## 四、族譜網路化、數位化的修譜技術概述

1.網路、電子族譜的特點

（1）修譜簡便。只要將入譜登記表內容錄入電腦，即可自動排列成譜。

（2）查詢方便。只要輸入要查詢對象的姓名或相關資料，數秒鐘內就可在千百萬入譜族親中查找到您要的資料。

（3）資料相關緊密。對所查看的對象，只要輕點鼠標就可在同一界面看到其一家三代（「我的一家」、「三代溯源」）資料及其逐代溯源資料。點擊「一鍵尋祖」可查看自本代開始到開基祖的各代父輩、兄弟訊息（世系圖、家族樹），嗣子、承子、祧子等資料以及個人世傳、興建家園、創辦企業等相關訊息。

（4）續譜靈活。可適時續譜，並按您錄入的資料自動填加到相關支系、房派、世代中。

（5）收錄內容豐富。除傳統族譜內容外，可順應時代的發展，添加現代人的相應訊息，如收錄企業訊息入譜和添加個人照片、音像等多媒體訊息。

（6）方便祖源對接。①族譜數位化後方便查找祖源；②區域之間只要開基祖與祖源對接，開基祖以下成員的資料將自動做相應銜接，特別方便港、澳、臺和海外族親對接祖源。

（7）輸出格式多樣。①保留傳統族譜逐頁翻看習慣和格式，有仿真印刷本的效果；②可按個人所需要的資料影印輸出；③可按族譜格式製作成電子書；④可按閩、浙、贛等地區舊譜豎排格式影印成冊；⑤可按用戶的需求定義影印格式；⑥可直接影印成菲林供印刷所用。

（8）舊譜保存完整。將舊譜資料影印入譜，保留舊譜原貌，更有效地傳承舊譜這一非物質文化遺產。

2.與傳統修譜比較的優點

（1）省時、省錢。傳統修譜從資料收集→繪製世系圖（吊線圖，工作量大）→房派、支系、世代排列→個人世傳編輯→資料反饋、修改→送印刷廠排版→印刷成譜等多道工序，不僅花費大而且耗時間。用電子版軟體修譜，只要收集資料→錄入電腦→成譜。同時，一次錄入可同時獲得電子版光盤族譜、網路族譜和可供印刷傳統族譜用的排版資料。既省時又省錢，一次錄入，多份回報，既有電子版光盤譜、數位化網路譜又有傳統族譜印刷版。

（2）方便續譜。傳統修譜30年一小修，60年一大修，一旦定稿付印，即使當日的新生兒也要等到30或60年後再編入譜，修譜時間跨度大，資料保管困難，同時每次修譜2／3的工作量都用在舊譜翻修上。用電子版軟體修譜，舊譜資料一次錄入，永久利用，新譜資料可實時入譜，保證訊息的準確性和節省了大量舊譜重修的支出。

（3）容量大、功能強。電子版族譜的介質不受印刷成本限制，可錄入更多的多媒體訊息資料，便於保管和交流。

（4）查詢便捷，世代清晰。傳統族譜收藏受地域限制，如查找祖源需要到當地查看族譜，很不方便。做成電子族譜或網路族譜，只要有網路的地方都可查閱，便於外遷族親尋根問祖。同時「一鍵尋祖」可清晰顯示世代和祖源訊息。

（5）容易實現「橫排世系、縱貫時間」。電子族譜或網路族譜一旦建立，很容易統計各個地區或各個世系和年代的繁衍情況，對研究種族人口遷徙、世代變遷和瞭解某一年代的政治、文化、經濟狀況提供了很好的關聯訊息。

（6）實現大聯譜。電子譜實現千百萬族親同在一張譜牒已不是夢想，實現真正意義上的姓氏大聯譜。

## 五、實現兩岸祖源對接應用高新網路技術勢在必行

電子族譜可以說是把族譜編撰變得更為普及，加快了明代以來編修族譜「庶民化」的進程，可以預料，族譜的數量將會大大增加。就文體結構而言，電子族譜其實是文字世界的一個產物，和二維空間的族譜沒有太大的區別。但是，由於網路世界存儲數據的容量理論上可以無限大，加上超文本鏈接功能造就了無數個可能的數據之間的關係，並由此衍生更多更隨機的思考路徑，我們可以估計，將大量出現的電子族譜的訊息量會極大，上溯的淵源可以極為悠長，橫向的關係可以極為多樣，這樣一種只可以存在於網路世界的族譜建構和族譜構成的元素之間的關係，比起書寫／印刷時代的結構將會繁雜得多，但這樣的結果，也可能是不同的人終歸會追溯到共同的祖先，彼此的家族史的論述越往上越趨一致。

前人修譜為我輩所用，我輩修譜也應為了後人著想。現在已進入電腦網路訊息時代，族譜電子化、網路化是必然趨勢，更是勢在必行。

「盛世修譜興」，族譜文化興盛是國家繁榮、社會和諧的體現。改革開放以來，民間多次形成尋根、修譜熱潮，各地不斷開展的族譜文化活動為各地政府提供了「文化搭臺，經濟唱戲」的大好平臺，有力地促進了當地招商引資、旅遊、地方建設等方面的發展。為方便臺灣同胞尋根問祖，加強兩岸同胞的交流，建議政府牽線，鼓勵兩岸民眾運用現代網路技術收藏和編修族譜。隨著各姓各族的各支各系不斷採用數位化修譜技術進入這一平臺，它將是一個實現中華民族「千支一統，萬姓歸宗」，實現海峽兩岸祖源對接的一個很好的網路平臺。

參考文獻：

1.《同安縣志》。

2.同安區臺灣事務辦公室編纂：《同安臺灣關係志》，2002年3月。

（作者係廈門譜盛網路工程有限公司總經理）

# 新發現：江西「荷田柯氏」淵源世系有了明確結果

柯宏勝

2012年我曾先後寫過兩篇有關荷田柯氏世系的探討文章，當時我稱其為湖口柯氏，經彭澤柯文彬宗親提醒，認識到稱謂不準。在江西九江市的彭澤縣、湖口縣和廬山區以及湖北黃梅縣、安徽宿松縣乃至陝西等地，廣泛分布著九華山來鳳公的後裔，還有不少遷居臺灣的。他們都是來鳳公的次子秋崖遷居彭澤荷田之後，秋崖公的後代，統稱為「荷田柯氏」。

近日，與柯有為、柯曉春網上討論，並透過深入研讀九江「荷田柯氏」《濟陽柯氏宗譜》、安徽望江「石篆堂」刻本《柯氏宗譜》和《蓮玉柯氏宗譜》，尤其是上個月外出到東至縣洋湖鎮兩次深入實地調查，獲得了《堯封柯氏宗譜》的大部分原樣，將幾種柯氏譜聯繫起來，驚喜地發現：不僅《堯封柯氏宗譜》殘缺的世系可以基本填補起來，而且「荷田柯氏」始祖來鳳公以上直至益遜（叔和）公的世系圖可以明確繪製出來，也就是說「荷田柯氏」《濟陽柯氏宗譜》中《譜圖書後》一文中古人提出的：「叔和傳霆龍，霆龍傳元盛，元盛傳天四，是為穎公，穎公傳來鳳，不過五代，天下豈有五百餘年僅傳五世者哉？」的疑問，有了明確答案！

先將有關情況分析如下，請各位宗親大方之家提出批評和建議：望江柯氏家譜顯現鴻爪麟角：望江「石篆堂」刻本《柯氏宗譜》中《柯氏家乘總序》中如是

記載：「叔和為鄱陽令，亦寄居建德堯封坂，貴池、青陽、石埭、彭澤、湖口、黃梅、宿松、望江、安慶、池州（柯氏）之祖出也。叔和之後，唯元盛公擅（盛）名一時，生子有二：長天三公，次天四公。厥後，天四公居青陽，其二世孫來鱗、來瑞、來鳳。而來鳳（後裔）則分居九江、彭澤、湖口、黃梅、宿松。其後千五公、千六公居大路馬當，其後福一暨福十二等居彭澤、湖口、黃梅、宿松、四川等處，至天三公，生子有三：忠一、忠二、忠三。由是忠二分居石埭；忠二分居貴池；唯忠一侍（父親）天三公居堯封坂。自元盛而上，若光祖、茂先、文虎，若東谷、應烈、雷龍、霆龍，則皆後先相繼耀簡冊者也。」同時，還指出，叔和有兩個哥哥，老大叔永、老二叔中，他們都是洛陽景暉公之後，不是「梁」的兒子。實際上，叔永、叔中、叔和也不是景暉公的兒子，而是景暉公的後代（按《蓮玉柯氏宗譜》載叔和（益遜）是景暉公43世孫），因為景暉公是東漢時期人，叔和三兄弟是唐朝滅亡之際的南唐人，與景暉公生活的東漢初年相距近千年。

荷田柯氏《濟陽柯氏宗譜》記載與上面望江《柯氏宗譜》記載相呼應：荷田柯氏《濟陽柯氏宗譜》中柯氏得姓遠祖系圖，同樣提到了如下人物：景暉、叔永、叔中、叔和、東谷、應烈、雷龍、霆龍、文虎、光祖、茂先、元盛，只是元盛以上世系並不是按五服圖一代一代排列的。人物基本情況記載與望江譜相同。

《堯封柯氏宗譜》的發現，研究取得重大進展：我和芳春、曉春到安徽東至縣洋湖鎮調研，找到了《堯封柯氏宗譜》的殘本。堯封譜的中譜世系是這樣的：1.晟祥—2.崇禮—3.樸—4.萬（東谷）閻氏夫人，後面沒有了。接著，第四冊孟股世系丟失，第五冊是堯封仲股世系，也就是柯暹那股世系，這冊開頭柯暹被列為第五世，似乎與中譜對接。但是，一分析就發現問題了：萬（東谷主人）生於南宋乾道乙酉年（1165年）九月初八日，卒於寶慶乙酉年（1225年）十一月廿七日，享年61歲；而柯暹（東岡），生於明朝洪武己巳年（1389年）六月初十，卒於成化丁亥年（1467年）五月十三日，享年79歲。萬（東谷主人）生活在南宋時期，而柯暹生活在明朝初年，兩人相差225歲，中間相隔整個元朝，因此，萬（東谷主人）絕不是柯暹的父親！那麼，柯暹為什麼是「第五世」呢？我們推測，柯暹的第五世應該是後譜的第五世，中譜世系中，萬（東谷）之後至中譜柯

暹之前的世系遺失了。

那麼如何知道這些遺失的世系呢？《堯封柯氏宗譜》中《宋東谷主人柯君墓誌》〔作於南宋寶慶二年（1226年）〕有這樣的記載：「（東谷）娶菊鄉閻北部孫女，生男一，諱應烈，守學詩之訓，女一，孫男一尚幼。」《宋故夫人閻氏墓誌銘》如此記載：「子應烈娶朝議韓公女，（生）孫男二：雷龍娶夏國學女，霆龍娶李朝議孫女，（生）孫女二，曾孫男三，曾孫女二，俱幼。」《宏岡阡表》一文中記載：「府君諱某字彥斌，姓柯氏。……任臨安縣知縣……以子暹官推恩贈考奉直大夫」，「鄱陽令叔和之後，若東谷之邃於經……子應烈苦學，有功禦寇不就辟，孝母有異徵。孫雷龍鄉闈漕貢連中詩魁，若此者，代有其人，族衍其三：曰茂先，曰光祖，曰文虎，茂先之後生忠一（乙），忠一（乙）生儒五，（儒五）娶胡氏，生三子：長賢，次智，次府君（彥斌）。」

荷田柯氏《濟陽柯氏宗譜》中，「元盛」的同代是茂先，下代是「天三」、「天四」，《譜圖書後》一文中說：「元盛傳天四」，而《堯封柯氏宗譜》中柯暹所作《東岡公批與關生書》言：「有元盛時，派分三族：光祖、文虎、茂先，予茂先之後也。予自滇南萬里外帶汝歸宗，疑是光祖、文虎之後，而今不可考矣！」還有清末宣統年間修撰的《建德縣志》載：「宋大中祥符五年，柯茂先、柯光祖、柯文虎，俱堯封人，叔姪同登壬子科徐爽榜進士。」

綜合以上各種資料，再結合安徽《蓮玉柯氏宗譜》，荷田柯氏淵源世系自叔和（益遜）開始至秋崖公世系如下：1.叔和（益遜）—2.伯陽—3.萬仟—4.晏—5.禎壽—6.明聰—7.仁三（獻三）—8.勉一—9.璣（遷彭澤）—10.（？）—11.祥晟（遷堯封）—12.崇禮—13.樸—14.萬（東谷）、閻氏夫人—15.應烈（娶韓氏）—16.霆龍—17.元盛—18.天四（遷青陽縣）—19.來鳳（居青陽九華山）—20.冰崖、秋崖、丹崖。以上世系，每代約25年左右，這就解決了《譜圖書後》中提出的500年只傳五代的問題。

同時，《堯封柯氏宗譜》柯氏淵源世系自叔和（益遜）開始至暹公世系如下：1.叔和（益遜）—2.伯陽—3.萬仟—4.晏—5.禎壽—6.明聰—7.仁三（獻三）—8.勉一—9.璣（遷彭澤）—10.（？）—11.祥晟（遷堯封）—12.崇禮—13.樸—

14.萬（東谷）、閆氏夫人—15.應烈（娶韓氏）—16.霆龍（或雷龍）—17.元盛—18.天三—19.忠一（兩個弟弟：忠二、忠三）—20.儒五（娶胡氏）—21.彥斌（長兄賢，次兄智）—22.柯暹（東岡）。至於光祖、文虎之後及世系，正如東岡公所說：「而今不可考矣！」也許光祖、文虎就是天一、天二。

另外，請注意斗坑派《堯封柯氏宗譜》字輩：

遠字派輩：添（19）—忠（20）—儒（21）—鼎（22）—晉（23）—巽（24）—震（25）—復（26）—恆（27）—乾（28）—泰（29）—豐（30）。

新字派輩：用（31）—世（32）—宜（33）—逢（34）—泰（35）—遠（36）—大（37）—紹（38）—其（39）—芳（40）—春（41）—來（42）—多（43）—美（44）—景（45）—德（46）—永（47）—必（48）—嘉（49）—祥（50）（後面待補充）。

上面字輩後面的數字為從一世祖瑞祥（祥瑞）公到該世的序數，表示該代為多少世，這個世數，我是比照棠溪柯氏家譜相同字輩〔棠溪譜字輩：用（31）—世（32）—宜（33）—逢（34）—泰（35）—遠（36）—大（37）—紹（38）—其（39）—芳（40）—春（41）—來（42）—聯（43）—顯（44）—貴（45）—德（46）—永（47）—必（48）—嘉（49）—康（50）—禮（51）—讓（52）—宗（53）—仁（54）—政（55）—詩（56）—書（57）—述（58）—祖（59）—章（60）〕倒推而得出的。就是說，棠溪、斗坑、堯封字輩相同的是同輩人，而不是堯封柯氏與棠溪、斗坑相同字輩的人，比這兩支的柯氏同字輩人輩分要長，因為他們各自的老祖宗晟祥、禎祥和瑞祥是同輩兄弟。結合上面論文提到的人物名字，我們可以知道字輩對應的「添」對應：天三、天四；「忠」對應：忠一、忠二、忠三；「儒」對應：儒五；「晉」對應：晉一、晉二、晉三。那麼，「晟祥（祥晟）」到「天三、天四」這一代總共是19世，到「來鳳」公為20世。而上文探討時，叔和（益遜）公到來鳳公為19世，實際應該為30世，也就是說中間還少了11世（在晟祥到來鳳之間少了11世）。因此，可以得出結論：從「晟祥（祥晟）」到「來鳳」公為20世，真實可信，中間11世不可考。以上觀點不對之處，歡迎各位專家學者，尤其是歡迎臺灣同胞

批評指正！

(作者係安徽電視臺高級記者、央視供稿部主任)

# 中華柯氏與中華至德十二姓尋根溯源

柯貴善

　　中華文明的源頭、中華民族的發祥地在中原,這是當今全世界中國人的共識。中華民族的姓氏之根(主要指漢民族的姓氏),絕大部分也在中原,這也是沒有疑義的。「中原」一詞,本來有廣義、狹義兩種解釋。廣義的中原指黃河流域,包括今天的河南省大部分及陝西、山西、河北、山東等的一部分。狹義的中原則指古代的豫州一帶,其範圍大體相當於今天河南省的大部分地區。《爾雅·釋地》云:「河南曰豫州。」這裡的「河南」即指黃河以南至淮河之間的廣大地區。因此,當代人們論及中原常取狹義,即指河南省而言。

　　中國的姓氏到底有多少,很難做出確切的統計。袁義達、杜若甫主編的《中華姓氏大辭典》中收錄的姓氏11969個,其中單字姓5327個,雙字姓4329個,3個字以上的姓氏2313個。這麼多的姓氏若要一一查明根源是非常困難的,要查明其中究竟有多少姓氏是源於河南的也同樣非常困難。今天談論姓氏尋根問題,只能以常見的、涵蓋人口較多的姓氏為基礎。根據袁義達、杜若甫提供的資料,按占世界漢族總人口的比例大小排列出前100名大姓,第1名李姓占漢族總人口的7.194%,第2名王姓占7.141%,第3名張姓占7.107%,第100名文姓占0.17%。100名大姓總計約占漢族總人口的87%。柯姓第186名。河南省姓氏學專家謝鈞祥先生依據上述排序,著《中華百家大姓源流》一書(1996年10月中州古籍出版社出版),詳細考察了這100家大姓的源流情況。

　　中華民族都自謂是炎黃子孫,共同的文化心理使全世界的炎黃子孫都不忘自己的始祖,並具有強烈的探尋祖根的願望。現在,學術文化界一般認為中華民族有九大始祖,即伏羲、炎帝、黃帝、顓頊、帝嚳、少昊、堯、舜、禹。這九大始

祖都出自河南，後世姓氏根源於九大始祖的，當然也可以視為其姓氏之根在河南。

據古代傳說，伏羲居於陳地，死後葬於陳地，今河南淮陽有太昊陵，即伏羲墓。炎帝、黃帝本是同父母兄弟，即少典（娶有蟲蟜氏）之子，生於華陽（今河南新鄭）。新鄭市西有山即所謂具茨山，這裡在當代被確認為炎黃故里，經過整修，成為中華兒女的祭祖聖地，也成為當地著名的旅遊景點。新鄭市附近的新密市也有一處軒轅黃帝宮，是祭拜黃帝的另一處聖地。

從宗族傳繼的關係來考察，九大始祖屬於三個血緣系統。伏羲和女媧兄妹是一個血緣系統，原為風姓，後世有些姓氏源於伏羲的（如程姓等），都是風姓的系統。禹是鯀之子，鯀是舜之臣（被封為崇伯），禹之子啟建立夏朝，從鯀到禹到啟自為一個血緣系統，後世有些姓氏源於禹的（如夏姓、禹姓等）都屬於禹的後裔。其餘六大始祖為一個血緣系統。炎帝和黃帝是親兄弟，顓頊、帝嚳、少昊、堯、舜都是黃帝的後代。後世姓氏中只有謝姓、姜姓等較少的一些姓氏根源於炎帝，而後世漢民族中數量眾多的姓氏皆為黃帝的後裔。

據《史記》、《國語》等史籍記載，黃帝25子，得姓的有14人，除去其中重複的2姓，實有12　姓，周朝始祖姬姓即在這12姓之中，後世姓氏源於這12姓的，或源於周朝的姬姓宗室被封的諸侯國者，也都是黃帝的後裔。黃帝妻嫘祖所生的兩個兒子，一名玄囂，一名昌意。玄囂的孫子即為帝嚳，帝嚳的兒子放勛即是帝堯。昌意之子即顓頊，顓頊傳數代為重華即是帝舜。關於少昊，有一種說法說他是黃帝的兒子，名摯，字青陽，己姓（也有一說他是東夷部落首領，非黃帝血統），即少昊金天氏。因此，後世的許多姓氏分別根源於顓頊（如李姓、趙姓等），根源於堯和帝嚳（如劉姓等），根源於舜（如陳姓、胡姓等），根源於少昊（如金姓、尹姓等），這些也都是黃帝的後裔。對中華人文始祖進行尋根究底的考察，有益於解決姓氏尋根方面的許多疑難問題。

古代都城尋根是和姓氏尋根緊密聯繫在一起的。因為許多姓氏源於古代最早分封的諸侯國，如黃姓源於古黃國、許姓源於古許國、郭姓源於古虢國等。對古國古都的考察，對理清某些姓氏的源與流來說，都是關鍵性問題。如趙都中牟的

被確定,對理清趙姓的根源流派就具有重要的意義。趙氏出自嬴姓,祖先是顓頊的裔孫伯益,伯益的九世孫即周穆王時的著名馭手造父,再傳七世為東周諸侯之一趙叔帶。

中華至德宗親十二姓淵源,始於四千多年前之后稷。相傳帝嚳(即高帝)之元妃姜生后稷名棄,屹如巨人之志,其遊戲好種樹、麻、菽。長大後,善耕農,播種百穀,建功天下。帝堯聞之,舉為農師,天下得其利。帝舜以其有功於民食,封於臺(今陝西省境內),號后稷。《史記‧周本紀》載:古公有長子叫太伯,次子叫虞仲。太姜生小兒子季歷,季歷娶太任為妻,太姜、太任都是賢惠的妻子。太任生子姬昌,有聖明之兆。古公說:「我的後代當有成大事者,大概就是姬昌吧。」長子太伯和次子虞仲知道古公想立季歷,以便將來能傳位於姬昌,所以兩人便逃亡到了荊蠻,(按當地風俗)身刺花紋,剪短頭髮,而讓位給季歷。

古公死了,季歷即位,就是公季。公季遵循古公留下的原則,篤行仁義,諸侯都順從他。

《史記‧吳太伯世家》載:吳太伯、太伯的弟弟仲雍,都是周太王的兒子、王季歷的哥哥。季歷賢達,且有一個有聖人之相的兒子姬昌,太王意欲立季歷,並傳位給姬昌,於是太伯、仲雍二人便逃奔到南方部族荊蠻人居住的地方,遵隨當地習俗,在身上刺畫花紋,剪短頭髮,表示不可再當國君,以此來讓避季歷。季歷果然登位,這就是王季,而姬昌就是文王。太伯逃奔到荊蠻,自稱句吳。荊蠻人欽佩他的品德高尚,追隨並且歸附他的有上千家,被擁立為吳太伯。

《史記》中對季歷的具體活動記載不多,而《竹書紀年》中卻簡單留下了季歷的一些記載:后稷始姓姬,是周族的祖先。自周朝開創後,始有由姬氏分改名姓之事,故后稷為至德始祖。至德宗親雖有十二姓,但追根溯源,實是同宗共族,中華至德宗親十二姓今分述如下:

1.吳姓:太伯讓位後,即偕弟仲雍奔荊蠻,成立句吳小國。太王卒,乃傳季歷,再傳昌,繼傳發,後滅商紂而統一天下,國號周,制禮作樂。開中華文化之丕基。武王崇德報功,追封太伯為吳國公。嗣後子孫以國為姓,自此始有吳姓。

2.周姓：周文王昌之正妃太姒生子十人：伯邑考居長，次武王發，再次管叔鮮、周公旦、蔡叔度、曹叔振鐸、成叔武、霍叔處、康叔封、冉季載。其中以發、旦最賢，左右匡輔文王，故文王舍伯邑考而發為太子。文王卒，發繼位稱為武王。武王四年（從《中國史稿》之說，約公元前1066年），下令出師，遍告諸侯：殷有重罪，不可不伐。於是武王親率軍隊伐殷。殷亡，武王得天下。次年，武王以天下未定，夜不能寐，乃封功臣昆弟，「以藩屏周」，各令采邑。武王之十三世孫平王，別封其少家子烈於汝州，其地在汝水之南，人稱周家，遂以周為姓。

3.蔡姓：武王克殷後，封周公旦於魯，都曲阜（今山東曲阜），周公不受封，留佐武王。因輔國有功，作典周之相。封叔鮮於管（今河南鄭州），封叔度於蔡（今河南上蔡西南），封叔處一於霍（今山西霍縣西南），封商紂兒子武庚於殷，治理殷朝遺民，並命叔鮮、叔度、叔處三兄弟輔助並監視紂子武庚，史稱「三監」。約公元前1063年，武王卒。成王接位。因成王年少，天下初定，周公恐諸侯不服，乃攝行政事。但管、蔡等人不服，乃要挾紂子武庚叛亂，以復殷。於是周公奉成王之命興師東征討伐，殺武庚，誅管叔，放逐蔡叔，遷之於郭鄰，降霍叔為庶人。蔡叔遷郭鄰不久就死。蔡叔的兒子胡與父不同，率德馴善，歸順成王。為此，周公告知成王，並推舉他做魯國的卿士。由於他將魯國的政事處理得井井有條，於是周公又請成王把以前封給叔度的封地「蔡邑」復封給胡。以奉蔡叔之嗣，是為蔡仲，遂以蔡為姓。

4.翁姓：周武王四世孫昭王之庶子名溢，字庶任，居鹽官（今陝西鹽池縣境），食采於翁山，賜姓翁。座諡端明王，遂以翁為姓。

5.曹姓：周文王第六子、武王之弟振鐸，受封於曹（今山東省曹州），為諸侯國，其後以國為姓，振鐸是為曹姓始祖。

上列五姓，其先世本屬伯叔兄弟關係，因輩分之順序，是以後代俗稱為吳、周、蔡、翁、曹。

6.辛姓：夏禹之子夏後啟（夏代君主，生時稱後，死後稱帝）封其支子於辛（今陝西合陽東南），遂以為氏。

7.柯姓：吳太伯死，無子，其弟仲雍繼位；就是吳仲雍。仲雍死，其子季簡繼位。季簡死，其子叔達繼位。叔達死，其子周章繼位。那時正值武王戰勝殷紂，尋找太伯、仲雍的後代，找到了周章。周章已經是吳君，就此仍封於吳。又把周章之弟虞仲封在周北邊的夏都故址，就是虞仲，位列諸侯。周章死，其子熊遂繼位。熊遂死，其子柯相繼位。柯相死，其子強鳩夷繼位。強鳩夷死，其子餘橋疑吾繼位。餘橋疑吾死，其子柯盧繼位。柯盧死，其子周繇繼位。周繇死，其子屈羽繼位。屈羽死，其子夷吾繼位。夷吾死，其子禽處繼位。禽處死，其子轉繼位。轉死，其子頗高繼位。頗高死，其子句卑繼位。這時晉獻公滅掉了周北虞公，為的是開拓晉國版圖、征伐虢國。句卑死，其子去齊繼位。去齊死，其子壽夢繼位。壽夢繼位後吳國方始日益強大，自稱為王。

從太伯創建吳國算起，到第五代時武王勝殷朝，封其後代為二國：其一為虞國，在中原地區，其一為吳國，在夷蠻地帶。到第十二代時晉國滅掉了中原地區的虞國。又過了兩代，夷蠻地帶的吳國興盛起來。總計從太伯至壽夢共傳十九代人。

周太王之次子仲雍隨兄太伯南奔荊蠻，傳至周章，封於吳。仲雍之六世孫名柯相，周成王時會盟柯山，以名為氏，是為柯氏得姓之祖，遂以柯為姓。柯、蔡均為太王之後裔，以分封得姓，蔡氏為先，論昭穆次序，則柯氏居長，所以柯蔡並稱。在南洋，尚有辛、柯、蔡三姓之聯宗，統稱「濟陽堂」。

8.洪姓：洪、江、翁、方、龔、汪六姓合稱「六桂堂」。洪氏相傳系堯時共工氏的後代，本姓共，後加水旁為洪。

9.江姓：江氏傳說為古帝顓頊玄孫伯益的後代，封於江陵，子孫以國為姓；翁氏得姓於周昭王的庶子食邑於翁地。

10.方姓：方氏衍於周宣王大臣方叔（見《詩·小雅·采芑》），後代以其字為姓（另一說為：相傳古帝榆罔——神農氏之後，其子雷封於方山，後人以地名為姓）。

11.龔姓：龔氏為共姓所改，共氏因避難加龍為龔（一說為：相傳古帝共工後代有共。共、龔二氏）。

12.汪姓：汪氏系春秋時魯成公後代食采於汪邑，以邑名為姓，各有本源。迄於宋代，始祖乾度生有六子，分為六姓，乃與舊姓合流。六子分姓因時值世亂，胡夷侵襲，乾度三子處易奉命率軍應戰，掩護父母兄弟家屬子女退卻，勸兄弟化姓避難所致。乾度六子在宋代先後考取進士，均為顯宦。長子處厚，字伯起，系宋太祖建隆元年進士，官禮部員外郎兼殿中丞上柱國，號敦煌，居朱紫坊，分姓「洪」。次子處恭，字伯虔。宋太宗雍熙二年（985年）梁灝榜進士，官州法曹，號濟陽，居淮陽，分姓「江」。三子處易，字伯簡。宋太祖建隆元年（960年）進士，與長兄同榜，南劍少尉官。號鹽官，居竹嘯莊。奉令應戰胡瓦，後壯烈殉難於鹽官之地，不改姓，仍姓「翁」。四子處樸，字伯陳，宋太祖開寶元年（968年）（一說為開寶六年）進士，官都曹，號河南，居竹嘯莊，分姓「方」。五子處廉，字伯約，宋太祖開寶元年（一說為開寶六年）進士，與四兄同榜，官大理司有直監察御史，號武陵，居馬欄，分姓「龔」。六子處休，字伯容，宋太宗雍熙二年（985年），與次兄同榜，官朝散郎韶州判官，號平陽，居東林，分姓「汪」。乾度為「六桂」開基之祖。

綜上所述，中華至德宗親十二姓淵源，追根溯源，實是同宗共族，據《史記》、《國語》等史籍記載，黃帝25子，得姓的有14人，除去其中重複的2姓，實有12 姓，周朝始祖姬姓即在這12姓之中，後世姓氏源於這12姓的，或源於周朝的姬姓宗室被封的諸侯國者，也都是黃帝的後裔。所以中華至德宗親十二姓（吳、周、蔡、翁、曹、辛、柯、洪、江、方、龔、汪）淵源，始於四千多年前之后稷。后稷始姓姬，是周族的祖先。自周朝開創後，始有由姬氏分改名姓之事，故仲雍之六世孫名柯相，周成王時會盟柯山，以名為氏，是為柯氏得姓之祖，遂以柯為姓。這是當今全世界中國人的共識。中華民族的姓氏之根能夠在一定程度上說明中華姓氏在中原的事實。中華柯姓之根也能夠在一定程度上說明中華柯氏與中華至德十二姓尋根有著極深的淵源事實。

（作者係中華大族譜協會副祕書長、中華柯氏族務理事會副會長）

# 惠安崇武大﹝﹞張氏祖源考

張省民

　　1990年代初，石獅永寧張氏宗親欲重建永寧懷遠將軍祠（並祀永寧衛指揮同知從三品懷遠將軍張壽，金門青嶼封指揮同知張泰常），請餘向金門張氏宗親募捐，不久金門沙美海傳宗親匯來一筆捐款，余囑永寧宗親來泉取款。他們派張齊燦、張升川、張金錐（小學教師，校長退休）三人到寒舍取款，座談中張金錐言其高祖張建術（1793—1863年）、曾祖張乃色字澤厚（1825—1879年）、其祖父張家邦於清同治年間帶著高曾祖神主牌從大﹝﹞遷居永寧至今已歷五代，依附儒林第七房同安金門青嶼分支永寧的宗親而居。余聞知十分驚喜，久聞惠安崇武大﹝﹞村張氏只知清河衍派，未悉何支傳芳，今悉大﹝﹞張氏昭穆（字輩）竟然是儒林張氏……永建乃家孫子貽謀……同昭穆即同血緣，各姓皆然。余與金錐查詢深悉其系。即書一函寄大﹝﹞張氏執事宗長收，告之該村族史略考。

　　由於沒有寫明具體收件人，四日後被退回，剛好崇武街曾恨女士來訪，曾原為崇武供銷社店員，丈夫姓張，偶於泉惠車上結識，而有交往。她不久告吾欲辭職自營小商店，向我借款，我二次借之各五千元，沒有利息，她營業十分成功，購買店屋，後來成為全國聞名崇武第一解放軍廟創建人。當日我詢之，是否認識大﹝﹞張氏族老，她曰：終日在我店內閒坐。我十分高興，退信沒有拆封，即由曾恨帶去再轉交。時隔不久，大﹝﹞宗親派出張之英、張送來、張紅毛、張征鴻四人代表往晉江張林謁祖，回程過泉州寒舍言謝。其中80餘歲的張送來言其父張三拋少年時即有到張林拜祖吃祀。不久余邀儒林祖庭晉江張林三位負責人和我前往大﹝﹞回訪聯繫宗誼，探索族史。雙方座談融洽，互相交流所知宗史，我們敦促張文英組成宗親理事會，開展全村重修族譜等宗事活動。他是水產系統退休的，至

359

其去世前遲遲沒有做成。文英去世後，公安系統退休幹部張高保熱心宗事，全力組成第一屆宗親理事會，被選為會長，工作十分出色，與各地宗親交流密切。參加各地宗事活動，數次到泉州寒舍見訪。我告知他們最主要是重修毀失無存之族譜，這一代不重修新譜，少數高齡老族長尚健在，是活字典可供諮詢，回憶族史各輩昭穆，世系尚可存錄記載。如再過若干時日，將不可收拾。他們聽了恍然大悟，我告之不必另起爐灶，在宗親會架構下組成修譜領導小組，各房、各刊頭分頭派人負責到各戶依昭穆字輩登錄人丁世系，組成人員內查外調探索查證宗史族源，點滴史實不予遺漏，果然成績斐然。高保任內，工作有目共睹，不幸高保病逝，留下對斯人無盡之哀傷。繼之張平海當選第二任會長，張春龍任祕書長，二人認真負責，踏實肯幹，平海勇於奉獻，被選為福建省姓氏源流研究會張氏委員會副會長，張春龍為常務理事，各項宗事工作積極開展。2006年輪值承辦儒林張氏第七房聯誼會。原侷限於邀請七房內各地分支宗親會代表，花費只需二三萬，基本不超過五萬。省張委會向我建議擴大邀請臺灣金門及全省各地宗親會代表，會長張世德住在臺北，副會長張順在住在廈門。我急與主辦方大　平海、春龍協商，告之省張委會上述建議及其所需費用。平海熱情應承，我即轉告副會長廈門張順在，我只負責實際操辦儒林第七房聯誼會並任榮譽副會長，榮譽會長張海傳住金門。第六屆海峽兩岸儒林張氏宗親聯誼會於2007年1月7日在崇武大　村舉行，住臺北會長張世德率臺灣代表團參加，臺灣劇作家張龍光等多名知名人士，省張委會會長張振郎，祕書長張發平暨全省各地張氏宗親會代表數百人，盛況空前，會議開得十分成功，花費近20萬元，為此可見平海會長，主持第二屆領導團隊是經得起大風大浪的考驗。2008年6月28日，由平海會長、春龍祕書長主撰《崇武大　清河張氏探源》全文五頁約4000餘字。全文內容豐富史料詳實，人口、村容、村貌概況，祠堂位置及四房小宗祠坐向，肇基大　始祖初探，明初入居大　一世祖探索，五、六、七、八、九世祖墳葬處、坐向均有初步考證，這就是新版大　新族譜族史，前言初稿、徵求方案探索佐證。這是余初步拜讀的心得，也是以平海、春龍、建明這一屆領導團隊的成果匯報。

　　大　村人口12644人，張氏占11540人，村裡有張、蔣、蘇、楊等姓，清末、民國年代有大　張氏分衍臺灣臺北、基隆三沙灣窟仔底建有大　新村，人口

1368人。文中舊祠堂有舊匾「開封世澤」、「賜進士」、「中憲大夫」（正四品）、「奉政大夫」（正五品）。兩種可能：一為大　歷世先祖有居官於河南開封府；二為在開封府當官的子孫分支居大　。對照大　昭穆同於張林，但儒林始祖張鏡齋生九子分支九大房，只有第四子張智封安國侯，可能居於開封。但必須取得正史的佐證，方可確認。大　宗親誠心請余協助查證，余不能無為，勉力為之，提出以下幾點供查證：一、清源軍節度使留從效疽發背卒，年五十七，偽贈太尉靈州大都督。節度副使張漢思自稱留後，陳洪進為副使，時宋建隆三年（962年）也，次年，洪進又廢漢思而自立。（宋史卷四十，13959頁）（福建通志總卷三十四頁，分卷三）

　　二、廳上房智郎公，鏡齋公之四子也，字漢思，號退耕。累封安國侯，舊祖祠即右有安國侯匾。張廷榜於明崇禎戊寅（1068年）重修《儒林張氏家乘》載……又考綱鑒，宋太宗初，吳越王獻納版籍，平海軍節度使陳洪進以漳、泉二州來歸，豈侯封在五季前後際乎。《泉州府志》載：晉江王，清源軍節度使留從效薨，軍政大權歸副使張漢思，不久被部將陳洪進所奪，幽漢思於別墅。宋太祖封陳洪進為平海軍節度使，宋太祖因唐被藩鎮割據之亂而採用杯酒釋兵權之法，將各地將領調入京城釋去兵權。宋太宗封陳洪進為太子太師岐國公奉調入京，張智字漢思號退耕封安國侯，二人子孫均被派往各地為州官（1999年《儒林張氏聯宗譜》第二卷484頁）據此居住京城開封的安國候張智的子孫有的可能回泉州崇武開基，此「開封世澤」「中憲大夫」「正奉大夫」舊匾之由來可釋也。

　　三、同安下張舊譜載：八世華公生八子，第八子吉貞約生於1150年，1187年左右分支惠安。基本與崇武清河張氏的祖先在800年前（約1170—1187年）入居崇武西房溪的史料吻合。（據1470年張世業始修《同安洪塘下張族譜》130頁）有可能大　張氏有儒林四房，七房子孫同村而居，歷史以來以張林昭穆為字輩。

　　上述三點佐證史料僅供大　新譜編修組參考核正。

　　平海、春龍、建明為首的第二屆領導團隊最大功績莫過於籌資120萬元，歷時三年艱辛，重建大　張氏祠堂，金碧輝煌，並已於2012年農曆三月初二日舉

行隆重的落成奠安襯祧慶典。到會張志裕為團長的臺灣、金門慶賀團40人，省張氏委員會正、副會長，正、副祕書長，海內外宗親代表，各地嘉賓共800餘人，盛況空前，為大　肇基歷史以來之僅有，為大　村帶來歡欣濃郁之親情及榮耀，留下一筆濃墨之青史。

　　大　新譜之編修工作是十分艱辛之文字工程，仍在正常繼續編撰工作中，期盼早日出版。

（作者係惠安縣僑務辦退休公務員）

# 晉江青陽蔡氏源流

蔡國榮

青陽是青陽蔡氏先祖於公元546年命名的。意思是居住在青梅山麓之陽，又符合蔡氏郡望「濟陽」的延伸。從青陽蔡厝遷居晉江各地有百餘村莊，還遷往廣東、海南、南京等地，以及遷居臺灣臺北、臺中、臺南、嘉義等地的裔孫，隨處可見他們所居住的房屋大門上方都有「青陽衍派」四字郡號。居住在青陽其他姓氏遷居各地的裔孫都沒寫「青陽衍派」，這是青陽蔡氏獨特的地方，青陽蔡氏遷居各地的裔孫有幾十萬人。較著名的有享譽華人世界的前首富臺灣大企業家蔡萬霖家族。2011年12月，臺灣前首富蔡萬才不顧八十多歲高齡，親到青陽蔡氏家廟拜祖。

晉江市譜牒研究刊物，2001年12月第九期第33頁刊載：晉江青陽鎮原是蔡、孫、趙、林、李、莊六大姓共居村莊。唐開元間（713—740年）泉州設市舶司，晉江沿海各地商賈常來常往，為給商人肩伕提供方便，青陽蔡厚七代裔孫，在青陽設立五間店面，因此青陽最初為「五店市」。

清嘉慶庚午（1810年）《西山雜誌》第128頁記載：唐開元時（公元713年），東石、安平之藩集行陸路，中站有蔡氏先世居青陽山麓，七世孫五人焉，設肆以利行人，行人德之稱曰「青陽蔡五店市」，後為莊氏入居也，蔡氏之來始於西晉，莊孫之來始於五代，所以青陽蔡之晉有百餘村也。說明：《西山雜誌》確認青陽蔡於晉朝就入閩。結合以上資料，對照一些刊物及舊譜牒記載青陽蔡氏一世祖用明公是與王潮、王審知同時入閩，這需要更正。

王審知是公元885年入閩，蔡氏先祖於晉朝就入閩，至唐懿宗咸通元年（860年）才確立用明公為青陽蔡氏開基始祖，比王審知入閩早二十五年，詳細

情況如下：

清《西山雜誌》53頁記載：晉永和九年（353年）蔡謨，字道明，與王羲之友，五胡之亂時，由考城南來率宗入閩，居晉安之南，曰古豐州清源，今之仙遊也。說明：青陽蔡氏先祖在晉朝時就入閩，居住在晉時地名為晉安清源郡的地方，就是現今的仙遊地界。青陽蔡氏大宗譜，大漢時莆陽一派世系金木水火譜圖記載，蔡謨，系大漢時蔡勳第十世孫，晉時歷左光祿尚書，贈司空，諡文穆。

清《西山雜誌》第49頁記載：蔡謨之孫伯若，司晉安清源推官，泛舟浯江蓋，既今之浯澗憩斯溢上，石鐫曰「泉林清居」，其子文穆，晉元熙間（419年）結舍而課子良逢孫志山方山也。說明：青陽蔡氏先祖於419年就在浯江（現晉江九十九溪）邊上，搭草屋教導子孫讀書。

《西山雜誌》49頁記晉元熙間，良逢擢升侍御，晉亡歸幽建陽，志山則負耒於清源矣。此地空廢六十有三載。說明：良逢擢升侍御，舉家上任當官，至晉亡，志山再來此地已經時隔六十三年。

《西山雜誌》49頁記志山於南朝宋永明元年（483年）於清源，其子全忠，孫友信，即於梁天監二年（503年）任浙江會稽令。大同十二年（546年）歸休於浯江之上，青梅山之陽。說明：蔡氏先祖於公元503年又到浙江會稽（現浙江紹興）當官，至公元546年才歸休於浯江之上，青梅山之陽。青梅山即現在青陽蔡氏家廟所在地。

《西山雜誌》49記載：其子昭然於陳太建四年（572年）任南安郡守，隋開皇九年（589年）始結木構為精舍三楹，其子有二，德祖、德源，均名賢也。《西山雜誌》53頁記載：德祖公居青梅山之陽，子孫為青陽望族也。德源公任閩州太守，即莆陽之始焉。說明：蔡氏先祖於公元589年就開始將草屋改建造以木為主始構的房屋三座，居住在青梅山之陽。

明《毅軒雜誌》文摘類，卷十八之十三引錄：泉郡，晉江歷代人物傳，樂善，卷十二之十六，後唐葉嘉坡原撰，明陳春播輯錄，蔡志遠續纂記載：蔡陽明，一作用明，號一翁，徙居晉江梅山之陽，故又自號陽山一翁，生唐代宗廣德甲辰年（764年）八月十八日。一翁少高朗，資性過人，有大志，年十六歲舉監

生，人謂奇才，年十八上書闕下，勸德宗以王道為心，生靈為念，黜世俗之政，治久不報，遂厭棄仕途，為當世逸士。年弱冠娶武榮殷戶王藩昌令次女清韻為室，生子曉日，一作堯，定居晉江永福一里青梅山東麓蔡宅，即今五店市蔡厝，開青陽蔡氏基業。一翁博學貫經史，而立年薦為州郡教授。至館專尚寬厚，以教化為先，諸生咸師事之，先生信古好義，以名節自砥礪，奉己甚約，俸祿盡以周鄉黨，奉賓友，家或無百錢之儲。鄉鄰張纓病逝，子幼，護其喪，歸葬之。而其家漿粥不給，亦曠然不以為意也。時太守薛播，感其名節，稱一翁曰「青陽先生」。經向奏，授候縣主簿，縣有獄不決，先生至，一訊立辯，眾口交稱。任滿請退，歸隱於鄉間設帳課教一生。民以事至館者，必告之孝悌忠信，入所以事父兄，出所以事長輩，度鄉村遠近為保伍，使患難相　，而奸偽無所容，凡孤煢殘疾者，責之親堂使無失所。先生課務之餘，喜舞文弄墨，著一翁文鈔四十卷未刊。咸通壬辰年（872年）十月十八日卒，享年一百零八，墓葬華表山。

王太孺人封縣君，生大曆戊申年（768年）三月初八日，卒咸通壬辰年（872年）十一月十八日，享年一百零四。生平知書明禮，課子孫讀經，涵養德性，以易為宗，以中庸為體，以孔孟為法，繼往古，開來學，善治家，精刺繡，知養老，親夫君，睦鄰里，恤貧困，有口碑，子曉日，府庠生，精貨殖，多販鬻為生，性仁慈好善，修橋造路，濟困扶危，不計時日矣。説明：唐德宗於780年至804年為唐朝皇帝，用明公上書時間是公元781年，時間上符合。《泉州府志》記：薛播是唐朝建中間（780年至783年）為泉州太守，當時用明公二十歲，被薛播稱為「青陽先生」時間也符合。

莆陽蔡氏南塘族譜系宋代的蔡其祥，元代的蔡馳娉藍本編纂，明代的蔡振源，學究蔡毅軒撰修。族譜記載：蔡用明系德祖之孫，唐靈源庵主蔡明浚，唐司空蔡用元之胞弟。用明公墓初葬華表山，後移青梅里崎山佳城，這與《西山雜誌》的記載相同。用明公墓於1994年發現於崎山，至今已一千多年，當時世界日報及臺灣的報章雜誌都有報導。

蔡用元與用明是兄弟，因此莆陽、青陽同宗同祖。有青陽蔡氏家廟聯文為證：

派分莆陽，世居青陽，堂揖雙陽，好就三陽開泰運，

裔出周代，基肇唐代，澤流昭代，長綿百代振家聲。

聚族梅山，一千餘年來，唯是青與白，不失故山氣味，

構祠五市，半畝方宅中，自為爽而愷，卻忘近市塵囂。

（作者係晉江市青陽石鼓廟董事會理事）

# 翀霄張氏族源與世系探考

張詩竹

　　張氏翀霄衍派尊張烏為肇基祖。張烏生於元順帝末葉1360年左右，係張遜幾世孫待考。根據錦里二房十四世孫鎮敦於清光緒十年（1884年）所作譜序中載：我始祖諱烏，由清溪而入泉郡，建祠西街，坐丁向癸兼午子，取織金龜拜北，初時門匾書「清溪張氏宗祠」。立翀霄堂號，改張氏宗祠為張氏家廟記載有四：最早是藍溪華山蓬島（現安溪祥華），三世祖翼軫在藍溪華山蓬島《張氏族譜源本》序中載：始祖九郎公為蓬島來，原其始則湖頭藍溪公之裔也，媽金氏九娘乃溫陵金氏之女。昔我上代遷居泉城西街，即翀霄之派也。翼軫於元延祐四年（1317年）立為六甲里長。又據其系十六世孫方新伯煥於清康熙五十四年（1715年）所作譜序載：余之先乃湖山同知藍溪之裔也。祖九郎公與兄弟遷居泉城西街，公懼末世亂，於是辭外戚，還居湖山上張祖宅，余兄弟尚住泉城，即翀霄派也。其二，《泉州府志》卷四十七載：張寬，字洪肅，一字溥容，號慎齋，晉江人。明永樂正統丁卯（1447年）舉人，有司表其坊曰「翀霄」。其三，錦里二房光緒十年（1884年）譜序載：明末崇禎戊辰（1628年）年間，維樞維機兄弟俱侍郎，才貌兼全，魁梧奇偉，同入朝面君，皇上欽嘉兄弟有翀霄氣概，故改清溪號曰「翀霄」，所由來歟。其四，1945年福建泉州原鯉城區城東鄉白葉村發現一明代墓，出土墓誌載：翀霄二世祖默軒張公，明代貢生，領鄉薦，祖妣楊氏惠肅。年號沒載明。白葉村全村均為翀霄張姓，據傳是為看護祖墓而遷居於此地。

　　綜上所載，張烏建清溪張氏宗祠在先，張寬有司表其坊曰「翀霄」其後，維樞維機侍郎公改清溪，號翀霄可能誤傳，兩者先後相差一百五十餘年。而翼軫志

載翀霄派比張寬年代更早約一百三十年。總之，從元延祐四年（1317年）至清光緒十年（1884年），歷經五百六十餘年，人移世易，莫知考據。

肇基祖張烏生於元順帝末葉1360年左右，張寬正統丁卯年（1447年）舉人，約生於明初（1440年）左右，翀霄二世祖默軒公墓誌沒載明年號，僅為明代貢生，翀霄一世祖是張烏或張寬有待考查。

根據《晉江新志》下卷「明代人物」篇載，泉州十四望族有儒林張守化其中。《泉志昌後錄》載：張守化，字時化，號謹吾，晉江人。伯志選，舉進士，守毗陵有聲。祖郁父志，子維樞任工部左侍郎，次子維機亦仕至侍郎。《泉州府志》卷五十二載：志選為良寶（文會）次子。《泉州府志》卷五十五載：維樞、維機為文郁曾孫。洛陽翀霄張氏族譜載：維樞、維機兄弟先後官至侍郎，其間兄弟重修擴建西街家廟，於郡城建「水心亭」園林，成為有名水心亭世家。《泉州園林介紹》水心亭小築篇載：水心亭小築，為明代萬曆戊戌（1598年）進士張維樞，天啟乙丑（1625年）進士張維機兄弟所建，位於勝果鋪，園地現充黨校附小，殘存規模痕跡依稀可見。

根據上述史載反溯，維樞、維機兄弟萬曆戊戌（1598年）、天啟乙丑（1625年）進士，約生於1565至1575年間，父守化約生於1535年，祖伯志選嘉靖戊子、乙丑（1528、1529年）聯捷進士，約生於1500年，曾祖文郁約生於1470年，張寬正統丁卯（1447年）舉人，約生於1400年，二世祖張默軒出生年代可能比張寬遲，約在1435年，自張烏（1360年左右）至侍郎公（1565年左右），經七世歷時二百餘年，基本符合歷史規律。

洛陽翀霄張氏一世祖張應科，號西橋，生於明天啟辛酉（1621年），西橋之伯父生於明萬曆壬辰年（1592年），西橋之父生於明萬曆己亥（1599年）。（祖塋翻修時出土的墓誌銘記載）祖避亂於崇禎末葉戊辰（1628年），先從泉州西街遷惠西大壩內，亂靖之後，遷洛陽橋頭居住，繁衍至今已十有六世。

根據史載資料顯示，上列世祖是為翀霄後裔，也是儒林八房後裔。余謹將史載資料整理摘錄，追溯推演，是否正確，有待考證。

另據《泉州府志》卷四十二載：張元璽，號弦齋，晉江人，父旺，成化癸巳

（1473年）舉人，未授官卒。元璽痛先志弗遂，少即力學，弘治辛酉（1501年）領鄉書，遷國子監學正，多十顧化，擢建昌府同知。侄冕。舊志閩書合參。《泉州府志》卷四十三載：張冕，字莊甫，號惺吾，晉江人，旺孫，元璽侄。嘉靖庚子十九年（1540年）領鄉薦，丁未廿六年（1547年）登進士，授烏程知縣，湖廣參議，廣西參議，遷桂林同知，擢廣東兵備僉事。舊志參廣東廣西通志閩書《景壁集》。

張旺，成化癸巳（1473年）舉人，約生於1430年左右，比張寬晚約三十年，《泉州府志》沒載明與其有關係。《泉州府志》卷四十二載：元璽居蔡文莊門下。《泉州府志》卷五十五載：文郁受易於蔡文莊清，二人同門師生。府志也沒載明兩人有關係，而且張寬、文郁所載資料均節選於張氏家傳，張旺父、子、侄、孫三世是否出自獅霄派待考。余摘錄於此以備查證。

（作者係泉州市洛陽張氏大夫第宗親會會長）

# 青山王張悃新考

張國琳

　　今年五月，國務院核定並公布了第七批全國重點文物保護單位名單，惠安青山宮榮幸地名列其中。青山宮原與莆田的媽祖宮、龍海的慈濟宮通稱「閩中三宮」，在臺灣有一百多家分靈，有廣泛的影響。而青山王張悃，是惠安歷史上最撲朔迷離、對民眾影響最大、最深遠的一個古代歷史人物。然而，對他的生活年代、籍貫、生平都缺乏充足的史料，並存在爭議。因為張悃涉及惠安建縣及惠安最早縣治的歷史，是惠安最早的歷史人物之一，惠安歷史沒有他肯定是不完整的歷史。這就是他在惠安歷史上最特殊的又不可缺少的身分和地位，這就成了研究惠安歷史一道繞不過去的坎。可是經過不同朝代、不同地方的以訛傳訛，青山王的名字在臺灣已顯得五花八門，有的叫張捆，有的叫張滾，也有的叫張袞，都已失去本真。筆者為此作《青山王張悃新考》，以求教於方家。

　　最早有關青山信仰的文獻資料，載於《宋會要輯稿》（也稱《宋會要》）：「青山王祠，在泉州府惠安縣守節里。紹興五年十二月賜廟額誠應，紹興十九年八月封靈惠侯。」這說明青山王信仰在南宋初年即已得到官方承認。

　　而嘉靖《惠安縣志》卷十典祠記載，青山王崇拜早在李畋就任惠安縣令時就有了。李畋就任時間是北宋仁宗趙禎天聖元年（1023年）。「及李令建城隍，乃遷其廟於乾峰寺前，與青山神同時受封，故鄉人合而祀之」則明確說明青山神在李畋任職時就已經存在多時了。天聖二年（1024年）離大宋建國之年建隆元年（960年）只有64年。所以我們可以斷定青山王崇拜最早起碼是從北宋開始的。這是筆者認為可以澄清的第一個歷史問題。

　　實際上，由於我們目前見不到徐松所引用的《永樂大典》中的相關記載，最

早記載青山王的書也可以說是真德秀（1178—1235年）的文集。兩度出任泉州知府的真德秀曾親至青山廟致祭，所獻《惠安誠應靈濟廟祝文》，收錄於《西山真文忠公文集》卷五十四：

唯神正直聰明，默佑一邑。聖朝嘉獎，申錫贊書，威靈益章，遐邇蒙福。某假守於此，密藉神庥，敢薦菲儀，具昭誠意。

對於青山王張悃到底是什麼朝代的人，有兩種不同的觀點，至今相持不下，難以定論。主流觀點認為張悃是五代閩將，我們暫且稱之為「五代說」。張岳著嘉靖《惠安縣志》卷二山川大勢記：

青山在縣南，偽閩時，將軍張悃嘗立寨於此，以御海寇，後，鄉人廟而祠立，至今不廢。

青山誠應廟在二十六都，神張姓名悃，閩時嘗營青山下以御海寇。宋建炎間，海寇作，神有陰助功，邑人蔡義可聞其於朝，賜廟額誠應，封靈惠侯。妻葉氏封昭順夫人。景炎元年，進封靈安王，夫人封顯慶妃。至今有司歲一致祭。

張岳對張悃的記載也相當簡略，這種說法被萬曆惠安知縣葉春及所著《惠安政書》、乾隆《泉州府志》卷七山川、《崇武所城志》所沿用。

對張悃事跡記載最詳細的是雍正年間重修的《惠安縣志》，其卷六山川志記載：

青山，在縣南三十里青山鋪，閩時將軍張悃立寨於此以御海寇，沒，而鄉人廟祀之。或云悃即述，今其子孫在永春，譜載甚詳。

卷十一壇廟寺觀載：

青山誠應廟在縣南青山鋪，神張姓名悃，三國吳將也。

大田張氏族譜載神名述，其祖也，先葬螺山，陳震建縣，始遷青山，田力移居盤龍下孟。

卷二十八武績五代張悃（今為青山靈安王）記：

張悃，五代時，天下割據，兵燹疊告，民各鳥獸四散，鄉閭不保。悃集民兵

訓練之，旗鼓嚴肅，刁鬥時巡。青山一帶，盜不敢犯。桑麻無恙，雞犬敉寧。後常出靈異。海寇登岸，每見旌旗敝空，金鼓時鳴，輒自引去。邑人進士蔡義可聞其事於朝，封靈安王。妻華氏，封顯慶妃，立廟青山以祀，賜額誠應。至今有司春秋到廟致祭。大田張氏族譜載，悃即其祖述。

若悃即述，學問深造，生則御災捍患，　則為神庇衛鄉人，廟食青山百世，宜哉！

到了嘉慶年間所修的《惠安縣志》則全部是根據雍正《惠安縣志》所載，一字不漏，故也可忽略不計。因此，剩下要探討的就是嘉靖縣志與雍正縣志了。

由此可知，對張悃的新認識是在雍正年間，根據關鍵在於大田張氏族譜。

雍正八年（1730年）縣令王澤椿請張步瀛重修縣志。時距張岳撰嘉靖志已有180年至200年之久。可是張步瀛對張悃受封靈安王一事所記載前後不一，互相矛盾。卷十一壇廟寺觀所載時間非常明確是景炎元年，可是在卷二十八武績中卻說是托蔡義可的福才受封靈安王。這是他的第一個矛盾之處。

而蔡義可卻不是南宋元初之人，而是南北宋之交時人。蔡義可，嘉靖《惠安縣志》記載他是紹興五年（1135年）特奏進士。因為他是特奏進士，因此估計他當時的年齡應有50歲以上，可以肯定的是他絕對不可能活到景炎元年（1276年）。

《宋會要》是清代人所編纂，故可以肯定張悃受封靈安王應是景炎元年，而不是蔡義可所奏紹興年間。如果真有蔡義可上奏之事，那就應該要麼是紹興五年（1135年）十二月賜廟額誠應之事，要麼是紹興十九年（1149年）八月封靈惠侯才是因蔡義可上奏的結果。而後據李漢南的記載，此事是從紹興五年十二月而非紹興十九年。此說可以成立。

這是筆者認為可以澄清的第二個歷史問題。

第二個矛盾之處是，從雍正《惠安縣志》卷六山川志所記載張悃是三國時人，與卷三建置沿革表、卷十一壇廟寺觀、卷二十八武績所載均持五代說來看，已有明顯的分化和動搖。

張步瀛的第三個前後矛盾之處，即卷十一壇廟寺觀記載張悃夫人是葉氏，封昭順夫人。景炎元年（1276年），晉封靈安王，夫人封顯慶妃。可是到卷二十八武績中葉氏變成了華氏封顯慶妃。

張步瀛的第四個前後矛盾之處，是卷六山川志記載：「或云悃即述，今其子孫在永春，譜載甚詳。」可是到了卷十一壇廟寺觀所載則是：「大田張氏族譜載神名述，其祖也。」

為什麼在同一件事上的記載居然有四處前後矛盾的不同記載呢？因為另有奧妙隱藏於中！暫且不提。筆者還有一個疑問，張步瀛所補充的張悃的史料到底是來自哪裡呢？要知道，雍正年間所修縣志經過明清的改朝換代尤其是鄭成功父子與清兵的交戰，惠安縣城能留下來的史料已經焚燬或失蹤了。到底這些補充是不是張步瀛所纂雍正《惠安縣志》呢？筆者從卷二十八武績五代張悃所記載之「按……宜哉！敏求」中發現了蛛絲馬跡，突然領悟到一個祕密：這些補充應是張敏求所為，而不是張步瀛所為！

這裡有必要介紹一下張步瀛與張敏求的關係。

張敏求，乾隆三十六年辛卯（1771年）貢生，乾隆二十年（1755年）重修縣志，增補十四卷，被縣令王澤椿採用並增補，是為嘉慶《惠安縣志》。因此，嚴格講，雍正縣志不是純粹的雍正縣志，嘉慶縣志也不是真正的嘉慶縣志，而是雍正縣志已經含有乾隆年間張敏求所補充內容，應是乾隆年間才正式出版，故稱乾隆縣志應會更準確些。而嘉慶縣志則當然包括了雍正、乾隆年間張步瀛、張敏求所補充的內容。因此可以說，對張悃史料作重大補充之人應就是張敏求。

張步瀛是用修弟，雍正八年（1730年）受縣令王澤椿之托重修《惠安縣志》，已成稿，未刊行。張敏求則是用修曾孫，任直隸縣令。

因此，在張步瀛所著雍正《惠安縣志》未正式刊行之前，此稿極有可能就是落在張敏求手中。所以後來他也作了相當份量的增補。故雍正版《惠安縣志》中竟然會出現乾隆間「按……宜哉！敏求」的表述，這就不足為奇了。

而從張敏求重修《惠安縣志》時間乾隆二十年（1756年）和前後語言文字

的表達來看，他是親自看過大田張氏族譜的！從卷六山川志開始不可確定、模棱兩可的表述「或云悃即述，今其子孫在永春，譜載甚詳」，到卷十一壇廟寺觀所載「大田張氏族譜載神名述，其祖也」，再到了卷二十八武績五代張悃所記載之「按……宜哉！」中一大段的説明和詳細記載，張敏求兩次提到「大田張氏族譜載神名述，其祖也」。證明張敏求就是根據大田族譜補充進去的。

還有一個事實可以佐證此事系張敏求所為。這就是乾隆《泉州府志》的出版。乾隆《泉州府志》是乾隆二十八年（1763年）懷蔭布、黃任、郭賡武等修纂的，雖然從時間上看確實比張敏求晚了八年之久，但是我們切勿忽略了這麼一個事實，即張敏求所續修《惠安縣志》增加的部分在當時並沒有出版刊行，所以在乾隆《泉州府志》中並沒有及時補充刷新，沒有增補有關張悃的新史料和新發現。

這是筆者以為可以澄清的第三個歷史問題。

清乾隆五十四年（1789年）惠安人總邦仁、沈鵬飛撰寫的《惠安靈安王記略》記載：

王姓張，諱悃，五代閩時，嘗營青山，御賊有功。

……

明季嘉靖庚寅，邑志所載者如此。迨萬曆間，晉江何司空喬遠所輯《閩書》，則謂王三國時吳將，配葉氏，立寨青山。宋紹興辛巳，虞允文破金兵於採石，王揚旗助戰，書王姓名，允文訊之閩人從軍者，知王神績，請旌。此則邑志所未及載者也。又云：王墓在今縣治庫房左，初建縣時，掘地得碑。識云：「太平興國間，古縣移惠安。若逢崔知節，送我上青山。」碑陽識：開我墓者立惠安，葬我身者祀青山。」説近讖緯。然司空博物，君子采纂舊書聞，當必有據。而傳信傳疑，亦史家成法，故省郡縣志因之。現今縣署內堂有平堆，相傳為王之墓，不樹不記，未知是否？又相傳王光州固始人，從廣武王潮入閩，裔衍永春，亦無譜牒可據。

從《惠安靈安王記略》中可知，總、沈二人仍然延續靈安王的稱呼是景炎元

年所封,而非蔡義可所為。

這是第四個可以澄清的歷史問題。

其次,《惠安靈安王記略》所記「宋紹興辛巳,虞允文破金兵於採石,王揚旗助戰,書王姓名,允文訊之閩人從軍者,知王神績,請旌」,與雍正志卷之十一壇廟寺觀載「宋建炎間,採石之戰,人見大旗上題張將軍姓名。時虞允文訊青山土人之從軍者,得其神蹟,錄功上聞,制入祀典,賜廟額誠應,封靈惠侯。妻葉氏封昭順夫人。」所載又有不同。到底誰是誰非呢?

查閱史料,虞允文破金兵於採石確實是在宋紹興辛巳(1161年)年,而非雍正志所記載的建炎年間。

這是可以澄清和需要更正的第五個歷史問題。

由《惠安靈安王記略》又出另一個問題,即明代兩次重修及碑記又有什麼內容呢?由於青山宮現存碑記風化磨損太嚴重,已經分辨不出碑文。但我們還是可以從《惠安青山考》中廈門大學人類學研究所所長郭志超先生撰《青山宮始建與歷次重修考述》找到殘缺不全的碑記內容。

從兩篇重修碑記中可以看出,早在元末明初,惠安人就已經將崔公認作惠安第一個縣令,故有「宋太平興國間崔令」和「宋太平興國間邑侯崔公」的記載。如此說來,何喬遠在《閩書》中將惠安第一任縣令記為崔姓亦有根據,並非無稽之談。故從雍正《惠安縣志》起,即改變了張岳從端拱二年(989年)胡緯開頭記起的做法,補充認定為惠安第一任縣令:「崔太平興國間,從《閩書》增。」問題是我們所知,張岳肯定是看過洪武和成化年間的這兩塊碑記的,而且他對洪鐘也是情有獨鍾,按照獺窟志和獺窟人的記載是張岳在縣志中對洪鐘是「三致意」,且洪鐘與張岳六世祖張祖是好友,為何已經記載惠安建縣於太平興國六年(981年)的張岳沒有將崔令列為第一任縣令,卻要將一個端拱二年才就任的胡緯列為第一個呢?難道惠安建縣的開頭八年時間內沒有縣令?這顯然是不可能的。這到底是張岳的疏忽還是因史料欠缺過於審慎而有所保留?要說張岳將此重要問題竟然忽略了實在說不過去,因此筆者傾向於後者。另一種可能就是惠安建縣時間並不是太平興國六年?因為未認同惠安縣建置於太平興國六年的,早在北

宋即有。

歐陽忞《輿地廣記》記載：「中惠安縣，皇朝淳化五年（994年），析晉江置。」《輿地廣記》成書於宋徽宗政和年間（1111—1117年），作者詳情不明。南宋陳振孫《直齋書錄解題》則認為作者為歐陽修從孫，現多以此說為是。王象之《輿地紀勝》也記載：

惠安縣中（註：指中等縣），在州北七十里。《寰宇記》云：「本晉江地。」《圖經》云：「淳化五年析晉江縣地置。」《國朝會要》云：「太平興國六年，析晉江縣地。不同，當考。」

王象之，南宋慶元元年（1195年）進士。《輿地紀勝》定稿大約在紹定年間（1228—1233年）。從《輿地紀勝》的記載來看，作者是親眼見過《國朝會要》（即《宋會要》）的記載的。而且早在歐陽忞之前，北宋已有《圖經》一書記載惠安是「淳化五年析晉江縣地置」。只是我們如今基本都是採納《國朝會要》的記載罷了。因為，這本《圖經》到底是北宋什麼時間著作的？作者是誰？版本今在哪裡？都不清楚，當然作為記載官方史實的《國朝會要》就顯得更可靠更準確些。故採納其說是很正常的，倒不在於是因為其所記比圖經早了13年的緣故。再說《太平寰宇記》是北宋的地理總志，全書二百卷，約一百三十餘萬字，是繼唐代《元和郡縣志》以後出現的又一部歷史地理名著。此書作者樂史，是北宋著名的歷史地理學家和文學家，江西宜黃縣霍源村人，生於930年，卒於1007年，此人的生活年限最符合，剛好處於惠安建縣時間前後。

那麼他的記載又是什麼樣的呢？且看：「惠安縣，去州四五十里，二鄉，本晉江縣北鄉也。皇朝太平興國六年析置惠安縣。」

所以，我們目前認定的惠安建縣時間是完全正確的，懷疑另有時間是淳化五年（994年）的證據是不足的。

這是筆者認為可以澄清的第六個歷史問題。

還有清代福建一個著名史學家、翰林院出身的陳壽祺，在重纂《福建通志》中贊同宋太宗淳化五年惠安建縣之說，相差13年。而比張岳所記載的端拱二年

（989年）胡緯已任惠安縣令遲了6年之久。但陳壽祺所記也是自相矛盾。他在重纂《福建通志》卷九十三宋職官惠安知縣名錄中第一個列的還是和雍正《惠安縣志》基本一樣：「知縣事崔＿＿＿，太平興國間任，見《閩書》。」既然你認定惠安建縣時間是淳化五年，而縣令卻是太平興國間任，這就無法自圓其說了。而按照張岳的記載，胡緯之後第二任是胡克順，就任時間是咸平六年（1003年），則胡緯任惠安縣令時間長達15年之久！似乎也太長了，不合常理。因為宋代縣令的任職年限基本上是五年一任，而胡緯連任三屆，不符常規。這似乎是一個謎團。但好在陳壽祺解決了這個疑問。他的記載是：第二任胡緯，端拱間（988—989年）任。第三任杜從善，淳化間（990—994年）任。第四任王諫，至道間（995—997年）任。第五任許載，江西萍鄉人，端拱二年進士。第六任才是胡克順，也是端拱二年進士，江西奉新人，與許載「俱咸平間（998—1003年）任」。陳壽祺所記比張岳更詳細，有籍貫，有科年，任職時間比較合理。所以筆者以為，在惠安縣初期縣令的任職順序上，應以陳壽祺為準。

　　這是筆者以為可以澄清的第七個歷史問題。

　　那麼，這個崔令是不是崔拱呢？

　　根據張岳記載，崔拱於北宋端拱二年（989年）中陳堯叟榜進士，是惠安置縣以來的第一個進士。而此時胡緯已到任，所以可以斷定這個崔令並不是崔拱！況且根據史書上記載，崔拱也沒有擔任過其他地方的縣令。第三條理由是，崔拱中進士後不可能馬上在本縣就地任職。崔拱步入仕途的第一個職務是著作郎，後又任掌禮樂和祭祀的太常丞，復出任潮州軍州事。目前所能查找到的史料均沒有發現崔拱曾經當過縣令的記載。第四條理由是根據大田族譜記載，當時惠安最早的居民僅有「東董、西崔、南莊、北洪、中張五姓」，那麼崔拱可以說是與張悃同時代之人，應完全清楚張悃埋葬在惠安的歷史，故不存在是崔拱首先發現張悃墓，且將他遷往青山。除非張悃確實是三國時代人，而這是不可能的。理由待下面分析。第五條理由是，查《中國歷代官稱辭典》，知節不是官名，更不是知縣的別稱。網路資料中也只有唐開國名將程咬金又稱程知節。所以即使崔知節果然就是惠安的第一個縣官，知節也可能就是崔縣令的名或字，肯定不是崔拱。第六

個理由是，無論是最早的洪武間的洪鐘，還是稍晚些的林玉、或是萬曆間載入《閩書》的何喬遠，還是清代的陳壽祺，在記載惠安第一任縣令時都是僅有姓，沒有名，說明他們一路相承都未認同崔令就是崔拱。理由已經足夠了。民間傳說不足信，千萬不可當真，否則就會出現「三人成虎」的問題。

故筆者以為這是可以澄清的第八個歷史問題。

再來談談首提「三國吳將說」的何喬遠。據何著《閩書》記載：

至宋太平興國間，令崔某移古縣於今縣，開基得銅牌，志云：「太平興國間，古縣移惠安；若逢崔知節，送我上青山。」牌烏云：「開我基者立惠安，葬我身者祀青山。」廟中銅牌洪武初尚存，島夷入寇，以為金也，載歸，舡尋沒海。又云，令不親祭，即有虎患。

認同他觀點的是欽定四庫全書《粵閩巡視紀略》卷五清康熙工部尚書、浙江秀水人杜臻撰：「《宋朝會要》云：『太平興國六年析晉江地，置惠安縣於螺山之陽。』其地故為三國吳將張悃墓，徙之青山，而置署焉。今縣庫即悃葬處也。」

乾隆《泉州府志》卷十六壇調寺觀引《閩書》原文後，又附一首佚名的《詠青山靈應廟》：

遺廟向滄溟，風濤對面生。海門須有捍，漢將舊知名。

碧砌滋苔蘚，陰廊畫鼓鉦。銅牌金椀似，溫嶠待犀呈。

這種說法為陳壽祺撰重纂《福建通志》所採用，卷二十二壇廟‧惠安記：「青山靈應廟在青山鋪，神張捆，三國吳將，嘗屯青山禦寇，宋建炎間賜額誠應，邑內亦有青山王祠。」

何喬遠所記載的史料有三個問題值得注意：一是他憑什麼說張悃是「三國吳將」？二是對「古縣移惠安」應如何理解？三是對銅牌及讖詩的真實性應如何認定？

先來探討第一個問題。史學家要推翻前人所云，必定要麼有權威可靠的證

據，要麼有合理合情的推斷論證，方可取信於人。何喬遠是否具備這兩個條件呢？

第一個條件，他沒有。其一他的直接證據是他本人沒有見過的且已經丟失的銅牌。其二他的標新立異沒有註明出處，未能像王象之等人那樣說明資料來源。其三，在宋代之前沒有任何史料可以佐證他的「三國吳將說」。從三國到五代相隔時間，最遲從三國末年晉武帝咸寧六年（280年）算起，至宋太平興國六年已有701年之久，到何喬遠（1558—1631年）《閩書》成書時間則有1300多年之久，他是如何考證出來的？而從三國時代，中間經歷東西兩晉、南北朝、隋、唐，並無任何史料涉及青山王張悃，並無任何皇帝敕封過青山王，並無任何民間傳說提到過青山王，怎麼一個三國時代的人時隔六七百年之後才突然如此的靈應，三番五次地受到大宋朝皇帝的青睞呢？張悃又是靠什麼被孫權封為時為蠻荒之地的青山將軍呢？孫權有什麼必要分兵一支來守護一個遠離虎視眈眈的蜀、魏之外的青山呢？又有誰可以考證三國時代的青山戰略位置之重要，或是財政收入之重要足以讓孫權派一位將軍來此安營紮寨、保衛海防？如此大的時間跨度何喬遠前輩是憑什麼取得跨越式的進展和跳躍式的突破呢？何喬遠前輩所說的那塊深埋於地下至開基才挖掘出來的銅牌，是如何完好保存了1100年而沒有生鏽，以至於被島夷誤認是純金而搶走的呢？而按照何喬遠的記載洪武初銅牌尚存的話，洪鐘肯定是看過這塊銅牌的。但洪鐘在撰寫《重建青山廟寢宮記》時為何沒有記載這塊銅牌？雖然他的記述中有缺字，但是從所缺字數來分析，卻不可能超過20字以上。所以筆者斷定洪鐘並沒有記載何喬遠收錄的這首讖詩。何況以讖詩作為正宗的歷史記載並認定，真正研究歷史的史學家們又有幾人是這樣做的呢？這十個問題如果何喬遠尚在，又該如何回答？或者又有誰能夠代替何司空回答這些問題，那麼我就對他五體投地、甘拜下風。

再者，即使是持「三國閩將說」的何喬遠，在《閩書》卷一百四十七靈祀志中泉州府惠安縣所記也只有靈應廟一條：

靈應廟，有二像，一曰鹽倉陳公國忠，一曰青嶼鄭公濟時，皆固始人，避地入閩，　而廟食。宋紹定中，海潮暴溢，民居盡沒，唯廟獨存。淳祐六年，賜今

額。

如果他有足夠的史料或新發現表明張悃在五代之前的三國時期曾經有顯靈的話，那麼他在這裡會作相應的補充說明。遺憾的是，他留在這裡的是一片空白。

第二個條件，他也沒有，依然是一片空白。後來史學界對何喬遠《閩書》的一個批評就是他的一些結論或新發現沒有根據。如文城先生在《談明清時晉江人的重要著作》指出：「《閩書》也存在著缺點，如史料沒有註明出處，難於證實，比較缺乏說服力。」所以清末貢生泉州蘇大山《紅蘭館詩鈔》有《題青山（在惠安）》二首有云：

鼎足銷沉霸業空，獅兒父子自英雄。青山留葬將軍骨，不付江流石轉中。

艱難一旅下南荒，青蓋羞看入洛陽。名字不登陳壽志，獨留虎氣在高崗。

如蘇大山所言張悃「名字不登陳壽志」，說明他對「三國吳將說」也是持懷疑態度的。如果說《三國志》是不可能記載到惠安青山這個小而偏的地方的，那麼又憑什麼認為吳國會派一位將軍駐守於青山呢？

如果說上述理由都是推理的話，那麼我們還可以讓實物來作證。

1979年10月，惠安縣政府建辦公大樓，王嘉成承建，開基一米時發現張悃墓石碑高50釐米，寬30釐米，碑刻主文為「青山靈安尊王古蹟」，現存工人俱樂部後青山宮。筆者於10月30日從縣委宣傳部張偉鬆手中拿到一本《惠安城隍廟》，從中發現有位李漢南寫的《青山王、妃夏村賜福堂志》一文中居然對青山王的生卒、歷次封蔭及原因有非常明確的記載，填補了上述史書的空白。

《青山王、妃夏村賜福堂志》的主要內容體現在《賜福堂青山王略記》，部分摘錄如下：

據傳，王姓張，諱悃，祖籍河南光州固始縣。其父系王潮軍偏將。

唐僖宗光啟元年（885年），隨王緒軍南下入閩。其生於光啟末年（887年）十月廿三日，於偽閩永隆末年（942年）三月初十日，享年五十六歲。

……

因其天資聰賦，十六歲就得審知重用為王廷侍衛，二十歲任侍衛副統領，因五代混亂時期，天下割據，盜寇四起，民不聊生。時東坑海鹽倉港，以出產鹽、魚、布馳名，而引起閩王重視。故閩王於乾化二年（912年），調其鎮戍青山。其又招集青年訓練之。其軍法嚴明，忠於職守，日夜派兵遊巡，使青山一帶盜不敢犯，賊不敢偷，惡棍、漁霸不敢橫，民夜不閉戶，為青山一帶創造了特有的太平世景。

至太平興國六年（981年），惠安置縣，清基發現其墓，首任崔知節敬其德亦懼其靈，欲遷而不敢，又礙於陰陽同處互有不便，為長遠計，特設香案以文禱於神，願到青山為其建廟，使其有所歸，讓其管陰，他自管陽，墊保留，每逢清明始開放。因有此舉，後來崔知節果到青山民敬處建一小廟讓人敬奉。（開基得牌，改葬立廟，皆為後人訛傳，怳生前非孔明。）

直至紹興初，海寇作亂，神英靈助陣，邑人蔡義可於紹興五年（1135年）成名後，奏請於朝，十二月始賜廟額「誠應」。十九年（1149年）八月封神為「靈惠侯」。妻柯氏為「昭順夫人」。紹興三十一年（1161年），神又到安徽當塗採石磯以南風雲，飄北風旗迷敵，助宋軍大敗金兵，受高宗再賜一面「大宋名臣，威武驅寇」大旗。

嘉定六年（1213年），靈惠侯再娶華姝李，（即李銀花）冥婚為二夫人。後二神常顯化揚靈於海上護航，驅盜逐寇，又解救晉江圍頭受海盜攻掠。嘉定九年（1216年）十二月，受寧宗晉封「安惠公」，二夫人華氏為「顯懿夫人」，嘉「慶濟媽」。廟嘉賜「寧濟」，曰「誠應寧濟廟」。

景炎元年（1276年），端宗乘船南幸，經溫州海面遇元兵。神與二夫人同赴海上救駕，直護至惠安象埔港。汪應麟聞於帝。三月廿三日受端宗晉封「靈安王」。二夫人華氏晉「顯慶妃」，並賜銀建王廟。明初，又助常遇春攻安徽採石磯，受明太祖御賜一聖旨牌。

嘉靖四十二年（1563年），再助戚繼光、俞大猷威海衛平倭，受世宗嘉尊為「靈安尊王」，顯慶妃則改嘉「慶安尊妃」，並賜「兵（李漢南記為兵字，青山宮牌匾系岳字）獻海邦」匾額。清光緒間，又往臺灣驅瘟鎮怪，遇凶年皆與二

夫人並駕出狩。

李房弟子李漢南敬撰共和五十二年十月

此文的重要價值，一是非常清晰地回答了青山王歷次封蔭的具體時間和經過，包括起因、當事人、對象、封號等，尤其是誠應寧濟廟的賜額時間，還有景炎元年汪應麟（洛陽黃塘汪氏祖先）的請封，還有三月廿三的封蔭，對晉江圍頭的解圍，以及明朝的兩次封蔭，均補充了縣志記載的不完整之處；二是明確記載有青山王張悃的生卒及生平簡歷，條理清楚，能夠回答和解決有關青山王張悃確實是生活於五代偽閩時期，籍貫光州固始縣等千年疑團。其人長期在看顧青山王二夫人宮，記載二夫人原姓華事跡，也能合理解釋縣志及《崇武所城志》含混不清的記載。這些都屬於獨家新聞，以我個人的分析判斷都似非偽造，而基本是信史，合情合理。只可惜其人已逝，無法從中知曉其來源。如果將李漢南提供的史料與大田張氏族譜所記載作比較，筆者認為還是李漢南的解釋更可靠些。

按照李漢南的解釋，閩王王審知派遣張悃駐守青山的原因是「時東坑海鹽倉港，以出產鹽、魚、布馳名，而引起閩王重視。故閩王於乾化二年（912年），調其鎮戍青山」。這個理由筆者本人認為是可以接受的，於史可稽。因為青山一帶港口密布，與後渚、秀塗（秀土）、烏嶼、獺窟、小兜（崇武）一線杻連，故其海上交通運輸及貿易的發達是完全符合條件的，也說明泉州（包括今惠安）遠在唐末五代時期的海上貿易已經有一定的規模。嘉慶《惠安縣志》卷十五鹽榷記載：「宋時，邑東南瀕海有鹽亭一百二十九所，皆領於官，歲榷其入，令民以產錢高下，納錢而給之鹽。」據同卷所載，雍正元年（1723年）之前設置的解鹽大使的辦公地點就在「青山鋪門頭鄉，有縣館，有水客館，並在門頭鄉。每月收鹽，一、二、三日，縣收；四、五、六日，商收；餘日，鹽官收。」

泉州是王潮、王審知兄弟一路游擊戰後打下的第一塊根據地和封王立國發家之地，對青山一帶周邊海岸線的瞭解和重視也是自在情理之中。

青山一帶盛產食鹽在葉春及的《惠安政書》中也有記載。據其書卷七關於二十六都青山一帶的記載：

風鹵交浸，不利耕植。唯鹽田編列，漁罔屬，乘汕往返，可伺賊之出沒。而

斥堠壁壘，亦錯據期間。民抱桴而臥，釋梃而食，久且安之。賊固攝（疑當為懾）之矣。山公洋至林軍，為是都主。折青山，轉赤湖，水各由埭入鹽倉江，會於東坑海。而東崙、南浦每為寇沖焉。

葉春及的記載說明由於青山一帶盛產鹽、漁，故屢有盜賊侵犯，「每為寇沖」。這也進一步佐證了有司派兵保護的必要性。

而上溯更早還有張岳的嘉靖《惠安縣志》卷五所載：「自青山以南至鳳山，其民多業鹽，以鹽為籍。宋元以前用煎法，今則純用晒法。」宋以前即是五代。據嘉靖《惠安縣志》所載，嘉靖元年黃冊（即戶口冊）記載，惠安的鹽戶有一百五十四戶，共一千四百七十一人。而全縣人口才三萬八千八百二十一人，幾乎占了全縣總人口的三十分之一。同書卷七還記載：「鹽課，宋時邑東南瀕海，有鹽亭一百二十九所，皆領於官，歲榷其入，令民以產錢高下納錢而給之鹽。」當年安排給惠安鹽產量定額達到七千三百五十二引四十八斤。古代200斤為一引，約合15000斤。可見惠安鹽業的重要性。至上世紀末，惠安仍是福建產鹽大縣，食鹽遠銷香港等地。故筆者以為李漢南的說法應是可靠可信的。

筆者認為張悃駐紮此地可能還有另外一個原因，那就是同時出於保護黃厥家族和張瀾家族的需要。唐昭宗光化年間（898—901年），黃厥被閩王王審知納為愛妃，後生兩子，即延鈞和延政。唐明宗於天成三年（928年）封黃厥為魯國夫人。王延鈞為此進貢白金五千鋌上謝。

青山離黃、張居住地今張坂後邊不到兩三公里，而時黃厥叔父黃訥裕為閩王工部侍郎，銀青大夫，資治尹。後唐同光三年（925年）底，王審知去世，長子王延翰繼位，於次年自稱大閩國王，同年被其弟、黃厥所生長子王延鈞殺死，王延鈞繼位，更名璘，自稱閩惠宗，後於唐明宗長興四年（933年）稱帝，國號閩。黃訥裕姪女黃厥被尊為太后。閩惠宗念及黃訥裕輔助王審知治閩時的政績及人品，贈封黃訥裕為工部尚書加檢校少保，後又加封他為楚國公。而張瀾是時亦任漳州太守之要職。龍啟二年（934年）十一月初八日，閩帝王延鈞還親自到黃田黃氏家廟拜訪外祖父家。是時張瀾稱病在家。因此，無論是王審知還是王延鈞，都有可能派兵維護青山一帶安全，同時肩負起保護外戚和重臣的責任。而這

段時間與李漢南所載張悃駐守時間也是完全吻合的。

青山設寨也是有史可證的。除了張岳的嘉靖《惠安縣志》外，明隆慶、萬曆間縣令葉春及在《惠安政書》中也有記載。據該《圖籍問》中記載：「險寨重務，邑志有三寨，郡新志有四。曰青山寨，寨在崇武城北，誤以青山之斥堠為寨也。郡志二十二斥堠，邑志二十三。曰黃崎。蓋誤以青山為黃崎。而青山固自有斥堠也。」斥堠即偵察用的土堡。同書卷四記載：「三澳之間，若張坑，前林，青山諸處有堡。」

再說，張瀾是張岳的直系祖先，與張悃是同時代人，青山一帶附近就是張氏故居所在。故以理推，兩人相互熟識自在情理之中。因此，張岳比起何喬遠來說更有發言權。故筆者認定張岳的「偽閩說」可以成立。

故筆者再次認為這是可以澄清的第九個歷史問題。

應該提醒一條的是，在臺灣，有不少寺廟和文章介紹張悃是張滾或張衮、張捆，都是由於口傳音誤，應該糾正，不能以訛傳訛。

（作者係福建省張委會副祕書長、惠安縣政協文史委主任）

# 淺談張泉苑茶莊及其家族

張五鵬

　　話說泉苑茶莊，它在歷史上不只是中國赫赫有名的百年老字號，而且名揚海外特別是臺灣、日本及東南亞諸國。泉苑茶莊專門經營茶芯。茶芯的製作原料是來自於武夷山的岩茶，它不僅是香溢生津的飲料，更是清涼解熱的良藥，曾經為貴重禮品，海外華僑出國一定要帶上送人。

　　張泉苑茶莊的創始人張白源（1789—1856年），是同安縣西塘鄉人，於一八一三年（清朝嘉慶十八年）來泉州城內賣茶，初時肩挑販賣於街頭小巷，後來在胭脂巷口擺攤賣茶芯。胭脂巷靠近塗門街頭是泉州城內歷久不衰的鬧市，因此生意很好。後來就在胭脂巷口租了店面，一八二八年（清朝道光八年）創辦張泉苑茶莊。當時白源公長子滿水公年已十五，也來幫其父共同創業。泉苑的泉字是由白字與水字合併而成的，苑字的意義是集名茶的園圃。其所以命名為泉苑，意思是這茶莊由白源和滿水兩人創辦，經營的茶均是名茶。店名是泉苑，為什麼店號叫「榕蓮」呢？有一天，白源公在棵榕樹下一邊乘涼一邊構思取什麼店號時睡著了，在睡夢中見自己沉醉在一片盛開的蓮花之中，醒來即取榕蓮璧合之義，店號為「榕蓮」。以後並不只代表店號，在很多具體的事物中都以榕蓮代表家族的稱號：比如榕蓮別墅、榕蓮古築，還有在已故先輩所有墓碑都刻上「榕蓮」兩字。

　　現在，人們把張泉苑茶莊認定為泉州城內最早創辦的茶莊。後來為了適應茶莊生意需要，白源公又從同安叫來了四子文柱公協助打理，張泉苑茶莊生意日益興隆，收入逐年增加，於是就先後建置產業，不但在胭脂巷口塗門街頭買了店鋪，而且在武夷山買了岩茶（茶園）。相繼在府學口（舊大眾劇院）後面建「榕

蓮別墅」，供經理生活辦公。由於人丁興旺又在後城、靈慈建買大厝供族人生活居住。但是如今僅存的後城34號的張家大厝，亦稱「榕蓮古築」，也只有它能見證泉苑百年茶莊的風風雨雨……

為什麼泉苑茶莊會生意興隆，名揚四海？除了有周到的服務態度和高度的誠信外，更重要的是茶芯的質量。泉苑茶莊的茶，是來源於武夷山岩石下面常年有霧的天氣下生長的茶葉，採集下來的三葉芯，當時不像現在都叫茶葉而是叫茶芯。茶芯的得名就這樣名副其實而來的。茶芯採集要很注意時節氣候，只採頭春，不採二春，採下來經過十幾道複雜細緻的工序製作加工後，還得經過認真的驗收才能裝錫罐。錫箱進庫，四年後才根據不同市場銷售的需要包裝成不同規格的盒子上市出售，也就是說最新的茶是四年前生產的，這是保證茶芯質量的最起碼的條件之一，就這一點要擁有很寬大的倉庫同時要儲備巨額的資金，在當時一般商家是很難做到的。

泉苑茶芯主要分為「水仙種」與「鐵羅漢」兩個最佳品牌，這兩種茶不但是香溢生津的佳飲，而且是治療疾病的良藥，凡是患有傷風發熱、目赤頭痛、大便不通的，醫生往往只教患者喝泉苑茶就可以。泉苑茶貯藏多年，不含酸性，胃酸過多的人盡可以喝。泉苑茶不但不受時間限制，而且存放越久越好，更不用冷藏。人們總是把新茶作飲料，把舊茶作藥用，家家戶戶都存有泉苑茶，形成家居必有、出門必備的好東西。請客送禮不但離不開泉苑茶，而且當成珍貴禮品，特別是歸國華僑出國倘若沒帶上泉苑茶等於沒回泉州。

泉苑茶莊常年（白天）不關店，就連正月初一也照常營業，農曆正月、二月生意特好，經常是排隊購買，由於生意好，想假冒的也就多，於是「只此一家，別無分號」的牌匾是當時打假的一個有力標記。

每年春天到武夷山運（原料）茶是比運金子還貴重的壯舉，因怕被土匪搶劫，每次都需雇清兵，後來是國民黨兵從閩江一直護送到福州，然後轉運到泉州。凡是派到武夷山押送茶的茶莊店員，一路上的吃、喝、玩樂，所有的開銷都全報銷，安全到達後還有大賞。記得一年新茶開春，聰明公（第四任經理，任期一八七七至一九零五）宴請紳士名流，席間徵得紳士所撰冠頭對聯「泉南佛國無

雙品，苑北仙家第一春」。老闆很自豪，就把對聯掛在泉苑招牌兩邊，以照聲譽，以耀門楣。

在聰明公執掌期間，晚清帝師陳寶琛慕張泉苑茶莊之名前來品茗，盛讚其為「茶中至尊」，故世人將泉苑名茶譽之為「皇宮至尊」。一八九八年在陳寶琛的推薦下，張聰明挑選「水仙種」等五個茶品參加法國巴黎國際博覽會，並獲得銅獎。

當時張氏家族的人員每月可按人丁向茶莊領取生活費，逢年過節加倍，婚喪喜慶由茶莊按行規統一操辦，讀書上學全額報銷，族人從來沒想到會沒有房子住。說白了相當於超時代的供給制，早在一百年前就這樣。從負面的角度看，正因為供給制，養成了一些人，特別是喪失進取心的年輕人跟著部分成年人不勞而獲，不務正業，一輩子從來沒賺過一分錢，整天沉醉在嫖賭飲之中，過著花天酒地、醉生夢死的腐朽生活。當時社會上所稱的「泉苑阿老」「泉苑阿治」就這樣產生了，並流傳整座泉州城。泉苑人有的為此而榮，有的為此而恥。但真正像這樣的人很少，說明當時誇大其詞之風甚盛。

從正面的角度說，如果有進取心的青年人不管是上大學或者出洋經商都很有成就。泉苑茶莊的成功祕笈是因為有嚴格的企業管理制度和合理的經濟分配機制，形成家族上上下下齊心協力的良性發展後勁，因而生意興隆，人丁興旺，一代更比一代強，最鼎盛時期是第五任經理張丕承（任期一九零五至一九一六）、第六任經理張丕烈（任期一九一六至一九三三）。張丕烈去世於一九三三年農曆十月二十五日，其靈堂布置得既莊嚴又豪華，存放了整整三十天做「公德」、「丟羅陀」、「唱南音」、「演戲曲」。紙厝糊得比真厝還高大，裡面什麼人間仙境都有，紙厝要燒時門前馬路安置不下恐發生火警，只好移到明倫堂的曠地上去燒了。張祖蔭（國民黨三青團書記）還派當局的消防人員看護，每隔七天做大「公德」還撒錢給過路的人撿。當時人山人海熱熱鬧鬧的場面，轟動了整座泉州城，史無前例的景象至今還流傳於民間。張氏家族對去世的張泉苑主人有這樣隆重的禮儀，一方面說明對先祖的悼念，另一方面體現了張泉苑的整體經濟實力，同時擴大了社會影響，從而提高了知名度，等於做了無形廣告。泉苑茶莊最鼎盛

的時期延續到一九三七年抗日戰爭前。

抗日戰爭爆發，在戰火紛飛的年代裡，武夷山的茶源斷了後路，南洋的戰亂堵了銷路，茶莊的生意受到很大打擊。為了減少開支，只好少雇工人，族人自己參加製茶、撿茶等工作，但是減少開支並不能根本解決問題，只有增加收入才是根本的辦法，在火燒眉毛之際，群策群力，怎樣渡過難關？一方面由店內的老職員到同安、馬巷主動推銷生意；另一方面，婦人們在過年過節時除了蒸糕做粿還做糯米龜，幾個嬸嬸婆婆們靈機一動提出，把糯米龜拿些到市場去賣，結果銷得很好，做多少銷多少，後來就有規模有計劃地大生產，「泉苑龜」由此很快就名聞全市，如今很多老人們仍然思品「泉苑龜」的美味。

為什麼「泉苑龜」會如此暢銷？首先是好吃，在生產製造過程有嚴格的流程和原料要求，龜皮要用上等的糯米經過一定時間的浸泡，水磨細碾，吃起來又細膩又柔軟，而且不黏牙。龜餡是用當年產的最好的綠豆，煮熟去殼經碾細後，還要經過三次水洗過濾，也就是人們常說的「重三餡」再加點白糖香料，吃起來冰涼香甜可口，確實是一種上等的點心佳餚。「泉苑龜」在產量上也很講究，不是無止境地生產，每天都要根據季節和天氣情況定量生產，任其供不應求也不剩餘，讓人們吃了還想吃，買了還想買。「泉苑龜」由於生意很紅火，這樣一來整個張氏家族的經濟一下搞活，不但茶莊正常營業，族人的生活起居也與往常一樣。更可貴的還是可以騰出大筆的資金捐助抗日戰爭的宣傳工作，人們經常誇獎泉苑家族不但男人精通生意，婦人們也能吃苦耐勞，而且精明能幹。

當時是如何宣傳抗日的？張泉苑第五代子弟張祖廉（字一朋）生於一九一一年，卒於一九七零年，他是泉州話劇的創始人之一，泉州劇聯社社長，其父親張丕承是泉苑茶莊最鼎盛時期的經理。抗戰時期為了發動群眾參加支持抗戰，張一朋帶領泉州青年劇社隊員走南闖北，城市不能宣傳就轉入農村，走遍閩北、閩西等山村小鎮，承受了疾病和饑寒的考驗。在國難當頭，國家經濟困難時大部分的資金是張一朋籌集，當然主要來源於張氏家族，就這樣堅持到一九四五年抗戰勝利。張一朋是一位開明的民主黨派人士（泉州民革成員），對泉州的戲曲教育有很大的貢獻，曾多次被評為先進工作者。他撰寫的《張泉苑茶莊的回顧》早在一

九六一年六月便發表在《泉州文史資料》第二輯上。不過當時由於父親張一朋本人的政治處境很差，難免有相當的思想顧慮。所以在敘述中有所保留，思想也有一定的侷限性。

泉苑茶莊的發展並不是一帆風順，它經過兩次火災，店鋪全被焚燬，店內遭搶劫、偷竊、老闆受綁架，族中爭權奪利，等等，使茶莊飄搖不定，直至新中國成立後接受公私合營。

張泉苑茶莊第七任經理張祖澤（任期一九三三至一九五一），從一九五一年起響應政府號召，實施職工民主管理，直到一九五六年接受社會主義對私改造，公私合營。同時，在「榕蓮別墅」創辦了泉州茶葉加工廠，該廠生產的水仙種、鐵羅漢的商標也應時代的需要換成玉女峰。一直保持並延續到改革開放才被市場經濟所淘汰。至於張泉苑這個經歷一個半世紀的老字號則早已銷聲匿跡。

關於張泉苑茶莊的興衰由來，目前只能初步追憶到此，這時急於下結論還為時過早，應該尋找歷史的考證，讓最有發言權的張泉苑傳人去逐漸論述評定。

由於舊城改造，胭脂巷口塗門街頭以及「榕蓮別墅」和靈慈古厝全部被拆遷，以前張泉苑的產業僅存後城34號張氏祖大厝。這座本來擁有兩千多平方米的古老建築的左右兩邊也被無償徵用，只剩中間的主厝和西側的護厝共計一千多平方米。建於清朝道光年間距今已有一百八十多年歷史的「榕蓮古築」，雖然經歷滄桑變化，但這座獨具晚清建築風格的閩南傳統的五進大厝還依然隱藏著昔日的輝煌。最遺憾的是逃不過「文革」的「洗禮」。十年浩劫把古大厝所有的牌匾、木雕、石刻以及對聯全部毀壞，所有的文房四寶、書籍、字畫、瓷器、銅器等古玩被洗劫一空，有的被當場銷毀、砸碎。當時我目睹了所有的這一切，作為張氏後代尤為心痛，今天的「榕蓮古築」看上去傷痕纍纍，破舊不堪，完全失去了當年人丁興旺、氣象萬千、生氣勃勃的美好景象。這座張家大院無聲地記錄了歷史的風雲變化，見證了近兩百年來曾首領古城茶業風騷的張氏家族的興衰沉浮，人生春秋的傳奇故事。

據不完全統計，現有載入族譜的，二百年來由白源公帶其長子、四子，來泉州創辦張泉苑茶莊至今繁衍九世，人丁數量近五百人，在生人數三百多人，時光

雖然在流失，但生命還在延續，一切的一切都在不斷地按自然規律發展著、變化著、傳承著。

改革開放三十幾年來，各方面的政策都在全面落實，過去的已成了歷史，大家都要往前看，我們希望國家在恢復老字號及保護古建築這方面的政策和法律的天平上能多加幾個砝碼，多開幾盞綠燈，讓百年老字號能重新復活，古老建築能重新修復。我們深深認識到張泉苑茶莊不單是張氏家族的遺產，更是具有研究價值的歷史遺蹟。我們有責任把它重整旗鼓，發揚光大，這同樣也是弘揚中華傳統文化的善舉，使之源遠流長，卓立於歷史文化名城泉州豐厚的歷史文化遺產之林。

（作者係泉州市張泉苑家族理事會會長）

# 淺談族譜的作用

方港水

　　姓氏是家族的標記,在尋根活動中具有不可替代的作用。中國姓氏是一項獨特的國情資源,其內涵和特徵在世界上是獨一無二的。中國姓氏的遺傳本質如同血脈世代相傳,始終維繫著中華民族這一大家庭的生存。以血緣、姓氏為傳承的族譜文化對於共同祖先和民族淵源的追溯,對於海內外炎黃子孫的尋根問祖,對於凝聚中華民族的向心力,都有著重要的現實意義。

　　族譜又稱宗譜、家譜、家乘、或譜牒,是以記載一個血緣家族的世系與事跡為主要內容的史類文獻。家有譜、州有志、國有史,家譜與方志、國史並列成為三大歷史文獻。

　　族譜是一種能夠比較真實反映歷史面貌、時代精神、社會風尚的載體,對當今時代仍有著重要的作用。

## 一、追本溯源,尋根留本

　　古人云:「譜牒身之本也。」意思是族譜能告訴你,你是誰,你是從哪裡來的,長輩叫什麼。族譜好像就是給家族的每個成員一把椅子,在連綿不斷的家族史中留下一個位置,一個有所歸依的位置。族譜是平民百姓的「小史記」,我們絕大多數普通人是不可能在歷史上留下名字的,有了族譜,不管過多少年,許多人還是會知道你,甚至記住你,哪怕你默默無聞,也會有一群人承認你,總會有所歸屬。族譜浸潤了血濃於水的歸依之情,族譜上那些密密麻麻的名字,都是生

命的符號，透過族譜的記載，讓人們看到了普通百姓的家族變遷、血脈傳承的歷史。

族譜是尋根問祖的重要依據。一個家族隨著時代的變遷，成員的流動，或徙他鄉，或飄洋過海。一個人不管漂泊多遠，總是忘不了自己的家鄉，因為那裡埋葬著他們的祖先。中華民族五千年來，人們有著自己祖宗的事跡記錄下來傳給後人的習慣，這就是譜，只要有了譜書，凡與族人有關的人和事，譜上都有記載，歷代傳承，為後來者的尋根提供了最直接的依據。

閩南與海外聯繫密切，居民又多是唐朝以來陸續南遷的中原漢族移民，接著又透過移民到臺灣以及東南亞各地。因此，閩南既是臺灣同胞以及東南亞僑胞尋根的起點，又是海外赤子追溯自己炎黃血統的重要渠道。改革開放以來，姓氏源流以及尋根認祖、探本溯源的活動已成為海內外炎黃子孫民間文化交流的焦點，眾多的港澳臺同胞以及海外僑胞紛紛回到中國大陸祖居地探親訪祖，以族譜家乘為引導，不少遷徙到他鄉的族人找到自己的「根」，認祖歸宗。

## 二、血肉聯情，敦親睦族

俗話説：「親不親，故鄉情」，「多個朋友多條路。」在大流通的社會中，在國際一體化時代裡，人們不可能禁錮封閉。要走出家門，還要走出國門，這是今後子代裔孫必行之路，透過聯宗族譜，本族同一血脈的宗族同胞更進一步加深瞭解和往來。一個人走在外，路人（路上隨意相遇的人）不如鄉人（自己家鄉的人），鄉人又怎與血肉之情相比。經濟開發中的往來，生死禍福的降臨，人與人之間自然也非常必要相互提攜、幫助，有了譜書，哪怕你走到天涯海角，哪怕相見恨晚，血肉親情一定更好、更深厚。

同一祖先可以衍傳出許多不同家庭的人，雖然有親近陌生、關係遠近，貧窮富庶等，但同屬於一個祖宗，都是祖宗的後代子孫。又哪裡有親近陌生、貧窮富庶、高貴低下、聰明愚笨、賢良不孝的區分。同一宗族，親密的族人對陌生的族

人,就會想到怎樣才能同陌生的親厚和睦;關係親近的對疏遠的,就會想到怎樣才能同已經疏遠的親戚經常會面走動;富庶的對於貧窮的族人,就會想到怎樣才能經常的接濟他們;高貴的對於貧窮的,就會想到怎樣維持彼此的親近關係;聰明的對於愚笨的,賢良的對於不長進的族人就會要想到如何勸誡鼓勵他們。這樣就會呈現喜好厭惡相同,憂患快樂一致,想法互相瞭解,名聲威望和氣勢相互依靠,規則秩序上相互扶助,富有和貧窮之間相互調劑,對內對外友好相處,大家見面互相尊敬,德行操守上互相勸勉,功過得失間彼此規整,農活耕種相互幫忙,生意買賣相互合作,水災火災以及遇到盜賊等不法侵害時相互照應,生病困難相互救援,婚喪相互幫忙,強大的不欺負弱小的,人多的不欺負人少的。一個宗族之間,和諧氣氛環繞四周,仁義恩德浩大充沛,首先對得起祖宗,其次對得起後代,最後對得起整個家族,使家族興旺發達,共謀發展,這是多麼美好啊。

隨著海峽兩岸民間交流的深入開展,兩岸姓氏宗親交流和姓氏族譜聯展,記錄了閩臺兩地上千個家族的興替遷徙,見證了兩岸同胞的血肉親情。福建省是中原姓氏播遷的重要驛站。臺灣同胞中百分之八十以上的人祖籍地都在福建,與福建鄉親可謂是同根共祖,一脈相承,手足情深,血濃於水。

## 三、教化啟迪,承前啟後

族譜中的「家訓」、「族規」、「家法」之類內容,其中固然有不少封建思想糟粕,但如敬長老、孝父母、和夫婦、尊師長、崇儉樸、戒奢侈、禁賭博等倫理規範,以及家譜中記載的很多志士仁人憂國憂民的愛國主義精神、自強不息的奮鬥精神、追求真理的奉獻精神等,對我們建設現代家庭道德有很好的借鑑意義,對促進現代文明建設也有積極作用。傳統倫理與現代文明是辯證的統一,現代文明建設必須以傳統文化為基礎,傳統文化也只有被賦予新的時代精神才會有生命力。家譜中反映出來的優秀傳統倫理,實際上是中華民族幾千年來奮鬥的結晶,它曾經對凝聚中華民族發揮過巨大的作用,對促進當代文明建設也必將起重

要的激勵作用，對構建和諧社會起著不可忽視的作用。它能給我們很好的教化啟迪，陶冶我們的情操，鼓舞我們熱愛生活，奮發向上，為國貢獻，為族爭光。

每一個人的出生和成長都與家族的記憶緊密相連。當血脈的傳承遭遇阻隔而斷裂時，是族譜承載了「繼往事、知來者」的重任。族譜演繹的是追問生命的傳承，追溯家庭、家族的歷史，還有強大的人文教化和諸多的情感因素。

族譜還具有承前啟後的功能，這裡有雙重含義，一是上對祖先，二是下對後代。先人千辛萬苦創業、育人，為本家族為社會創下了豐功偉績，不能從我們這一代或下一代丟掉。必須透過修譜，為祖先樹碑立傳，把他們的育人和創業精神，一代一代的傳承下去，作為永久的紀念，這是我們這一代或後一代人神聖的不可推卸的歷史使命。透過學習族譜，要知道歷代祖宗的嘉言懿行，訓示誡規。我們不僅要繼承和弘揚先輩的優良傳統美德，還要教育年輕一代知根源、崇倫理、敦族誼、識禮儀、重功業、貴德行。這樣才能上對得起祖宗，下對得起後人。

總之，族譜是中華民族千百年來形成的一項獨特姓氏文化，它在歷史上發揮了一定的作用，而在當今時代仍具有重要的、積極的作用。我們不僅不能摒棄它，而且要進一步的繼承完善和與時俱進，使中華民族的優秀文化傳統得以繼承和發揚光大。

（作者係漳州市方氏聯誼會副會長）

# 閩臺兩岸卓氏同源同根　南安彰化卓姓同宗同祖

卓安邦

　　卓氏，是中華民族最古老的姓氏之一，是中華人文始祖黃帝的後裔，出自羋姓，源自春秋戰國時期，楚威王之裔卓滑為立姓始祖；後裔卓儼公任西河郡守，是卓氏立郡始祖；卓儼公之孫卓茂公，東漢初官居太傅，得封褒德侯，是卓氏的人文始祖。諸多卓姓的郡望（堂號）為「西河堂」、「西河衍派」、「褒德堂」、「褒德傳芳」，卓姓諸多宗祠鐫刻有「東漢開基基永固，西河衍派派長流」的楹聯，即由此而來。這些標識、符號，超越了歷史時空，記載著卓氏兩千多年的血脈傳承，大陸與臺灣共同的郡望、堂號，清晰地標識著卓氏的根源所在、血緣關係，見證了兩岸卓氏同源同根的同胞親情。

## 一、閩臺兩岸卓氏同源同根

　　西晉永興二年（305年），卓茂公裔孫卓宏公任晉安郡守，督守福地，政績斐然，退休後在現福州文儒坊閩山巷置地建房，頤養天年，為福建卓氏最早的祖居，卓宏公為吾卓姓中原南下創業的入閩始祖。

　　卓宏公十六世孫卓隱之公，為莆田卓姓開基祖，唐貞元十三年（797年），任莆田縣令，後裔枝繁葉茂，瓜瓞綿綿，遍布福建，乃至廣東、廣西、海南、香港、澳門、東南亞等海外各地。

　　卓隱之公七世孫卓佑之公，字長吉，侯官閩縣人，宋仁宗景祐元年（1034年）甲戌進士，官推官，後封戶部仕郎。平生正直精爽過人，自謂死當為神。及

卒，果著靈異鄉人，里人在其所立廟祀之，號應公大夫，即閩山廟神，也就是福州三坊七巷裡的「閩山卓公祠」。在宋高宗建炎年間（1127—1130年）屢屢顯靈，有司以聞，敕封廣利侯。宋理宗，敕賜二道，端平二年（1235年）9月21日，敕福州靈應廟廣利侯，特封廣利威顯侯。明追封鎮閩王，後人奉祀為閩山廟神。

明王應山閩山祠避暑詩曰：「選勝為三伏，言過里社中。山寒泉有白，林密日無紅。我輩能歌雪，神君數借風。雖非河朔飲，不放酒杯空。」

卓隱之公十五世孫卓得慶公，字善夫，號樂山，生於宋寧宗開禧元年（1205年）3月12日，莆田人，宋理宗壬辰科（1232年）進士（比文天祥早八科），知德興縣，有治績，歷官祕書郎、著作郎、兵部郎中兼國史院編修。因忤逆當時奸臣賈似道，被貶出牧漳州。宋端宗景炎二年（1277年），特旨授右文殿修撰、戶部尚書，兼福建制置司參謀官。1279年元兵逼進興化城，得慶公並兩子被執死於難，為南宋盡忠，嗣後名人黃仲元為其撰寫墓誌銘，稱其「忠孝父子」，流傳於世。

得慶公倖存後裔，有的遷居福建寧化後轉徙廣東惠州海豐縣開基衍傳。

卓隱之公裔孫卓晚春，為明嘉靖年間莆田一大奇人。他出生在醴泉里柳營村一貧窮人家，三歲喪母，七歲喪父，是一個苦命的孤兒。好心腸的姑母將他帶到北高南渚林扶養。晚春自小聰明伶俐、智力超常，無師自通，能吟詩作對，善草書，神於算法，預言極靈驗，人稱「卓小仙」，民間傳說他後至杭州淨慈寺得道成仙。今莆田秀嶼營邊村有卓午祠（三教祠），祀奉卓晚春、林龍江、張三豐三位神仙，系卓、林兩姓共有宗祠，也是卓真人諱晚春紀念館。

卓祿美公（也有系卓宏公裔孫之說），在王審知入閩主政後鎮守福地造縣立門，居福州米倉前依仁坊，後裔繁盛，成為當時福州的望族。

卓武公（也有系卓宏公裔孫之說），唐咸通時（860—874年）官居中郎將，入閩督守泉州銀同邑（今同安），後裔子孫遍布泉、漳、廈等地。尤以泉州南安為最，卓姓人口九千二百多人。

總之，卓宏公的祖居地福州三坊七巷中的文儒坊閩山巷閩山卓公祠，是我們卓氏共同的先祖祠宇，卓宏公是各地卓姓宗親的共同祖先。

　　福建是南方各省、臺灣、香港、澳門、東南亞各國卓姓遷徙的中轉站，福建卓姓先民遷徙臺灣，從隋、唐、宋、元、明時期，就陸續星散由閩入臺；明末清初鄭成功收復臺灣後，特別是清康熙初年，解除海禁，諸多卓姓先民入臺開墾創業；1945年日寇投降，國民政府接管臺灣後，在此期間諸多黎民百姓，當然也包括卓姓宗親出於生計，往臺灣謀生、創業。這可說是中國近代史上，也可說在人類歷史中罕見的民族大遷徙。

　　溯源、追宗、敬祖、愛鄉，是中華民族優良文化傳統，也可以說是華夏炎黃子孫的美德，儘管山川阻隔，大海汪洋浩瀚，但海峽同根，閩臺一家，血脈相連，族情、宗親情、血緣之情仍然綿綿不斷。據有關統計資料，全國姓氏卓姓位列第224位，福建卓姓近七萬五千人，位列全省姓氏第62位，其中泉、漳、廈占全省百分之三十，泉州占全省百分之十八，南安卓姓也有九千二百多人，占全省百分之十二點五。臺灣卓姓也有八萬多人。吾卓姓閩臺血脈相連，兩岸同宗、同祖、同根，親情不斷，而且與時共進，不斷加強，特別是兩岸「三通」以來，來往更是頻繁密切，族情，宗親情，血緣之情更加融洽。

## 二、南安、彰化卓姓同宗同祖

　　緣自2009年4月間，彰化縣卓姓第三任宗親會理事長卓明昌先生一行二十八人，到南安市翔雲鎮福庭村（族譜載名：泉州府南安縣二十八都福佑庭尖兜保）尋親謁祖，查看族譜；2010年11月初，福建省姓氏源流研究會卓氏委員會組團，前往臺灣彰化、臺中、桃源拜訪卓氏宗親，所到之處，受到宗親們的熱烈歡迎，盛情款待，並進行了親切交流，特別是受到彰化縣卓伯源縣長的親切接見和誠摯交談；2012年3月3日彰化縣卓姓第四任宗親會理事長卓有德先生一行八人（其中包括卓伯源縣長之父卓浤助老先生）拜謁泉州百源川卓氏宗祠（卓浤助老

先生還捐給宗祠人民幣1200元）。這三次我都有幸得以與宗親晤面，並進行了誠摯、親切地交談，互認宗親，共敘血緣親情。

幾年來，出於族情、血緣親情的湧動，經過不懈的努力，查看了南安翔雲雲峰卓氏族譜（五次修譜，最早於1643年，最後一次1930年）；南安翔雲福庭（即二十八都福佑庭尖兜保）卓氏族譜（五次修譜，最早於1684年，最後一次1992年）；南安石井港卓氏族譜；同安蔡宅卓氏族譜；南靖山城三卞深浪卓氏族譜等有關譜牒、資料。可以肯定，南安、彰化的卓氏大部或部分是同宗同祖；臺灣卓氏諸多與南安、同安、南靖，包括現已改謝姓的廈門大嶝謝氏（仍與南安、同安、南靖卓姓往來關係密切）也可以說都有血緣親緣關係，同宗同祖（見附件《關於尚舍公、長清公、長靜公、觀土公源流探考》）。

（一）2009年4月同卓明昌先生見面，以及2010年11月到臺灣彰化和宗親見面交流回來後，出於族情親情的驅動，我即透過各種渠道查閱、抄錄了泉州府南安縣二十八都福佑庭尖兜保（現南安翔雲福庭村）卓氏族譜中雲龍公衍傳世系（雲龍公，南安翔雲雲頭雲峰均祿公衍傳第四世，又稱佛進公）。譜載：雲龍公派下，自第十世起至第十七世，計有八代從清初至清末137人遷徙居住臺灣，其中目前查有宗支世系的有47人，在譜中載有明確往臺，有的還註明在臺過世的有90人。（見附件泉州府南安縣二十八都福佑庭尖兜保雲龍公派下移居臺灣世系圖（一）、圖（二），以及兩份遷徙臺灣人員簡況）。

（二）據泉州府南安縣二十八都福佑庭尖兜保（現南安市翔雲鎮福庭村）譜載：「另觀事述，史譜查有記載，有往臺灣鳳山縣居者卓肇昌，字思克，屬十三世，乾隆恩科拔貢生，至庚午年中試第十六名，來尋祖雲頭祖祠，掛碑豎旗，因重洋阻隔，未詳登記，待後詳補云。」

這尚寄望於臺灣卓姓宗親查詢，或是卓肇昌衍傳後裔，回南安尋宗查譜謁祖認親（見附件《南安縣翔雲雲頭卓氏一世祖均祿公偕胞弟均壽公簡況及說明》）。

（三）2010年11月，福建省姓氏源流研究會卓氏委員會組團前往臺灣拜訪卓氏宗親，在彰化受到卓伯源縣長宴請接見。縣長曾告訴我先祖來自安溪。

2012年3月3日，在泉州百源川卓氏宗祠，卓伯源縣長之父卓浼助老先生告訴我，他的祖先來自安溪官橋。幾年前，他們幾位曾回安溪官橋祖先居住地探訪未果，已建為學校。去年也有現居住在安溪縣官橋鎮仁峰村的卓烏先生（現在南安師專任教）等三人到我家，交談中得知他們的宗祠、祖先的墳塋早已拆除，建為官橋仁峰小學，現卓姓人口僅30多人。人丁稀少的原因是早年遭遇瘟疫侵擾，亦有外遷。臺灣卓氏，已知的昭穆，和南安翔雲福庭卓氏相同，這和卓伯源縣長父子的說法是基本吻合的，也正好彌補了南安翔雲雲頭卓氏多年查尋不到一世祖均祿公之胞弟均壽公衍傳後裔的下落。譜載均祿公、均壽公偕母三人及一頭耕牛於明洪武三年即1370年入戶籍，而卓烏先生他們現在居住的安溪縣官橋鎮仁峰村，也正是譜中記載的清溪依仁里白石鄉（見附件《南安縣翔雲雲頭卓氏一世祖均祿公偕胞弟均壽公簡況及說明》）。

（四）南安翔雲雲頭均祿公衍傳脈裔，南安侖蒼坑口宗親卓九金先生，其家譜因保管不慎無存，其宗親遷徙臺灣阿里山下，原有聯繫，由於歷史原因而中斷，尚未恢復，寄望於臺灣宗親幫忙尋找，以便再續血緣之親。

以上這些有根有據的親情族情，都有寫信給臺灣彰化的宗親，2012年3月3日，彰化卓姓宗親來泉州百源川拜謁卓氏宗祠時，卓有德理事長告訴我正幫忙侖蒼卓九金先生尋找阿里山下宗親，彰化卓姓宗親編修族譜也在進行中。

總的説來，尚舍公（廈門大嶝——現已改為謝姓）、長清公（南安翔雲、石井港）、長靜公（同安蔡宅）、觀土公（南靖山城）四同胞兄弟的後裔源遠流長，只是四兄弟的上輩乃至追溯更遠的先祖，尚待繼續探究，而這四兄弟的後裔，包括源自南安的平潭卓姓，除上面所提到的較為清晰、明朗，尚有諸多或載入譜，或未載入譜，而前往臺灣的宗親，尚待寄望於透過進一步加強兩岸交流而續上親緣血緣關係，敦親睦族，共敘親情。

此次工作，得到雲龍公（佛進公）裔孫卓志昌、卓炳煌宗親大力幫助，屢次三番不厭其煩，費神勞時，查抄族譜，鼎力支持，能成此文，其功不可沒，特此致謝。

汪洋浩瀚，扶搖可接，寄望於隨著兩岸關係的不斷深入和發展，閩臺兩岸卓

氏宗親往來，更加熱絡、密切。同根同源共敘血濃於水親情，互相交流，對接譜牒，認祖歸宗，尋宗謁祖，共擔中華炎黃之偉業，為中華民族的偉大復興做出應有的貢獻！

附件：關於尚舍公、長清公、長靜公、觀土公源流探考

卓安邦

一、據現廈門大嶝謝氏譜載（明萬曆六年（1578年）修譜，清乾隆五年（1740年）續修）：「余始祖光州固始入，後居閩之同安縣，光州以上不可知矣。今其譜斷自同安者，卓禮……任寧波府丞，有嗣曰武、武生偉……偉亦仕宋，歷官至兵部右侍郎。長子卓侃公贅於大嶝洪僻謝均直家，明洪武八年（1375年），為防倭患，朝廷下令悉數內遷同安十四都竹浦村創置產業，至明成化八年（1472年）近百年，侃公卓姓已衍傳至第五代，欲遷回原居住地，由於系謝姓之地，朝廷令其改卓姓為謝姓，方準予「請產復業」，故卓姓第五代文字輩（14人登譜）全部改為謝姓至今。大嶝謝姓尊卓侃公為尚舍公，目前續修有宗譜，新建宗祠，繁衍人口3000來人。

二、據南安翔雲雲峰卓姓譜載（1643年第八世修譜）：「我祖入閩以來，居於泉郡銀同邑……繼而長清公深慕父志，慨世道紛紛，與弟長靜公謂曰：擾擾之間，隨欲何為，不若望深處而隱焉。弟曰：舍故土而適他邦，餘能忍乎？遂與弟折手足，爰擇清溪龍涓而居。」

三、據南安翔雲原廿八都福佑庭尖兜保（現福庭村）卓姓譜載（第十世修譜）：

長清公：性溫，想隱居山區，而往安溪龍涓居住，不久與子敬陽遷往上坂（現安溪官橋），敬陽公生子長曰均祿，次曰均壽。

長靜公：性剛烈，想習仙，最後定居同安西山後（今廈門同安新民蔡宅），為開基一世祖。

四、世居南靖山城三卞深浪的卓姓，譜牒雖於「文革」時焚燬，但據世代相傳，其一，其開基一世祖系素樸公（即偉公）的第四子觀土公與侃公、長清公、

長靜公是親兄弟；其二，觀土公，俗名臭頭觀，名副其實，雖經幾百年的衍傳，至今已知十八世、十九世，也有禿頂。

　　五、據泉州府南安縣廿八都福佑庭尖兜保卓氏譜載：均壽公生子媽公，子媽公生乎侍公、乎侍公傳佛祈公、佛達公、佛俊公（雲山公）三人。均壽公子孫在清溪依仁里白石鄉居者（今安溪縣官橋鎮仁峰村），來錄祖家要同立祠宇，我眾恐非一本之親，致亂宗屬。查其譜序閱其明初戶籍，仰照具有載弟均壽就籍及序，稽之果是我祖，據查譜序，祖叔弟均壽早已去定居清溪依仁里白石鄉。我譜至第十世即開始重新記錄，在當時眾鄉親之執事決定叫祖叔均壽弟自己建譜牒，為妥善。但今後若來相認，仍然以同胞之親相認相稱。

　　另觀事述，史譜查有記載：有往臺灣鳳山縣居者卓肇昌，字思克，屬十三世，乾隆恩科拔貢生，至庚午科中試第六十名。來尋祖雲頭祖祠掛碑豎旗。因重洋阻隔，未詳登記，待後詳補云。

　　說明：

　　原《閩臺兩岸卓氏同源同根　南安彰化卓姓同宗同祖》文中關於卓祿美公，於唐僖宗乾符元年（874年）偕王審知入閩，在時間上是對不上的，故改為「在王審知入閩主政後」。

　　王潮：生於唐會昌六年（846年）

　　王審邽：生於唐大中十二年（858年）

　　王審知：生於唐咸通三年（862年）

　　公元881年，王審知兄弟三人偕母隨王緒軍南下。公元885年，王緒軍攻占漳州，繼續前行至南安時軍中政變，王緒被殺，王潮取代。公元888年，攻取福州。公元897年，王潮病卒，王審知接任威武節度使。公元910年，封為閩王。

| | | |
|---|---|---|
| 偉公（素樸公）仕宋，官至兵部右侍郎。 | | 侃公：遵父囑逃躲海島，入贅謝家，衍傳至第五代，因前朝廷為避倭患令全族內遷同安，倭害稍息欲遷回原居住地大嶝，但朝廷部議旨批，應改為謝姓，方准予「請產復業」，故第五代14人全部由卓改為謝姓，得以定居繁衍子孫，其祖卓侃公尊為開基祖尚舍公，已繁衍3000多人。<br>長清公（燈塔公）：姚連氏，原居安溪龍涓，不久攜子敬陽遷往安溪官橋上坂居住，繼而再往南安石井涔港續娶林氏，生子茂修、茂為。長清公亡故於涔港，葬身於燈塔穴，故後世亦尊為燈塔公。<br>長靜公：字時賢，又稱麟趾公，定居同安大嶺腳為同安蔡宅卓姓開基祖，現建有宗祠，修撰宗譜，繁衍人口3000來人，居同安姓氏第三十八位。<br>觀土公：又名臭頭觀，定居南靖山城三卡深浪，為其卓姓一世祖，現繁衍人口1500多人，2008年重建卓姓宗祠。 |
| 長清公（燈塔公）原配連氏先居安溪龍涓攜子敬陽遷往安溪官橋後再往南安石井涔港，續娶林氏，生子茂修、茂為。長清公繁衍子孫，目前南安卓姓人口12000多人，位居南安姓氏第25位。 | 敬陽公：隨父長清公自安溪龍涓遷往安溪官橋居住，不幸早逝，譜載葬身於官橋上坂馱馬山牛眠穴。 | 均祿公：號隱雲，姚洪五娘，諡坤德，譜載與弟均壽公葬敬陽公後，即偕母三人遷徙南安現翔雲雲峰定居，明洪武三年（1370年）入戶籍（一頭耕牛三個人口），為雲峰卓姓開基祖，即俗稱三世為一世，故稱涔港茂修公、茂為公為叔，後世相傳「涔港叔」1643年第八世始修宗譜，數次續修，1990年重建卓氏宗祠，已繁衍人口9000來人。<br>均壽公：在翔雲雲峰居住，不久即遷往安溪依仁里白石鄉，其後裔目前居住安溪官橋仁峰，南安宗譜僅記載衍傳三代。 |
| | 茂修公－仕公－（大舍公）<br>茂為公－仕編公－（教諭公）仕列公 | 南安石井涔港村1990年重修卓姓宗祠、宗譜，現已繁衍人口3000多人。 |

南安縣翔雲雲頭卓氏一氏祖均祿公偕胞弟均壽公簡況及說明

雲頭一世祖　雲頭一世祖　雲頭一世祖　第二世　第三世　第四世

祖父

長清公
妣連氏
原居安溪龍涓，不久攜子敬陽遷往官橋上坂，再後往南安石井老港，續娶林氏，生子茂修，茂爲長清公卒於老港，墳墓似燈塔，故奉爲燈塔公。

父

敬陽公
公亡故於官橋上坂，葬於駟馬山牛眠穴。

茂修公
（大舍公）

茂爲公
（教諭公）
翔雲卓姓尊浯港卓姓為浯港叔即於此

均祿公
公在官橋葬在後即與母及弟均壽"兆望雲峰尖山脈"移徙在"雲頭"定居蕃衍發脈。號隱雲妣洪五娘謚坤德。

明洪武三年（公元一三七〇年）入戶籍（一頭耕牛三個人口）

均祿公 → 子福公
號篤齊
妣郭細娘
謚慎淑

子福公 → 羅仔公
（居仁公）
號守軒
妣楊氏
妣章氏
謚格愛

羅仔公 → 雲龍公
（佛進公）

羅仔公 → 佛仔公
（雲鳳公）
號質齊
妣王氏
謚恭慎
（東房）

羅仔公 → 佛治公
（雲蒸公）
（西房）

均壽公 → 子　媽公 → 孚僑公 → 佛祈公、佛達公、佛俊公（雲山公）

據泉州府南安縣二十八都福佑庭尖兜保卓氏族譜載：均壽公子孫在清溪依仁里白石鄉居者，來錄祖家要同立祠宇，我仲恐非一本之親，致亂宗屬。查其譜序閱其明初戶籍，仰照具有載弟均壽就籍及序，稽之果是我祖。據查譜序，祖叔弟均壽早已去定居安溪依仁里白石鄉。我譜至第十世石即開始重清記錄，在當時，眾鄉親之執事者決定叫祖叔均壽弟自己建譜牒為妥善。但今後若來相認，仍然以同胞之親相認相稱。

另觀事述，史譜查有記載：

有往台灣鳳山縣居者卓肇昌、字思克、屬十三世，乾隆恩科拔貢生，至庚午科中試第六十名。來尋祖雲頭祖祠掛碑豎旗。因重洋阻隔，未詳登記，待後祥補雲。

承蒙雲龍公裔孫炳煌、志昌鼎力支持，查閱抄錄家譜，提供予本人編繪此世系圖。祈望予追根溯祖、續修家譜有所裨益。

安邦　公元二〇一一年八月二十日

福建南安翔雲峰卓氏世次昭穆排序

| 世代 | 昭 | 穆 |
|---|---|---|
| 五 | | 宗 |
| 六 | | 伯 |
| 七 | 冠 | 邦 |
| 八 | 廷 | 甫 |
| 九 | 才 | 卿 |
| 十 | 士 | 爾 |
| 十一 | 文 | 子 |
| 十二 | 培 | 元 |
| 十三 | 銖 | 男 |
| 十四 | 維 | 仲 |
| 十五 | 茂 | 淑 |
| 十六 | 本 | 振 |
| 十七 | 克 | 雲 |
| 十八 | 緒 | 孫 |
| 十九 | 開 | 孝 |
| 廿 | 鴻 | 悌 |
| 廿一 | 猷 | 友 |
| 廿二 | 纘 | 恭 |
| 廿三 | 承 | 恢 |
| 廿四 | 應 | 祖 |
| 廿五 | 名 | 德 |
| 廿六 | 君 | 詩 |
| 廿七 | 修 | 書 |
| 廿八 | 身 | 奕 |
| 廿九 | 榮 | 世 |
| 卅 | 前 | 紹 |
| 卅一 | 哲 | 經 |
| 卅二 | 輔 | 綸 |
| 卅三 | 國 | |
| 卅四 | 顯 | |
| 卅五 | 達 | |
| 卅六 | 尊 | |
| | | |

# 從兩岸譜牒（族譜）文化看歷史的演進

泉州府南安縣二十八都福佑庭尖兜保卓氏雲龐公派下移居台灣世系圖（一）

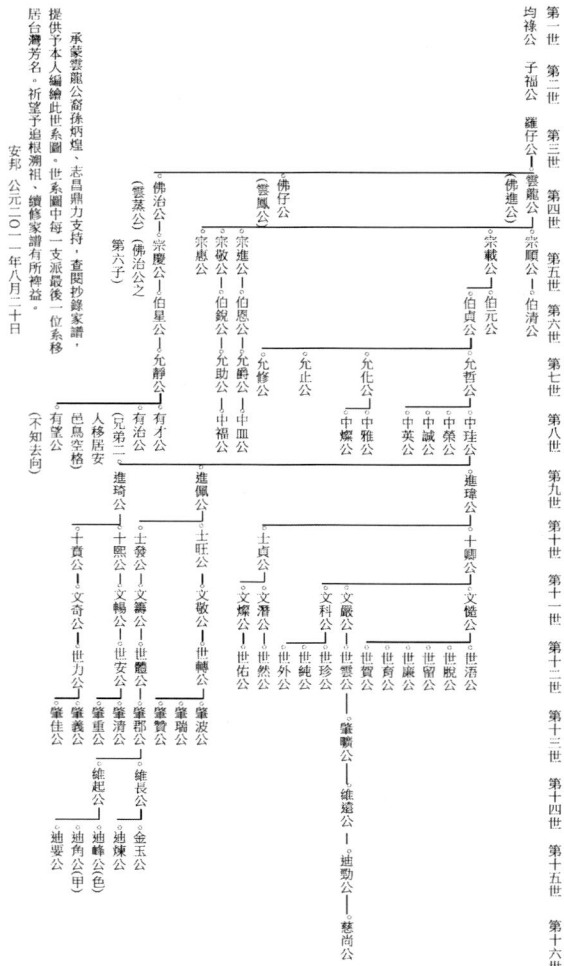

第一世　第二世　第三世　第四世　第五世　第六世　第七世　第八世　第九世　第十世　第十一世　第十二世　第十三世　第十四世　第十五世　第十六世

均祿公—子福公—羅仔公—雲龐公—{佛進公、雲鳳公、佛治公、（雲基公）（佛治公之第六子）}

佛進公—宗載公—伯元公—允哲公—中珪公—進璋公—十卿公—文懷公—世浯公—肇重公

　　　　　　　　伯貞公—允止公—中桑公—　　　　　　　文廣公—世留公—肇郡公
　　　　　　　　　　　　允化公—中英公—　　　　　　　文育公—世廠公—肇贊公—維長公—金玉公
　　　　　　　　　　　　　　　　中誠公—　　　　　　　文純公—世珍公—肇瑞公—維起公—迪峰公（色）
　　　　　　　　　　　　　　　　中燦公—　　　　　　　文嚴公—世外公　　　　　　　　　迪角公（甲）
　　　　　　　　　　　　　　　　中廉公　　　　　　　　文科公—世佑公　　　　　　　　　迪要公
　　　　　　　　　　　　　　　　　　　　　　　　　　　文潛公—世雲公—肇曠公—維邃公—迪勁公—慈尚公

宗敬公—伯鋭公—允鶴公—中雅公
　　　　伯恩公—允助公—中皿公—進瑋公—士貞公—文燦公
宗進公　　　　　　　　　　　　　　　　　士旺公—文敬公—世轉公—肇義公
　　　　　　　　　　　　　　　　　　進佩公—士發公—文暢公—世安公—肇清公
宗慶公—伯星公—允靜公—有才公　　　　　　　　十熙公—文籌公—世體公—肇佳公
　　　　　　　　　　　　有治公　　　　　進琦公—十貢公—文奇公—世力公
（兄弟二人移居安邑鳥空格）（不知去向）　　　　　　　　　　　　（有望公）

宗顯公—伯清公

| 字序 | 輩序 | 世代 |
|---|---|---|
|  |  | 1 |
|  |  | 2 |
|  |  | 3 |
|  | 雲 | 4 |
|  | 宗 | 5 |
|  | 伯 | 6 |
|  | 允 | 7 |
|  | 中 | 8 |
|  | 進 | 9 |
|  | 士 | 10 |
|  | 文 | 11 |
|  | 世 | 12 |
|  | 肇 | 13 |
| 淇 | 維 | 14 |
| 松 | 迪 | 15 |
| 炬 | 慈 | 16 |
| 坊 | 並 | 17 |
| 鎮 | 孝 | 18 |
| 派 | 恆 | 19 |
| 析 | 修 | 20 |
| 煥 | 德 | 21 |
| 埴 | 與 | 22 |
| 鑪 | 功 | 23 |
| 清 | 箕 | 24 |
| 楷 | 裘 | 25 |
| 煊 | 傳 | 26 |
| 坡 | 燕 | 27 |
| 鏡 | 翼 | 28 |
| 淑 | 詩 | 29 |
| 楨 | 禮 | 30 |
| 燦 | 衍 | 31 |
| 地 | 千 | 32 |
| 銦 | 秋 | 33 |

承蒙雲龐公裔孫炳煌、志昌鼎力支持，查閱抄錄家譜，提供予本人編繪此世系圖。世系圖中每一支派最後一位系居台灣芳名。祈望予追根溯祖，續修家譜有所裨益。

安邦　公元二〇一二年八月三日

| 字序 | 螢序 | 世代 |
|---|---|---|
|  |  | 1 |
|  |  | 2 |
|  |  | 3 |
|  | 雲 | 4 |
|  | 宗 | 5 |
|  | 伯 | 6 |
|  | 允 | 7 |
|  | 中 | 8 |
|  | 進 | 9 |
|  | 士 | 10 |
|  | 文 | 11 |
|  | 世 | 12 |
|  | 肇 | 13 |
| 淇 | 維 | 14 |
| 松 | 迪 | 15 |
| 炬 | 慈 | 16 |
| 坊 | 並 | 17 |
| 鎮 | 孝 | 18 |
| 派 | 恆 | 19 |
| 析 | 修 | 20 |
| 煥 | 德 | 21 |
| 煙 | 與 | 22 |
| 鋪 | 功 | 23 |
| 清 | 箕 | 24 |
| 楷 | 裘 | 25 |
| 燏 | 傳 | 26 |
| 坡 | 燕 | 27 |
| 鎂 | 翼 | 28 |
| 淑 | 詩 | 29 |
| 楳 | 禮 | 30 |
| 燦 | 衍 | 31 |
| 地 | 千 | 32 |
| 鋪 | 秋 | 33 |

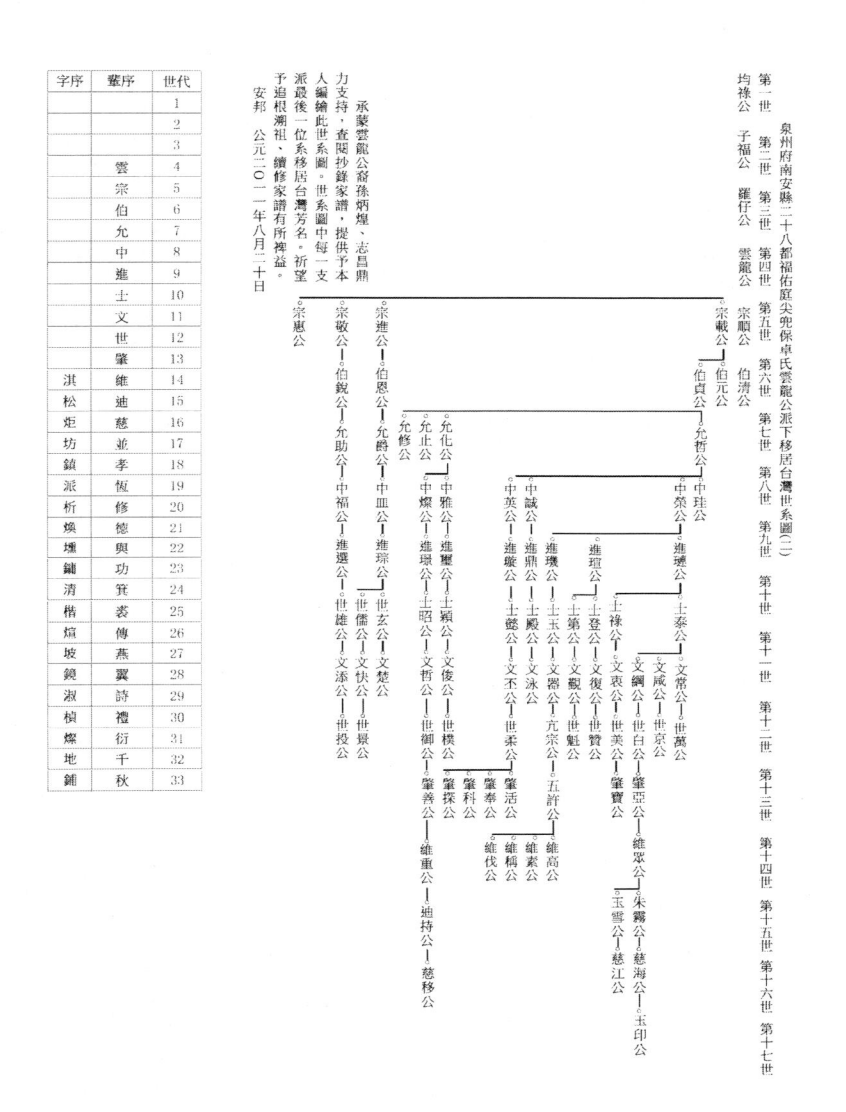

# 南安縣二十八都福佑庭尖兜保卓氏族譜　移居臺灣列宗支世系圖人員簡況
## （一）

| 世次 | 姓名 | 出生年 | 月 | 日 | 時 | 備　註 |
|---|---|---|---|---|---|---|
| 10 | 卓士殿 | 崇禎庚辰 | | | | 子文泳 |
| 11 | 卓文泳 | 康熙丁卯 | 7 | 25 | 丑 | 父士殿 |
| | 卓文楚 | | | | | 士玄公次子 |
| 12 | 卓世語 | 康熙辛巳 | 5 | 8 | 巳 | 妻江氏子飲、食、碧 |
| | 卓世脫 | 康熙辛酉 | 7 | 26 | 巳 | 妻葉氏 |
| | 卓世留 | | | | | |
| | 卓世慶 | 康熙辛卯 | 1 | 6 | 酉 | 妻方氏，子肇海、肇刪 |
| | 卓世育 | 康熙丙戌 | 9 | 26 | 丑 | 繼子肇伏 |
| | 卓世賀 | 康熙甲午 | 12 | 8 | 申 | |
| | 卓世珍 | | | | | |
| | 卓世純 | | | | | |
| | 卓世外 | | | | | |
| | 卓世然 | | | | | |
| | 卓世佑 | | | | | |
| | 卓世萬 | 康熙丁丑卒 | | | | |
| | 卓世京 | | | | | |
| | 卓世贊 | | | | | |
| | 卓世魁 | 康熙丙戌卒 | | | | |
| | 卓世樸 | | | | | |
| | 卓世景 | | | | | |
| | 卓世投 | | | | | |
| 13 | 卓肇波 | 乾隆丙寅 | 2 | 18 | 子 | 妻王占娘，老大 |
| | 卓肇瑞 | 乾隆辛巳 | 2 | 15 | 酉 | 妻白質娘，老二 |
| | 卓肇贊 | 乾隆癸巳 | 3 | 17 | 酉 | 妻白雁娘，老三 |
| | 卓肇清 | | | | | 兩兄弟老大 |
| | 卓肇重 | | | | | 兩兄弟老二 |
| | 卓肇義 | | | | | 兩兄弟老大 |
| | 卓肇佳 | 乾隆乙酉 | 6 | 22 | 申 | 兩兄弟老二 |

| 世次 | 姓名 | 出生年 | 月 | 日 | 時 | 備註 |
|---|---|---|---|---|---|---|
| | 卓肇寶 | | | | | |
| | 卓肇科 | 乾隆癸酉 | 12 | 1 | 戌 | 四兄弟老大 |
| | 卓肇奉 | 乾隆辛巳 | 2 | 12 | 戌 | 四兄弟老二 |
| | 卓肇探 | 乾隆乙酉 | 4 | 8 | 酉 | 四兄弟老三 |
| | 卓肇活 | 乾隆乙巳 | 10 | 8 | 未 | 四兄弟老四 |
| 14 | 卓維高 | 乾隆庚戌 | 8 | 8 | 戌 | 妻何金娘 |
| | 卓維素 | 嘉慶丙辰 | 10 | 10 | 戌 | |
| | 卓維稱 | 嘉慶壬戌 | 3 | 8 | 申 | |
| | 卓維伐 | 嘉慶癸酉 | 5 | 23 | 子 | |
| 15 | 卓維玉 | 嘉慶壬申 | 7 | 1 | 卯 | 妻沈善娘・老大 |
| | 卓迪練 | 嘉慶戊寅 | 11 | 25 | 未 | |
| | 卓迪峰（色） | | | | | |
| | 卓迪角（甲） | | | | | |
| | 卓迪要 | | | | | |
| 16 | 卓慈尚 | 光緒己酉 | 2 | 29 | 寅 | |
| | 卓慈海 | | | | | 與子玉印同住台 |
| | 卓慈江 | 光緒丙子 | 5 | 24 | 寅 | |
| | 卓慈移 | | | | | |
| 17 | 卓玉印 | 嘉慶戊辰年 | 1 | 25 | 辰 | 與父慈海同住台 |

## 南安縣二十八都福佑庭尖兜保卓氏族譜　移居臺灣列宗支世系圖人員簡況（二）

| 世次 | 姓名 | 出生年 | 月 | 日 | 時 | 備註 |
|---|---|---|---|---|---|---|
| 11 | 卓文龍 | 康熙辛亥 | 2 | 14 | 巳 | |
| | 卓文順 | 康熙丁巳 | 5 | 7 | 午 | |
| | 卓文和 | 康熙庚申 | 9 | 3 | 辰 | |
| | 卓文淑 | 康熙己巳 | 6 | 14 | 寅 | 妻梁氏生男六 |
| | 卓文是 | 康熙甲戌 | 9 | 17 | 戌 | |
| 12 | 卓世尊 | | | | | |

# 從兩岸譜牒（族譜）文化看歷史的演進

| 世次 | 姓名 | 出生年 | 月 | 日 | 時 | 備　註 |
|---|---|---|---|---|---|---|
|  | 卓先登 |  | 5 | 7 | 午 | 與子肇篆、肇燕、肇魚、肇默同往臺灣 |
|  | 卓世現 | 乾隆甲子 |  |  |  |  |
|  | 卓世日 | 雍正乙卯 | 4 | 1 | 酉 |  |
|  | 卓世款 | 雍正戊申 | 4 | 9 |  |  |
|  | 卓世帖 |  |  |  |  | 文公之四子 |
|  | 卓世鑠 | 雍正壬子 | 12 | 17 | 酉 |  |
|  | 卓葛文 | 雍正甲寅 | 7 | 6 | 午 | 子旭日、旭華 |
|  | 卓世情 | 雍正甲辰 | 10 | 6 | 寅 | 妻林氏，子貫英 |
|  | 卓世良 | 康熙庚子 | 10 | 14 | 亥 | 妻徐氏 |
|  | 卓世試 | 康熙癸丑 |  |  |  |  |
|  | 卓世喜 | 康熙甲午 | 7 | 26 | 酉 | 妻林氏 |
|  | 卓世貌 | 康熙癸巳 | 5 | 26 | 辰 | 妻王氏，子肇天 |
|  | 卓世端 | 雍正甲寅 | 12 | 9 | 酉 |  |
|  | 卓性理 | 乾隆庚申 | 3 | 15 | 未 |  |
|  | 卓世友 | 雍正壬子 | 5 | 22 | 辰 | 妻柯氏，子楊，娥、懇 |
| 13 | 卓肇群 | 乾隆丙寅 | 閏3 | 25 | 辰 |  |
|  | 卓肇貫 | 乾隆壬子 | 7 | 28 | 申 |  |
|  | 卓肇業 | 乾隆己丑 | 9 | 23 | 丑 |  |
|  | 卓肇箂 | 乾隆丁丑 | 9 | 10 | 寅 |  |
|  | 卓肇道 | 乾隆甲子 | 2 | 12 | 酉 | 五兄弟老大 |
|  | 卓肇勸 | 乾隆丁卯 | 9 | 17 | 亥 | 五兄弟老二 |
|  | 卓肇陸 | 乾隆甲戌 | 9 | 6 | 寅 | 五兄弟老三 |
|  | 卓肇永 | 乾隆庚辰 | 5 | 1 | 巳 | 五兄弟老四 |
|  | 卓肇章 | 乾隆庚寅 | 9 | 13 | 亥 | 五兄弟老五 |
|  | 卓肇運 | 乾隆庚午 | 1 | 1 | 寅 | 兩兄弟老大 |
|  | 卓肇仰 | 乾隆甲戌 | 7 | 13 | 亥 | 兩兄弟老二 |
|  | 卓肇報 | 乾隆壬子 | 閏5 | 14 | 巳 | 兩子俊杰，皆作 |
|  | 卓顏聖 | 雍正壬子 | 2 | 25 | 戌 | 妻葉勸娘，生子卓能得，繼男卓善繼，女卓成治，全家臺灣居住 |
|  | 卓公侯 | 乾隆甲子 | 6 | 14 | 亥 |  |

408

| 世次 | 姓名 | 出生年 | 月 | 日 | 時 | 備 註 |
|---|---|---|---|---|---|---|
| | 卓肇諒 | 康熙甲申 | 3 | 2 | 卯 | 妻陳氏 |
| | 卓肇淩 | | | | | 往臺灣，其他不詳 |
| | 卓彩鳳 | 乾隆辛丑 | 6 | 3 | 午 | |
| | 卓紫燕 | 乾隆庚辰 | 7 | 12 | 午 | 妻梁氏 |
| | 卓鴻雁 | 乾隆壬午 | 9 | 2 | 辰 | 妻施德娘 |
| | 卓我友 | 乾隆丁亥 | 11 | 17 | 未 | 妻葉糧娘 |
| | 卓三建 | 乾隆己巳 | 9 | 7 | 寅 | |
| | 卓肇忍 | 乾隆庚午 | 8 | 28 | 巳 | 五兄弟老大 |
| | 卓肇敏 | 乾隆癸酉 | 6 | 25 | 辰 | 五兄弟老二 |
| | 卓肇機 | 乾隆丙子 | 7 | 11 | | 五兄弟老三 |
| | 卓肇老 | 乾隆癸未 | 7 | 15 | 午 | 五兄弟老四 |
| | 卓嘉祿 | 乾隆丙戌 | 12 | 29 | 辰 | 五兄弟老五 |
| | 卓肇巧 | 乾隆丙辰 | 7 | 23 | 未 | 妻黃氏 |
| | 卓肇良 | | | | | 不詳 |
| | 卓肇法 | | | | | 與母高氏同往台，其他不詳 |
| | 卓肇殳、卓肇堯、卓肇剡三兄弟同往台，余不詳 ||||||
| | 卓肇藜 | 乾隆甲戌 | 11 | 24 | 戌 | |
| | 卓肇猛 | 乾隆乙酉 | 11 | 13 | 午 | |
| | 卓肇戀 | 乾隆丁卯 | 2 | | | |
| | 卓肇愛 | 雍正乙卯 | 3 | 13 | 酉 | |
| | 卓肇爽 | 乾隆壬申 | 8 | 21 | 戌 | 四兄弟老大 |
| | 卓肇咲 | 乾隆戊寅 | 6 | 28 | 寅 | 四兄弟老二 |
| | 卓肇鉤 | 乾隆丁亥 | 2 | 5 | 卯 | 四兄弟老三 |
| | 卓肇富 | 乾隆壬辰 | 3 | 1 | 卯 | 四兄弟老四 |
| | 卓肇元 | 乾隆壬午 | 10 | 29 | 未 | |
| | 卓肇澤 | 康熙辛丑 | | | | 妻洪氏 |
| | 卓肇瑣 | 乾隆甲午 | | | | |
| | 卓肇溪 | 乾隆甲子 | | | | |
| | 卓肇宗 | 乾隆庚寅 | 11 | 17 | 丑 | |
| | 卓肇麟 | | | | | 肇宗、肇麟同父世進同往臺灣 |

| 世次 | 姓名 | 出生年 | 月 | 日 | 時 | 備　註 |
|---|---|---|---|---|---|---|
| 14 | 卓光明 | 乾隆辛酉 | 11 | 7 | 寅 | 母吳氏 |
|  | 卓維件 | 嘉慶丁卯 | 10 | 23 | 子 |  |
| 15 | 卓迪裕 |  |  |  |  | 十四世卓連山之子 |
| 16 | 卓慈尙 | 光緒乙未 | 6 | J6 | 丑 | 另同一名者在世系圖內 |
|  | 卓慈江 |  |  |  |  | 另同一名者在世系圖內 |
|  | 卓慈恰 | 迪郭公長子往台，餘不詳 |  |  |  |  |
|  | 卓慈軒 | 迪郭公次子 |  |  |  |  |
|  | 卓慈玲 | 迪郭公三子 |  |  |  |  |
|  | 卓奇英 | 咸豐丙辰 | 7 | 1 | 寅 | 妻葉要娘 |
|  | 卓慈木 | 五皆公之子，往台 |  |  |  |  |
|  | 卓敬宗 | 嘉慶辛未 | 9 | 3 | 寅 |  |
|  | 卓慈溝 | 道光己丑 |  |  |  |  |
| 17 | 卓並樸 | 光緒 |  |  |  | 妻廖尾娘，子孝見 |
|  | 卓並梯 | 道光已酉 | 9 | 2 | 辰 |  |
|  | 卓時德 | 同治丙寅 | 2 | 21 | 午 | 妻白冰娘 |
|  | 卓並教 | 咸豐甲寅 | 6 | 27 | 戌 |  |

（作者係福建省姓氏源流研究會卓氏委員會副會長）

# 關於卓公仲興世系的幾點疑問

卓澤靈

予自2010年秋起，撰修中山、珠海、鬥門之《古香山黃梁都·錦蘭（坤）公世系·卓氏族譜》以來，在追尋錦蘭公世系源流時，有幸數次接觸仲興公世系有關資料。然按予對其世系的淺見，總覺得疑點重重。現就予所見、所想、所感說一說其中疑點，以供仲興公世系後裔求證，也請有識之士對予粗淺看法加以釋疑。

予從平遠五修理事會清祥會長處看過廣西壯族自治區卓氏合譜，特意粗略看過仲興公世系吊線圖。從圖中反映，自得慶公至仲興公繁衍是十二代。若從繁衍速度推算：得慶公生於公元1206年，仲興公約生於公元1380年，其間相距約184年。若以30年為一代推算，即應繁衍六代人；若以25年為一代，即應繁衍七代人；若以20年為一代，即應繁衍九代人；如果按繁衍十二代算，即每代時間為15年，此情況是不可能的。三幾代有可能，但十幾代仍以此速度繁衍，綜觀中國所有姓氏族群亦是不可能之事。而從南洋鬥湖卓氏秋明宗親家譜反映，從得慶公到仲興公只繁衍九代（此繁衍速度屬正常）。如果仲興公乃得慶公所自出，為何兩處所記世系卻不同，而且相差較大呢？此乃疑點一也。

從南洋鬥湖秋明宗親所持家譜反映，其族群皆奉宋朝卓異公為開基始祖。但二至七世祖與庠公世系相近，而到八世卻出現如下錯亂：「德宣公後代有一位由福建往長樂到連平州（註：從德宣公世系已知：德宣公三世裔孫仲六郎公於明永樂年間由廣東平遠遷居長樂西林壩；五世裔孫啟發公由長樂西林壩遷居連平州），德慶公字廣輝，號樂山（註：若從「字廣輝」而考證，德慶公乃德宣公胞弟），生一子名子斌，在長樂作一世祖，子斌公生二子，長亞凌，次亞稔，大宋

皇紹定壬辰科進士，戶部尚書，忠義傳家。子斌由長樂與凌公同移居海豐。」從這段敘述不難看出：德宣公與德慶公乃同胞兄弟（德慶公，德宣公世系有記作德輝，字廣輝），但為何又會加有「大宋皇紹定壬辰科進士，戶部尚書，忠義傳家」字句？就此句話可知是關於莆田系得慶公的敘述，而得慶公乃莆田隱之公十四世裔孫棟公之子。然而，如果子斌公乃得慶公所自出，為何公之上祖不記隱之公世系而記庠公世系？為何一本家譜會出現兩個不同世系源流？是否乃當初修譜者誤將「德慶」作「得慶」？此乃疑點二也。

予又從湖南瀏陽漢初翁處借得一九八九年《卓氏五修族譜》，翻閱其歷次修譜序言。其中，光緒二十六年《萍瀏合修譜序》中有關得慶公世系一段記載：「公之先世，遠宗茂公，近宗殿丞，言派屬崇公所自出，言祖居則有異人相告之東徑，言遷徙雖雲世居河南，而閩與莆兩邑，乃其原籍。迨自莆，遷惠州之海豐，當宋南渡後也，若由海豐分派長樂，乃元之季年，即公所自出之八世祖、仲禮公改名仲興也。故至今尊為長樂開基祖也。」從此處記載可知：得慶公後裔遷徙路線為：莆田—惠州海豐（宋末）—長樂（元末，此長樂是福建長樂還是廣東長樂，需查證矣）。而在秋明宗親家譜有記：「宋朝老祖由異公起，在福建省由歸公起，在長樂西林壩子斌公起，元朝尾在長樂西林壩起，鳳嶺下由仲興公起。」從此段記敘已知子斌公當初已居於廣東長樂西林壩，仲興公也居於長樂西林壩。如此看來，子斌公居所與得慶公後裔遷徙路線有矛盾，並非從莆田而海豐，海豐而長樂（此長樂應指廣東長樂，即今廣東五華），相反而是從長樂西林壩而海豐。此乃疑點三也。

另，予在《中華卓氏源流》一書中錄得清乾隆三十八年十九世裔孫南峰宗瑜於寶安所作《修輯譜牒始終敘志》一文，其中如是記：「迨後庠公，又為連城開基始祖。傳至八、九、十、十一世等，德慶、德宣、仲興等公，又為梅州平遠、長樂等郡縣開基始祖。傳至玉鸞、文明、俊一郎等公，又為惠州府歸善、新安等縣開基之祖。至於今我曾祖愛文公，又為移居廣州府東莞水壩屯立基之祖，其間世系次序相傳。茲奉庠公為老始祖，次奉德慶公以提祖綱，次奉仲興公為一世開基祖，次又奉玉鸞公為次立基祖，愛文公為近世遷居立業祖。」從此段記述來看，仲興公應屬庠公世系德慶公所自出還是莆田得慶公所自出，世人難道不能分

辨矣？此乃疑點四也。

　　再者，從黃仲元為得慶公所作《得慶公墓誌銘》所記：「三娶鄭氏，故清漳左司之孫女顧氏，故通守儒俊女，俱前卒，贈令人。另規，承直郎，權，通直郎，同日死。令人阮氏與準在。準，承直郎。阮令人以從子慶之子復為規後孫乾翁，己卯（元，1279年）十二月丙申日準奉窆穸於保豐里長基山。」從此段可知，得慶公生三子：規、準、權，但未記有斌公為其子。黃仲元所處年代與得慶公年代最為接近，以黃仲元對得慶公之尊崇，絕不可能漏記其子嗣。斌公之附於得慶公，是否乃後人為攀華胄而臆造矣？此乃疑點五也。

　　由於予涉足仲興公世系家譜較少，因而以上觀點只乃予之膚淺之見。但予所言實為我卓氏源流涇渭之分而盡責，故而作拋磚引玉之用也。上述觀點只代表予本人之感受矣，如有相同，實為巧合。

　　誠望仲興公世系後裔及有識之士為予釋疑也。

　　　　　　（作者係《古香山黃梁都・卓氏族譜》修譜理事會副會長）

# 五修《卓氏族譜》的創新做法與體會

卓清祥　卓柏林

　　卓氏德宣公乃福建省首開連城縣治（見民國二十七年版《連城縣志》），卓庠公系八世孫，遷入廣東嘉應州（今梅州市）平遠縣的具體時間不詳。德宣公系《卓氏族譜》首修時間約為510年前的大明正德元年（1506年），該譜毀於兵火而失傳，四修時間是清代嘉慶七年（1802年）至今二百多年來，幸得歷代多位有識族賢著力精心珍藏，四修老譜八卷本共2套得以保全，特別避開十年浩劫，未被「破四舊」所滅，為2001年12月族中第五次修譜提供寶貴歷史文獻。本次修譜歷時3年才正式出版，新譜既忠實傳承老譜，又大膽創新編修，做法重點綜述如下：

## 一、籌備工作紮實有序

　　1.籌備成立五修理事會，印發五修德宣公系《卓氏族譜》倡議書，以卓氏宗親人群居住的自然村為單位，選出各村修譜理事，負責召集宗親開會、散發倡議書、宣傳修譜事宜，並按策劃要求組織指導譜稿撰寫及初審等工作。約定各地理事務必於規定截稿時限內入譜人口登記，以確保新譜能在預定時間出版發行。

　　2.承前啟後修新譜，從繼承宗族傳統文化的角度，對四修老譜原文如原條約、家訓、凡例等保持原貌；凡四修譜中有名而無後人延續或外遷又無聯繫的，舊譜內容則如實續存於新譜，以便後人查考。此外，新譜增加了先祖開基、裔孫遷移、五修活動、與家族禮儀相關的人文知識等內容，以利閱讀備用。

3.印譜所需資金由各村理事負責籌集，並歡迎宗親熱心資助修譜，設置專門帳戶，專人負責，專款專用，努力以較少的錢辦好修譜事宜。不定期召開理事會通報修譜進展，印發《修譜簡報》，將資金收支狀況及時公布，辦事公開透明，凡事有據可查。

　　4.尋根拜祖查證史料，廣泛聯繫團結宗親。2001年7月理事會派人抵先祖卓庠公發祥地——福建省連城縣，查閱了該縣檔案館藏的民國廿七年版《連城縣志》，並複印了《連城縣志》所載卓庠公於紹興三年首開連城縣治的珍貴文獻，充實新譜內容。還先後到廣東五華、紫金、廣寧，廣西玉林等地拜訪德宣公後裔，熱誠邀請本世系宗親參與五修族譜，計有紫金、廣寧、廣西玉林、浦北、象州、福建建寧、武平，以及遷臺的欽廉公裔明義支系、廣生支系、廣西遷臺灣省桃園縣的宗親等都一一錄入新譜。

## 二、編輯結構自有創新

　　五修《卓氏族譜》的各位理事經兩年努力，各村撰寫的初稿集中後，統編未搬照四修版本結構編輯新譜，而按五修理事們自己的思路，借鑑各姓氏修譜經驗，依照武漢大學、北京大學合編《目錄學概論》（中華書局1982年版）有關書目內容結構和編排體例的知識，策劃編排全新版面結構的五修版本（計1336頁）。

　　1.突出主題，在新譜封面特注（德宣公世系）字樣，方便與各地各支系卓氏宗親譜本明顯區分。

　　2.突出註明居住地，在譜本目錄及每一頁眉，注寫各世系編排的同時，註明了所在省市縣鎮村的地名，便於更快檢索查閱譜牒內容。

　　3.享用新科技成果，增加彩照頁面，如理事會成員個人玉照、鼎力資助修譜族賢玉照，四修老譜原件、福建連城縣北團鎮卓家演庠公祖屋、廣東平遠黃石老祖屋、仁居鎮鄒坊的祖墳等，實地拍攝了彩色圖片資料列入新譜，豐富新譜內

容。

4.編寫新譜體例，與時俱進，創新思維，從適應當代需要角度統編新譜，如舊譜配偶只寫姓氏未冠全名，新譜對配偶冠全名。而且凡1949年以後出生者註明出生年月日，個人訊息只錄中專以上學歷及行政職務，不錄黨派職務。提倡男女平等無分尊卑，按自願的原則男女均入錄上譜。

5.重視文字質量，實行3次校對，以示對譜本文字負責。譜稿影印出來，先由編輯組人員首次校對；勘正後印第二稿，分發各村理事再次校對，校對人署名並注於各村各支系譜牒尾頁，以明責任；二校勘定後印出第三稿，特別要求各村理事逐戶下發此稿，由各家各戶自己校對，若有差誤即時在新譜樣稿上糾正，如校對無誤的各戶簽名確認，成為定版稿後才上機印刷。費時8個月，終於讓五修新版《卓氏族譜》面世。

6.舉行隆重頒譜儀式。五修新譜600本全部印出後，遠在廣西玉林、江西萬載、福建連城、廣東五華以及當地宗親計六七百人，歡聚在廣東平遠仁居鄒坊村舉行了相當隆重的頒發新譜儀式活動。省親祭祖、分發新譜，加強了聯繫，團結了宗親。因新譜很快分完，各地仍需訂購，又重印300本以滿足宗親之需。

## 三、理事們幾點體會

1.修譜理事遵眾宗親之重託，都能兢兢業業，不辭辛苦，不圖個人名利，盡心盡力把修譜事情辦好。如譜本編排後期，出現空白頁面，承印方老闆示意筆者個人署名題詞，筆者雖為編輯組長，萬萬不敢出此風頭，而是擬寫了「弘揚祖德　團結宗親　激勵後輩　共振家聲——《卓氏族譜》告竣志勉」的話，用清祥、添松、柏林共同署名列入譜頁，聊為三年修譜的總結吧。

2.同心協力可成大事，眾多理事來自各方，幾年共處一塊做事，難免各人見解不盡相同，我們本著維護修譜大局、求同存異之準則，較好協調，無鬧彆扭無理爭執現象。

3.樂於奉獻不計報酬，理事不負宗親所托，檢點自珍，從嚴管好用好修譜資金，未出現貪占私心或挪用修譜費用的現象。

　　4.透過編修族譜，廣泛聯繫了宗親，教育後輩傳承宗族優秀傳統文化，弘揚先祖美好品德，使後代不忘祖宗、飲水思源；也是和諧社會、團結民心之良策，值得海峽兩岸中國人共同重視，冀譜牒文化流傳千秋萬代！

（作者卓清祥系廣東德宣公系《卓氏族譜》五修理事會會長；卓柏林系廣東德宣公系《卓氏族譜》五修編輯組組長）

# 深入實地考證　完善家譜質量

柯逢殊

　　家譜在中國已是千年傳承，是中華民族的傳統文化，也成為中國的三大文獻之一。家譜又稱族譜、宗譜、家乘，是人類與社會文明進步的軌跡，家譜記載著一個家族的源流，遷徙分布，家族文化，生衍情況及人員的血緣關係，堪稱中華文化瑰寶！

## 一、實地考證的必要性

　　在舊社會修譜是一種既嚴格又謹慎的工程，但由於交通通信不便，所以在走訪、比對考證等方面有所難度，可謂山高水遠。在條件不濟的情況下，先人只能依靠記憶口傳方式來完成源流遷徙等修譜工作。舊時一個人有存在名諱、字、號等稱謂，而且在家族當中還編有昭穆字行，甚至還有內、外字行之分，所以在各個分流拆遷處，經常單一記載，致後來彙編、合譜當中經常出現觀點分歧的現象。祖籍故地和分流析居地也經常會出現轄區變革，所以在這方面應需靈活運用加之祖籍地和析居地多為交流澄清。以下幾則人所皆知、頗具哲理的諺語：「耳聽為虛，眼見為實」；「百聞不如一見」；「不入虎穴，焉得虎子」等，就通俗易懂地揭示出進入生活現場觀察和考察所含的科學道理。家譜在從世代口耳相傳形式進化到文字形式的體現，是人類文明和譜牒文化的一大進步。現在，我們各方面條件提高，交通通信便捷，網路訊息廣泛，在編修家譜的過程中，完全有條件深入實地考證，多方比對研討分析，使家譜的編撰質量更為完善。

## 二、實地考證的現實性

　　修譜工作的實地考證，顧名思義，就是修譜工作者走出書齋或辦公室，深入民間各地去觀察、收集各種研究資料的調查。由於歷史文獻和他人著述中的譜牒資料，都是「過去的事實」，顯現的都是已經發生過的事項，所以這些資料對於譜牒工作者、研究者來說，都是「歷史的資料」和「第二手的資料」。使用歷史的資料和第二手的資料來進行研究，應該是必要的也是不可避免的，這是因為任何一位修譜工作者，都不可能做到對所有譜牒內容都進行直接觀察，完全不使用歷史文獻和他人的研究成果。但是，又不能僅僅依靠或完全依靠這些現存資料去進行修撰，應加以實際考證，以求譜牒內容的真實及完善。

　　根據本人在閱讀過的家譜資料中出現的幾點情況作枚舉：

　　曾經有緣得以拜訪重慶大學柯紅路教授，柯教授提供了廣東《柯立義族譜》參閱，其中，《合水柯氏重修族譜序》（乾隆十八年）載：「筠蒼公由河南固始村，充統兵官征閩，既平，攜妣汪氏卜居泉郡晉江縣水溝頭」；《合水柯氏會修譜序》（嘉慶二十四年）載：「迨唐末，筠蒼公由河內固始村，充統兵官征閩，既平，攜妣汪氏居於閩地泉州府晉江縣水溝頭村」；《重修合水柯氏族譜序》載：「我柯氏自唐末筠蒼公，由河內固始村遷居泉郡晉江縣水溝頭。」

　　依照以上體現的「河內」和「固始村」來看，無疑是指河南及固始縣。因資料有過秩失，當時造譜時，由於口述失誤或其他原因，把河南固始縣載為「河內」「固始村」。而「水溝頭村」是憑空推想的結果，因為，常人都會這樣理解：以地名而論，「泉州府晉江縣」後面的「水溝頭」應該就是一個村落，故把「水溝頭」而定為水溝頭村。水溝頭，據參閱泉州有關柯氏的族譜的水溝頭體現，是以前泉州城內元妙觀西側的一處地號，叫：水溝巷，舊時俗呼：柯厝巷。

　　筆者在網上瀏覽時，曾發現一位廣東柯氏朋友所發表的源流訊息：其祖由泉州普江水溝頭莆田武盛里西山分至廣東的，祖先是寶公。根據泉州《濟陽柯氏宗譜》和《莆田柯氏大宗族譜》及閩南多處柯氏族譜均有記載：「迨唐僖宗光啟二

年,基祖延熙公率一家一十七人眷河南光州固始縣,始隨節度使王緒部將王潮王審知入閩,共除亂政,助開八閩,勛名彪炳。家世閥閱擇居永春和平里卓兜鄉,移至田內及石碼聚族,因族繁地窄兄弟散處分居不一。斯時我祖徙居泉郡晉江縣元妙觀西水溝,巷人呼柯厝巷,祖諱寶公,字世重,號松山。兄弟五人,公居於次後晉天福元年,由泉州晉江縣水溝巷徙居興化府莆田縣武盛里西山古樓兜。」

從廣東柯氏發表的內容看,普江的「普」字與晉江「晉」字乃形近字。可能是在整理資料過程不慎用了錯字,而被沿用了,而「泉州普江水溝頭莆田武盛里西山」方面應該是透過口傳或者是之前族譜文獻有遭破壞或遺失過,所以,在後期修繕時沒把泉州和莆田兩者分清。

2000年初,臺灣柯進堂攜家眷來泉州尋根問祖,根據柯進堂口述介紹,其本人「子」字輩,其祖父偏叫的方言音為「篤領」,9歲時往臺,居臺灣彰化縣溪底。依照柯進堂家族在臺灣沿用的昭穆字輩與晉江南塘派相符,確定系出於晉江南塘派。經查閱,南塘派支系柯倉三房學禮公派下家譜載有:二十一世來拼公,生卒未詳,有攜四個兒子移居臺灣臺中溪底。從資料的內容和情節看,與柯進堂身世概況相接近。可在柯進堂南塘大宗探訪拜祖過後身癱開不了口,而當祖籍地人士與柯進堂兒子接觸時稱:資料沒有直接體現「篤領」;他們是彰化溪底而不是臺中溪底。可從以下幾個方面分析看,本人認為是不能完全定是非。1.篤領9歲時單身一人從唐山過臺灣不可能,應該跟隨長者過臺灣的;2.雖然來拼公帶往臺灣的四個兒子的名字當中沒有一個能和「篤領」相吻合,但「篤領」只是方言發音偏叫,也不能完全排除。且晉江柯倉家譜記載所字輩沿用的是內行,進堂家族在臺字輩沿用的是外行,但在內行與外行方面比對是對稱的,依照柯進堂及其祖父的年齡推斷,年代是符合的。3.雖然現有的彰化溪底與晉江柯倉家譜記載的臺中溪底的歸屬不同,但經查獲知現在的彰化以前就是臺中的轄區,是後來新成立的政區,二者就好比晉江和石獅的關係一樣。

本人參閱浙江《三門柯氏宗譜》譜序(1994年修),其中載:仁權公系浙江柯氏之鼻祖,原居福建蒲田縣,為奎章閣學士。公之六子,於五代晉漢間(即公元936—950年)為避王審知之亂,諸兄弟航海至浙。經查閱《福建通史》等

有關文獻：「王潮，乾寧四年十二月（897）逝。於乾寧五年初（898）王審知接任福建節度使，至後唐同光四年（926）逝。王審知治閩期間：政通人和；民心穩定！」在關於遷徙的緣由，應對歷史事件和時間的對照，依照三門譜體現的是在936年過後遷浙，但根據體現的936年，此時王審知已過往。可見，在譜牒的沿襲過程中應該曾有過斷層或其他因素。

泉州《濟陽柯氏宗譜》（乾隆四十四年修）之《泉州祠堂記》中有一節記載：乾隆三十二年，柯偉生（塘市人）出仕河南光山時，造訪固始縣，詢知固始縣北關外柯家營為先世故里（指：入閩前，北關外柯家營。今，北環路柯營），而探源並致禮。柯氏在入閩後迄今千餘載，僅偉生公一人曾探源入閩前故地。可見先人對待家族的源流是存有多大的嚴謹和執著。此舉在源流考究方面是一大強有力印證，同時也是後人對家譜的認識和啟發。

尋根留本，清緣備查，增知育人，血肉聯情，承前啟後。家譜是一個家族成員的生卒婚配等方面的字典，也是家族的文化。先人在當時條件不濟的情況下，為中國傳統文化寶庫中鑲嵌了一顆耀眼的明珠。當今，社會進步，各方面條件提高了，我們應充分利用各方面有利條件，深入實際，認真考查，努力提高譜牒的質量。

（作者係東經傳統文化國際傳播有限公司執行董事）

# 兩岸魏氏同一脈

魏朝陽

## 一、臺灣魏氏訪泉尋根

　　剛於2003年農曆正月初六成立的泉州魏氏宗親總會，在十天后的正月十七日，又迎接了臺灣中華魏徵文化事業發展促進會理事長魏開匾先生所帶領的魏氏文化訪問團一行，他們來泉州東門外西福村尋根探祖，受到時任泉州市人大副主任魏聲外和泉州市文化局原負責人陳健鷹等領導的接見。在與泉州魏氏宗親總會的聯誼交流中，魏開匾理事長把臺灣新編的《魏氏大族譜》及《鉅鹿會刊》等典籍贈送給泉州魏氏宗親總會。參照泉州魏氏原舊傳的《莆陽楓林魏氏族譜》（南宋景定五年魏夢極編修）和《鉅鹿魏氏族譜》（明末崇禎二年魏元翼和魏呈潤編修），兩岸魏氏終於找到共同的祖先，他就是南宋紹興廿四年進士，後來擔任戶部、兵部侍郎的魏吉甫之孫魏仁（紹定四年進士）。泉州魏氏是魏仁的次子魏福的後代，臺灣魏氏大部分是魏仁的四子魏祢的後代。

## 二、兩岸魏氏同根連枝

　　魏仁是莆陽楓林魏氏第五世祖。莆陽楓林魏氏的第一世祖是魏鴻（曾登宋宣和年間八行科，因於權幸不和，謫福建泉州路德化尉），魏鴻是安陽魏氏的第十

四世祖。唐初名相魏徵之父魏長賢，是安陽魏氏的第一世祖。故唐初名相魏徵也是兩岸魏氏的共祖。

魏徵傳五代後又出了一位任唐宣宗的宰相魏謩，魏鴻是魏謩的裔孫。兩岸魏氏也都是魏徵的後代子孫。兵部侍郎魏吉甫有一弟叫魏吉安，吉安有一子就是《莆陽楓林魏氏族譜》的編修者魏夢極進士。魏夢極的長孫是魏隆（與魏福、魏祢為同一代兄弟）。魏隆的三子是魏逸（魏逸進士原籍泉州安溪，後任溫州府永嘉縣同知。任滿留溫州），是溫州的魏氏始祖。

魏仁的次子魏福傳四代後出魏九郎（魏徵的第二十四世孫），九郎是泉州（西福）魏氏的始祖。

魏仁的四子魏祢生有四子：進富、進貴、進興、進旺。魏進富原居於寧化石壁，因海寇紛擾而遷永定苦竹；魏進興也是原居於寧化石壁，先遷永定苦竹，後再遷南靖梅林。

魏徵的第二十六世孫魏良佐，其時被授福建布政司參政，赴任途經江西贛州遇亂，遂留居江西石城。魏良佐的長孫魏元與其弟（魏亨、魏利、魏貞）遭寇劫掠，兄弟分路出走，魏元南遷廣東嘉應州長樂（今之五華縣）後，便在五華開基立業，遂成為廣東五華魏氏的始祖。

## 三、魏氏後人入墾臺灣的主要人物和時間

1.魏祢之子魏進興後裔，由閩之漳州南靖入臺。

魏文仲於康熙後期，初居臺南，後墾居臺中烏日。

魏習賦於雍正期間，墾居今之臺中市一帶。

魏祉千於雍正期間，墾居今之臺中豐原一帶。

魏可俊於雍正期間，墾居今之桃園中壢一帶。

魏文兆、魏秀明、魏阿掛、魏恭樸、魏元商、魏俊生等人，於乾隆期間，先後墾居今之臺中市一帶。

魏慶榮、魏四洪、魏聯飛等人於乾隆期間，先後墾居今之臺中豐原一帶。

魏隆康於乾隆期間，墾居今之臺中潭子一帶。

魏天植於乾隆期間，墾居今之桃園大園一帶。

魏清連於乾隆期間，墾居今之臺北八里一帶。

2.魏祢之子魏進富後裔，由閩之汀州永定入臺。

魏愧烈於乾隆初期，墾居今之新竹新埔一帶。

魏德寬於乾隆期間，墾居今之膨化一帶。

魏行春於乾隆期間，墾居今之桃園平鎮一帶。

魏龍美於嘉慶期間，墾居今之臺中東勢一帶。

3.魏良佐的長孫魏元後裔，由廣東嘉應長樂（五華）入臺：

魏彰瑞、魏樸義、魏浩等人，於乾隆期間，墾居今之新竹新埔下寮里。

魏國雲於乾隆期間，墾居今之新竹關西鎮一帶。

魏應貴於乾隆期間，墾居今之新竹橫山一帶。

魏君伯於乾隆期間，墾居今之桃園一帶。

魏國漢於乾隆期間，墾居今之桃園平鎮一帶。

魏宣俊於乾隆期間，墾居今之桃園龍潭一帶。

魏嘉鳳於乾隆期間，墾居今之桃園楊梅一帶。

4.尚有魏良佐的長孫魏元後裔，由分居廣東惠州陸豐一帶入臺：

魏成漢於乾隆期間，墾居今之新竹竹東一帶。

魏特敬妻劉氏攜四子於乾隆期間，墾居今之新竹芎林一帶。

魏斐捷、魏春貴等人於道光期間，墾居今之新竹芎林一帶。

魏斐茂於道光期間，墾居今之新竹橫山一帶。

魏朝恩於道光期間，墾居今之新竹新豐一帶。

還有眾多魏氏人物，他們為開墾和發展臺灣的經濟而作出了不小的貢獻，這裡就不一一介紹。

（上述清代入臺墾居的魏氏人物，摘自臺灣魏氏多期《鉅鹿會刊》的相關文章）

臺灣各地現魏氏宗親會的成員，主要是由魏進興、魏進富等福建南靖及永定的後裔和魏元等廣東五華的後裔所組成。今之臺灣魏氏，先後在臺北、新竹、高雄、花蓮、桃園、金門等地成立魏氏宗親會，並聯繫香港、澳門、東南亞及大陸一些地區的魏氏宗親會，率先於1987年10月，在臺灣成立世界魏氏宗親總會。其章程第二條明定：「以聯絡世界各地魏氏宗親，俾期宏揚祖德、敦親睦族、團結互助、砥礪志節、貢獻智慧、造福社會、促進和諧為宗旨。」最近幾年來，他們以中華魏徵文化事業發展促進會的名義，到大陸各地區的魏氏宗親中尋根探源，做了許多聯誼睦族的好事。希望世界魏氏宗親總會能進一步發揚其宗旨，弘揚祖德，敦親睦族，團結互助，促進和諧，貢獻智慧，造福社會。

（作者係福建省姓氏源流研究會魏氏委員會豐澤區華大街道老齡委常務副主任）

# 淺議譜牒文獻的歷史價值

陳樂懷

## 一、譜牒文獻的形成、發展與現狀

譜牒誕生於戰國末年,帶有家譜性質的《世本》,是以表譜形式記載一個血緣關係為主體的家族世系繁衍及重要人物事跡的文獻,又名家乘,包括族譜、宗譜、家譜等。「廣泛涉及一個家族的發展歷史、理想模式、價值標準、經濟狀況、禮儀習俗、文化層次等等,其形式和內容集中了社會學、歷史學、檔案學和文化人類學等學科的要旨」。1正如梁啟超先生在《中國近三百年學術史》一書中提出:「中國鄉鄉家家皆有譜,實可謂史界瑰寶……能盡集天下之家譜,俾學者分析研究,實不朽之盛業也。」

先秦時代《禹本記》、《牒記》、《世本》等,就已開始利用記述帝王、諸侯與名人世系的譜牒寫成。《史記》的「本紀」、「世家」、「列傳」,相當一部分材料取之於家譜檔案。兩漢以後的許多豪門望族,憑藉譜牒記載炫耀門第,坐取官爵。北魏太和中,更以門第優先,以舉選為次,「凡有司選舉,必稽譜牒,而考其真偽,故官有世胄,譜有世官」。從而促進了世家譜牒的興盛。唐代,由政府主持編撰《氏族志》、《姓氏錄》,推動譜牒文化的進一步發展。宋代,私家修撰譜牒興起。「明清時代,盛行私家修譜。這時期,幾乎姓姓有譜,族族有譜,家家有譜,而且家譜一修再修,不僅漢族修譜,各少數民族亦是如此」。2譜牒資料所影響到的深度和廣度幾乎使其成為中國古代的一種全民性文

化運動。中華人民共和國成立後,譜牒編修基本停止。「文化大革命」中,民間舊存譜牒相當一部分遭焚燬。改革開放以來,隨著社會經濟的發展和臺灣、港、澳地區及世界各地宗親尋根問祖熱的興起,民間修譜再現高潮。

## 二、譜牒文獻的歷史價值

清代學者章家誠在《文史通義》中說:「且有天下之史,有一國之史,有一家之史,有一人之史。傳狀志述,一人之史也;家乘譜牒,一家之史也;郡府縣志,一國之史也;綜紀一朝,天下之史也。」譜牒、方志、正史構成中華民族歷史學的三大支柱。譜牒中保存的大量原始資料,發揮的是一種史料憑證作用,在經濟史、社會史、移民史、民俗史、歷史人口學、地方志等歷史學研究領域中,正可以作為可靠的參考工具。

(一)譜牒文獻是史學研究的有益參考

譜牒資料中人物家世,如皇帝封贈的誥命、敕命、墓誌和碑文等記載,正是正史之外的有益補充,二者相互印證。「族產是宗族存在的經濟基礎,譜牒中對族產的記載占有相當篇幅,如對祠田、墳田、義田、義莊、族祠、墳壟、山林等私家財產的數量、形成、經營、收支狀況均有詳細記載。譜牒檔案中所記載的族產形成過程中的房契、地契,可用以研究古代的土地交易關係;對於經營收支情況的記載,則是研究古代生產力與生產關係的珍貴資料」。3家族小社會,譜牒具體、詳細地記載了家族成員科舉中第、技藝詩文、族規、婚喪禮儀制度等,一定程度上反映了當時的社會風貌,可為社會史研究提供參考。先輩遷移的時間、地點及緣由,譜牒一般都會詳細記載。移民是自發還是官方,規模是大是小,正史中往往缺少具體而詳細的記述,分析同一歷史時期遷移的若干份譜牒資料,採用計量史學研究方式,可以為移民史研究提供佐證。許多譜牒對服飾、飲食、居住、生產、婚喪、節慶、禮儀等當地的民俗風情都有所記載。這些有關普通百姓日常生活的史料,同樣也在正史中往往不予記載,民俗史研究需還原的一個時

期、一個地區的真實歷史面貌,可以在譜牒中找到依據。譜牒完整記錄了家族世系,成員的姓名、生卒年月日、婚姻狀況、子嗣狀況等,據此可推測人口的平均壽命、出生率、死亡率、性別比等訊息,可作為歷史人口學研究史料來源。

(二)譜牒文獻是編纂地方志的重要資料來源

譜牒文獻對於地方志編纂作用,是其他歷史資料無法替代的。二者關係密切,顧頡剛先生曾經說過:「中國歷史資料浩如煙海,但尚有兩個金礦未曾開發,一為方志,一為族譜。」1957年,毛澤東在談及研究歷史問題時說:「蒐集家譜、族譜加以研究,可以知道人類社會發展的規律,也可以為人文地理、聚落地理提供寶貴的資料。」在首輪修志具體實踐中,王復興、來新夏、林衍經、劉光祿等修志工作者已認識到譜牒「對於研究地名、風俗、方言、歷史人物及歷史事件等具有重要的作用」。借鑑譜牒資料,對於當前開展的第二輪修志工作是很有必要的。

1.編纂人物傳,具有相當權威的資料價值

我們知道,查考古代人物,主要是透過正史中的傳記、古代的文集、筆記和方志等。一些不太有名的人物,在這些資料中就很難找到,如果有,也只是寥寥數語,即使是一些著名人物,有時也是如此。「譜牒的核心是世系,每一部家譜都用連線、圖譜或橫豎表格的形式,將一姓一族的始祖及其以下各世子孫上下左右地布列起來,給人一覽便知的清晰印象」。4詳細家族人物名、字、號、行第、生卒年月日時、享年、妻室、子女、墓地,尤其對功名、官階、傳記、墓誌銘等資料。多數內容還是可靠的。利用家譜資料,糾正了過去歷史人物研究中的很多疑點。如陳泗東先生透過泉州《清源林李宗譜》,考證出明代思想家李贄(李卓吾)原姓林,名載贄,他父親、祖父都信奉伊斯蘭教,其本人也有阿拉伯或波斯血統。

2.編纂地名志,提供基礎資料

在歷史長河中,地名屢屢變更,尤其是關於一些小地名的記載,為史書、方志所不記。因而,譜牒對研究地名學的資料彌足珍貴,可以說是舍此莫屬。近日,泉州市區地方志學會祕書長薛祖瑞先生查詢先祖遷臺事宜,在大陸多份族譜

中均有薛氏開族在臺灣「東港街」一說,而「東港街」在臺灣的具體位置,卻無從知曉。後從臺灣《薛氏族譜》(1989年修)中查有「道光年間,薛添祿從居屏東縣東港」,由此確定薛氏遷臺最早到達今臺灣省屏東縣東港鎮。某一家族在某地開枝散葉,那麼居住地往往與家族姓氏關聯,類似「象峰陳」、「舊館驛龔」、「西門阮」等姓氏與地名相結合的現象,多不勝舉,譜牒資料有助於瞭解地名沿革。

  3.編纂藝文志,豐富資料來源

  首輪修志藝文志過於隨意地處理,不夠重視,達不到「反映了一個地區某個時代學術發展的趨勢;反映了某個地區在斷限內的各個時期藝文發展的動向。也體現出這一地區文化教育是否發達的一個重要標誌,也是這一地區人才狀況的具體體現」5要求。譜牒中的《藝文篇》收錄族人或與家族相關的各種著述詩文等,涉及政治、軍事、生產、經濟、文化、風土等諸多方面,可供參考。如「南靖《莊氏族譜》,收載有壽文、挽文、祭文、詩歌等數十種,以及族人、進士莊亨陽遺著《秋水堂集》的許多篇目」。6第二輪修志過程中,發掘譜牒中豐富的藝文資料,舊資料可在「糾錯補遺」中呈現,新發現應設「藝文志」專章,以豐富志書的學術性和可讀性。

## 三、譜牒資料正確運用

  譜牒文獻反映不同歷史時期不同的社會特點,有助於我們全面地掌握一個時代的狀況,正如章學誠「將史志比作日月,那麼家譜則猶如遍撒九州環球,密如繁星的燈火。燈者,補日月之不足也」。譜牒與方志、正史相互參證,可匡史志之錯,詳史志之略,補史志之闕,續史志之無。但譜牒中的記載往往會有不實之言、誇大之辭,這是值得我們注意的。採用譜牒資料,必須謹慎核實、求證。

  註釋:

  1.王雲慶,劉振華:《譜牒資料的社會意義及文化價值芻議》,《圖書與情

報》,2007年,第5期,第129頁。

2.鄧達宏:《從文化層面探析譜牒檔案文獻的社會價值》,《福建省社會主義學院學報》,2003年,第3期,第38頁。

3.4 .王雲慶,劉振華:《譜牒資料的社會意義及文化價值芻議》,《圖書與情報》,2007年,第5期,第131頁。

5.饒展雄:《第二輪修志要重視藝文志——兼評〈惠州志‧藝文卷〉》,《中國地方志》,2005年,第5期,第21頁。

6.陳支平:《福建族譜》,福建人民出版社1998年版,第32-33頁。

(作者係泉州市鯉城區地方志編纂委員會科員)

# 試論蓮玉柯氏的遷徙

柯有為　柯宏勝

據安徽《蓮玉柯氏宗譜》記載：隋時有諱舜元公者，徙於杭州大南之東秦村橋，歷八世至唐神龍初年，有諱應誠公者，為江南刺史升鎮國安化節度使，景雲辛亥避世，以池之蓉城九子山西麓蓮玉里家焉，即今蓮玉柯是也，而池州有柯氏，皆本應誠公始。歷十世，有豈貌公者遷廣德，十六世有明聰公者遷橫厚，明精公者遷堯封，十八世有勉九公者遷福建之莆田；十九世璣公遷彭澤，二十一世有祥禎祥納公者居棠溪橫厚；祥瑞祥氣公者遷峽川、陡坑。而我祥受公，獨於天聖間復歸蓮玉里。二十九世有紳昌珠昌公者返大南之東；盛昌公者遷棠河之留田，繒昌公者遷陡坑，俱以避疫故也。三十世有什萬公者，時疫又大作，仍徙棠河之留田後沖平坑居焉。三十二世有添祿公者遷彭澤，三十四世至廷均公，奮然嘆曰：蓮玉里我先人之故土也，胡不歸來乎哉，時在元季，遂復歸我蓮玉里居焉，而自廷均公下外遷者更遠超前代。

而譜又載十一世益遜公與夫人檀氏合葬留田荷花形庚山甲向（留田在今貴池境內），二十一世祥受公葬留田大坑繒昌公宅後癸山丁向，二十二世秀和公葬九華山虎形辛山乙向，二十九世雄昌公（什萬公父）葬鳳村金龜朝北亥山巳向（今青陽九華鄉境內），三十世什萬公葬崇義回龍山大坑醜山未向（今貴池棠溪境內，距二十一世祥受公不遠），此後三十一世文景公、三十二世添福公、三十三世珙二公、三十四世廷均公皆葬於留田，而三十五世浩二公葬劉沖鳳形乙山辛向（今青陽縣九華鄉境內）。

## 一、蓮玉柯氏的遷徙記錄

蓮玉直系

一世應誠公至十世豈顏公，居青陽今蓮玉柯（理論上），葬不詳。

十一世益遜公，居不詳（或益遜公本人或自其上某一世，由青陽今蓮玉柯遷至貴池棠溪），葬貴池棠溪。

十二世伯陽公至二十世扶靈公，居貴池棠溪，葬貴池棠溪。

二十一世祥受公，居青陽今蓮玉柯，葬貴池棠溪。

二十一世秀和公至二十九世雄昌公，居青陽今蓮玉柯，葬青陽。

三十世什萬公至三十三世珙二公，居貴池棠溪，葬貴池棠溪。

三十四世廷均公，居青陽今蓮玉柯，葬貴池棠溪。

三十五世後諸公，居青陽今蓮玉柯，葬青陽。

外遷系（老世系）

十世豈貌公，遷廣德，餘不詳。

十六世明精公，遷堯封（攜二子二孫），餘不詳。

十六世明聰公，居棠溪橫厚，餘不詳。

十八世勉九公，遷福建莆田，餘不詳。

十九世璣公，遷江西彭澤，餘不詳。

二十一世祥禎公，居棠溪橫厚，餘不詳。

二十一世祥納公，居棠溪橫厚，餘不詳。

二十一世祥瑞公，遷石臺陡坑，餘不詳。

二十一世祥氣公，遷峽川，餘不詳。

外遷系（祥受公世系）

二十九世繼昌公，由青陽今蓮玉柯遷石臺陡坑，後世不詳。

二十九世盛昌公，由青陽今蓮玉柯遷棠溪留田，後世不詳。

二十九世紳昌公、珠昌公，由青陽今蓮玉柯返應誠公祖居地杭州，後世不詳。

三十二世添祿公，由貴池棠溪遷江西彭澤。

三十三世珙一公，居貴池棠溪，後世不詳。

三十四世世均公，居貴池棠溪，後世不詳。

## 二、遷徙路線地名的描述

堯封即今天東至縣洋湖和葛公部分地區，在貴池東至石臺三縣交界處，群山環繞。

棠溪和峽川都處在貴池南部山區。

陡坑處在石臺縣西北部與貴池交界的大山區。

蓮玉柯村在青陽縣西南部大山環抱的一處盆地裡。

從上面的描述可以看出，蓮玉柯氏遷徙的地方都處於池州府南部的山區，即使在今天棠溪、陡坑仍然交通不便，是什麼原因讓歷代先祖在這些山區裡來回穿梭，樂此不疲呢，難道僅僅是愛這裡的山水抑或是避世而居焉？

## 三、遷徙的原因初探

一是對祖宗的情結，如二十一世祥受公和三十四世廷均公回歸蓮玉里，二十九世紳昌公珠昌公返一世應誠公祖居地；

二是避瘟疫，如二十九世繒昌公盛昌公和三十世什萬公；

三是人口的快速增長與土地的矛盾；

四是戰亂的影響，每逢王朝末年都伴隨著戰亂和屠殺，遷居深山老林無疑是保存家族的最好辦法，如唐末益遜公、宋末什萬公、元末廷均公；

五是還逃避著什麼（僅做推測）。

廷均公前，蓮玉歷代先祖在貴池棠溪和青陽九華之間來回遷徙凡幾十世，然自廷均公之後，這個過程戛然而止，兩地永遠失去了聯繫，以至後世互不來往，世系譜牒銜接不上，成為譜史上一大千古憾事，而歷代在棠溪先祖默默長眠深山幾百年上千載也在無聲的抗訴。這究竟是為什麼？這裡面隱含著深刻巨大的故事原因，有待我們去發掘研究。

另外，蓮玉柯氏的開創者柯應誠來自浙江杭州，他舉家遷徙到安徽九華山的。他的老家在杭州，應該屬於錢塘柯氏，目前只知道《錢塘柯氏家譜》（清道光十五年鈔本）被收藏在臺灣，但收藏在臺灣何處？希望能夠得到臺灣同胞的幫助，希望知情者能告知。我們希望能找到在臺灣的《錢塘柯氏家譜》，查證一下那上面的世系裡是否有「杭州大南之東秦村橋」的記載，是否有柯應誠的記載呢？是否有二十九世紳昌、珠昌公者返杭州大南之東的記載呢？

蓮玉柯氏的遷徙史，既是一部血淚史，也是一部奮鬥史，研究這其中包含的訊息，無疑對瞭解我們的家族史、研究當時的社會是大有益處的。

（作者柯有為系安徽電視臺記者；柯宏勝系安徽電視臺高級記者、央視供稿部主任）

# 首屆海峽兩岸民間譜牒文化交流大會會議小結

陸炳文

## 一、大會實況

一、徵得論文50餘篇,收入論文彙編46篇。

二、大會進行兩天,開幕式後,先後安排了45名與會嘉賓在大會上做了論文交流、或研討發言。

三、邀請嘉賓及報名參會者共100餘人,分別來自臺灣、四川、安徽、江西、浙江、廣東、福建。

## 二、大會成就

一、一心感恩:祖上有德,積德深重,情深似海,恩重如山。

二、兩重感謝:

1.主辦單位操辦人員:牽線牽成,積德積善。

2.所有參會參與人員:無私奉獻,無量功德。

三、五內感動

1.針對編修譜牒表現形式

（1）實質表現，面面俱到

文本原件，複印件縮影。

電子文件，雲端存儲。

統譜總覽，範本簡譜。

男女平權，尊卑齊觀。

協同合作，相互支持。

優勢互補，取長去短。

正簡皆宜，大小不拘。

禮品伴手，商品上手。

（2）精神表現，向上提升

榮譽功業，德行節烈。

耆壽揚善，文藝記述。

歌功頌德，趨吉避惡。

2.針對編修譜牒主要內容

（1）序言意賅，明白本義，體例清楚，版本適用。

（2）姓氏源流，世家沿襲，脈絡分明，世代相承。

（3）譜上有名，確認祖先，飲水思源，崇拜先祖。

（4）詳明世系，昭穆排行，長幼有序，倫常有據。

（5）歷代名人，光宗耀祖，行善義舉，垂諸萬世。

（6）祭祀公業，證明祖產，列載義田，保全權益。

（7）發祥始遷，開基墾殖，安身立命，安家立業。

（8）派下分衍，傳承祖德，不忘宗功，不辱家聲。

（9）郡望堂號，分辨宗支，同登一譜，共擁一族。

（10）宗祠沿革，規範體制，遺訓家規，教化族眾。

（11）廬墓祖龕，各有其主，歲時祭掃，子孝孫賢。

（12）其他內容，所在多有，不及備載，各自表述。

3.針對編修譜牒社會功能

（1）尊前敬祖，報本返始，留昆裕後，承先啟後。

（2）聯誼睦族，團結宗親，愛族愛國，垂範子孫。

（3）宗族制度，漸被打破，生存土壤，不復存在。（危機）

（4）有心人士，登高一呼，搶救保護，漸見曙光。（轉機）

4.針對閩臺譜牒徵集工作

（1）引玉拋寶，分類典藏，編目檢索，陳列展示。

（2）技術支持，科學管理，開發利用，宣傳推廣。

5.針對閩臺譜牒對接服務

（1）數據查詢，義務顧問，牽線搭橋，複製翻印。

（2）尋根問親，交流平臺，報本返始，晒譜節禮。

（3）學術研究，專業投入，書法教學，推廣姓學。

# 三、大會貢獻

一、具體體現

1.風雨中照常舉行，風雨故人來，風雨生信心，有助於中華譜牒文化的偉大

復興。

2.晒譜節前後辦理，國族一統有譜，關係不再離譜，有利於中華民族完全的團結統一。

二、獻句句云

閩臺六緣同譜系，海峽兩岸共姓觿。氏族一字奠萬嘩，刺桐二日開千禧。

# 務實推進海峽兩岸根親文化的傳承發展——首屆海峽兩岸民間譜牒文化交流大會活動綜述

朱定波

　　為了發揮閩臺「五緣」優勢，促進閩臺譜牒對接聯誼和兩岸族譜民間的互動交流，推動海峽兩岸和平統一的發展進程，報經福建省臺辦批准同意，經過兩年多的籌備，中國閩臺緣博物館於2013年7月13日至14日，在泉州舉辦首屆海峽兩岸民間譜牒文化交流大會，來自海峽兩岸的氏族宗親、專家學者，以及譜牒文史工作者100多名參加大會交流活動。儘管受到7月12日強臺風「蘇力」的影響，還是有來自臺灣、浙江、四川、廣東、安徽的嘉賓來參加交流大會。

　　為祝賀首屆海峽兩岸民間譜牒文化交流大會的順利召開，臺灣原副領導人蕭萬長先生題贈詞「譜系兩岸」；題詞由臺灣譜牒專家現任臺灣文化藝術界聯合會理事主席、海峽兩岸和諧文化交流協進會會長陸炳文先生親自攜往泉州，在首屆海峽兩岸民間譜牒文化交流大會開幕式上轉送給中國閩臺緣博物館。

　　本屆大會作為國臺辦2013年海峽兩岸交流重點項目，最大的特色是海峽兩岸首次舉辦民間的、以閩臺譜牒文化為中心主題的交流活動；這是一次民間譜牒的文化傳承，也是一次民間譜牒的互動交流。本屆大會突出務實精神，強調大會的民間性、開放性、基礎性和務實性。會議期間，還組織部分與會兩岸嘉賓參觀泉州重要的涉臺文物保護單位。

　　海峽兩岸與會嘉賓經過兩天的熱烈交流討論，總共有45名與會嘉賓在大會上做了論文交流、或研討發言，並對中國閩臺緣博物館主辦海峽兩岸民間譜牒文化交流大會成果，給予了充分肯定和高度評價。

## 一、高度認同舉辦兩岸民間譜牒文化交流大會的重大意義

兩岸與會嘉賓認為，中國姓氏的存在至少已有五千多年。姓產生於原始氏族社會；周朝是中國氏發展的最重要時期；但姓氏作為一個家族的標誌，則是在隋唐時期形成的。根植於中國農耕社會的姓氏譜牒文化，是伴隨著中華民族文化產生而產生、發展而傳承發展，世世代代不斷延續，是中華民族的寶貴文化遺產。

晉唐以後，伴隨著中原士族大規模移民福建，中國農耕社會政治、經濟、文化中心的不斷南移，修編族譜開始在福建產生與發展：福建的姓氏家族制度趨於完善，譜牒體系基本確立，譜牒體例趨於完備，譜牒文化獲得傳承。明清時期至1920年代，閩臺族譜文化傳承曾經在不同時期不斷形成新的發展階段。

兩岸與會嘉賓指出，譜牒是記載一個以血緣關係為主體的姓氏家族世系繁衍、以血緣宗族後裔人物為中心的姓氏家族人物事跡、以姓氏宗族繁衍發展歷史為主題的特殊文獻體裁。中華姓氏族譜文化的研究已形成一門新學科，它與社會學、人類學、語言學、歷史學、考古學、民族學等，有著極為密切的必然聯繫。

1.鞏固閩臺譜牒的文化根基

閩臺譜牒文化是中華民族與中華文化形成和傳承發展的大根大本，也是兩岸之間所有關係形成和不斷發展的重要根基。本屆兩岸譜牒的專家學者和民間宗親代表，深入探討交流閩臺譜牒修編、譜牒研究的新成果和新進展，研究討論閩臺族譜歷史淵源、姓氏繁衍播遷、宗親尋根謁祖的新情況和新特點，提出促進閩臺族譜文化、族譜研究交流的新意見和新建議，必將有力地推進兩岸宗親續編族譜、尋根謁祖活動，尤其是增強臺灣同胞的血緣意識和對大陸的認同感、歸屬感和自信心。

2.搭建兩岸族譜的對接平臺

兩岸與會嘉賓對閩臺緣博物館開展兩岸民間譜牒文化研究與交流，搭建兩岸的族譜修編、收集利用、對接服務、增進情感的服務平臺，給予了高度評價。閩臺緣博物館以建設閩臺族譜文獻的數據庫為核心，開發閩臺譜牒文化保護管理的

訊息化平臺，構建閩臺譜牒查詢軟體系統，展示閩臺姓氏族譜文獻訊息、譜牒圖片資料和族譜研究的重要成果，為閩臺譜牒文化交流服務，加強閩臺族譜文化的學術研究，為兩岸民眾提供知根識源、尋根謁祖的血緣圖譜和服務指南，不斷擴大閩臺譜牒文化在臺灣社會的影響力和親和力。兩岸與會嘉賓紛紛表示願意支持這個對接平臺發展。

3.構建兩岸一體的譜牒體系

兩岸與會嘉賓認為，開展海峽兩岸民間譜牒文化研究與交流，透過重點梳理閩臺各主要姓氏派系、支脈的繁衍遷徙、分布、流向，不斷完善兩岸各姓氏在臺灣聚落的開基先祖及遷播臺灣的根系或世系；透過重點整理閩南先民開發臺灣、建設臺灣的歷史功績，不斷傳承閩臺姓氏族譜文化和人文歷史內涵；透過重點開展海峽兩岸民間譜牒互動交流的對接服務，不斷推進閩臺宗親的追源報本、尋根謁祖活動；透過對閩臺的祖祠家廟、祖墳古厝、昭穆字輩、碑銘區聯、譜牒名錄、知名人物事跡記載等方面的補充完善，推動建立海峽兩岸融合為一體的譜牒文化傳承體系。

4.增強臺灣同胞的民族自信

海峽兩岸與會嘉賓表示，海峽兩岸的民間譜牒，能夠充分展示閩臺猶如唇齒依存的相連情緣；閩臺民間族譜，是在中華民族歷史滄桑歲月中形成的，承載著閩臺社會文明歷史的延續。本屆透過閩臺民間譜牒交流，全面認識閩臺譜牒文化的形成發展，能夠看到海峽兩岸悠久的地緣歷史淵源和深刻社會根源，更能深刻認識到海峽兩岸難以割斷的血緣關係。我們需要不斷推動兩岸民間譜牒文化交流，使臺灣同胞正視自己的根在大陸；開展兩岸民間譜牒文化研究與交流，根本價值在於：不僅能夠加深對閩臺地緣關係和血緣關係的深刻理解，而且能夠加深對閩臺人文歷史的深刻認識，更能夠增強臺灣同胞對中華民族的認同感、凝聚力和向心力。

5.推動兩岸和平統一的發展進程

在本屆大會上，海峽兩岸與會嘉賓形成的基本共識是，開展兩岸民間譜牒文化研究與交流，有利於增進兩岸姓氏家族的高度認同和血脈親情，成為廣泛團結

兩岸鄉親的重要紐帶。大會透過組織閩臺族譜文化研究與對接，積極開展姓氏尋根交流活動，增進兩岸同胞的一家親情；有利於臺灣同胞回祖籍地尋根問祖，更有利於增進中華民族認同感，構建閩臺文化精神家園的新平臺。

兩岸與會嘉賓紛紛表示，閩臺譜牒文化是以一種姓氏血緣文化的特殊形式，記錄了海峽兩岸人文社會的歷史形成，在中華民族文化的高度同化和國家高度認同的基礎上，曾起過獨特的、巨大的凝聚作用；閩臺譜牒文化已根植在海峽兩岸，這是不可撼動的中華民族文化基礎。

## 二、首屆兩岸民間譜牒文化交流大會研討的主要內容

本屆大會上，兩岸與會嘉賓對閩臺族譜的文化內涵進行了深入研討交流，並共同認為，閩臺族譜文化並無差別，是與地方志、國史，構成了中國三大志書體系和人文歷史的三大支柱之一，並足以說明海峽兩岸致力於傳承慎終追遠、敦親睦族等中華民族傳統文化的永續努力與堅持。修編閩臺族譜的主要動機是：溯淵源，分疏戚，序尊卑；尊祖先、敬族親、睦族群；重修養、重德行、重家傳，不斷提高姓氏家族在社會中的地位、聲望和影響。海峽兩岸與會嘉賓在開展兩岸民間譜牒文化的研究與交流方面，著重在五個方面進行了深入研討。

1.探討如何不斷完善編修譜牒的表現形式

兩岸與會嘉賓就開展如何完善閩臺編修譜牒的表現形式進行交流。海峽兩岸譜牒是一種特殊的姓氏家族歷史文獻，就其內容而言，是中國五千年文明史中最具有姓氏家族人文特色的文獻，記載同宗共祖血緣族群世系人物、人文和事跡等方面情況的歷史傳承圖籍。閩臺譜牒文獻資源極為豐富，據相關資料表明，僅臺灣的林氏族譜已有766種。在新的時代背景，我們需要不斷探討創新閩臺譜牒的編修方法，完善閩臺譜牒的編修結構。

一是應當根據族譜種類形式進行修編創新。閩臺家譜種類豐富多彩，根據家譜記載姓氏宗族範圍的大小，可分為宗姓總譜、大宗譜、宗譜、支譜、房譜；按

照編撰姓氏宗族的特色，又分為宗譜、統譜、合譜、聯譜等；根據家譜編修的主體不同，又可分為官方修譜、宗族修譜、區域修譜。

二是應當利用現代訊息技術推進族譜形式創新。現代訊息技術的不斷發展，為閩臺修編族譜體例形式的創新，開闢了一個嶄新的發展空間和展示平臺。在修編閩臺族譜中，我們應當運用現代訊息技術，在族譜體例上採用地圖、照片、畫像、音像等修編新形式。同時，應當把修編紙質族譜與數據族譜緊密結合起來，應當完整保存紙質舊族譜，並利用現代訊息技術推進閩臺族譜修編的科學化、規範化和制度化。

三是應當開展閩臺修編族譜的「聯譜」活動。閩臺同一姓氏宗族的不同分支家族，應當利用族譜中的血緣世系排行記載，進行修編「聯譜」活動。閩臺宗姓大聯譜輩分明確後，閩臺各宗姓宗支修纂總譜，以不斷擴大閩臺宗姓宗親的聯繫和交流。

四是應當推進兩岸族譜志書平臺創新。推動構建以閩臺姓氏族譜為中心的區域性、地方性、家族性的譜牒研究團體和修編族譜志書平臺；特別是應當推進以區域性的閩臺姓氏歷史淵源為據的編修聯宗譜。

五是開展閩臺族譜的經驗交流和修編培訓。應當積極推動閩臺譜牒研究和修編成果的交流借鑑。傳統的修撰譜牒多為分散的、封閉地進行，族譜研究成果應用不多。隨著閩臺族譜文化研究的深入發展，閩臺宗姓交流活動範圍也日益擴大，應當突破閩臺民間修編譜牒的傳統侷限，突破閩臺宗姓家族血緣的傳統界限；需要以海峽兩岸宗姓族譜修編為平臺，尋求更大範圍的修編聯繫與對接交流。

六是應當在其他修編形式方面進行創新。為方便宗親聯絡的需要，閩臺族譜設置宗親聯繫通訊錄和世系檢索表，使閩臺譜牒成為宗親可利用的一種社會資源。閩臺族譜編修需要相互借鑑、相互影響、相互創新，使得閩臺族譜修編的體例完備，裝幀精美。

2.探討如何不斷完善編修譜牒的主要內容

在新的歷史時期，完善海峽兩岸編修譜牒的主要內容，包括家族的姓氏起源、宗族世系表、家族祖訓、藝文著述、族人圖像、郡望堂號、家譜體例、世代昭穆，以及其他相關專題資料或專項介紹等等。海峽兩岸與會嘉賓指出，閩臺譜牒文化是姓氏血脈的根親文化，根植在兩岸社會，立足於基層民眾，為兩岸民間所廣泛認同，具有極其廣泛的社會基礎，是中華民族認同感的重要依據和主要根源。閩臺民間自古注重宗族文化傳承，編修祖譜更是宗族之大事。在新的歷史時期，我們需要在不斷探索完善編修譜牒的主要內容方面，進行深入交流。

一是閩臺族譜體例綱目方面創新。包括祖先圖像、譜序、祖籍變遷、姓氏源流考、凡例、昭穆字行、家族的世系表和血緣關係圖表、族規、祠堂、祖墓、族產與契約文書、祖例家規、家傳家訓、恩榮錄、人物傳與科名錄、大事記、藝文、宗親通訊錄，以及家族聚落的社會經濟、地方人文歷史和社會環境現狀等。

二是充分體現男女平等的新觀念。在閩臺族譜編修中，應當正確處理男女族裔的內容，充分體現男女平等思想；應當改革舊族譜記男不記女的修編體例，在人物傳、科名錄等都應當予完整保留記載，女兒、媳婦、女子出嫁，應當採用全姓氏；記載宗族的出嫁女性，應當至少列出女性繁衍三代的完整訊息；對於記載宗族獨生的女性家庭，應當保留列出女性家庭歷代繁衍的完整訊息。

三是應參考地方志書的修編體例。修編當代閩臺族譜，儘量參考地方志書的修編體例；修編閩臺族譜體例，應當參照族史、族志、宗姓源流的規範體例，彰顯閩臺族譜文化特色和閩臺譜牒人文歷史，並成為地方志書歷史的重要組成部分。

四是規避陳舊觀念的族譜修編內容。海峽兩岸譜牒編修的內容創新，不應再續編舊譜中一些不適合時代發展、社會環境的篇目或內容。

3.探討如何強化編修譜牒的社會功能

海峽兩岸與會嘉賓認為，編纂海峽兩岸家譜的目的，主要是為了說世系、序長幼、辨親疏、尊祖敬宗、睦族聚族，關注親親之道，倡導代代傳承。海峽兩岸家譜中的家訓內涵和人文歷史，在教化族人孝敬、和睦、祭祀、親情、鄉情等方面，有著不可替代的潛移默化作用。海峽兩岸同根同祖、血脈相連，譜牒文化成

為維繫兩岸血脈情緣的重要紐帶；在海峽兩岸民間交流交往特別是民間編修譜牒交往中，閩臺譜牒文化的社會功能已經造成越來越重要的作用。

因此，在新的歷史時期，如何挖掘閩臺族譜的人文歷史價值，如何探索提升編修閩臺族譜所涉及的豐富歷史內涵，如何不斷強化編修閩臺譜牒的社會功能，都需要海峽兩岸姓氏宗親從不同的層面和視角，去進行研究探析。海峽兩岸與會嘉賓認為，我們應當不斷強化兩岸譜牒文化的社會功能創新，包括以下幾個方面：

一是關於譜牒族產的社會功能創新。海峽兩岸族譜文獻中的族產，是指姓氏宗族的公有財產，是維持宗姓家族制度的經濟支柱。族田收入用於賑濟貧困，俗稱「義田」；族產用於辦學助學，俗稱「儒資」。許多宗姓家族透過籌集家族經費，增殖家族財產，服務宗親祭祀，資助族裔發展。現代臺灣宗姓家族的族產為祭祀公業；據相關文獻統計，1907年前後，臺灣已經建立有22199個祭祀公業。海峽兩岸修編族譜，應當正確引導族譜文獻中的祭祀公業或族產的社會功能創新，正確引導族譜在社會文明發展進程中的積極作用。

二是關於譜牒族規的社會功能創新。閩臺族譜的族規，是宗姓家族制定的公約。各宗姓族譜大多有族規、譜禁、宗規、祠規、家範、族約、族訓、家訓等條款。閩臺民間所謂「國有國法，族有族規」，反映了家族規約對宗姓族人的影響力和制約力。族規的核心是「敬宗」和「凝聚」兩大方面；「敬宗」是強調傳統的宗姓追溯，旨在建立家族血緣關係的尊卑倫序；「凝聚」則著眼於現實，尋求家族宗親長期和諧共處、聚而不散的基本途徑；倡導家族宗親之間的相互扶助、相互恤救的原則。閩臺宗姓家族制定的各種族規、家範的內容，主要是出於興族旺宗的目的。海峽兩岸修編現代族譜，應當探索在正確引導新修族規和規範族群的行為方面，發揮正面的、積極的作用。

三是關於譜牒堂號的社會功能創新。堂號和郡望一樣是閩臺譜牒文化中的特有範疇，也是閩臺譜牒進行對接的重要概念。堂號就是祠堂的名稱、稱號。堂號對於敦宗睦族，弘揚孝道，啟迪後人，催人向上，維護家庭、宗族和整個社會的穩定，都具有十分重大的作用。堂號具有深厚的文化內涵和實際意義。

從社會功能上說，堂號的意義主要在於區別姓氏、區分宗派，勸善懲惡，教育族人。堂號作為家族的徽號和別稱，是宗姓家族文化中用以弘揚祖德、敦宗睦族的符號標誌，是尋根意識與祖先崇拜的體現。堂號的產生、發展與傳承，主要是與修族譜、建宗祠、祭祖先、聯宗親的活動同時進行。現代修編姓氏族譜而自立堂號的，也應當進行探索必要的規範引導。

四是關於譜牒昭穆的社會功能創新。閩臺族譜為尊重親族輩分的秩序而訂立昭穆。昭穆又稱輩序，或字倫、字行、字輩，為姓氏宗族傳統命名需要遵守的依據。中國農耕社會世世代代傳承的文化習俗，各姓氏宗親支派昭穆，均在歌頌祖先，並勉勵後代子孫之詞。修編閩臺族譜而新訂立的宗姓昭穆，應當不斷適應新時代的新要求，進行其社會功能的不斷創新。

五是關於譜牒家訓的社會功能創新。海峽兩岸族譜中的的家訓，也是中華民族傳統文化的人文特色。閩臺姓氏宗族家訓的重要內涵，包括：崇孝道、睦宗族、重教養、齊家政、正禮節、務讀書、明德性、謹言語、慎交遊、善處世等。閩臺族譜中記載著許多家訓，均深刻反映了中華傳統優秀文化之精神，具深刻的教育意義和歷史內涵。修編現代族譜制定家訓，應當探索創新傳承中華優秀文化與時代文明。

六是關於譜牒內容的社會功能創新。閩臺譜牒編修應當規避消極因素，避免遺存封建宗法思想或宗法文化；不應當為親者諱、假托始祖、美化先人、牽強附會、言過其實等。我們應當進行必要的引導與規範，使之興利除弊，以促進閩臺譜牒文化的規範建設和歷史傳承。在新修的閩臺族譜中，應當加強對遷居臺灣的開基先祖、入墾聚落和宗族源流的內容研究。

七是關於譜牒出版的社會功能創新。閩臺編修族譜的類型和數量都很多，應當不斷提高閩臺民間譜牒修撰工作質量，才能發揮閩臺文化交流的作用。提倡各個宗姓的閩臺族譜透過正式出版，得到政府出版機構的審核認可，以提高閩臺民間族譜的編修質量。

4.探討如何做好閩臺譜牒文獻的徵集工作

海峽兩岸與會嘉賓一致認為，閩臺譜牒文獻資料是中華民族文化的重要組成

部分,是瞭解海峽兩岸民眾血緣親情關係、開展尋根認祖最為可靠的文獻依據。閩臺譜牒文獻資料,包括閩臺各個時期出版的譜牒文獻資料,也包括在閩臺社會書市流通或出售的譜牒文獻資料,還包括新舊版本閩臺譜牒文獻資料的電子版和複製品,都是十分寶貴的歷史文獻資料。

兩岸與會嘉賓表示,本屆大會為進一步收集、保護、研究、開發、利用好海峽兩岸的譜牒資源,提供一個嶄新平臺。閩臺緣博物館長期廣泛徵集海峽兩岸各個時期的族譜、家乘等譜牒文獻資料,歡迎兩岸各姓氏宗親會、宗祠管委會,各博物館、圖書館及擁有譜牒的廣大民眾積極應徵,提供包括原件、複印件或電子文本數據;本館對捐贈者發給收藏證書。期盼兩岸各姓氏宗親組織和廣大民眾繼續踴躍捐贈各種譜牒文獻資料;我們也將為海峽兩岸同胞的尋根謁祖和譜牒對接,提供更多、更好的諮詢服務。

5.探討如何做好閩臺譜牒對接的服務工作

針對閩臺譜牒對接服務,許多與會嘉賓提出,應做好譜牒文獻資料的採集、保護、研究、開發、利用工作,構建對接服務網路平臺,牽線搭橋。有的嘉賓提出,譜牒查詢對接服務是譜牒文獻訊息的工作重點,要增加這方面的學術研究和專業投入。因此,在新的歷史時期,探析如何做好閩臺譜牒對接的服務,以及如何更準確快速的確認族譜之間的對接關係,將是我們重要的工作任務,也是這次大會將要進行探索研究的重要內容。

中國閩臺緣博物館致力收藏閩臺譜牒文獻資料,廣泛聯繫海峽兩岸的各姓宗親,舉辦族譜展覽及民間譜牒論壇等姓氏文化交流、譜牒學術研究活動,為海峽兩岸同胞提供尋親探源服務。歷經多年,一直努力改善譜牒數據收藏環境、舉辦譜牒展覽、推動譜牒文獻數位化、訊息化,在譜牒收藏、研究、展示、交流等方面取得豐碩成果。

基於積極為兩岸民眾開展族譜對接提供諮詢服務,目前,閩臺兩地宗親登記尋親與族譜對接需求的已越來越多。我們在本屆大會上提出:歡迎閩臺兩地民眾根據族譜的資訊,把明清時期遷居臺灣的宗親基本情況,進行採集彙總給閩臺緣譜牒文獻館,我們將負責開展查詢,做好兩岸族譜對接服務。

## 三、首屆兩岸民間譜牒文化交流大會舉行三項重要活動

1.舉行閩臺譜牒文獻資料展示交流

首屆海峽兩岸民間譜牒文化交流大會,在閩臺緣博物館東苑展廳專設閩臺譜牒文獻展館,同時舉行閩臺譜牒文獻資料的展示、對接與交流;展示中國閩臺緣博物館重要館藏譜牒文獻120多種共4000多冊,以及與會嘉賓所提供的閩臺譜牒文獻資料400多冊;同時,設立兩岸族譜對接諮詢服務臺,採用近期構建的海峽兩岸譜牒文獻的數據化查詢系統,以方便兩岸宗親對接家譜、尋根溯祖;免費為兩岸鄉親提供族譜對接服務。

在本屆大會召開之際,臺灣省姓氏源流研究學會來函表示,準備在中國閩臺緣博物館掛牌設立族譜研究室;雙方立足於優勢互補,加強兩岸譜牒研究合作,共同構建海峽兩岸民間譜牒資訊的服務平臺,促進海峽兩岸民間譜牒文化的傳承與發展。

本屆大會登記兩岸鄉親提供族譜對接的訊息有九個;其中有五名臺灣嘉賓在大會結束後,分別到安溪魁鬥、安溪城廂、晉江安海、石獅大崙,以及廈門同安西柯等祖籍地進行族譜對接活動。來自臺灣的高雄福建同鄉會王淵華先生,在閩臺緣族譜文獻館找到了缺失多年的先祖族譜文獻資料後,十分欣喜。泉港區峰尾誠平劉文龍先生、南埔林柄的王峰謀先生、南埔鳳翔文坂的劉其明先生等宗親,也帶來各自宗姓族譜,把明末清初族裔大量遷居臺灣的族人訊息資料,交給與會臺灣嘉賓請幫忙查詢對接。

2.舉行兩岸譜牒文獻資料捐贈儀式

首屆海峽兩岸民間譜牒文化交流大會期間,與會臺灣譜牒專家和大陸譜牒研究代表,十分踴躍向中國閩臺緣博物館捐贈族譜文獻資料484冊;其中,紙質族譜364冊,電子版族譜文獻120冊。為此,本屆大會舉行了熱烈而又隆重的兩岸譜牒文獻資料捐贈儀式,為70多名捐贈譜牒的與會嘉賓發放捐贈證書。

最值得一提的是,臺灣譜牒專家陸炳文先生捐贈紙質的臺灣譜牒文獻有3大

類計52種65冊；臺灣譜牒專家廖慶六先生捐贈紙質的臺灣譜牒文獻10冊；臺灣譜牒專家、金門的許金龍先生捐贈紙質的臺灣譜牒文獻10冊和電子版的臺灣族譜文獻120冊。臺灣譜牒專家捐贈的譜牒文獻，大大豐富中國閩臺緣博物館的譜牒文獻的館藏。

3.推廣傳承中國民間優秀傳統節日——「晒譜節」

首屆海峽兩岸民間譜牒文化交流大會的開幕時間，特別選擇在農曆六月六日召開，這是基於這一天具有重要的歷史意義和現實作用：每年的農曆六月六日，是中國歷史悠久的民間傳統節日「晒譜節」。舊時讀書人在這天曝晒書畫、宗廟祠堂翻晒經書族譜，並舉行各種形式的晒譜祭祖活動。晾晒家譜的目的，一個是更好保存族譜，一個是緬懷祖先功德，再一個就是增強宗親團結。

為此，海峽兩岸與會嘉賓充分肯定，在「晒譜節」召開兩岸民間譜牒文化交流大會，造成了聯絡閩臺宗親感情、增強民族凝聚力的作用；並表示將共同在海峽兩岸推動弘揚「晒譜節」文化。我們立足於推廣、普及、傳承中國民間優秀的譜牒文化，弘揚閩臺民間優秀的「晒譜節」文化內涵，這對於推動兩岸民間譜牒文化交流，促進閩臺譜牒文化交流平臺建設，推動海峽兩岸統一和平發展進程，都具有十分重要意義。

## 四、兩岸嘉賓高度評價舉辦兩岸民間譜牒文化交流大會

中國閩臺緣博物館主辦首屆海峽兩岸民間譜牒文化交流大會，獲得了兩岸與會嘉賓的高度評價和一致讚賞。

臺灣省文化藝術界聯合會理事主席、海峽兩岸和諧文化交流協進會會長陸炳文先生，代表臺灣嘉賓致辭指出：「臺灣與大六、過去與現在，一直血脈相通，枝葉相連，任憑什麼力量也無法分割切斷，譜牒就是兩岸同胞血濃於水的見證」；衷心期盼從此次交流大會開始，兩岸民間譜牒文化有更好的發展，促進兩岸朝著更深層次交流與合作，共同實現「中國夢」。

福建省姓氏源流研究會副會長、祕書長、著名譜牒專家蔡干豪說，首屆海峽兩岸民間譜牒文化大會，滿足兩岸民間譜牒交流的迫切需求，符合海峽兩岸民間交流的根本趨勢，是一次非常成功的兩岸民間交流大會。我們十分願意與閩臺緣博物館開展這方面的長期合作，包括共同舉辦兩岸民間譜牒研究活動。福建具有極為豐富的族譜文獻資源，我們只有充分利用族譜文獻資源，才能更好地為海峽兩岸族譜對接服務；今後我們將廣泛發動福建省姓氏源流研究會的各個姓氏研究會，給閩臺緣博物館捐贈已經出版的族譜文獻；今後兩岸同胞還要進一步攜手並肩，將這一活動打造成為常態化的交流平臺。

與會的龍岩市人大常委會教科文衛委主任張開龍先生說，非常高興看到閩臺緣博物館積極構建海峽兩岸民間譜牒文化交流平臺並發揮作用；並表示將在下次大會捐贈一批簡姓族譜和其他客家譜牒文獻。來自臺灣臺南嘉賓蔡世明先生表示，將再準備捐贈一批長年收藏十分珍貴的臺灣譜牒文史資料。會議期間，還有20多名的兩岸與會嘉賓紛紛表示，將再捐贈一批他們長期收藏的閩臺族譜文獻。

廈門市姓氏源流研究會常務副祕書長江藝平先生認為，本屆大會是一次盛大的、成功的閩臺譜牒文化交流會議，也是一次高水平的、高質量的根親文化交流活動；廈門市姓氏源流研究會十分樂意與閩臺緣博物館共同合作，期待能夠承辦明年的海峽兩岸民間譜牒文化大會。福建省倉山區王審知研究會副會長王學智先生提出，希望能夠與閩臺緣博物館共同合作舉辦海峽兩岸開閩王王氏族譜文化研討大會。

來自臺灣的著名譜牒專家陸炳文、廖慶六、臺灣省姓氏研究學會原理事長和著名譜牒專家林瑤棋先生說：十幾年來，我們曾經參加過大陸舉辦的許多族譜研討會議和兩岸文化交流活動，但是，從來沒有過像本屆大會達到如此的熱絡、務實和反響；大會精心籌劃、研討主題突出、探索內容豐富，確實是非常成功的，值得稱讚。

本屆大會活動廣泛引起了海峽兩岸的社會各界、網路媒體和新聞媒體的高度關注，泉州晚報、海峽都市報等報刊媒體，人民網、新華網、泉州網、臺海網、

中新網、閩南網、東南網等網路媒體，以及泉州電視臺、廈門衛視等新聞媒體，都大量刊登報導了大會情況。我們以務實的精神推進首屆海峽兩岸民間譜牒文化交流，取得了圓滿成功！

　　今後，我們要繼續積極做好這個海峽兩岸交流重點項目，將海峽兩岸民間族譜交流大會積極打造成為聯繫兩岸血緣關係的品牌活動。

（作者係中國閩臺緣博物館副館長）

國家圖書館出版品預行編目(CIP)資料

從兩岸譜牒(族譜)文化看歷史的演進 / 中國閩臺緣博物館 編. -- 第一版. -- 臺北市：崧燁文化，2019.01
　　面；　　公分
POD版

ISBN 978-957-681-795-3(平裝)

1.譜系 2.兩岸交流 3.文集

789.107　　　108000557

書　　名：從兩岸譜牒（族譜）文化看歷史的演進
作　　者：中國閩臺緣博物館 編
發行人：黃振庭
出版者：崧燁文化事業有限公司
發行者：崧燁文化事業有限公司
E-mail：sonbookservice@gmail.com
粉絲頁　　　　　　網　址：
地　　址：台北市中正區重慶南路一段六十一號八樓815室
8F.-815, No.61, Sec. 1, Chongqing S. Rd., Zhongzheng Dist., Taipei City 100, Taiwan (R.O.C.)
電　　話：(02)2370-3310　傳　真：(02) 2370-3210
總經銷：紅螞蟻圖書有限公司
地　　址：台北市內湖區舊宗路二段 121 巷 19 號
電　　話：02-2795-3656　傳真：02-2795-4100　網址：
印　　刷：京峯彩色印刷有限公司（京峰數位）

　　本書版權為九州出版社所有授權崧博出版事業股份有限公司獨家發行電子書繁體字版。若有其他相關權利及授權需求請與本公司聯繫。

定價：750 元

發行日期：2019 年 01 月第一版

◎ 本書以POD印製發行